日本語音韻史論考

小倉 肇 著

和泉書院

緒　言

　本書は、これまで公表してきた日本語音韻史に関する論文をもとに、新たな書き下ろしを加えて編んだものである。既発表の論文を収めるにあたっては、語句や表現を整え、引用文献の示し方など形式的な統一を図りつつ、各章間の連携を保つための補足や論旨を明確にするための補訂を加えたが、もとの論旨（骨格）を変更するような改訂は行なっていない。いずれの論考においても、現在の立場や解釈における相違点・修正点などは、［補注］あるいは［補記］に示すこととした。なお、既発表の論文の中から、音韻史を直接テーマとしていないもので、音韻・語法など日本語史にかかわるものを選んで「付論」として添えた。音韻関係のうち、日本漢字音（呉音）・中国漢字音に関するものは、本書には収めず、別にまとめて公表するつもりである。
　本書の内容について、編纂意図・流れに沿って、各章の概要を示すと次の通りである。
　第Ⅰ部は、日本語音韻史に関わる論考として、書き下ろし3篇を含む13篇の論文を収める。
　第1章から第4章までは、上代特殊仮名遣をめぐる上代語の母音体系、子音体系に関する論考である。上代特殊仮名遣の"甲乙二類の書き分け"をどのように音韻（論的に）解釈するかによって、上代語の母音（音素）、子音（音素）の数が変わり、再構される上代語の音韻体系に大きな相違が出てくることになる。第1章は、上代語は8母音（音素）であったとする通説を再検討した上で、オ列甲乙二類は母音音素の相違、イ列・エ列甲乙二類は子音音素の相違という6母音音素説の妥当性について詳細な吟味を行なう。第2章は、ウ列とオ列甲類（u～o₁）の音相通現象（ツガ～ト甲ガなど）とオ列甲乙二類の合流との密接な関係を認めた上で、そこに、母音音素の合流に伴う音韻現象のありよう（動態）を捉え、音韻変化の動因の一端を明らかにする。なお、「補説」は、上代語の母音を考える上で、どうしても避けて通れない

『古事記』のホの甲乙について、その認定をめぐる議論に筆者の立場から検討を加える。第3章は、上代特殊仮名遣のイ列乙類母音の「音価」について、仮名の依拠した漢字音の側から考察し、推古期には円唇的特徴を有していたことを論じる。第4章では第3章を受けて、イ列乙類母音の円唇的特徴に基づき、推古期には口蓋垂音（[q, ɢ]）の子音が存在したという仮説を提示し、推古期の音韻体系（子音体系）を新たに構築する。

第5章・第6章は、拗音の生成過程についての論考である。第5章は、合拗音の生成過程を扱うが、これは、第4章の推古期の音韻体系の解釈を受けてのものであり、第6章の開拗音の生成過程は、第1章の奈良時代の音韻体系（イ列・エ列甲乙の音韻解釈）を受けてのものである。いずれも音韻体系の「あきま」に入る音として拗音（合拗音・開拗音）が成立したという考えが基本にある。また、漢字音の導入に関わる日本語の「音節」と「モーラ」の分離の問題についても論じる。

第7章から第11章までは、いわゆる語音排列則（phonotactics）の観点から日本語音韻史を構築しようとした試みである。第7章は、サ行子音を取り上げる。「シ」に関する有坂秀世の摩擦音説、亀井孝の破擦音説の検討を通して、仏足石歌の「舎加」（釈迦）の「舎」の仮名などに基づいて、古く、サ行音は、語頭：破擦音（[tsa-, tʃi-, tsu-, tʃe-, tso-]）、非語頭：摩擦音（[-sa-, -ʃi-, -su-, -ʃe-, -so-]）であったことを論じる。第8章から第10章は、ア行「衣（e）」とヤ行「江（je）」の合流をめぐる論考である。第8章は、ア行「衣」とヤ行「江」の合流過程において、語頭：[e-]、非語頭：[-je-]という語音排列則が形成されたこと、「あめつちの歌四十八首」の「えのえ」という二つの「え」もこの語音排列則に従って区別・作成されていること、〈大為尓〉〈いろは〉の48字説も成立する蓋然性が極めて高いことなどを論じる。第9章は、それを受けて、〈大為尓歌〉の構文構造、表現構造に基づくテクスト解析を通して、〈大為尓〉の作者は源為憲であり、〈大為尓〉は48字の誦文であったことを論証する。第10章は、前2章を日本語音韻史の観点から再度まとめ直したもので、「あめつち」の原形に関する議論も含まれている。第11章は、「オ（o）」と「ヲ（wo）」、「エ（je）」と「ヱ（we）」、

緒　言　iii

「イ（i）」と「ヰ（wi）」の合流過程について、語音排列則の観点から考察するとともに、w化（ハ行転呼音）と合拗音［kwa-,kwi-,kwe-］の生成とを絡ませて、語音と字音との相克から音韻史を解釈した一つの試論である。第12章は論文ではないが、音韻史に関わる私見を述べた箇所も多く、また直接他の章とも関係するので、参照の便もあり、ここに載せる。

　第Ⅱ部は付論で、5篇の論文を収める。

　第1章は、『万葉集』に見られる「イケルトモナシ」「イケリトモナシ」の句をめぐって、上代特殊仮名遣の「ト」の甲乙、構文構造の観点から、その訓のありかたを論じる。第2章は、宣命の「テシ……助動詞」という表現を取り上げて、構文論的な観点から宣命の文体の特徴について考察する。第3章は、連続した2篇の論文を併せたもの。助詞「がに」の起源（語源）をめぐって、助詞「がに」の意味・機能を検討し、助詞「がね」、助動詞「べく（べし）」との交渉から、助詞「がに」の歴史（史的変遷）を明らかにする。第4章は、『枕草子』の「かうろほうの雪」の章段を取り上げ、「かう（ろほう）」が「香（炉峰）」でもあり「高（炉峰）」でもあったことを音韻史の上から押さえ、この章段のテクスト解析を試みる。中宮定子・清少納言の「言」と「動」を通して、そのメッセージの意味（意図）を明らかにしつつ、従来にはない新しい解釈を提示する。

目　次

緒　言………………………………………………………………… i

第Ⅰ部　日本語音韻史

1．上代日本語の母音体系……………………………………………　3

2．オ列甲乙の合流過程………………………………………………　29
　　　——u～o₁の音相通現象——
　【補説】『古事記』における「ホ」の甲乙二類の存在……………　42

3．上代イ列母音の音的性格…………………………………………　49

4．推古期における口蓋垂音の存在…………………………………　67

5．合拗音の生成過程…………………………………………………　89

6．開拗音の生成過程………………………………………………… 107

7．サ行子音の歴史…………………………………………………… 137

8．「衣」と「江」の合流過程……………………………………… 161
　　　——語音排列則の形成と変化——

9．〈大為尓歌〉考…………………………………………………… 185
　　　——〈阿女都千〉から〈大為尓〉へ——

10.〈あめつち〉から〈いろは〉へ……………………………… 213
　　　──日本語音韻史の観点から──
11.「オ(o)」と「ヲ(wo)」、「エ(je)」と「ヱ(we)」、「イ(i)」と「ヰ(wi)」
　　の合流過程………………………………………………………… 237
　　　──ｗ化、合拗音との関わり──
12.音韻（史的研究）
　　　昭和63年・平成元年における国語学界の展望……………… 251

第Ⅱ部　付　論

1.「伊家流等毛奈之」…………………………………………………… 273

2.宣命の構文…………………………………………………………… 291
　　　──「テシ……助動詞」──

3.助詞「がに」の歴史………………………………………………… 303
　　　──その起源と「がね」「べく」との交渉──

4.枕草子「少納言よ　かうろほうの雪　いかならん」…………… 339

引用文献・主要参考文献……………………………………………… 357
後　記…………………………………………………………………… 369

第Ⅰ部　日本語音韻史

1. 上代日本語の母音体系

0

　上代日本語の母音体系については、橋本進吉以来の8母音（音素）説が定説としての位置を占め、それが国語（史）学の"常識"となっていた。しかし、松本克己（1975）の5母音音素説の提唱を契機として、服部四郎（1976c）の6母音音素説の再提唱が行なわれ、大野晋（1976）などによる8母音（音素）説との間で、稀に見る論争が行なわれた。また、森博達（1981b）は、『日本書紀』の字音仮名の考察を通して、8母音説に基本的には従いつつ、音韻論的解釈の結果として7母音音素説を提案し、新たに論争に加わった。これらの論争を通して、それぞれの説の問題点が明確になると同時に、それに応じた修正説も提出されているが、今日までにその決着がついているとは言えないのが実情である。

　筆者も、上代日本語の音韻体系に関心をよせ、いくつかの論文を発表してきたが、小倉肇（1977）「推古期における口蓋垂音の存在」（本書第Ⅰ部第4章）は、6母音音素説に従う筆者の立場を明らかにしたものであった。しかし、それ以後、さらに諸氏の論争があり、首肯できる点もあると同時に、やはり見解を異にする点も多くでてきた。そこで、上代日本語の音韻体系（母音体系）について、従来の諸説の検討を通して筆者なりの見解を改めて提示してみたい。また、その検討を踏まえた上で、次章ではオ列甲乙二類の合流過程に関わる問題を考えてみることにする。

　因みに、上代特殊仮名遣の甲乙二類の書き分けについては、5母音音素説に従う松本克己（1976b）も、「書き分けの基本的事実」は「いわば"共通の了解事項"にすぎない」と述べているように、今日ではこれを否定する見解は存在しないと言ってよい。従って、従来の諸説は、甲乙二類の書き分けが、どのような音声的実現を反映したものなのか、そして、その音声的実現

を合理的に説明するために、どのような音韻論的解釈を行なえばよいのかが、議論の中心をなしてきたと考えることができるであろう。このような認識の上に立って、以下、諸説の問題点を個別に検討する。

1

　8母音（音素）説が定説の位置を占めるに至った過程には、恐らく次のような事情があったものと考える。

　甲乙二類の仮名の書き分けを五十音図に投影してみると、顕著な分布上の特徴が認められる。すなわち、甲乙二類の書き分けはイ列・エ列・オ列に限られ、ア列・ウ列には全く見られないということである。従って、この分布上の特徴からは、甲類と乙類とで母音に相違があったという推定が、ある意味で単純・明快に導き出すことができる。そして、仮名の基礎となった中国字音の検討を経て、甲乙二類の母音については、甲類は現代共通語の母音と同じ /i,e,o/ とし、乙類は一律に「中舌母音（変母音）」と捉え、それらの母音の発音（音価）を方言音（東北方言など）あるいは外国語音（ドイツ語、フランス語）によって説明するとともに、/ï,ë,ö/ のように表記するのが一般化した。方言音、外国語音の発音の知識を基にすれば、五十音図の枠組みにおいても、母音の列（段）をさらに追加することは、それほど抵抗はなかったものと思われる。そして、さらに、この8母音説が、日本語の系統論的観点から、いわゆる「ウラル・アルタイ語族」に見られる「母音調和」の現象と結びつけられていく中で、「母音の相違」という一つの推定（仮説）であったものが唯一の解釈（結論）となり、定説化して行ったものと考えられる。この単純で明快な解釈と表記法とによって、中国字音の知識あるいはそれによる説明がなくとも、一般の人々にも「上代特殊仮名遣」という音韻に関わる難しい事柄が容易に理解することができるようになった点については、大いに評価してよいであろう。

　ただし、8母音（音素）説に対しては、現在までに種々の問題点が出されると同時に、異なった音韻論的解釈もいくつか提唱されている。しかしながら、この説が、未だに根強い支持を得ていて、他の解釈に対して優位を保っ

ているように見えるのは、解釈における単純性（あるいは、この場合には解釈の過程における単純性というべきか）にあったのではないかと考える。音韻論的解釈における優劣の判断基準としては、もちろん単純性ということも大きな要素になることは言うまでもない。しかし、筆者は、「音素間の相互の張り合い関係から成る音素の体系という観点、それに、音素の連結からなる音節の構造と体系という観点」（三根谷徹 1979）、および合理性（あるいは無矛盾性）という観点から、種々の解釈の優劣を検討する中で、この単純性というのが問題になってくると考える。つまり、音韻論的解釈において、それらを無視した単純性というのは考えられないからである。小松英雄（1981）が「いずれがより矛盾が少ないかだけではなく、いずれがより単純であるかということも、優劣を判定する尺度になる」と述べているのも、同趣旨であろうと判断する。因みに、筆者が音韻論的解釈を行なうにあたって、「より均整のとれた compact な体系」、「少ない要素でしかも均整的な体系」、「簡明であり、寧ろ合理的である」というような表現を用いてきたのも、このような考えからである（小倉肇 1977, 1981a, 1981b 参照）。以下、8 母音（音素）説の問題点を取り上げてみよう。

2

　乙類の母音を /ï, ë, ö/ と解釈することについては、一般言語学的（音韻論的、音声学的、類型論的）な観点から、根本的な疑義が出されている。

　「一般に、狭母音の数は半狭（半広）母音の数より多いか、それに等しいのが普通であり、広母音は 1 つが普通で多くて 2 つ」（服部四郎 1976b）であることから、「「開き」の狭い最上段に三種（i, ï, u）、それに対して中位の段に四種（e, ë, o, ö）の母音を区別するような母音体系は一般に存在しない」（松本克己 1976a）とする点である。従って、この説に従うかぎり、「存在した蓋然性の極めて小さい母音体系を想定」（服部四郎 1976b）せざるを得なくなるわけである。確かに、城生伯太郎（1977）の言うように「「蓋然性の極めて小さい」という表現は決してゼロを意味しているのではない」としても、推定（あるいは再構）という立場にある以上、城生伯太郎も認めている

ように「存在した蓋然性の大きな体系を構築する」ことは当然のことであろう。このような観点を踏まえて、8母音音素説に対する修正説がすでに発表されている。

3

柴田武・三石泰子（1976）は奈良時代古期日本語（上代語）と「奄美群島加計呂麻島芝方言」の音韻対応から、次のような結論を導いている。
(1) 上代語においては、8母音が音韻的に区別されていたこと。
(2) 8母音のうち、オ列甲乙二類の母音の相違は、開口度の点で、甲類が広い /ɔ/、乙類が狭い /o/ であること。

この結論を踏まえて、上段に三種（i, ï, u）、中段に三種（e, ë, o）、下段に二種（a, ɔ）の母音図（図1）を示している。

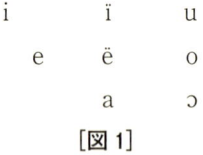

[図1]

まず、母音体系の面では、松本克己（1984）の指摘するように、一般的に「前舌母音における開きの区別は奥舌母音における区別の数と等しいかそれより多い」ということから見て、「奥舌母音に u－o－ɔ という三つの開きの区別を持ちながら、前舌母音には i－e という二つの区別しかないという形の体系は、（中略）体系的にはかなり異常な姿である」ことは否めない。この点では従来の8母音（音素）説の体系的な不自然さを解消したことにはならないであろう。ただし、もし、/a/ を前舌系列に入れ、i－e－a とすることができれば、母音体系としては安定した姿になると考える。

(1)については、服部四郎（1981）の「駁論」がある。「芝方言」に上代語の甲乙二類に対応する音韻的（母音音素の）区別が見られることを論拠として、上代語が8母音音素を有していたと結論づけることはできないと考える。つまり、"音韻対応が見られる"ということと、"音韻論的に8母音音素と解

釈される"ということとは、自らレヴェルの異なる問題である。

(2)については、松本克己の批判がある。筆者もオ列乙類母音が奥舌の狭い [o] であったとする推定には賛成できない（この点は、次の清瀬義三郎則府説についても同様である）。ただし、ある時期のオ列甲類母音については、それが広い [ɔ] であった（あるいは異音として広い [ɔ] でも実現していた）という可能性はあると考えている（詳細は後に述べる）。

4

清瀬義三郎則府（1982）は「8母音」を「アルタイ学的見地から」検討し、上段に四種（i_1, i_2, u, o_1）、中段に三種（e_1, e_2, o_2）、下段に一種（a）の母音三角図を示している（図2）。従来の母音体系よりは、存在した蓋然性の高いものとなっているが、ウ列（u）、オ列甲類（o_1）、オ列乙類（o_2）の母音をこのように解釈することについては、種々の点で困難であると考える（詳細は後に述べる）。

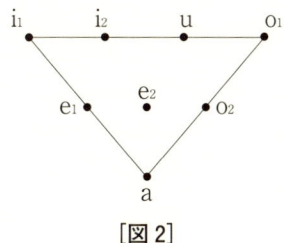

[図2]

5

音韻論的解釈とはレヴェルを異にしながら、しかもそれと密接な関連を持つものに音韻表記（法）の問題がある。音韻論的解釈の結果として提示される音素（あるいは、音素の結合・連結）をどのように表記するかということである。もちろん、レヴェルを異にするので、同じ音韻論的解釈を行ないながら、表記（法）として相違することもあり得る。しかし、ここで問題としたいのは、従来の8母音（音素）説では、grapheme のレヴェルでの文字表記（ローマ字表記）と音韻表記との間に混同があったと考えられる点である。

仮名の甲乙二類の書き分けについては、橋本進吉以来、「キ甲、キ乙」などのように転写（transliterate）することが一般化している。これは、仮名つまり音節文字のレヴェルで、二類の書き分けのある音節を「甲」と「乙」とで区別し、それのない音節を無印とするもので、grapheme のレヴェルでの一貫した表記法となっている。

また、単音（音素）文字つまりローマ字のレヴェルでは、服部四郎、松本克己などによる「ki_1, ki_2」（いま、1, 2 の表記上の位置は問題としない）のような表記法が行なわれている。これは、単音を単位とした「$\{k\}\{i_1\}$、$\{k\}\{i_2\}$」（便宜的に｛ ｝を用いる）のような表記法であると同時に、音節を単位とした「$\{ki\}_1$、$\{ki\}_2$」のような表記法（いずれも、その｛ ｝を省略したもの）でもあり得る（「$ki_甲$、$ki_乙$」などの表記法も同様）。このローマ字による表記法の優れた点は、甲乙二類の区別のある音節の母音とその区別のない音節の母音とを grapheme のレヴェルで表記し分けることができることである。つまり、甲類音節の"母音"を i_1, e_1, o_1、乙類音節の"母音"を i_2, e_2, o_2、そして区別のない音節の"母音"を i, e, o で表わすことができる。

　　甲類音節の母音　　　　i_1 , e_1 , o_1
　　乙類音節の母音　　　　i_2 , e_2 , o_2
　　区別のない音節の母音　i , e , o

ただし、ここで9種の"母音"が表記し分けられているといっても、それはあくまでも grapheme のレヴェルであって、音韻表記（transcription）のレヴェルではないことに注意する必要がある。9種の"母音"のうち、例えば、i と i_1 を同じ母音音素（あるいは i と i_2 を同じ母音音素、あるいは i_1 と i_2 を同じ母音音素、あるいは i, i_1, i_2 をそれぞれ別の母音音素など）と認める（解釈する）のは音韻論のレヴェルである。従って、転写のレヴェルと音韻表記のレヴェルとは各々明確に区別すべきであり、混同を起こす（混同を起こさせる）表記法は避けるべきであると考える。

なお、服部四郎は、オ列音節の甲類・乙類については、初め「丙類・丁類」そして後には「陽類・陰類」の名称を用いるように提案し、陽陰二類の区別のない"母音"を o、陽類の"母音"を o^o、陰類の"母音"を o^e で翻字

(transliterate) している（服部四郎 1976b, 1979）。その主な理由は、イ列とエ列の甲乙二類は綺麗な平行関係をなすのに対して、オ列の甲乙二類はそれらとは平行関係にないと認めることによる。このオ列音節の表記法は、単なる機械的な転写（transliteration）から一歩踏み出したもので、機械的な転写と音韻表記とのいわば中間に位置するものと考えられる。転写法には種々のレヴェルがあり得るので、筆者もこのような転写法を直ちに否定はしない。しかし、甲類・乙類と陽類・陰類とでは、転写におけるレヴェルにおいて相違があることは確かである。橋本進吉以来の「甲類・乙類」あるいは「1,2」によるものを仮に一次転写（機械的な転写）とするならば、服部四郎の「甲類・乙類」と「陽類・陰類」とによるものは二次転写の段階にあると考えられる。「陽類・陰類」という名称は母音調和の現象を背景においたものであるが、このような見方自体に批判があるのも事実である（亀井孝・松本克己・清瀬義三郎則府など）ので、二次転写の必要性、妥当性あるいはその効果については、別に考えなければならないであろう。筆者としては、母音調和の現象については音韻論・形態音韻論のレヴェルで議論すればよいと考えるので、転写の段階における無用の混乱（議論）を避けるために、一次転写で十分であると考えている。

ところで、8母音音素説では、例えば、

「カ　キ甲　キ乙　ク　ケ甲　ケ乙　コ甲　コ乙」⇒ 〈ka, ki, kï, ku, ke, kë, ko, kö〉
「タ　チ　ツ　テ　ト甲　ト乙」⇒ 〈ta, ti, tu, te, to, tö〉

などのように転写する。これが単なる機械的な転写であるならば、一対一の対応関係をなすので、それなりに評価はできる。しかし、甲類母音〈i, e, o〉、乙類母音〈ï, ë, ö〉とする転写法は、単なる機械的な転写にとどまらず、それが音韻表記ともなる点で、大いに問題があったと考える。すなわち、この表記法は、「音節」を単位とした転写法とはならずに、「単音」を単位とした転写法となっているので、必然的に甲乙の対立のない音節の母音が、甲類の母音と同じであるという解釈を含むことになるからである。そして、甲類母音 [i, e, o]、乙類母音 [ï, ë, ö] という音価推定は、書き分けのある音節の母音に関してのみ行なわれたにもかかわらず、その乙類母音を一律に「変母

音」として捉えたために、書き分けのない音節の母音までも甲類母音と同じであるというという（音韻論的）解釈が自然に生まれてしまったものと考える。この点については、すでに松本克己（1975）で的確な指摘がなされている（小倉肇 1977 も参照）。従って、たとえイ列・エ列の甲乙の対立のない音節の母音が、甲類の母音と同じであるという証明がなされたとしても、すでに明らかなように、この転写法は好ましくないと考える。ただし、現実には、その証明はなされているわけではなく、「大きな矛盾が生じることはないようである」（『時代別国語大辞典　上代編』）という、極めて消極的な根拠しか示されていないのが実情である。この点を積極的に取り上げて論じたのは、森博達（1981a）であるが、表記レヴェルについて、なお検討すべき問題が残されていると考える。

6

　8母音説が注目を集めたのは、日本語の系統論における、いわゆる「ウラル・アルタイ語族」に見られる「母音調和」の現象との関わりにおいてである。有坂・池上法則で知られる「音節結合の法則」が母音調和の現象と結びつけられて理解されたことで、8母音説が日本語の系統論の問題とともに大きくクローズアップされたわけである。そして、母音調和の存在を前提に、甲類は「陽母音」（男性母音）、乙類は「陰母音」（女性母音）であるとする見方が広まることとなった。このような背景のなかで、甲乙二類の書き分けは「母音の相違」に基づくものであり、乙類は「陰母音」（女性母音）であるから、中舌母音のはずであるという観念が形成され、それを検証する形で8母音（音素）説が定着したわけである。しかし、有坂・池上法則というのは、共時的にはオ列乙類に関する「連音法則」（亀井孝 1954）と捉えるべきとする考えがあり、また、ウラル・アルタイ系諸語に見られる「母音調和」の法則と、種々の点で異なることは、多くの研究者が認めているところである。有坂・池上法則を母音調和の現象の名残と見る立場においても、イ列・エ列の甲乙二類が「音節結合の法則」に全く関与していないこと、オ列甲類同士の結合がほとんどないことなどを含めて、文献以前の日本語（あるいは

日本祖語）の母音体系をどのように再構するか、上代語に至るまでの音韻変化のプロセスはどのようなものであったのか、など種々の想定・議論がなされている。しかし、文献以前の日本語に母音調和の現象が存在していたとしても、あるいは、存在しなくとも、そのことと、上代語の母音体系をどのように解釈するかということとは、自らレヴェルが異なるはずである。そして、「音節結合の法則」を母音調和の「名残」と認める立場においても、必ずしも8母音（音素）説に従う必要はない（服部四郎の六母音音素説など参照）のであるから、それが、8母音（音素）説の解釈上の妥当性を支える根拠とはなり得ないと考える。「母音調和＝8母音（音素）」という固定観念を取り払わなければならない。因みに、有坂秀世（1934a）は「音節結合の法則」と「母音調和」を慎重に区別して考えている。

7

甲乙二類の仮名の書き分けを五十音図に投影し、その分布の有様を眺めると、次の三点で特徴が認められる。

(1) 甲乙二類の書き分けはイ列・エ列・オ列に限られ、ア列・ウ列には全く見られない。

(2) イ列・エ列の甲乙二類の書き分けは、カ（ガ）、ハ（バ）、マの三行に限られる。

(3) オ列ではア行、ハ（バ）行、マ行、ワ行を除いた他の行に甲乙二類の書き分けが見られる（『古事記』ではマ行のモにも）。

8母音（音素）説は、すでに述べたように、この分布上の特徴のうちの(1)と(3)を基盤として成立したものであるが、(2)も決して無視すべきではないと考える。確かに、この(1)と(3)だけを見るならば、甲類と乙類とで母音に相違があったという可能性は大きいし、また、その蓋然性も高いと考えられる。しかし、(2)の分布上の特徴を考慮に入れると、イ列・エ列の甲乙二類が母音の相違であったとすることは、かなり困難になると考えられる。従って、(2)を考慮に入れた上で、8母音（音素）説を主張するならば、それ相応の説明がなされなければならないであろう。つまり、8母音（音素）

説の立場から、イ列・エ列とオ列とでは、甲乙の書き分けのあり方が大きく異なっていて当然である、あるいは、イ列・エ列では、甲乙の書き分けがカ（ガ）、ハ（バ）、マの三行に限られていて当然である、ということを合理的に説明する必要がある。しかし、管見の限りでは、このことについて今日までに明確な説明が与えられたことはないようである。たとえば、イ列・エ列においても、かつてはすべての行に甲乙二類の区別があったと仮定し、上代語はその統合（崩壊）過程の一段階を示しているため、あるいは、イ列・エ列の甲乙二類の母音は二次的な発生によるものであるため、などと説明しても、なぜ他ならぬカ（ガ）、ハ（バ）、マの三行に限られるのかということに対する理由付け（説明）にはなっていないと認めざるを得ない。

8

　森博達（1981a）は、「原則として、漢字原音（唐代北方音）に直接基いて表記されている」と考えられる『日本書紀』歌謡の α 群（巻 14-19, 24-27）の字音仮名によって、上代日本語の母音音価の推定を試みた。そして、その推定音価をもとに音韻論的解釈を施して、/a,i,ï,u,e,o,ʌ/ の 7 母音音素を認める説を提唱した（1981b）。この森博達説は基本的には「8 母音説」に従うものと考えられるが、エ列乙類を /ʌi/ と解釈したのは、従来の 8 母音（音素）説の体系的な不自然さを解消しようとしたためである。エ列乙類を二重母音の /ʌi/ と解釈することについては、服部四郎（1984a）・松本克己（1984）の批判、7 母音音素の体系については、松本克己の批判（1984）がすでにあるので、それらに譲ることにして、ここでは、「漢字原音」からの解釈上の問題点を取り上げることにする。

9

　α 群の性格（漢字原音依拠説）について、平山久雄（1982, 1983）との間で論争があったことは周知の事実である。ここでは、平山久雄によって提起された問題、つまり、α 群の表記者の表記レヴェルの問題について、平山久雄とは異なる観点から取り上げてみる。

森博達（1981a）は、「α群の仮名は、音韻体系が簡単で音素数の少ない言語（日本語）を、音素数の多い言語（中国語）によって表わそうとしたものと言える」ことから「日本語の各音節の性質をより精確に表わし得る場合が多いと考えられる」と述べている。しかし、「上代日本語の母音音価の取り得る範囲を限定する」ことができるとしても、α群の仮名の漢字原音それ自体は、言うまでもなく推定されたものであり、しかも音声記号による表記ではない以上、その表記レヴェルの限界は自ずと明らかであると考える。そして、α群の表記者が捉えた特徴は、漢字原音で捉えられる範囲に限定されているわけであるから、α群の仮名が甲乙二類の特徴を余すことなく表記しているという保証はどこにもないということも留意しておく必要がある。このことは、いわゆるキリシタン資料、朝鮮語資料、中国語資料などによって、当時の音価を推定する際に問題となっている種々の事柄を想起すれば十分であろう。[3] つまり、α群の表記者の表記レヴェルは、単なる（機械的な）転写レヴェル（あるいは、単なる音声表記レヴェル）ではあり得ないわけである。従って、α群の仮名による実際の音価推定の過程では、当然のことながら、直接的に「具体的な音価」が分かるわけではなく、「具体的な音価」を導き出すためには、いくつかの推論を重ねるという手順を必要とする。なお、森博達は、α群の仮名が「万葉仮名資料中卓絶した価値をもつ」という「原音（依拠）説」の優位性の主張から、直ちに「（有坂）倭音説」を克服しない以上、「具体的な音価を推定しうるはずがない」という結論を下しているが、これはあまりにも短絡的でありすぎると考える。音価推定の作業というのは、種々の資料に基づいて、矛盾のない推論の積み重ねの結果として提示されるものであるから、推定音価というのは本来相対的なものであると考えるべきであろう。つまり、「原音説」「倭音説」のいずれにしても、最終的には、推定される音価の幅をどれだけ狭く絞ることができるかという問題になろうから、「倭音説」によっても、種々の推論の結果として、「具体的な音価」を導き出す（推定する）ことができるはずである。ただし、このように述べたのは、もとより音価推定に際しての、α群の優位性を否定する目的ではないので、念のため言い添えておく。なお、森博達の論法を推し進めると、漢字音

による音価推定・音韻史研究（「朝鮮漢字音」、「越南漢字音」、「日本漢字音」などによる研究）は、ある意味で成立し得ないことになるが、以上からも明らかなように、筆者はそうは考えない。

ところで、森博達説を具体的に検討すると、7母音音素説の解釈の基盤となる仮名の表記レヴェルについて、森博達とは異なった形で解釈することが可能であり、その解釈の成立する蓋然性も高いと考えるので、筆者の見解を述べてみたい。

10

まず、イ列・エ列甲乙二類について、α 群の仮名の韻類をまとめて表示する（詳しくは、森博達 1981a, 1981b を参照されたい）。

○イ列の甲乙二類

甲類　　キ・ヒ・ビ・ミ　　［支］・［脂］両韻のA類字　………（ア）

乙類 { キ・ギ　　　　［之］韻のC類字　……………（イ）
　　　 ヒ　　　　　　［支］・［脂］両韻のB類字　……（ウ）
　　　 ミ　　　　　　［微］韻のC類字　……………（エ）

○エ列の甲乙二類

甲類 { ケ・ヘ・ベ・メ　［齊］韻四等字　………………（オ）
　　　 ヘ　　　　　　　［祭］韻のA類字　……………（カ）

乙類 { ケ・ゲ・ヘ　　　［咍］韻字　……………………（キ）
　　　 ヘ・メ　　　　　［灰］韻字　……………………（ク）

森博達は、このような韻類の用法から、「甲乙両類の対立は、子音が口蓋化しているか否かの対立で、中核母音音素はそれぞれ同じである」とする服部四郎の（初期の）6母音音素説を否定し、従来の母音説の正当性を主張した。つまり、イ列では、「キ甲」に口蓋的介母をもつ［支］・［脂］両韻のA類字（[-i]）が用いられているのに対し、「キ乙」には非口蓋的介母をもつ［支］・［脂］両韻のB類字（[-ɪi]）が用いられずに、主母音の異なる［之］韻のC類字（[-ɪǝɪ]〜[-ɪː]）のみが用いられていること、エ列でも、甲類に口蓋的介母をもつ［祭］韻のA類字（[-iɛi]）が用いられているのに対し、

乙類には非口蓋的介母をもつ［祭］韻のB類字（[-ɪɛi]）が用いられずに、主母音の異なる［咍］（［灰］）韻字（[-ʌi]）のみが用いられていること、などを論拠に、イ列・エ列甲乙二類を母音の相違と判断したわけである。しかし、（ア）と（イ）から「中核母音の前舌対非前舌の違い」を弁別的特徴と捉えることは一応問題ないとしても、（ウ）が「子音側からの拘束を受けた」用法であるにせよ、（ア）と（ウ）で、口蓋的介母（A類）と非口蓋的介母（B類）の対立をなおかつ弁別的特徴として利用していることは無視できない事実である。また、イ列甲乙二類全体としては、（ア）と（イ）・（ウ）・（エ）の対立が見られるので、A類の口蓋的特徴に対して、B・C類には非口蓋的という共通の弁別的特徴を設定することが可能であり、エ列甲乙二類の（カ）と（キ）・（ク）の対立についても全く同様に考えることができる。

　音声学的なレヴェルでは、甲類と乙類とで、各々の子音・母音が実際に互いに異なる音声的な実現をしていたと考えられるので、（ア）と（イ）などに見られる主母音の音色の差異をそのような音声的実現として捉えるならば、音韻論的にはその差異を非弁別的（余剰的）特徴であったと解釈することは差し支えないと考える。従って、音韻論的なレヴェルにおいて、子音が口蓋化しているか否かというを特徴を弁別的と認め、「中核母音音素」が同一で、「子音音素」が異なると解釈する（初期の）服部説は、α群の漢字原音の検討からも、合理的で矛盾がないと考える。

　α群の表記者が乙類に非口蓋的介母をもつB類字を用いなかった理由については、筆者は次のように説明する。α群の表記者は、漢字原音の「手持ちの駒」を最大限に利用して、弁別的特徴（口蓋的：非口蓋的）と非弁別的特徴（主母音の音色の相違）の両方を反映させるように、韻類を特に選んで表記したためであると。つまり、甲乙二類の対立をより明瞭に際立たせて区別するために、あるいは、甲乙二類の対立があることを明示するために、弁別的特徴だけでなく、非弁別的特徴を積極的にかつ有効に利用したと考えるわけである。なぜそのような表記をしたのかということについては、『日本書紀』の性格、α群の表記者の問題などに直接関わって来るので、ここではこれ以上言及することを差し控えたい。^(補注1)

以上のような検討から、森博達の論証によって、服部四郎説が否定され、「母音説」の正当性が証明されたことにはならないと考える。また、かりに、森博達説が正しく、α群の表記者がイ列・エ列の甲乙二類を主母音だけの相違として捉えた表記をしたとしても、そのことと上代日本語の音韻論的な解釈とは区別しなければならない。つまり、α群の表記者は（言語学的な観点から）音韻論的解釈を施したわけではないのであるから、α群の表記者が捉えた音声的差異に基づいて、われわれが体系的な観点から新に音韻論的解釈を行なう必要があるわけである。因みに、森博達の 7 母音音素説でも、イ列・エ列甲乙二類の分布上の特徴（カ・ガ、ハ・バ、マの三行に限られる）を合理的に説明し得ないことは、従来の 8 母音（音素）説と同様である。

11

ところで、オ列甲乙二類は、語の音節の排列においてかなり特異な分布上の制約（語音排列則 phonotactics）[4]が認められるのであるが、有坂秀世（1934b）は、この現象を次のような「音節結合の法則」としてまとめた。いわゆる有坂法則（あるいは有坂・池上法則）と呼ばれるものである。

  第一則 甲類のオ列音と乙類のオ列音とは、同一結合単位内に共存することが無い。

  第二則 ウ列音と乙類のオ列音とは、同一結合単位内に共存することが少ない。就中ウ列音とオ列音とから成る二音節の結合単位に於て、そのオ列音は乙類のものではあり得ない。

  第三則 ア列音と乙類のオ列音とは、同一結合単位内に共存することが少ない。

亀井孝（1954）は、この有坂法則について、共時論的にはオ列乙類に関する「連音法則」であると見なした上で、オ列甲乙二類が「音韻論的対立の機能を実際に発揮する」のは、(1)オ列甲類・乙類の「一音節語が同時に存在するばあい」であり、(2)オ列甲類だけが「二音節またはそれ以上の連続をなすことによって、（中略）対立の起きるばあい、この二つのばあいに限られる」という注目すべき見解を示した。(1)の該当例は次の如くである。[5]

1. 上代日本語の母音体系　17

　　ko_1《児；籠；小；粉》　　　：ko_2《木；此（代名詞）；来（命令形）》
　　ko_1-su《越す》　　　　　　：ko_2-su《来す》
　　ko_1-pu《恋ふ》　　　　　　：ko_2-pu《乞ふ》
　　ko_1-ju《越ゆ》　　　　　　：ko_2-ju《臥ゆ》
　　so_1《十；磯；麻》　　　　　：so_2《背；衣；其（代名詞）；そ（助詞）》
　　to_1《外；戸；門；聡》　　　：to_2《と（助詞）》
　　no_1《野》　　　　　　　　　：no_2《矢竹；の（助詞）》
　　mo_1《妹》　　　　　　　　　：mo_2《藻；も（助詞）》
　　jo_1《夜；よ（助詞）》　　　：jo_2《代；四；吉；よ（助詞）》

なお、(2)に該当する例はko_1ko_1《擬声語》：ko_2ko_2《此》ぐらいで、実際には殆ど存在しない。それは、"オ列甲類は同一結合単位内において原則として共存することがない"ためである。有坂秀世がこの現象を音節結合の法則として立てなかったのは、恐らく「母音調和」（あるいは「母音調和の名残」）と相容れない現象であったからであろう。因みに、$poto_1$《程》：$poto_2$《陰》は、(2)の類例に掲げてよいかも知れない。その他、2音節語における最小対（minimal pair）は、

　　ko_1si《越（国名）》　　：　ko_2si《腰》
　　$sino_1$-pu《偲ふ》　　　：　$sino_2$-bu《忍ぶ》
　　$siro_1$《白》　　　　　　：　$siro_2$《代》

などが挙げられる程度である。

　以上のように、オ列甲乙二類が音韻的対立をなす例は、他の音節に比べて極度に少ないのであるが、これは、亀井孝（1954,1964）の説くように、オ列甲類同士の結合が極めて少なく、しかもオ列甲類が語頭に位置する例も僅少であったことが、その原因となっていることは明らかである。従ってまた、「音節結合の法則」すなわち「語音排列則」の制約からくる当然の現象ということになるが、これらの点を語学の立場から明示的に述べ、オ列甲乙二類の性格とその区別の廃棄（統合）について理論的な根拠を提示した点で、亀井孝の研究は画期的なものであった。(6)(補注2)

12

　ところで、上代語の語音排列則について、有坂秀世・亀井孝とは全く異なった観点から論じたものに松本克己（1975）がある。松本克己は、上代語に現れる a～o という形の母音交替の現象に着目し、それが現れる語幹の音節構造に従って、四つの型に分けた。

　　(1) CaCa～CoCo　　　：pasa〔狭〕～poso〔細〕
　　(2) CuCa～CuCo　　　：kura〔暗〕～kuro〔黒〕
　　(3) Ci Ca～Ci Co　　 ：pira〔開〕～piro〔広〕
　　(4) Ca　～Co　　　　 ：ka　〔彼〕～ko　〔此〕

そして、a の交替母音としての o が、万葉仮名の甲乙の区別ある音節においていかなる表記で現れるかについて、次の三つの原則（規則）を示した。

　　(一) CaCa～CoCo　　：　o_2 が現れる
　　(二) CuCa～CuCo　　：　o_1 が現れる
　　(三) Ci Ca～Ci Co　　⎫
　　(四) Ca　～Co　　　　⎬　：　o_2/o_1 が現れる

　ここで示された原則の(一)(二)は、「音節結合の法則」の第一則と第二則にほぼ相当する。ただし、(一)は「CoCo において o_1 は現われない」ということを意味しているので、第一則とは「必ずしも同じでない」とする。さらに、この(一)(二)は「o_2 と o_1 は同じ a の交替母音 o の異なった音節構造における異なった表記上の現われである」と解釈し、「共時論的には、同一音素の結合変異（combinatory variant）ないし「環境変異音」（allophone）という関係でとらえることもできよう」と述べている。従って、オ列甲乙二類が「概略"補い合う分布"をなしている」と認めた上で、「奈良時代のオ列母音はただ一つ /o/ で、甲・乙の書き分けは、（中略）単なる変異音現象の反映物にすぎ」（松本克己 1976a）ないと解釈する。ここで、松本克己が「概略"補い合う分布"をなしている」と述べているのは、(三)(四)において「甲・乙の現れ方はかなり無原則的で、首尾一貫しない。ある語では o_1，別の語では o_2、さらにまた同一の語が甲・乙両様に表記され」ているためである。ただし、(四)の単音節語においては、概略的に、(1)独立的な単音節名詞では

o₁が現れる。(2) 非独立的な単音節語ではo₂が現れる。という規則があって、「この場合も、o₁とo₂は「補い合う分布」をなすと見做し得る」と述べ、「単音節語におけるオ列甲乙のこの特異な現れ方」は、「独立的単音節名詞」が、「上代においても若干長めに発音されていて、おそらくこの現象がこのような表記上の違いとなって反映したものと思われる」と説明している。

　このような松本克己の解釈に対して、清瀬義三郎則府（1989）は「異音とは同一音素の環境的変異音であるから、いづれの変異音が「音声学的に（phonetically）」具現するかは、常に予知可能（predictable）なのであつて、予知不可能な異音といふものは存在しない。然るに、オ列に於ける甲類と乙類の別は単音節語にあつてさへ語によつて一定してゐるのである。（中略）これら単音節語の甲乙別は全く予知不可能であり、此の点だけでも「異音説」は否定される事にならう」と述べ、松本克己の「異音」に関する解釈上の問題点を指摘した。また、服部四郎（1976b, 1976c）は、「概略"補い合う分布"をなしている」ことは認めるが、完全な相補分布をなしているわけではなく、少数ながらも確実な「音韻的対立」の例が存在することから、それぞれ異なった音素に該当すると主張した。大野晋（1976）も「例えば、助詞のヨには甲乙両方あるが、ヨ甲は、出発点、経過点や手段を表わし、ヨ乙は終助詞または間投助詞である。また、コフという動詞はコ甲フとコ乙フがあり、コ甲フは「恋ふ」であり、コ乙フは「乞ふ」である。また、コ甲シは国名「越〈こし〉」であり、コ乙シは「腰」である。またコ甲スは「越す」であり、コ乙スは「来〈こ〉す」である。このようにオ列甲乙は意味を区別する機能と深くかかわっているもので、単なるallophoneであると見ることはできないと思う」と述べている。

　オ列甲乙二類が「概略"補い合う分布"をなし」、2音節以上の単語において、最小対（minimal pair）がほとんど存在しないのは注目すべき事実ではあるが、少数ながらも確実な「音韻的対立」例が存在する以上、服部四郎・大野晋・清瀬義三郎則府などの見解に従うべきであろう。

13

　オ列甲乙二類について、分布上の特徴（あるいは、母音の交替現象）を基に通時的な解釈を与えることと、共時的（体系的）観点から音韻論的に解釈することとは、明確に区別しなければならない。小松英雄（1981）がサ行音の「シ」を例として「音韻論的解釈は歴史的事情と無関係になされるものなのである」と述べているが、内的再建の方法によって歴史的再構を行なう場合であっても例外ではないと考える。また、もしオ列甲乙二類の書き分けが「単なる変異音現象の反映物にすぎ」ないとすれば、小松英雄（1981）が述べるように「奈良時代の真仮名に、もし音韻論的対立のない母音が、これほど詳しく書き分けられているとしたら、それは日本語の音韻史料として、まことにぜいたくというべきであるが、ただ一つ気になるのは、そのぜいたくさが、母音の書き分けだけに限って指摘されている」ことについての合理的な説明がなされなければならないであろう。つまり、「子音にもそれと併行した余剰的な書き分けが認められるという確実な報告がなされるか、さもなければ、子音については余剰的な書き分けがなされないのが当然であるという理由づけが与えられる」（補注5）必要があるわけである。

14

　以上、松本克己の5母音音素説で、もっとも議論が集中したオ列甲乙二類について、その解釈上の問題点を検討し、オ列甲乙二類が母音音素の対立であると解釈する説が妥当であることを明らかにしてきた。すでに述べたように、筆者は、イ列・エ列の甲乙二類については、子音音素の相違と解釈する（初期の）服部四郎説（補注6）が妥当であると考えるので、結局、上代日本語の母音は /a, i, u, e, o, ö/ の6母音音素であったと解釈する立場に従っている。（補注7）

ア列	'a	ka	ga	tsa	dza	ta	da	na	pa	ba	ma	'ja	ra	'wa	
イ列 {	'i	ki	gi	tsi	dzi	ti	di	ni	pi	bi	mi	/	ri	'wi	（乙）
		kji	gji						pji	bji	mji				（甲）
ウ列	'u	ku	gu	tsu	dzu	tu	du	nu	pu	bu	mu	'ju	ru	/	

エ列	'e	ke	ge	tse	dze	te	de	ne	pe	be	me	'je re 'we	(乙)
		kje	gje						pje	bje	mje		(甲)
オ列	'o	kö	gö	tsö	dzö	tö	dö	nö			mö	'jö rö	(乙)
		ko	go	tso	dzo	to	do	no	po bo		mo	'jo ro 'wo	(甲)

　6母音音素説に従う理由は、分布上の特徴とより蓋然性の高い母音体系の再構とともに、拗音（開拗音・合拗音）の生成、いわゆる母音脱落・転成・同化などの諸現象を合理的に説明することができると考えられるからである。なお、イ列・エ列の甲乙二類については、本書第Ⅰ部第4章「推古期における口蓋垂音の存在」で、さらに具体的に検討を加えるとともに、拗音の生成については、第5章「合拗音の生成過程」、第6章「開拗音の生成過程」で、筆者なりの解釈を示すこととする。

[注]
(1) 村山七郎（1977）は「甲類、乙類オ列音が「相補分布」をなすから同一母音をもつという松本説は、服部氏の指摘をまつまでもなく、成りたたない。他方、キヒミ、ケヘメ甲、乙を口蓋化、非口蓋化によって説明することについて見れば、口蓋化、非口蓋化が母音の相違によって制約されていることは否定できない。松本・服部説にもかかわらず、キヒミ、ケヘメの甲、乙が母音のちがいによって区別されているという説がくつがえされたわけではない」とし、8母音（音素）説を支持する。
(2) 『国語学大辞典』（1980）の項目「母音調和」（柴田武執筆）にも、同じ解釈が見られる。
(3) 因みに、日本語のラ行音あるいはダ行音が、/r, l, d/ を区別する英語によって、r, l, dの三種で写されていることなども参照。
(4) David Crystal（1980）で、"A term used in PHONOLOGY to refer to the specific ARRANGEMENTS (or 'tactic behaviour') of sounds or PHONEMES which occur in a language." と解説されている。「語音排列則」という訳語は小松英雄（1986）に従う。
(5) 森山隆（1961）が疑問符をつけて掲げた to_1-pu《問ふ》: to_2-pu《訪ふ》、to_1-ru《殺る》: to_2-ru《取る》、so_1-pu《添ふ》: so_2-pu《副ふ》なども、加えることができよう。なお、ko_2-ru《伐る；凝る；懲る?》、so_2-mu《染

む；始む》、no₂-mu《飲む；祈る》、no₂-ru《告る；乗る》、mo₁-ru《漏る；守る；盛る?》、jo₂-ru《縒る；因る；寄る》などは、対立する相手を持たないものである。このような例からもオ列甲乙二類の「機能効率」は低かったことが知られる。

(6) 釘貫亨の一連の論考は、この「延長上に位置するものである」（釘貫亨 1988）と認められる。

(7) jo₁《夜》：jo₂《代》については、松本（1976b）も「"最小対立例"とすることは一応可能であろう」と述べている。

(8) 形態音韻論的な観点から見ると、松本克己の指摘する単音節語のオ列甲乙の現れ方は注目に値する。なぜそのような偏りが生じているのか興味の惹かれるところである。ただし、音韻論的解釈に形態音韻論的な観点を持ち込むと議論が混乱するので注意が必要である（補注3参照）。因みに、現代語の引き音節（長母音）、ガ行鼻音［ŋ］などの音韻論的解釈においても同様の問題がある。この点については三根谷徹（1979）を参照されたい。

[補注]

(1) 森博達（1999）が論証したように、α群の表記者が中国人であるとすれば、このような表記法を採用したことの意義は自ずと明らかである。なお、本書第Ⅰ部第7章「サ行子音の歴史」の6節参照。

(2) 多少長くなるが、亀井孝（1964）の所説をここで引用しておきたい。「かりにこれ【有坂法則】を積極的にいいかえるなら、A　乙類のオ列音は、乙類のオ列音とのみ結合する。B　甲類のオ列音は、ア列音、ウ列音と結合する。となるはずである。これを図式化すると右図【図は省略】のようになる。この図式において、－をもって示したのは音節と音節とのあいだがらの関係をあらわすが、そのあいだがらを決定するのは、初項に立つ音節それ自体がもつ内在的な性格である。つまり、初項に立つ音節が、オ列乙類であるか、あるいはア列・ウ列・オ列甲類のいずれかの音であるかによって、二音節目以下にくる音節が、必然的に決定する（当然ながら、AとBとはそれぞれ自立的なものであるとともに、相互に排他的関係にあると認められる）。」とした上で、「結合法則におけるAとBとの排他的関係を決定するのは、初項にくる音節それ自体の性格によるもので」あり、「Bにおいて、初項にオ列甲類音が位置する例もきわめて僅少で、（中略）Bにおけるオ列甲類音は、初項にくるア列音・ウ列音の力によって、その存立を保持しえていた度合が大きいことを物語っている。これらの点より

すれば、全般的にいって、オ列甲類音の機能負担量は、小さいと認められる」と述べている。そして、「結合法則がくずれてゆく原因は、じつはそこに内在していた。つまり、結合の関係をはなれてみた場合、オ列甲類音とオ列乙類音とでは、相互にその区別を廃棄しても、それほどの支障にはならないとみなされる。このように、結合のさいはア列音・ウ列音のささえによるところが大であり、結合をはなれては、オ列乙類音との混同はさしたる支障とならないとすれば、しょせんはオ列両類音の区別は、その存在の根拠を失うことになるのである。」との解釈を示している。

因みに、「音節と音節とのあいだがらの関係」については、亀井孝（1978）において「χと非χとのそれぞれの特徴は、その——χか非χかの——いずれかをふくむそれぞれの単位のその全体をそれぞれにつらぬいてこれを"くしざし"にする形をとることにより、それ自身としては非連続（"離析"）の単位であるそれぞれのフォーネーマの、その連続（連鎖）を支配する、そういう機能をここにそれぞれの"くし"として発揮せしめることとなるのである。いいかえれば、χをふくむ単位と非χをふくむ単位とがそれぞれにその特徴をもってみずからを統括する」のように敷衍されている。

また、「機能負担量とは、一つの言語において、一つの音韻の違いのみによって、異なる単語となる例が、各音節についてどれだけあるかの問題であり、各単語の頻度数に関連するものである」と説明している。

(3) 犬飼隆（1989）に対する小倉肇（1990）の見解もこの観点からのものである。本書「【補説】『古事記』における「ホ」の甲乙二類の存在」を参照。

(4) 松本克己（1976b）も指摘するように「オ列甲乙は意味を区別する機能と深くかかわっている」とすれば、かなり大きな言語外の要因がなければ、「言語の伝達の機能にとって重大な障害をひき起こ」すような変化は生じなかったと考えられる。平安時代に入って、オ列甲乙二類が統合してしまうのは、オ列甲類の機能負荷量が非常に小さかったということが基盤としてあったためと考えて間違いはないであろう。

(5) 小松英雄（1981）は、そのような報告、理由づけが与えられるまでは「五母音説・六母音説を体系的考察の結果としては評価できないように思う」と述べているが、この評価については問題があると考える。なぜなら、5母音説・6母音説ともに、イ列・エ列甲乙二類については、いずれも（子音音素による）音韻的対立と認めているし、さらに、6母音説ではオ列甲乙二類も（母音音素による）音韻的対立と解釈しているからである。つま

り、小松英雄の指摘は、5母音説におけるオ列甲乙二類の解釈についてだけ該当するものと考えるべきであろう。

(6) 服部四郎は、イ列・エ列甲乙二類の初期の解釈——すなわち「何故「甲類キ」を /kji/ と音韻表記したか。それは、[kʼi] と [kⁱi] との対立のある音韻体系では、「口蓋化」という音声的特徴が弁別特徴として決定的役割を演じ、かつ、上代日本語では、甲類の「ギ(ママ)、ヒ、ビ、ミ」等々にも同じ「口蓋化」という音声的特徴があったと考えたから、経済の作業原則に従って、音素として抽出せざるを得ず、それを /j/ で表記したのに過ぎない」(服部四郎 1983) とする解釈——を変更し、服部四郎 (1976c) で、「/j/ は下つきの小キャピタル字 /ᴊ/ で、/ɪ/ は普通の /j/ で表わすことにする。例えば、「キ甲」/kᴊi/、「ケ甲」/kᴊe/、「ヤ」/ja/、「ヤ行のエ」/je/ など」とした。さらに、この「キ甲」に対して提案した /kᴊi/ という音韻表記は、不適当であるとし、服部四郎 (1983) では「一般共時音韻論的観点からすれば、[kʼi] が無標で、[kⁱi] が有標なのが普通である。上代日本語についても同じ見方ができるから、「キ甲類」に対しては /ki/ という無標音韻表記をするのが良く、「キ乙類」に対しては別の音韻表記を考える」とし、「子音と母音の結びつき方(かた)が普通でないことを表わすために、子音字と母音字の間に小さい丸○を上つきで入れて、「キ乙類」を /kᵒi/ のように表わそうと思う」とする新説を提案した。従って、服部四郎の新説によれば、イ列・エ列甲乙二類は、次のように音韻表記されることになる。

甲類	乙類	甲類	乙類
/ki/	/kᵒi/	/ke/	/kᵒe/
/pi/	/pᵒi/	/pe/	/pᵒe/
/mi/	/mᵒi/	/me/	/mᵒe/

服部四郎 (1976c) で「「無標」「有標」とは音節全体の頻度のことで、頻度の非常に高い「甲」を無標とするわけだが、音節の構造はそれと平行関係にあるとは限らないと思う。「エ段」では果たして「甲」の方が頻度が高い(無標)であろうか」と述べているように、有標・無標と音韻論的解釈・音韻表記とは切り離して考えるべきである。エ列では、「ケ乙・ヘ乙」は有標であるが、「メ乙」は無標であり、平行関係にはない。因みに、オ列の甲類は有標であり、乙類は無標であるが、その音韻表記は、甲類母音 /o/、乙類母音 /ö/ であって、オ列乙類は無標音韻表記にはなっていない。また、/ᵒ/ の音韻的な位置づけ(松本克己 (1984) は「音素的ステー

タス」と表現している）の問題が不明確であり、服部四郎のこの新説には直ちに従うことができない。筆者は、「口蓋化」という音声的特徴を /j/ で表記する初期の服部説に賛意を表する。この初期服部説は、中古音の脣牙喉音の重紐の音韻論的解釈（三根谷徹説）とも関連し、イ列・エ列の甲乙二類の分布および開拗音の生成（「あきま」に入る音）などをうまく説明できるからである。

　開拗音の生成については、次のように筆者は考えている。カ行（ka, ki, kji, ku, ke, kje, ko, kö）を例にとれば、ka, ki, ku, ke, ko: (　), kji, (　), kje, (　) において、「あきま」の（　）に入る音として、開拗音の kja, kju, kjo が生成されるということである。ハ行・マ行も同様に考えることができる（本書第Ⅰ部第6章「開拗音の生成過程」参照）。

　なお、6母音音素説は、イ列・エ列については子音の相違、オ列については母音の相違というように、同じ甲乙二類の名称を使用しながら異なった説明をしなければならない点に、やはり素朴な疑問と抵抗があるように見受けられる。もっとも、この点を考慮して、服部四郎はオ列については「陰類、陽類」にあえて名称を変更したが、「甲類、乙類」の単なる言い換えにすぎないと受け取られているようで、服部四郎の意図が理解されたとは言えないのが現状であろう。そしてまた、この6母音音素説では、イ列・エ列において、音声的には「母音の違い」を認めた上で、音韻論的には「母音音素は同一で子音音素が異なる」とする解釈に、大きな抵抗があり、この場合の音声と音韻との区別（レヴェルの相違）がなかなか理解しがたいようである。筆者は、音韻論的解釈とは、「音声的実現をよく説明できるような単位としての音素 phoneme と韻律素 prosodeme（或いは segmental phoneme と suprasegmental phoneme）を認定する作業であり、その結果として示されるものである」（三根谷徹 1979）との考え方に従っている。「子音音素の相違」と解釈する説が、当初から、主として、イ列・エ列の甲乙二類がカ・ハ・マ行に限られるという分布上の特徴より蓋然性の高い母音体系の再構ということにあったことは、やはり忘れてはならない。イ列・エ列の前舌母音（i, e）とカ・ハ・マ行の非舌尖子音（k, p, m）との結合においてのみ甲乙の区別が見られるということについて、「母音の相違」であったとする説に立っては、音韻体系・音韻構造の観点からの合理的な説明はできないのである。

(7) サ行・ザ行子音は破擦音の /ts-/, /dz-/、ハ行・バ行子音は破裂音の /p-/, /b-/ として再構する（本書第Ⅰ部第7章「サ行子音の歴史」参照）。

以下同断。

[補記]

11節－13節は、第2章のもとになった論文「オ列甲乙の合流過程に係わる問題―u～o_1の音相通現象をめぐって―」の1節・2節（「五母音（音素）説」の箇所）による（本書第Ⅰ部第2章補記2参照）。

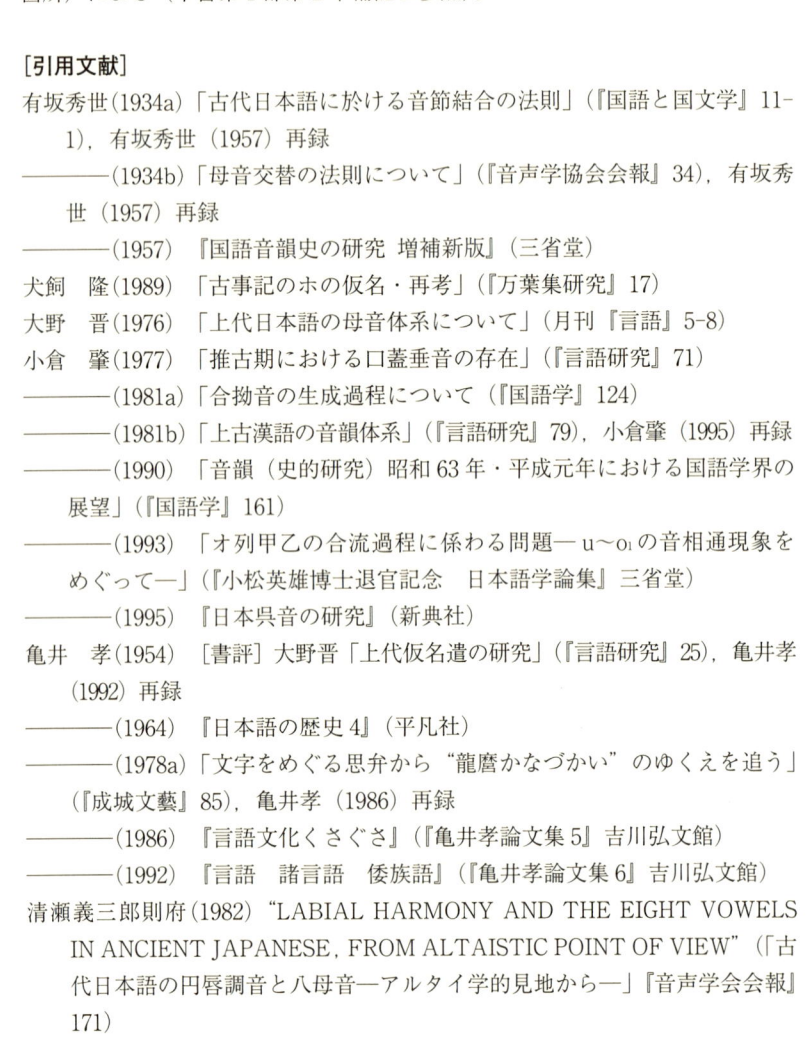

[引用文献]

有坂秀世(1934a)「古代日本語に於ける音節結合の法則」(『国語と国文学』11-1)，有坂秀世（1957）再録

―――(1934b)「母音交替の法則について」(『音声学協会会報』34)，有坂秀世（1957）再録

―――(1957)『国語音韻史の研究 増補新版』（三省堂）

犬飼　隆(1989)「古事記のホの仮名・再考」(『万葉集研究』17)

大野　晋(1976)「上代日本語の母音体系について」(月刊『言語』5-8)

小倉　肇(1977)「推古期における口蓋垂音の存在」(『言語研究』71)

―――(1981a)「合拗音の生成過程について（『国語学』124)

―――(1981b)「上古漢語の音韻体系」(『言語研究』79)，小倉肇（1995）再録

―――(1990)「音韻（史的研究）昭和63年・平成元年における国語学界の展望」(『国語学』161)

―――(1993)「オ列甲乙の合流過程に係わる問題― u～o_1 の音相通現象をめぐって―」(『小松英雄博士退官記念　日本語学論集』三省堂)

―――(1995)『日本呉音の研究』（新典社）

亀井　孝(1954)[書評]大野晋「上代仮名遣の研究」(『言語研究』25)，亀井孝（1992）再録

―――(1964)『日本語の歴史4』（平凡社）

―――(1978a)「文字をめぐる思弁から"龍麿かなづかい"のゆくえを追う」(『成城文藝』85)，亀井孝（1986）再録

―――(1986)『言語文化くさぐさ』(『亀井孝論文集5』吉川弘文館)

―――(1992)『言語　諸言語　倭族語』(『亀井孝論文集6』吉川弘文館)

清瀬義三郎則府(1982) "LABIAL HARMONY AND THE EIGHT VOWELS IN ANCIENT JAPANESE, FROM ALTAISTIC POINT OF VIEW"（「古代日本語の円唇調音と八母音―アルタイ学的見地から―」『音声学会会報』171)

―――(1989)「日本語の母音組織と古代音価推定」(『言語研究』96)
釘貫　亨(1988)「上代オ列音の変遷に関する学説」(『国語国文』57-1)
国語学会編(1980)『国語学大辞典』(東京堂出版)
小松英雄(1981)「日本語の音韻」(『日本語の世界7』中央公論社)
―――(1986)「うめ　に　うくひす」(『文芸言語研究　言語篇』10), 小松英雄（1997）再録
―――(1997)『仮名文の構文原理』(笠間書院, 増補版 2003)
柴田武・三石泰子(1976) "Historical Relationship between the Nara-Period Old Japanese and the Dialect of Shiba, Kakeroma, Amami Islands" (『言語学論考　井上和子教授に献げる論文集』研究社)
城生伯太郎(1977)「現代日本語の音韻」(岩波講座『日本語5　音韻』岩波書店)
上代語辞典編集委員会(1967)『時代別国語大辞典　上代編』(三省堂)
服部四郎(1976b)「上代日本語の母音体系と母音調和」(月刊『言語』5-6)
―――(1976c)「上代日本語の母音音素は六つであって八つではない」(月刊『言語』5-12)
―――(1979)「日本祖語について・19」(月刊『言語』8-9)
―――(1981)「柴田武君の奈良時代日本語八母音音素説を駁す」(月刊『言語』10-2)
―――(1983)「講演「橋本進吉先生の学恩」補説（三）」(月刊『言語』12-5)
―――(1984a)「中古漢語と上代日本語― paper phonetics 的思考を防ぐために―」(月刊『言語』13-2)
平山久雄(1982)「森博達氏の日本書紀 α 群原音依拠説について」(『国語学』128)
―――(1983)「森博達氏の日本書紀 α 群原音依拠説について, 再論」(『国語学』134)
松本克己(1975)「古代日本語母音組織考―内的再建の試み―」(『金沢大学文学部論集　文学編』22), 松本克己（1995）再録
―――(1976a)「日本語の母音組織」(月刊『言語』5-6)
―――(1976b)「万葉仮名のオ列甲乙について」(月刊『言語』5-11)
―――(1984)「言語史の再建と言語普遍」(『言語研究』86)
―――(1995)『古代日本語母音論―上代特殊仮名遣の再解釈』(ひつじ書房)
三根谷徹(1979)「現代日本語の長母音について―その「音韻論的解釈」―」(『国語研究』42)
村山七郎(1977)「日本語の成立（追記）」(『講座国語史Ⅰ　国語史総論』大修

館書店)
森　博達(1981a)「唐代北方音と上代日本語の母音音価」(『同志社大学外国文学研究』28)
――――(1981b)「漢字音より観た上代日本語の母音組織」(『国語学』126)
――――(1999)　『日本書紀の謎を解く　述作者は誰か』(中央公論社)
森山　隆(1961)　「上代オホヲ音節の結合的性格」(『文学研究』60),森山隆 (1971) 再録
――――(1971)　『上代国語音韻の研究』(桜楓社)
David Crystal (1980) A First Dictionary of Linguistics and Phonetics (The Language Library. London)

2. オ列甲乙の合流過程
——u〜o_1の音相通現象——

0

　上代日本語のオ列甲乙二類の統合（合流）については、今日まで種々の考察がなされてきているが、その音韻変化が体系に与えた影響ないし他の音素に与えた影響については、従来それほど問題とはされていないようである。本章では、上代日本語の母音体系の観点からオ列甲乙二類の合流過程の問題を議論の中心に据えて考えてみることにしたい。

1

　前章では、イ列・エ列甲乙二類が子音音素の対立、オ列甲乙二類が母音音素の対立であると解釈する説（いわゆる6母音音素説）が最も妥当であることを明らかにした。ここで、有坂秀世（1955）が「奈良朝時代に於て、同一の語が或は {u} を含む形を以て、或は {o} を含む形を以てあらはれる例は相当多い」と指摘した、いわゆるウ列とオ列甲類との「音相通」の問題について考察を進めることにする。まず、有坂秀世の挙例を含めて、それに該当すると見られる用例を以下に列挙する（多少問題となるものも含まれている）。(補注1)

　　「手腓」タクブラ（「陀倶符羅」紀75）　　タコムラ（「多古牟良」記97）
　　「胡座」アグラ（「阿具良」記96）　　　　アゴラ（「阿娛羅」紀75）
　　「和」　ナグシ（「奈具志久」逸文丹後風土記）　ナゴヤ（「奈胡也」万524）
　　「黄金」クガネ（「久我祢」万4094）　　　コガネ（「古加祢」和名抄）
　　「拆釧」サククシロ（「佐久久斯侶」神代記）　サコクシロ（「佐古久志侶」皇太神宮儀式帳）
　　「少」　スクナシ（「須久奈久毛」万3743）　スコシ（「須古志」新撰字鏡）

「真澄」　マスミ（「真墨乃鏡」万3885）　　マソミ（「真十見鏡」万3314）
「掠」　　カスム（名義抄）　　　　　　　　カソブ（「加蘇毘」宣命19）
「清」　　スガスガシ（「須賀須賀斯」神　　ソガソガシ（「宗々我々志」播
　　　　　　　　　　　　　　代記）　　　　　　　　　　　　　磨風土記）
「安河」　ヤスノカハ（「天安之河」神代記）ヤソノカハ（「天八十河」神代紀）
「磯」　　イス（「伊須能箇瀰」紀94）　　　イソ（「伊蘇」万3619）
「数」　　カズ（「加受」万3963）　　　　　カゾフ（「加俗閇」万890）
「栂」　　ツガ（「都賀」万324）　　　　　　トガ（「刀我」万907）
「跡状」　タヅキ（「多豆伎」万4078）　　　 タドキ（「多度伎」万3777）
「鴨着」　カモヅク（「軻茂豆句志磨」紀5）　カモドク（「加毛度久斯麻」記9）
［人名］　ワカヌケ（「若沼毛二俣王」応　　ワカノケ（「若野毛二俣王」応
　　　　　　　　　　　　　　神記）　　　　　　　　　　　　　神記）
「楽」　　ウタダヌシ（「于多娜濃芝」紀33）ウタダノシ（「宇多陀怒斯」記40）
「被」　　カガフリ（「可賀布利」万892）　　カガホリ（「加々保利」新撰字鏡）
「慰」　　ナグサムル（「奈具佐牟流」万　　ナグサモル（「名草漏」万509）
　　　　　　　　　　　　　　889）
「叢雲」　ムラクモ（「天叢雲剣」神代紀上）モラクモ（「茂羅玖毛」景行紀）
「萎竹」　ナユタケ（「名湯竹」万420）　　　ナヨタケ（「奈用竹」万217）
「一夜」　ヒトユ（「比登由」肥前風土記）　ヒトヨ（「比等欲」万3657）
「揺」　　アユク（「安由介留」承徳本古　　アヨク（「阿用久」万4390）
　　　　　　　　　　　　　　謡集）
「脚結」　アユヒ（「阿由臂」紀73）　　　　アヨヒ（「阿庸比」紀106）
［助詞］　ユ（「由」万4245）　　　　　　　ヨ（「欲」万4094）
［助詞］　ユリ（「由利」万4321）　　　　　ヨリ（「欲利」万4461）
［副詞］　タユラニ（「多由良尓」万3392）　 タヨラニ（「多欲良尓」万3368）
「眉」　　マユ（「万由」和名抄）　　　　　マヨ（「麻用賀岐」記42）
「主」　　アルジ（書紀古訓）　　　　　　　アロジ（「安路自」万4498）
「著」　　シルシ（「辞流辞」紀65）　　　　イチシロシ（「伊知之路久」万
　　　　　　　　　　　　　　　　　　　　　　　　　　　　　　3935）

2. オ列甲乙の合流過程　31

「軽」　　カル（「加流乃袁登賣」記84）　　カロシ（名義抄）
「遥」　　ハルケシ（「波流気之」万3988）　ハロハロ（「波魯波魯尓」紀109）
「申」　　マウス（「麻宇勢」万4061）　　　マヲス（「麻乎佐祢」万4409）
「現」　　ウツツ（「宇豆都」万807）　　　ヲツヅ（「遠都豆」万813）
「兎」　　ウサギ（「宇佐岐」本草和名）　　ヲサギ（「乎佐藝」万3529）

有坂秀世（1955）は、

　これら一対の形の成立は、いづれ奈良朝時代又はそれを去ること遠からぬ時代に始つたことと思はれる。何故なら、同じ意味を持つ二つの相似た形が同一言語の中に並存する時、長い時期を経る間には、競争の結果その一方の形が他を圧倒して之を絶滅させてしまふであらうから。更にこれらの対立は、既に大和方言又は奈良方言に一方の形の存在した所へ他方言の形を輸入することによつて起つたものと考へるには、余りに例が多過ぎる。これ程多数の語形を、何の必要も無いのに他方言から輸入するやうなことは有り得ないから、畢竟これらの対立は、{o} > {u} 又は {u} > {o} といふ個別的音韻変化の結果として生じたものであり、その変化は奈良朝又は之を去ること遠からぬ時代に、個々別々に起つたものらしく考へられる。

との見解を示した。有坂秀世がこのu～oを「音相通例」とし、「母音交替」としなかったのは、いわゆる被覆形と露出形との交替が行なわれず、他の「母音交替」と同列に扱うことができなかったためであろう。因みに、山口佳紀（1976）は、u～o_1をa～o_2とともに「母音交替」と認めてはいるが、これらは被覆形・露出形という、語の文法的機能の転換が見られないので「等価的交替」と呼んで、他のものと区別している。山口佳紀が挙げたa～o_2については後に言及する。

　ところで、有坂秀世は「これらの対立は、{o} > {u} 又は {u} > {o} といふ個別的音韻変化の結果として生じた」と考えており、いずれか一方（{o} または {u}）を一律に原形としていない。しかし、大野透（1962）は、「一般にいかなる言語に於ても、母音狭化の傾向は認められるのに対し、母音広化は特殊な条件下にのみ起るのが例である」ことから、「ウ列音がオ列甲類音に

転ずる可能性は殆ど認められない」とし、「古代の単位語に於て、〔オ列甲類＋ア列〕の音結合は、〔ウ列＋ア列〕の音結合が多数見えるのに対して極めて稀で、結合度の低いものであつたと推せられるので、ツガ＞ト甲ガの音転は恐らく起り得ず、ト甲ガ＞ツガの音転は起り易かつたであらうと考へられる」との見解を示した。このように $o_1 > u$ の変化を考える大野透説に対しては、次のように $u > o_1$ の変化を想定する説が出されている。

松本克己（1975）は「本来 /u/ と見做される音がある環境において o_1 で現われる場合（中略）これは、/u/ が a に接する環境、とりわけ Ca-Cu の音節環境において、特に著しい現象である」と述べ、服部四郎（1976a）は「一部の中央方言では、隣接の *a に同化して *tuga → /toga/、*tanu- → /tano-/、*pira → /pjera/ のような変化が起った」とし、また、服部四郎（1976b）では「異化（dissimilation）によって *CuCu → /CuCo/；*CiCu → /CiCo/ という通時的変化の起った可能性があるとも考えている。たとえば、*kuru → /kuro/《黒》；*isu → /iso/《磯》。また、*kumura → /komura/《腓》；kupusi → kopusi → /koposi/《恋》のような変化も起った可能性がある」と述べている。また、山口佳紀（1985）は、「$u - o_1$ の母音交替が考えられる例が少なくないが、その場合、前または後の音節に a が含まれていることが多いから、$u > o_1$ の方向で変化が起ったものと考えられる」との見解
（補注2）
を示した。

以上、それぞれの主張にはおのおの相違は認められるものの、おおむね

(1) $u > o_1$ または $o_1 > u$

(2) $o_1 > u$

(3) $u > o_1$

の三つの説に分けることができる。大野透説のように $o_1 > u$ の変化は、マ
（補注3）
ヲス＞マウスなどからも考えられるが、全てをそのような変化と見なすのは行き過ぎであろう。一般論としての「母音狭化」を音韻史の説明原理として安易に持ち込むことは危険である。同様に全てを $u > o_1$ の変化と見なすことも妥当ではないであろう。従って、全体として見るならば、有坂秀世の説くように、$u > o_1$ または $o_1 > u$ という「個別的音韻変化」を想定せざるを

得ないことになる。

2

　有坂秀世は「{o} ＞ {u} 又は {u} ＞ {o} といふ個別的音韻変化」の原因については言及していないが、その原因を考える上で無視できないのが、諸家の指摘する"隣接の音節にaがあるという音環境"である。従って、このウ列とオ列甲類の「音相通現象」には、aによる「同化」としてのu＞o_1という変化が基盤にあると見なされるので、単なる「個別的音韻変化」ではない可能性が大きい。ただし、全ての例を「同化」として説明することは不可能なので、この「同化」と矛盾しない形で"変化の原因"をさらに別個に想定する必要がある。そしてまた、「奈良朝時代又はそれを去ること遠からぬ時代」と考えられる変化の時期についても、十分に説明できなければならない。すなわち、なぜこの時期にそのような変化が起ったのかという問に答える必要があるからである。

　従来の諸説では、変化の「原因」については説くことがあっても、「時期」については殆ど取り上げられることはなかった。ウ列とオ列甲類の「音相通現象」を音韻史として提示するためには、この両者を満足させるような説明原理を考えなければならないであろう。以下に取り上げる森山隆（1971）の説は、この「原因」と「時期」の両者を正面から論じた注目すべきものである。

　森山隆（1971）は「六〇〇年代初頭、すなはち推古時代までは上代オ列甲類はoよりもむしろやや開いたɔに近い母音であっただらう」という仮説を提起し、「オ列甲ɔ→oの移行現象を想定することによって」、ウ列とオ列甲類の「二重形の現象はオ列甲ɔがオ列甲oに変りつつあった七〇〇年前後を境にして生起した現象であったらう。その一つの理由は、もしウ列が当時円唇後舌母音の{u}であったなら、オ列甲がɔである時にはほとんど混淆の余地が無かったであらう。ɔであったオが、uに近くo化してこそ、そこにいささかの混乱が生じたのであって、ウ列とオ列甲のほとんど全音節にわたって混乱が生じたのも、単に個々の語彙ごとに生起した個別的音韻現象ではな

くて、ɔの→o化の一般的傾向に沿った音韻現象であったのである」と述べ、さらに「ウ列の後舌円唇性の弱化を想定することによって、ウ列とオ列甲類音節の全面的な混乱、二重形の現出を避けることができた」という解釈を行なっている。(補注4)

　森山隆説は、誠にみごとな音韻史的解釈であり、優れた仮説であると考える。音韻相互の張り合い、母音体系の変動という観点からの解釈は高く評価されてよいであろう。ただし、森山隆説を仔細に検討すると、いくつかの素朴な疑問が出てくる。例えば、「ウ列の後舌円唇性の弱化を想定する」点であるが、それが「u本来の典型的な後舌円唇の度合をいささか変化させたに過ぎない」のであれば、オ列甲類とウ列の「両者の混淆」に歯止めをかけるだけの「調音域の明瞭な差」をつくることは難しかったのではあるまいか、という疑問。また、森山隆は「オ列甲ɔ→oの移行」を想定するが、オ列乙類との関係は全く考慮に入れられていない。母音体系の変動を考えれば、むしろオ列甲乙二類の合流と関連させた方が「時期」の問題もうまく説明されるのではないか、等々である。このような検討を行なった結果、森山隆説とは異なった解釈も十分成立する余地がありそうなので、以下にそれを述べてみたいと思う。

3

　筆者は「六〇〇年代初頭、すなはち推古時代まで」のオ列甲類母音については、oおよび「oよりもむしろやや開いたɔに近い母音」を推定する。森山隆のように「ɔに近い母音であった」とするのではなく、/o/という音素の音声的実現として[o]〜[ɔ]を考えるわけである（異音[ɔ]を推定する根拠は森山隆に従う）。/o/が[o]〜[ɔ]のような実現をしていた段階では、森山隆の説くように/u/との混淆は起らなかったであろう。推古時代以降、オ列甲乙二類の合流という現象が発生した。オ列甲乙類の全面的合流の先駆けをなすものが「ヲ」「ホ」「モ」などの両唇音の音節における合流であった(1)と推定される。このような現象が生じたのは、馬渕和夫（1968）の説くように「複雑な概念を表わす必要が起きてきたために、複合語が発生」するなど、

「語形の多音節化」という趨勢の中で、「機能負担量の小さい」「オ列甲類音が乙類音にひきつけられた」（亀井孝 1964）ためと考えられる。なお、「öは母音体系中において不安定な母音であったので、体系の圧力によって容易にoの方向へ押しやられた」（服部四郎 1976c）ということも、その一因としてあったであろう。

「六〇〇年代初頭、すなはち推古時代まで」は、服部四郎（1976a, 1976b）の説くようにオ列乙類は非円唇中舌母音の [ə] であったと推定されるが、それが両唇音の音節（ヲ・ホ・モ）においては、非円唇後舌母音 [ʌ] の異音を持ちつつ、円唇後舌母音 [ɔ]（オ列甲類の異音）に近い実現も見られるようになり、やがて「ヲ」「ホ」「モ」の甲乙二類の合流が起ったと考えられる。

ここで、オ列乙類が [ɔ] に近い異音を持つようになると、オ列甲類は、乙類との距離を保つために [o]〜[ɔ] から [o]〜[o̥] のような音声的実現をするようになった。その結果、オ列乙類との混同を一時的に避けることが可能となったが、一方では、オ列甲類の異音 [o̥] がウ列母音の [u] と近くなるという結果を招いた。中でも"隣接の音節に a があるという音環境"にあるウ列母音 /u/ が、[a] に同化されてやや広い異音を持っていたために、オ列甲類の異音 [o̥] の実現と混同され、ウ列とオ列甲類の「音相通現象」を引き起こすことになったわけである。これが、有坂秀世の指摘した「奈良朝時代に於て、同一の語が或は {u} を含む形を以て、或は {o} を含む形を以てあらはれる例は相当多い」という現象として現れたのである。

このように、オ列甲乙二類の統合の流れのなかで、オ列甲類母音がウ列母音に接近し、オ列甲類とウ列の全面的な合流という危機にさらされることとなった。しかし、今度は、その危機を回避するために、言い換えれば、オ列甲類がウ列音との距離を保つために、オ列甲類の異音 [o̥] の実現を抑制するとともに、オ列乙類と合流して5母音の安定した体系に移行したと考えられる。森山隆が想定するような「ウ列の後舌円唇性の弱化」という道を選ばなかったのは、オ列甲類とウ列の両者の混淆（合流）に歯止めをかけるだけの「調音域の明瞭な差」をつくることが難しかったからであり、本来の流れ

であるオ列甲乙二類の合流という形で、母音体系を安定させたのである。以上の過程を概略的に示すと〔図1〕のようになる。因みに、オ列乙類を主体として考えるならば、ウ列とオ列甲類の音相通による混乱を避けるために、オ列乙類が甲類を吸収した（ひきよせた）(4)と解釈することもできる。

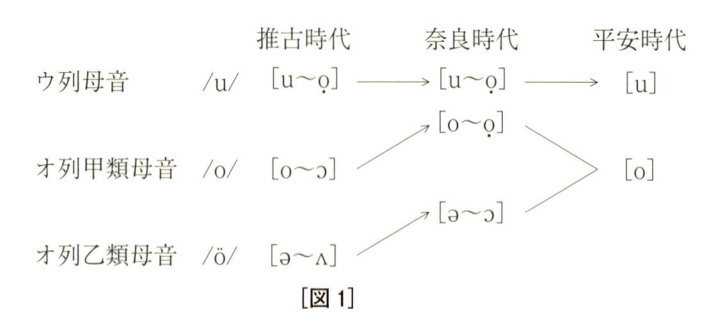

```
                    推古時代        奈良時代         平安時代
ウ列母音      /u/   [u～o̜] ─────→ [u～o̜] ─────→ [u]
                                   ↗[o～o̜]
オ列甲類母音  /o/   [o～ɔ]                        ↘
                                                   [o]
                                   ↗[ə～e]       ↗
オ列乙類母音  /ö/   [ə～ʌ]
                        〔図1〕
```

以上のように、いわゆるウ列とオ列甲類の「音相通現象」は、オ列甲乙二類の統合という流れの中で引き起こされた「音韻現象」であり、「まさしく記紀万葉に接した七〇〇年代に入る前後に見られる生き生きとした上代の音韻変化の反映」（森山隆 1971）と考えられるのである。因みに、ウ列はオ列甲乙二類の合流の余波を受けたいわば被害者の立場でもある。

4

なお、オ列乙類が［ʌ］ないし［ɔ］に近い異音を持ち、オ列甲類が［o］〜［o̜］のような音声的実現をしていた段階で、オ列乙類とア列との間でも「音相通現象」が散発的に起こったようである（図2参照）。

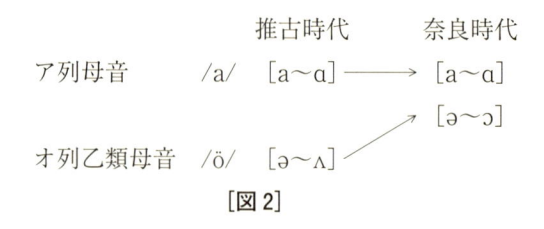

```
                    推古時代        奈良時代
ア列母音      /a/   [a～ɑ] ─────→ [a～ɑ]
                                   ↗[ə～e]
                                  ↗[ʌ～ɔ]
オ列乙類母音  /ö/   [ə～ʌ]
                        〔図2〕
```

これは、大野晋（1952）が指摘した「母音交替による語構成法」の例、す

2. オ列甲乙の合流過程

なわち「八世紀の日本語では母音 [a] と [ö] との交替によって成る一対の語の群」から窺うことができそうである。なお、大野晋は「その一部分は母音の交替によって意味の分化を示しているが（例えば ka, kö, asa, ösö, ika, sikö のごとき）、大部分はその意味に大きい相違を示していない」と述べている。大野晋（1952）の掲げた例は、次の如くである。

amadamu, amatöbu（天飛）　　kawara, *köwörö（擬音語）
ana, onö（間投詞）　　　　　kikasu, kikösu（聞くの敬語）
ana, onö（己）　　　　　　　masaki, masöke（幸）
are, öre（己）　　　　　　　na, nö（自・汝）
asa, ösö（浅愚）　　　　　　na, nö（助詞）
fadara, *födörö（斑）　　　　namu, nömu（祈る）
fidari, fitöri（一人）　　　　nasu, nösu（如す）
ika, sikö（厳・醜強）　　　　ra, rö（助詞）
ira-(tu-me), irö-(ne)（血族）　sa, sö（其）
ira-(tu-ko), irö-(se)（血族）　satu, söti（矢）
ita, itö（甚）　　　　　　　sayagu, söyögu（乱）
iya, iyö（弥）　　　　　　　tanabiku, tönöbiku（棚引）
ka, kö（彼・此）　　　　　　tanagumori, tönögumori（棚曇り）
kara, körö（自・独）　　　　tawawa, *töwöwö（撓）
karu, köru（刈）　　　　　　ya, yö（助詞）
kata, kötö（片・独）　　　　yörasi, yörösi（宜）
kata, kötö（言・事）　　　　yösadura, yösödura（吉葛）

大野晋の掲げた例の全てが、オ列甲乙二類の合流過程で生まれたものであるとは考えられないが、例えば、

ana, önö（間投詞）；fadara, *födörö（斑）；iya, iyö（弥）；kawara, *köwörö（擬音語）；sayagu, söyögu（乱）；tanabiku, tönöbiku（棚引）；tanagumori, tönögumori（棚曇り）；tawawa, *töwöwö（撓）など、

その可能性の大きいものが含まれていよう。オ列甲乙二類の合流の余波を受けて、一部のオ列乙類とア列の間で、その動揺があったとしても不思議では

ない。

　因みに、オ列乙類が［ʌ］ないし［ɔ］に近い異音を持ち、オ列甲類が［o］〜［o̞］のような音声的実現をしていた段階では、エ列においてもその主母音は［e］〜［ɛ］〜［a］のようなかなり幅のある実現の仕方をしていたと推定される。このような状態を想定するならば、「家」「馬」（中古音麻韻二等/-a/）などがエ列甲類の音仮名として用いられ、いわゆる「呉音」で「ケ」「メ」のように -e で反映することも理解されるのではないかと考える（本書第Ⅰ部第6章「開拗音の生成過程」の3節で、この問題について触れている）。

[注]
(1)「ヲ」「ホ」並びに「オ」の甲乙二類の存在を仮定しておく。
(2)「機能負担量とは、一つの言語において、一つの音韻の違いのみによって、異なる単語となる例が、各音節についてどれだけあるかの問題であり、各単語の頻度数に関連するものである」と説明されている。
(3) オ列甲類 /o/ が［o］〜［ɔ］のような実現をしていたのに呼応した現象であると考える。
(4) オ列乙類音が甲類音を吸収した（ひきよせた）、のように「オ列乙類」を主体とした表現は、"オ列乙類が甲類の領域を侵した"のように表現しても同じである。【補注(6)参照】

[補注]
(1) ①「偲」　　シヌフ　（「思奴播武」万233）　　シノフ　（「之努比」万3849）
　　②［助動詞］ヌ　　　（「夜杼里奴流」万3693）　ノレ　　（「許夜斯努礼」万795）
　　③「野」　　ヌ　　　（「奴」万3978）　　　　　ノ　　　（「波流能努尓」万837）
　　④［人名］　チヌ　　（「智弩壮士」万1809）　　チノ　　（「陳努壮士」万1811）
　　これらについても、「二重形の例に加へて差し支へない」（森山隆 1971）であろう。
(2) 坂元宗和（1990）も「oをもつ語はuを含む異形態をもつことが多い。これはoとuが同母音に遡源することを示すものである。このような例を整理すると、直前の音節にaをもつものが多く、他は直後の音節にaをもつもの、CuまたはCuCu型の語である。（中略）語例はウクグスズツヅヌ

フムユルと予想しうるほとんどすべての音節に及んでいるので、［村山82］のようにuがaに引かれて、開口度を増してoになったと考えるのが自然である」として同様の見解を述べている。ただし、筆者はこれらの例が「oとuが同母音に遡源することを示すもの」とは考えない。因みに、「アユヒの転化がアヨヒだといわれているが、マヨ―マユ、アヨク―アユクの例もあって、どちらを古形ともきめがたい」（『時代別国語大辞典　上代編』「あよひ」の項）との見解もある。

(3) 一般的には、マヲス＞マウスとしてウ音便の例に数える。この場合、mawosu ＞ mausu として母音 o の脱落、半母音 w の母音化（wo ＞ wu ＞ u）という音声学的な解釈も成り立ち得るが、母音 o〜u の揺れを反映した「二重形」と捉えることも可能である。

(4) 因みに「二重形」について、大野透（1962）は「洋語の doublet、Doppelform は言語学上では、同一語源の別語に就て言はれるのが常であるから、殆ど或は全く発音の差違のみが問題となつてゐる場合には、二重形といはずに、同語異形といふのが適当である」と述べている。

(5) ［ǫ］は、［o］と［u］の中間の母音を表わす。現在の音声記号［ǫ］に該当する記号で、かつてはよく用いられていた。ここでも、便宜用いている。

(6) 亀井孝（1964）は「混同の例や、オ列甲類音の機能負担量の小ささなどからみて、オ列甲類音が乙類音にひきつけられたとみるのがもっとも穏当のようである」（p.21）と述べている。筆者も基本的にはこの解釈を支持したいと思う。ただし、筆者としては"オ列乙類が甲類を浸食した"或いは"オ列乙類が甲類の領域を侵略した"のような「オ列乙類」を主体とした比喩表現を用いることにしたい。それは、オ列乙類が甲類と合流する過程で、オ列甲類の音価に変動を与え、その結果、ウ列音とのいわゆる「相通現象」を生ずることになったと解釈されるからである。

［補記］

(1) 迫野虔徳（1975）「オ・ウ段拗長音表記の動揺」は、「オ・ウ段拗長音表記の動揺」とオ段の開合の合流を結びつけて解釈したもので、本章で取り上げた森山隆（1971）とともに、優れた音韻史的解釈を提示した論考であると考える。

(2) この第2章は、もとになった論文（「オ列甲乙の合流過程に係わる問題―u〜o₁の音相通現象をめぐって―」）において、「筆者は、かつて本稿の標題を副題とした小論「上代日本語の母音体系（上）―オ列甲乙の合流過程

に係わる問題—」(「弘前大学国語国文学」9,1987) を公にしたことがある。そこでは、上代特殊仮名遣に関する諸説を八母音（音素）説、七母音（音素）説、六母音（音素）説、五母音（音素）説の順で取り上げ、検討を加えつつ筆者の基本的立場を明らかにした上で、「オ列甲乙の合流過程に係わる問題」について考察する予定であった。(上) では七母音（音素）説まで検討したが、続稿は種々の事情により発表する機会を失ったまま今日まで至っている。諸説を論評したまま未完で終わらせておくわけにもいかないので、五母音（音素）説および副題を中心にまとめ直すことにした。本稿をもって続稿の代わりとしたい」と述べた「副題」を中心にまとめ直した部分である。なお、(上) の続きである「五母音（音素）説」の部分は本書第Ⅰ部第1章の11節–13節に移した（第1章補記参照）。

[引用文献]

有坂秀世(1955) 『上代音韻攷』（三省堂）
大野 晋(1952) 「日本語と朝鮮語との語彙の比較についての小見」(『国語と国文学』29-5),『日本語の系統』現代のエスプリ別冊 1980 に再録
大野 透(1962) 『萬葉假名の研究』（明治書院）
小倉 肇(1987) 「上代日本語の母音体系（上）—オ列甲乙の合流過程に係わる問題—」(『弘前大学国語国文学』9)
亀井 孝(1964) 『日本語の歴史4』（平凡社）
坂元宗和(1990) 「上代日本語の e 甲, o 甲の来源」(『言語研究』98)
迫野虔徳(1975) 「オ・ウ段拗長音表記の動揺」(『国語国文』44-3)
上代語辞典編集委員会(1967)『時代別国語大辞典 上代編』（三省堂）
服部四郎(1976a)「琉球方言と本土方言」(『沖縄学の黎明』伊波普猷生誕百年記念誌沖縄文化協会)
————(1976b)「上代日本語の母音体系と母音調和」(月刊『言語』5-6)
————(1976c)「上代日本語の母音音素は六つであって八つではない」(月刊『言語』5-12)
松本克己(1975) 「古代日本語母音組織考—内的再建の試み—」(『金沢大学文学部論集 文学編』22),松本克己（1995）再録
————(1995) 『古代日本語母音論—上代特殊仮名遣の再解釈』（ひつじ書房）
馬渕和夫(1968) 『上代のことば』（至文堂）
森山 隆(1971) 『上代国語音韻の研究』（桜楓社）
山口佳紀(1976) 「古代日本語における母音交替の一側面—動詞活用成立論の

前提として─」(『国語と国文学』53-2), 山口佳紀 (1985) 再録
───(1985) 『古代日本語文法の成立の研究』(有精堂)

【補説】『古事記』における「ホ」の甲乙二類の存在

　この補説は、『古事記』のホの仮名を詳細に論じた犬飼隆（1989）をもとに、ホの甲乙二類について検討した旧稿（未定稿）をベースにしている。補説として、本書に収めるに当たっては、犬飼隆（2005）の「第二章　古事記のホの仮名の二種の字体」に従って改稿し、具体的な用例の検討などを省くとともに、犬飼隆（2005）の基本的な考え方に焦点を絞って取り上げることにした。なお、旧稿における私見の一端は、以下のような形で、小倉肇（1990）の『国語学』展望号「音韻（史的研究）昭和63年・平成元年における国語学界の展望」（本書第Ⅰ部第12章）で示したことがある。この補説は、それへの補遺の意味もある。

　犬飼隆の「古事記のホの仮名・再考」（『万葉集研究』17/'89-11）は、『古事記』のホ音節の状態はホ$_1$とホ$_2$が合流した直後であったこと、そのホ$_1$とホ$_2$との関係は{交替母音}の性格であったことなどを述べたもの。{交替母音}は形態音韻論的解釈によるという。種々の解釈の可能性を探りつつ問題を解決して行こうとする姿勢には共鳴を覚えるが、そのため議論がかなり込み入っていて、例えば、音声学（音価・異音）、音韻論（音韻・弁別）、プロソディー（アクセントの働き）、形態音韻論（交替母音）など、各々のレベルの関連が十分説明されていないようである。

　　　　　　　　　＊　　　＊　　　＊　　　＊

　犬飼隆（2005）は、「第二章　古事記のホの仮名の二種の字体」の「要旨」を次のようにまとめているので、少し長いが、全文を引用する（以下、〈要旨〉として言及）。

　　古事記のホの音節には、［本］［富］二つの字体の万葉仮名が頻度拮抗して用いられているが、［富］は先行文献の用字の継承であり、［本］は編纂時に新規採用されたものである。二つの字体は発音を区別するものではない。かつて、「甲・乙」に相当する二類の別がホの音節にもあった

可能性は大きいが、古事記に反映した音韻の状態は、それが解消した後の段階と考えるべきである。現『古事記』において、［富］で表記された位置は、もとの「乙類」相当として比較的に信用できるが、［本］で表記された位置のなかには、もとの「甲類」相当も「乙類」相当も含まれている可能性が大きい。そして、かつて存在したであろうところのホの二類の別は、語義を弁別する母音音素と考えるよりも、他の母音と連合し交替して形態素を形成する性格であったと考えるのが穏当である。

(p.122)

　犬飼隆（2005）は、「古事記のホの音節」に用いられた［本］［富］二つの「字体」は「発音を区別するものではない」とし、「古事記の書き手のホの音韻は一つである」(p.147) と考えている。

　ここで、「古事記のホの音節」に用いられた［本］［富］二つの「字体」は「発音を区別するものではない」という見解については、他のオ列甲乙二類に対応する発音の相違という意味であれば、筆者にも異論はない。ただし、「古事記の書き手のホの音韻は一つである」という箇所の「書き手の音韻」という捉え方には賛成できない。犬飼隆（2005）は、「ホの音韻は一つ」という場合の「音韻」と、〈要旨〉にあるように「語義を弁別する母音音素」という場合の「音素」とを使い分けて説明しているが、両者の相違が明確ではないことが問題となるからである。

　「古事記の書き手のホの音韻は一つである」(p.147)、「古事記の書き手は、……自己の音韻にもとづいて」(p.148) と述べていることから、「音韻」は「音韻観念」を意味する術語として、「語義を弁別する」(p.122／p.147)、「弁別的な音素」(p.146) という表現から、「音素」は記述言語学の術語として、それぞれ用いていることが分かる。ただし、「知的・論理的意味を弁別する phoneme」(p.345) という表現や「「字体」は、音韻論における phoneme と同じように、同じ字の形として抽象される観念をさして用いる」(p.22) という説明から見ると、「音素」(phoneme) も、「音韻」と同じ「音韻観念」を意味する術語と考えているようである。しかし、そうであれば、「音素」と「音韻」は同じことになる。また、「語義の弁別」を問題にす

るときには「音素」(phoneme)、書き手の有する「観念」を問題にするときには「音韻」とするのであれば、「音素」と「音韻」の関係が明らかでないばかりか、「語義」あるいは「知的・論理的意味」の「弁別」と「(音韻)観念」とがどのように結びつくのかが分からなくなる。かつて国語学界で「音韻観念」という用語が用いられていたが、現在では使用されなくなっているのは、「音韻観念」とはどのようなもので、どのように「抽象」されるのかを客観的に示す（説明する）ことが難しく、記述言語学における「音素（音韻）」に対して、体系的、構造的な観点からの優位性を主張できなかったからである。さらに、犬飼隆（2005）は「音韻認識」（p.347 など）という術語も用いているが、「音韻観念」とどのように相違し、どのような関係にあるのかは不明である。因みに、筆者は、「音素」とは、音声的実現をよく説明できるように、体系と構造の観点から解釈された機能的な最小単位である、とする考え方に従っている（三根谷徹 1979、第1章補注、第8章注16など参照）。

ところで、犬飼隆（2005）は、「ホの音節に二類の別が存在したとして、その性格はどのようなものであったか」（p.146）として、次の三つの解釈を提示している（pp.143-144）。

　Ⅰ ｛ホの音節の二類の別は、かつて存在した。それは弁別音素としての対立であった。古事記においてはそれがほとんど解消していた。｝
　Ⅱ ｛オ列音の「甲・乙」に相当する二類の別は、音素としての対立ではなく、条件異音のあらわれであった。古事記のホの音節も同じである。｝
　Ⅲ ｛オ列音の二類の別は音韻であった。その性格は、意義の相違を負担するよりも、a i u と連合し交替して形態素を構成するものであった。古事記のホの音節も同じである。｝

この三つの解釈をⅠ｛弁別的な音素｝、Ⅱ｛条件異音｝、Ⅲ｛交替母音｝としてまとめ、それぞれについて検討を加えている。

「他のオ列音には最小対が認められる」ので、「Ⅱ｛条件異音｝は、古事記の時代の共時態としては認めがたい」（p.146）とし、「最小対」に関して「Ⅰ｛弁別的な音素｝も、少なくともホについては認めがたい」（p.146）とし

て、「Ⅲ｛交替母音｝の解釈に傾く」(p.146)と述べている。これは、〈要旨〉の「かつて、「甲・乙」に相当する二類の別がホの音節にもあった可能性は大きい」とし、「かつて存在したであろうところのホの二類の別は、語義を弁別する母音音素と考えるよりも、他の母音と連合し交替して形態素を形成する性格であった」とする解釈に相当する。すなわち、犬飼隆（2005）は、「かつて存在したであろうところのホの二類の別」については、「意義の相違を負担」しないホの音節の「甲・乙」を捉え、その上で、その「甲・乙」を「a i₁ u と連合し交替して形態素を構成する」ところの「音韻」であった、と説明しているわけである。また、一方では、「｛古事記のホの音節の状態は、ホ₁がホ₂に合流してしばらく後｝であった。「しばらく後」とは、直後に近いがモの二類よりは合流後の時間が経過しているという意味合いである」(p.147)と述べている。「ホ₁とホ₂」を「モの二類」と同列に扱っているので、（後舌・中舌の弁別的特徴で対立していた）母音音素による区別の／ホ₁，ホ₂／が『古事記』では／ホ／［ホ₂］に合流した（ホの音韻は一つ）と考えていることが分かる。しかしながら、これらは明らかに矛盾した説明となっている。

　ところで、「Ⅰ｛弁別的な音素｝も、少なくともホについては認めがたい」にもかかわらず、「Ⅲ｛オ列音の二類の別は音韻であった。…｝」と述べているので、この場合の「a i₁ u と連合し交替して形態素を構成する」ところの「音韻」というのは、「意義の弁別を負担」しない形態音韻論レヴェルでの「音韻」（形態音素）と考えられる。しかし、そうだとすると、「語義を弁別する母音音素と考えるよりも」という表現の「よりも」をどのように考えてよいのか分からない。形態音韻（音素）のレヴェルでは「語義の弁別」は直接問題にはならないからである。すなわち、ホの二類（甲・乙）が音韻論的に別の音素に該当するか否かにかかわらず、形態音韻として二類の別を立てることができるからである。また、「Ⅱの立場にせよ、Ⅲの立場にせよ、ホ₁とホ₂は音価が相違しなければならない」(p.145)とも述べているが、形態音韻論の立場では「音価が相違」するか否かは直接問題にはならないはずである。いずれにしても、犬飼隆（2005）は、『古事記』の「ホ₁とホ₂」は、Ⅲ

{交替母音} の性格——他の母音と連合し交替して形態素を形成する性格——と解釈するので、形態音韻論のレヴェルでの |ホ₁, ホ₂| を認めていることは確かである。

しかしながら、形態音韻論のレヴェルで |ホ₁, ホ₂| を認めると、このような対立（関係）は、「ホ₁とホ₂」にかかわらず、少なくとも「母音交替」の認められる音素一般に存在することになるので、「ホの音韻は一つ」であったかどうか、「合流してしばらく後」であったか否かには関わらないことになる。すなわち、Ⅲ {交替母音} の形態音韻論のレヴェルでの解釈は、Ⅰ {弁別的な音素}、Ⅱ {条件異音} が成立するか否かには関係なく——音韻論のレヴェルとは一応独立に——存在するからである。

例えば、「ひ（火）」と「ほ（火）」で言えば、母音交替から同一形態素 (morpheme) の {PO} を立て、その各々の形態音韻レヴェルの表記としては |pi₂|, |po₂|、音韻論レヴェルでの音韻表記は /pi/, /po/ とする、または、形態素レヴェルで {pi₂}, {po₂} を立て、形態音韻的交替として |i₂〜o₂|、音韻論レヴェルでの音韻表記は /pi/, /po/ とするなど、いくつかの解釈の可能性はあるものの、いずれにしても、それぞれ独立したレヴェルで議論する必要があるはずである。

犬飼隆（2005）では「第一章　古事記のオの仮名の二種の字体」としてア行のオについて考察しているが、ア行のオについても、形態音韻論的に2種の別（|o₁|, |o₂|）を立てることが可能なのであるから、他のオ列音（あるいはイ列・エ列の甲・乙を含めたすべての音節）との関わりの中で、「ホ₁とホ₂」を特立して形態音韻論のレヴェルで扱うことについての説明が求められることになる。

[注]
(1)「オ列音の二類の音価と切り離すことができない。その弁別的特徴は、後舌・中舌の対立と考える説が有力である」(p.136)、「本書の筆者は、先に述べたとおり、後舌・中舌の対立と考える」(p.146) などに基づく。
(2)「もしも「百」がホ₁であってホ₂ではあり得ず、そのことが「端」「秀」な

どの語義との弁別を負担していたとしても、同音語におけるアクセントの働きと同じように考えることができるであろう」(p.147)とあって、形態音韻論のレヴェルでも、アクセントのレヴェル (prosody level) での「語義を弁別する機能」と同じ（ような）機能を認めていることになる。しかし、どのように弁別しているのか、どのような弁別的特徴を想定したらよいのか、筆者には理解が及ばない。
(3) 形態音素を｜ ｜、形態素を｛ ｝で便宜包んで示す。
(4) 例えば、メ₂〜マ〈メ(目)〜マナコ〉のような e_2〜a の「母音交替」に平行して、ネ〜ナ〈ネ(音)〜ナル(鳴る)〉があるので、この「ネ」は｜ネ₂｜であると認める立場である。いわゆる「乙類相当」などと呼ぶことが行なわれているが、この場合、音韻論のレヴェルなのか、形態音韻論のレヴェルなのか不明なことが多い。
(5) 本書第Ⅰ部第4章「推古期における口蓋垂音の存在」で、「上代特殊仮名遣における甲類・乙類というのは、文法的な形態変化、形態音韻論的な音韻交替・音節結合の制限（語音排列則）などの《枠組》の中で、それぞれ独立した単位でありながら、互に同じ現れ方をし、性格的に共通する特徴を備えた、しかも、〈いろは仮名〉の体系では書き表わすことのできない二類に対して与えられた名称である」と述べ、一般化された《枠組》としての《甲類》《乙類》の観点から、イ列・エ列の甲乙二類の対立のない音節の現れ方を検討し、音韻論的解釈の具体的な検討を行なっている。
(6) ワ行のヲについても、同様である。

［引用文献］

犬飼　隆(1989)　「古事記のホの仮名・再考」(『万葉集研究』17)
─────(2005)　『上代文字言語の研究［増補版］』（笠間書院）の「第二章　古事記のホの仮名の二種の字体」
小倉　肇(1990)　「音韻（史的研究）昭和63年・平成元年における国語学界の展望」(『国語学』161)
三根谷徹(1979)　「現代日本語の長母音について―その「音韻論的解釈」―」(『国語研究』42)

3. 上代イ列母音の音的性格

0

　イ列甲乙二類の万葉仮名は、中古音（Ancient Chinese）の支（紙寘）韻、脂（旨至）韻、之（止志）韻、微（尾未）韻、祭韻、真（質）韻に属し、いずれもKarlgren (1915-26) の α 型(三四等両属)韻、および β 型(三等専属)韻のものである。そして、イ列・エ列甲乙二類の分布が、カ行（ガ行）・ハ行（バ行）・マ行の三行に限られること、および、その依拠した漢字音の面から、その類別の根拠を推測すれば、中古音における脣・牙・喉音の重紐甲乙の区別と何らかの対応関係にあることは、当然のことながら予想されるところである。イ列については、すでに、重紐甲（韻鏡四等）と甲類、重紐乙（韻鏡三等）と乙類の対応関係が指摘されている。

　重紐甲乙の区別については、諸説があって必ずしも見解の一致をみないのであるが、有坂秀世・河野六郎、さらには中国の王静如・陸志韋の、重紐甲乙の区別を拗音介母の相違に求める説は有力である。すなわち、重紐甲-i-、重紐乙-i̯-（あるいは-ɪ-）という拗音介母の対立とみるこの説は、様々な現象を無理なく説明できる点において、他の説（例えば、主母音の広狭の別とする董同龢・周法高の説など）よりも勝れていると認められる。^(補注1)

　従って、重紐甲乙が拗音介母-i-：-i̯-（あるいは-ɪ-）の対立によって区別されているとすれば、それと対応関係にあるイ列甲乙二類の母音も、前舌母音：非前舌母音のような対立ではなかったかと一応は想像される。しかしながら、この点に関しては、なおよく具体的に検討する必要があることはもちろん、さらに、亀井孝（1966）の「乙類のキの音価そのものが、六・七世紀から八世紀へかけてのあいだにある推移をとげた」という想定もあって、重紐の区別に関与しない弁別的特徴が他に存在しなかったかどうかという問題などについても、改めて検討する必要があるものと思われる。

以下、本章では、イ列甲乙二類における母音の音的性格に関わる問題を漢字音の面から検討することにしたい。

1

さて、イ列甲類としては、上古音（Archaic Chinese）佳部・脂部所属の〈支韻〉字、上古音脂部所属の〈脂韻〉字が主に使用されていて、おおむね重紐甲（四等）なのであるが、中には重紐乙（三等）のものも見出されることは注目される。

（I）牙・喉音系のキ・ギ甲類について、その所属の仮名を韻類によって分けると、次のようになる。

〈支韻〉支 岐 伎 *妓 枳 企 祇 *儀 *蟻

〈脂韻〉棄 *耆 *﨑 *祁

〈祭韻〉藝

〈質韻〉吉

*印は、重紐乙（三等）に属するものであって、「妓」を除いて、いずれも『日本書紀』の仮名の中に見出されることは注目してよい。

「妓」は、広韻居宜切の「羈」、渠綺切の「技」と同音で、〈支韻〉見母三等 kiĕ、〈紙韻〉群母三等 g'iĕ の字音を有する。反切下字の「綺・宜」がキ・ギ乙類の仮名として使用されていることなどからも分かるように、「妓」は、キ乙類ないしギ乙類の仮名として用いられるはずのものと考えられる。しかし、この「妓」がキ甲類の仮名として使用されたのは、恐らく、声符「支」への類推による日本漢字音が存在したためであろう。類推によって日本漢字音が作られていくことは、日本の漢字音受容のあり方から見ても十分考えられるからである。もっとも、中国漢字音の側においても、「妓」と同じ声符を持つ「岐」が、〈支韻〉群母四等に属するものの、群母三等にも属し、あるいはまた、「伎」が〈支韻〉群母四等、〈紙韻〉群母三等と2音を有していることなどから見ると、「妓」も中国字音として群母四等の音が存在したという蓋然性はあり得るであろう。

ところで、「儀蟻・耆﨑祁」は、「妓」とはいささか事情を異にしている。

3. 上代イ列母音の音的性格　51

　これは、恐らく、中国漢字音における重紐甲乙の消滅過程にともなう字音変化が日本側の仮名用法に反映されたものであろう。「儀蟻」は、神代紀下の訓註「覔國此云矩貳磨儀」、継体紀歌謡96「枳蟻矢、倭蟻慕」などに見え、かなり新しい字音に基づいた用法であったと考えられるからである。この「儀蟻」は、上古音歌部所属の〈支韻〉字で、「宜義」などと同音の中古音疑母三等に属している。これらの韻字は、上古音 ŋia ＞ ŋie ＞ ŋiĕ ＞中古音 ŋiĕ ＞慧琳音 ŋiĕi ＞ ŋii のような変化をしたものと推定される。従って、その字音変化に伴って、「宜義」は、ŋia（ガ）＞ ŋie ＞ ŋiə（ゲ乙）＞ ŋiĕ ＞ ŋiĕi（ギ乙）にあてられ、この「儀蟻」は、さらに変化した ŋii の字音に基づいてギ甲類に用いられたものと推定される。
(補注2)

　一方、「耆崟祁」であるが、「耆」は『日本書紀』において多くの用例を有しているものの、「崟」は履中紀歌謡64「哆崟摩知」、「祁」は継体紀歌謡96「都磨磨祁哿泥底」、継体紀訓註「謂海中嶋曲碕岸也俗云美佐祁」に見えるだけである。因みに、「祁」は前掲の「蟻」とともに継体紀に使用されていることは興味深い。
(補注3)

　「耆崟祁」は、上古音脂部所属の〈脂韻〉字で、中古音群母三等に属している。従って、これらの韻字は、上古音 g‘ier ＞中古音 g‘iĕi ＞慧琳音
(補注4)
g‘iĕi ＞ g‘ii のように変化したものと推定され、「儀蟻」と同様に、重紐消滅後の g‘ii（あるいは g̊‘ii）の字音に基づいて、キ・ギ甲類に使用されたものと考えられる。なお、「祁」は、『古事記』『万葉集』などにおいて、ケ甲類の仮名として広く用いられている。これは g‘iĕi の字音に基づいたものとも考えられるが、あるいは、この群母三等系の字音ではなく、照母三等系の字音、すなわち、上古音 k̂ier ＞ k̂iĕi ＞中古音 tśiĕi の k̂iĕi によったものかも知れない。

　さて、このように、『日本書紀』に見られる「儀蟻・耆崟祁」が重紐甲乙の消滅過程にともなう字音変化を反映した仮名用法であるとしても、『日本書紀』のよった字音体系（もちろん単一なものではない）において、全面的に重紐が消滅していたとは考えることはできない。恐らく、重紐消滅過程における先駆的な現象を反映したものとして捉えられるべきものであろう。そ

の要因としては、これらには重紐の一方（重紐甲）が存在しないために、重紐甲乙のpairを有するものよりも、多少早くから拗音介母-i̯-が前舌化して、-i-化する傾向にあったのではないかと考える。^(補注5)

2

（Ⅱ）脣音系のヒ・ビ甲類、ミ甲類について、その所属の仮名を韻類によって分けると、次のようになる。

○ヒ・ビ甲類
　〈支韻〉卑 婢 譬 臂 避 弭 弥
　〈脂韻〉比 妣 毗 鼻 寐
　〈真韻〉貧 嬪
　〈質韻〉必

○ミ甲類
　〈支韻〉弥 瀰 弭
　〈脂韻〉*美 *眉 *湄 寐
　〈真韻〉民

ヒ・ビ甲類に関しては、重紐甲（四等）のものだけで、重紐乙（三等）のものは見出されない。しかし、ミ甲類では、*印の「美・眉湄」が重紐乙に属し、しかも〈脂韻〉字であることは注目される。

さて、「美・眉湄」は、いずれも上古音脂部所属の〈脂韻〉字で、中古音明母三等に属しているが、「美」は〈支韻〉の「弥」とともに奈良時代を通じて、ミ甲類の主要な仮名の一つとして、また「眉湄」は、『播磨風土記』託賀郡の「賀眉里」、『日本書紀』応神天皇条の歌謡35「比蘆苽湄珥」などに見られるように、わずかではあるが、ミ甲類の仮名として使用されている。

ところが、『日本書紀』において、「眉」は神代上の訓註「雄詰此云嗚多稽眉」、「媚」（「眉湄」と同音）は允恭紀歌謡69「斯多媚」と、いずれも非鼻音化現象（denasalization）を反映した新しい字音、すなわち、上古音 mi̯ər >中古音 mi̯ĕi >慧琳音 mbi̯əi のように変化した mbi̯əi の字音に基づいて、ビ乙類の仮名として使用されているのである。従って、ミ甲類としての

3. 上代イ列母音の音的性格　53

「美・眉湄」が、前述の「儀蟻・者崟祁」と同様に、重紐の消滅過程に伴う字音変化を反映した仮名用法であると解釈することは、その字音変化の状態を考えれば、ほとんどその可能性はない。従って、「美・眉湄」は、非鼻音化現象の起こる以前の字音 miĕi に基づいて、ミ甲類に使用されたことになる。そうだとすれば、どうして三等韻（-ĭ-）でありながら、ミ乙類の仮名として使用されずに、ミ甲類の仮名として用いられたのかが問題となろう。

　中古音の〈脂韻〉は、上古音脂部・微部所属の字母によって、主に構成されているのであるが、なかでも明母字についてみると、四等字の「寐」は〈微部〉所属であり、三等字の「美眉湄媚」などは〈脂部〉所属であって、元来、中古音〈脂韻〉明母四等字には、上古音〈脂部〉所属のものはなかったものと考えられる。

　一方、イ列甲類に使用された韻類としては、前掲のように〈支韻〉〈脂韻〉〈祭韻〉〈真韻〉〈質韻〉などであるが、なかでも上古音佳部・脂部所属の〈支韻〉、上古音脂部所属の〈脂韻〉が最もイ列甲類に適していたものと考えられる。従って、〈支韻〉では、上古音脂部所属の「弥瀰」、上古音佳部所属の「弭」（いずれも明母四等字）などがミ甲類の仮名として使用されたのであるが、それに対して、〈脂韻〉では、上古音脂部所属の明母字を使用するとすれば、前述のように、四等字母がなく、三等字母だけであるから、結局三等字母の「美眉湄」などを選ばざるを得なかったものと思われる。しかるに、これらの「美眉湄」がミ乙類にも使用されず、また混乱も起こさなかったのは、恐らく、ミ乙類の仮名として〈微韻〉合口明母三等字「未味尾微」が専用されていたためであろう。

　なお、miĕi の字音に基づいてミ甲類に用いられたとするならば、非鼻音化現象を反映した mbi̯əi はビ甲類に使用されてもよさそうである。しかし、『日本書紀』において、ビ甲類は〈支韻〉〈脂韻〉四等字、ビ乙類は〈支韻〉〈脂韻〉三等字がそれぞれ用いられているので、mbi̯əi は、やはりビ甲類には適せず、ビ乙類に使用されたのは当然のことであろう。

　従って、「美眉湄」が三等字でありながら、ミ甲類に使用されたのは、イ列甲類に適する韻類および明母字というごく限られた制約における特殊な用

法であったものと解される。もっとも、当時のある方音として、「美眉湄」などが重紐甲（四等）の miĕi のように発音され、その字音に基づいてミ甲類に使用されたと考えることも、また可能である。しかし、方音による解釈は出来る限り避ける方が妥当であることはいうまでもあるまい。(補注6)

以上、(I)の「妓・儀蟻・耆崎祁」、(II)の「美眉湄」が、いずれも重紐乙（三等）でありながら、キ・ギ甲類、ミ甲類に使用されたのは、それぞれ、それなりの理由の存在したことが明らかとなった。従って、イ列甲類は重紐甲（四等）と確実な対応関係にあったと認められることになる。

3

さて、ここでイ列甲類母音の音価について検討してみよう。まず、使用された韻類を中古音の面から見ると、〈支韻〉-iĕ、〈脂韻〉-iĕi、〈祭韻〉-iäi、〈真韻〉-iĕn、〈質韻〉-iĕt で、いずれも口蓋性拗音介母-i-を有し、〈祭韻〉を除いて、その中心母音がĕであることは注目される。

推古期において、〈支韻〉は、キ・ギ甲類「支岐」、ミ甲類「弥」、〈脂韻〉は、ヒ・ビ甲類「比」のように、〈支韻〉〈脂韻〉は相補分布の状態にある。

〈支韻〉　キ・ギ甲類「支岐」／ミ甲類「弥」
〈脂韻〉　ヒ・ビ甲類「比」

これは、〈支韻〉の幫母並母字の「俾婢」がヘ・ベ甲類に使用されていることにより、ヒ・ビ甲類の仮名として、〈支韻〉字を用いることができず、〈脂韻〉字が使用されたためであろう。従って、上古音佳部・脂部所属の〈支韻〉字は、古くはエ列甲類にも適していたと推測されるのであるが、推古期にヘ・ベ甲類の仮名であった「俾婢」なども、『古事記』『万葉集』の基づいた字音では、すでにヒ・ビ甲類に用いられるようになっている。また、『日本書紀』の基づいた字音では、前述のように、上古音歌部所属の〈支韻〉字「儀蟻」なども、重紐の消滅過程による字音変化に伴い、エ列乙類・イ列乙類に適さなくなり、イ列甲類の仮名として用いられるようになっている。従って、中古音の〈支韻〉-iĕ は、完全にイ列甲類に適する字音に変化していたものと推定することができる。

さて、〈支韻〉と同じ止摂に属する〈脂韻〉では、ヒ・ビ甲類の主要な仮名である「比妣毗」などが使用されている。キ・ミ甲類としては、前述の「耆嗜祁・美眉湄」を除くと、「棄寐」だけが使用されているのであるが、これは、牙・喉音四等、明母四等字が僅少であったため、〈脂韻〉字が多用されなかったためと考えてよい。

中古音の止摂諸韻（支・脂・之・微韻）は、かなり微細な区別によって弁別されていたことが推定されている。止摂諸韻は、唐代に入ると次第に統合現象を起こし、7世紀前半の長安音では、周法高（1948）の「玄應反切考」によると「脂、之韻相混者較多、今因系聯合為一韻。支韻字和脂、之韻字相混者極少。」（p.248）の状態にあり、さらに、「慧琳音義」によれば、8世紀には全て合流していたことが認められる。また、統合後の音価は、河野六郎（1968）によると-iəi, -i̯əiであった。従って、中古音〈支韻〉〈脂韻〉などの中心母音ə̆は、eよりも弛んだ母音で、口蓋性拗音介母-i̯-の後では聴覚的にあまり明瞭に響かなかったであろう。〈支韻〉〈脂韻〉四等は、聴覚的には、恐らく-i, -iiに近かったと推定される。

〈祭韻〉は、『古事記』『万葉集』『日本書紀』などに見えるヘ甲類の主要な仮名「敝幣弊」が使用されているので、キ・ギ甲類よりもむしろケ・ゲ甲類の仮名に適するかに見える。しかしながら、実際にはケ・ゲ甲類の仮名は1例も見出されずに、却って、ギ甲類の仮名として「藝」が存在する。〈祭韻〉がケ・ゲ甲類として用いられなかったのは、牙・喉音四等の所属字母が僅少であることと、一方、ケ・ゲ甲類は、音価的にも、所属字母の多い点においても、〈齊韻〉〈麻韻〉が適していたことなどによるものと考えられる。また、〈祭韻〉の中心母音ä[ε]は、口蓋性拗音介母-i̯-と韻尾の-iとによって、聴覚的にはある程度狭い母音として、例えば、〈脂韻〉の-i̯ə̆iと似かよったものとして把握された蓋然性も高い。さらに、ゲ甲類はギ甲類と比較して、頻度が極めて低く、その機能負担量も非常に小さかったと考えられるので、〈祭韻〉の「藝」が音価的にゲ甲類に近かったとしても、「藝」をギ甲類の仮名として流用させたことも考えられなくはない。従って、〈祭韻〉およびケ・ゲ甲類が上述のような状態にあったとすれば、ギ甲類の仮名として〈祭

韻〉字の「藝」が使用されたことも、一応は首肯することができると考える。
〈真韻〉ではヒ甲類の「賓嬪」、ミ甲類の「民」、〈質韻〉ではキ甲類の「吉」、ヒ甲類の「必」がそれぞれ使用されている。〈質韻〉は〈真韻〉に対する入声であるが、その中心母音は、韻尾を考慮するにしても、〈支韻〉と大略等しかったと推定される。また、〈真韻〉〈質韻〉四等は、口蓋性拗音介母-i-と、韻尾の-n、-tとによって、その中心母音の弛んだěが明瞭に響かず、聴覚的には、恐らく-in、-itに近かったであろう[3]。なお、〈真韻〉〈質韻〉四等字がイ列甲類に多用されなかったのは、日本語の音節構造とは異質の、閉音節構造にある子音韻尾-n、-tを有していたことが最大の理由であろう。

以上、〈支韻〉〈脂韻〉〈祭韻〉〈真韻〉〈質韻〉がこのような音的状態にあったものとすれば、イ列甲類母音は、従来から説かれているように、単純な[i]母音であったと推定するのが最も妥当であろう。

4

さて、イ列乙類としては、上古音微部所属の微（尾未）韻字母・脂（旨至）韻字母、上古音之部所属の之（止志）韻字母、上古音歌部所属の支（紙寘）韻字母が主に使用されていて、おおむね重紐乙（三等）なのであるが、中には重紐甲（四等）のものも見出されることは注目される。

牙・喉音系のキ・ギ乙類、脣音系のヒ・ビ乙類、ミ乙類について、その所属の仮名を韻類によって分けると、次のようである。

　○キ・ギ乙類
　　〈微韻〉帰貴鬼幾機気既
　　〈支韻〉奇寄綺騎義儀宜 *規
　　〈之韻〉己忌紀記疑擬喜憙基
　　〈脂韻〉*关（癸）
　○ヒ・ビ乙類
　　〈微韻〉非斐肥飛妃
　　〈脂韻〉悲備秘眉媚

〈支韻〉彼 被 縻
〇ミ乙類
　〈微韻〉未 味 尾 微
　キ・ギ乙類では、＊印の「規・关」が合口の四等字である。「規」は『日本書紀』に1例使用されているに過ぎないが、「关」は大日本古文書、上宮聖徳法王帝説などに散見し、推古期からの万葉仮名であったことが注目されよう。なお、ヒ・ビ乙類、ミ乙類では、四等韻字は使用されていない。
　まず、「关」について。「关」(「癸」の異体字)は、脂(旨)韻合口見母四等 ki̯uĕi であって、なぜキ乙類の仮名として使用されたのであろうか。
　キ・ギ甲類の仮名として、〈支韻〉〈脂韻〉〈祭韻〉〈質韻〉四等字が用いられているのは前掲の通りであるが、合口字母は1例も見出されない。しかるに、キ・ギ乙類として、『古事記』『万葉集』『日本書紀』などに使用されている仮名は、「規・貴」を除くと、開口、(韻鏡の)開合口の字母であるが、推古遺文などに見られる「帰・貴・鬼」などは開口字母ではなく、合口字母なのである。従って、キ・ギ乙類には、古くは合口の三等字が適し、後に開口の三等字が用いられるようになったものと考えられる。すなわち、推古期には、イ列甲類と乙類との弁別性に関して、四等韻対三等韻という対立だけではなく、開口対合口という対立も存在したと考えることができるのである(詳しくは後述する)。従って、「关(癸)」ki̯uĕi は、四等韻字であるという点において、キ甲類的であると考えられるのであるが、合口字であるために、恐らく、キ甲類には使用され難かったものと思われる。むしろ、その合口性故に、キ乙類の仮名として使用されたものと解釈すべきなのではあるまいか。しかし、やはり異例的な用法であったことは、〈支韻〉四等合口の「規」以外に、他の合口四等字が使用されていないことからも推測されるのである。なぜ「关(癸)」がキ乙類の仮名として、例外的にもせよ、使用されたのか、その十分な理由は残念ながら明らかではない(補注7)(あるいは、「关(癸)」が訓読されるよりも、音読する方が一般的であって、早くから日本漢字音として確立し、身近な漢字であったということも一因に挙げられるかもしれない)。
　ところで、「規」は、『日本書紀』天武天皇下の訓註「椹此云武規」に見え

るのであるが、「ムキ乙」という他の確実な仮名書き例は見出されない。従って、この「規」をキ乙類と認めるのは、大日本古文書、『新撰字鏡』、『和名類聚抄』などに「牟久」とあることから、いわゆる"母音交替"イ列(乙)－ウ列の関係にあったとする立場からであろう。大野晋(1953a)では、「武規」の「規」をキ乙類と認めているが、日本古典文学大系本『日本書紀下』では、卜部兼右本の底本に従って「武矩」と改めている。この間の事情は詳らかではないが、現存の古写本類のほとんどが「規」になっていることは、原本において「武規」であった蓋然性も高く、卜部兼右本の書写の際に「武矩」と改められたということも十分考えられる。「武規」「武矩」のいずれが原形であったかは速断できないが、「武規」という形が現存する以上、この形を検討することは意味があるものと思われる。

さて、『日本書紀』においては、イ列甲類と乙類の弁別的特徴となっているのは、四等韻対三等韻のみであって、すでに合口性は関与しなくなっていたものと考えられる。従って、『日本書紀』の時代には、恐らく、「規」はキ乙類としても、キ甲類としても使用されることはなかったであろう。それ故、「武規」が原形であるとすると、少なくとも、イ列乙類の弁別的特徴として、合口性が関与していた時代(6・7世紀)でなければ、キ乙類には使用され難かったことは、「关(癸)」の場合と同様であろう。「規」が『日本書紀』以外の文献に万葉仮名としての用例を持たないことは、一つの大きな問題であって、この点に関する限り、「关」とはいささか事情を異にしているといわなければならない。しかしながら、「武規」が原形であり、しかもそれが『日本書紀』の基づいた原資料に存在し、その表記を踏襲したものと仮定するならば、――この可能性は大いにあり得ると思われるのであるが――「关」と同様の解釈が可能なものと思われる。

5

ここでイ列乙類母音の音価について検討してみたい。まず、使用された韻類を中古音の面から見ると、〈微韻〉-ĭuəi, -ĭəi、〈支韻〉-ĭĕ、〈之韻〉-ĭəi、〈脂韻〉-ĭĕi で、いずれも止摂の三等韻に属している。非口蓋性拗音介母-ĭ-

を有し、その中心母音が[ə,ə̯,ĕ]であること、また〈微韻〉では合口三等韻が使用されていることなどは注目される。

　その韻類の使用状態を一瞥すると、次のようである。推古期では、「关(癸)」を除くと、すべて〈微韻〉字であるが、『古事記』『万葉集』になると、キ・ギ乙類として〈之韻〉〈支韻〉字、ヒ・ビ乙類として〈脂韻〉字も用いられるようになり、さらに『日本書紀』では、ヒ・ビ乙類として〈支韻〉字も使用されるようになる。すなわち、〈微韻〉字を中心として、他の〈之韻〉〈支韻〉〈脂韻〉字がそれに加わっている状態と考えられる。

　さて、キ・ギ乙類についてみると、〈微韻〉では、推古遺文などに見える「帰貴鬼」の合口三等字、『古事記』『日本書紀』などの「気幾機既」の開口三等字が使用されている。ところで、開口三等字の「気」などは、推古遺文、『古事記』『万葉集』『日本書紀』においては、むしろケ乙類の仮名として使用される方が一般的であり、キ乙類の仮名としては、『日本書紀』などに数例使用されている程度である。これは、恐らく新しい字音によった用法と考えられる。また、〈支韻〉では、上古音歌部所属の開合口三等字「奇寄綺宜義」などが『古事記』以降使用されている。これらは前掲のように、ŋia（ガ）＞ŋie＞ŋïe（ゲ乙）＞ŋĭe＞ŋïei（ギ乙）と字音変化したものと推定され、推古期においては、ガ・ゲ乙類の仮名として使用されている。同様に、〈之韻〉では、開口三等字「己忌紀疑擬基」などがやはり『古事記』以降使用されているのであるが、これらも推古期においては、むしろコ乙類に適していたと考えられる（因みに、「己」は推古遺文などでは、コ乙類の仮名として使用されている）。

　従って、止摂の〈微韻〉〈支韻〉〈之韻〉の牙・喉音開口三等字が推古期において、上述のようにキ・ギ乙類の仮名として適していなかったとすれば、推古期に〈微韻〉合口三等字が使用されたとしても、『古事記』以降の開口三等字があてられたキ・ギ乙類の音価とは相違した音価を表わしていたとは速断できないことになる。しかしながら、ここで問題となるのは、なぜ〈微韻〉合口三等字が用いられ、〈脂韻〉の開口三等字が使用されなかったのかという点である。〈脂韻〉開口三等字は、推古期においてもエ列乙類・オ列

乙類として使用されてはいないので、前述の〈微韻〉〈支韻〉〈之韻〉開口三等字などのような状態にはなかったことが考えられる。従って、推古期においても、キ・ギ乙類として止摂の開口三等字母が適していたのであれば、当然使用し得る条件にあったはずであるが、それにもかかわらず、〈微韻〉合口三等字が選ばれたということは、推古期において、その合口要素が弁別的特徴として有意味であったことを推測させるのである。

6

次に、脣音系のヒ・ビ乙類、ミ乙類について検討することにしたい。一般に脣音は開合に関して中立的（neutral）であったことが反切系聯上から考えられるのであるが、果たして止摂の〈微韻〉〈支韻〉〈脂韻〉の脣音は中立的であったのであろうか。韻鏡についてみると、〈微韻〉の脣音字は合口転に収められているのに対し、〈支韻〉〈脂韻〉は開合口・開口転に属していて、それぞれ開口転、合口転には脣音字が存在しない。従って、韻鏡の中古音に対する解釈からするならば、〈微韻〉の脣音字は多分に合口要素が強かったのに比べ、〈支韻〉〈脂韻〉は中立的であったということになりそうである。この点に関して、有坂秀世（1955）が「止韻諸韻の合口的要素は寧ろ明瞭な後舌的な舌の位置を持つてゐたものと思はれる」「これらは脣的子音の後でも、現代諸方音の大部分では、例へば開口 pi に対する合口 pui, pəi, pai, päi, pei, pe 等の如く、開音と合音との間に明瞭な区別を示してゐる。」と述べていることが参考となる。従って、止摂の開合に関しては、脣音であっても牙・喉音と同列に扱うことができるとすれば、脣音系のヒ・ビ乙類、ミ乙類についても、キ・ギ乙類と同様に合口要素が弁別的特徴として存在したか否か検証し得る状態にあるわけである。(補注8)

さて、〈微韻〉では、推古遺文、『古事記』『万葉集』『日本書紀』など、すべて合口三等字が使用されているので、その合口性は『古事記』以降も有意味であったかに見える。しかしながら、〈微韻〉の脣音には開口字が存在しないため、三等字を使用する以上は、合口字を選ばざるを得ない条件にあったこと、〈脂韻〉では、『古事記』以降ヒ・ビ乙類の仮名として開口三等字の

「悲備秘眉媚」などが使用されていること、〈支韻〉では、『日本書紀』において、ヒ・ビ乙類の仮名として、やはり開口三等字「彼被縻」が使用されていること、などから推測するならば、〈微韻〉合口三等字が『古事記』以降用いられたとしても、その合口性は、すでに弁別的特徴として無意味であったと考えざるを得ない。そうであるとすれば、なぜ『古事記』以降においても〈微韻〉合口三等字が使用されたのであろうか。まず、万葉仮名を表記法の面から見れば、一般に文字の持つ機能と制約とから起こる"文字の固定化"ということが、この場合にも当然のことながら考慮しなければならないはずである。また、ヒ・ビ乙類・ミ乙類は、キ・ギ乙類よりも"きこえ(sonority)"の点において、開合の対立は小さかったものと考えられるので、弁別的特徴として合口性が全く関与しなくなってからも、脣音においては、非弁別的特徴としてなお存在していたことによるとも考えられる。なお、〈之韻〉では、ヒ・ビ乙類、ミ乙類の仮名は全く使用されていないのであるが、これは〈之韻〉が脣音声母と結合しないためである。

7

　以上、イ列甲乙二類の弁別的特徴に関して、推古期においては、四等対三等という対立だけではなく、開口対合口の対立も存在したこと、『古事記』以降においては、四等対三等の対立のみに変化したことなどが明らかとなった。そうだとすれば、イ列乙類母音の音価はどのようなものであったのであろうか。8世紀においては、〈微韻〉開口三等-iəi、〈之韻〉開口三等-iəi、〈支韻〉開合口三等-iĕ、〈脂韻〉開口三等-iĕi などが使用されている。また、例えば、〈支韻〉では「弥・弭」に対して「縻」、「婢」に対して「被」、「伎・岐・祇」に対して「奇」、「企」に対して「綺」、〈脂韻〉では「鼻」に対して「備」などのように、明らかに四等対三等のみによって弁別されている。

　従って、イ列甲類母音が前述のように [i] であったとすれば、それに対するイ列乙類母音は、非円唇中舌母音 [ɨ] を副音とする二重母音的性格の [ii̠]⁽⁷⁾ と推定するのが最も穏やかであろう。そして、6・7世紀においては、

〈微韻〉合口三等-i̯uəi が使用されているのであるが、その合口要素の存在は、円唇性を意味するものと解釈される。従って、6・7世紀のイ列乙類母音は、[i] に円唇性の加わった中舌母音の [ü] を副音とする二重母音的性格の [üi] ではなかったかと想像されるのである。

以上のことを総括すれば、上代イ列母音の甲乙類は、次のような対立を有していたこととなる。

	6・7世紀	8世紀
甲類	i	i
乙類	üi	ïi

8

本章は、中国漢字音の面から上代イ列母音の音的性格について検討してきたわけであるが、なかでも、イ列乙類母音が6・7世紀において明瞭な円唇性を有していたことは注目すべきであろう。このことは、いわゆる"母音交替"を発生させた音韻変化の問題、さらには、古代日本語の母音体系がいかなるものであったかという問題などにも、一つの重要な示唆を与えるものと思われるのである。

[注]

(1) 中古音の推定音価は、Karlgren 説に基づいたが、止摂諸韻については、河野六郎（1968）によっている。【補注(1)参照】

(2) この「賀眉里」の眉がミ甲類に相当すると見るのは、その地名起源の説明「右由○居◦川上◦為◦名」によるわけであるが、同じ『播磨風土記』揖保郡の「上岡里」では、「出雲國阿菩大神　聞◦大倭國畝火香山耳梨三山相鬪◦　此教◦諌止◦　上来之時　到◦於此處◦　乃聞◦鬪止◦　覆◦其所◦乗之船◦而坐之　故號◦神阜◦」と地名起源の説明をしている。従って、これらによる限り、「眉」がミの甲乙類いずれに属していたのかは、実の所不明とするのが妥当であろう。【補注(9)参照】

(3) 同様の傾向は朝鮮漢字音についても窺われる。Karlgren の「方言字彙」及び河野六郎（1968）によれば、in, ir (il) になっている。また、羅常

培（1933）についてみると、吐蕃音訳例では in, ir で写されていることなども参考となろう。
(4) 止摂の合口要素は、有坂秀世（1955）に従って-u-とした。
(5) 神代紀歌謡7「居気辞被恵祢」「居気儴被恵祢」「伊智佐介幾」「多伽機珥」、天武紀下訓註「齊忌此云蹣既」など。
(6) 因みに、前掲のように「祁」がケ甲類の仮名として使用されている。また、『日本書紀』において、「稨」はケ乙類の仮名と認められるのであるが、使用例が『日本書紀』のみであること、あるいは、大野透（1962）が「ケ乙の仮名に用ゐられる代韻の概に改めるべきである。稨は精々概の異体と見られるに過ぎない」と述べていることなどもあって、一応除外して考える。
(7) [ïi] という推定音価は橋本進吉以来説かれているところである。

［補注］
(1) 現在では、中古音重紐の音韻論的解釈については、声母の口蓋化の有無とする三根谷徹説（1993b）に従っている。音声的な実現としては、声母における口蓋化の有無と同時に、介母における-i̯-対-i-の相違（有坂秀世・河野六郎説）、さらには主母音の相違（董同龢・周法高説）などもあったことを認めた上で、三根谷徹は重紐の対立を音韻論的に解釈しているのである。どのような特徴を音韻論的に有意味で、弁別的なものと認めるかの相違である。重紐、上古音、慧琳音などについては、小倉肇（1995）の「中古漢語」「上古漢語」および小倉肇（2006-7）『『七音略』『韻鏡』の構造と原理」を参照されたい。因みに、中国漢字音の声母の分類を示すために「脣音」の表記を用いるが、これは音声学における「唇音」と区別するためである（三根谷徹 1993a 参照）。
　　この論文を書いた時点では、中古音における重紐の対立は、拗音介母の相違とする有坂・河野説に従っており、それに基づいてイ列母音の音価推定を試みている。また、森博達（1991）による『日本書紀』の仮名（α群・β群）の研究や平山久雄（1997）も出ているので、現在の立場から全面的に書き直すことも考えたが、本書第Ⅰ部第4章「推古期における口蓋垂音の存在」との繋がりを考慮して、敢えてそれを行なわず、論旨を変更しない範囲内で語句や表現を整え、引用文献の示し方などの形式的な統一を図った。
(2) 「儀」は『日本書紀』β群、「蟻」は『日本書紀』α群に属す。α群の疑母三等「蟻」がギ甲に用いられた理由について、森博達（1991）は「ガ行子

音には〈疑〉母が最も近いが、イ列甲類に適する韻類である〔支〕・〔脂〕両韻のA類にはともに〈疑〉母字が存在しない。それゆえ、次善の策としてB類字を用いざるを得なかった」と説明している。
(3) 『日本書紀』巻17の継体紀は α 群に属す。
(4) 「崟」は、巻12の履中紀歌謡に見え、森博達(1991)の β 群に属す仮名である。森は「『広韻』や『集韻』に見えない特殊字で、(中略)漢字原音不明のまま、考察の対象から除外する」としている。本章では、「崟」が「大漢和」に「義未詳。〔字彙〕崟、巨支切、音耆、出釈典」とあるのに従い、「耆」と同音字であるとして処理している。なお、韻鏡により「耆崟祁」を〈脂韻〉群母三等としたが、河野六郎・辻本春彦は三等甲／四等としている(小倉肇1995参照)。「耆崟祁」が四等(三等甲)であれば問題はない。しかし、三等(三等乙)であるとすれば、やはり本章のような議論が必要である。
(5) 重紐の pair については、小倉肇(1995)の「広韻重紐表」を参照。
(6) 森博達(1991)は「私は α 群の表記者の依拠した字音体系では、「美」字はB類ではなくA類であったと考えたい。「美」字は上古音では脂部に属し、主母音 e をもっていた。上古の分部と中古の重紐との関係を見るに、上古主母音 e の部の文字は主に中古A類に変化するが、脂部の場合は対応の混乱が甚だしいことが指摘されている(頼惟勤一九五七、8頁)。「美」字の中古音B類は上古との対応の混乱した例であるが、方音によれば通則のとおりA類に属した可能性も考えられる。重紐消失例と見なした旧稿(森一九七七、163〜164頁)より穏やかな解釈と言えるが、あまり自信はない」と述べている。なお、補注(1)で触れたように、平山久雄(1997)の論考も参照されたい。
(7) 亀井孝(1954)は「「神亀三年山背国計帳」(「戸籍」とするは誤り)の、「丹波国多貴郡草上郷」とある关字が解けていないが、これは、異体字としては、癸字と認める外にない。しかし、他方、同一計帳に多貴郡の字画も現れるのを以て考えれば、例の字は、貴の草体を書くべきところをあやまって癸の異体を書いたのではなかろうか。ちなみに、故橋本進吉によってキの乙類のうちに癸字を加えられたのは、上宮法王帝説からであろう。「志癸島」という形がみえるが、原本の写真(古典保存会複製)によれば、これも癸字である。このばあいは、あきらかに、貴字の誤字とみるべきである。かく解して正しいなら、キの乙類のかなとしての癸字は、万葉がなの表からは消えることとなる」と述べている。「关(癸)」が「貴」の誤字

であるならば、問題はなくなる。
(8) 唇音声母における「開・合」の問題については、小倉肇（1995）で扱っている。
(9) 中央語では「上」カミ甲、「神」カミ乙である。『播磨風土記』では、ミの甲乙の区別はなかった可能性がある。また、ミの甲乙の区別があったとすれば、地名起源の説明のために無理な引き当て（語源解釈）をしているということになるが、その音韻的な解釈はいろいろ考えられる。

［引用文献］

有坂秀世(1955)　『上代音韻攷』（三省堂）
大野　晋(1953a)　『上代仮名遣の研究』（岩波書店）
大野　透(1962)　『萬葉假名の研究』（明治書院）
小倉　肇(1995)　『日本呉音の研究』（新典社）
─────(2006-7)「『七音略』『韻鏡』の構造と原理（Ⅰ）〜（Ⅳ）」（『日本文藝研究』58-1,58-2,58-3,58-4）
亀井　孝(1954)　［書評］大野晋「上代仮名遣の研究」（『言語研究』25），亀井孝（1992）再録
─────(1966)　『日本語の歴史別巻』（平凡社）
─────(1992)　『言語　諸言語　倭族語』（『亀井孝論文集6』吉川弘文館）
河野六郎(1968)　『朝鮮漢字音の研究』（天理時報社），河野六郎（1979）再録
─────(1979)　『河野六郎著作集2』（平凡社）
平山久雄(1997)　「万葉仮名のイ列音甲・乙と中古漢語の重紐─対応上の例外をめぐって─」（『東方学会創立五十周年記念　東方学論集』）
三根谷徹(1993a)　『中古漢語と越南漢字音』（汲古書院）
─────(1993b)　「韻鏡と中古漢語」（『中古漢語と越南漢字音』汲古書院）
森　博達(1991)　『古代の音韻と日本書紀の成立』（大修館書店）
羅　常培(1933)　『唐五代西北方音』（『歴史語言研究所単刊甲種之十二』）
周　法高(1948)　「玄應反切字表（附玄應反切考)」（『歴史語言研究所集刊 20 上』）
B.Karlgren(1915-26) Études sur la phonologie chinoise（Archives d'Etudes Orientales, publiees par J.-A.Lundell Vol.15)

4. 推古期における口蓋垂音の存在

0

　奈良時代（8世紀）における上代特殊仮名遣の甲乙二類のうち、イ列・エ列については、カ（ガ）・ハ（バ）・マの三行にのみ、その対立が認められ、オ列とは平行的な関係を示さない。従って、この点から、イ列・エ列の甲乙二類の対立は、オ列のそれとは異なった性格ないし特徴を備えていたのではないかと考える余地が残されている。

　本章では、イ列・エ列の甲乙二類について、従来の通説のように母音による対立ではなく、子音の口蓋化の有無による対立とする説の方が、上代日本語の音韻体系の上からみても、さらに中国漢字音の面からも妥当であることを述べてみたい。

　その上で、前章で推定した、推古期（6・7世紀）におけるイ列乙類の〈円唇的性格〉について検討し、推古期には口蓋垂音の存在したこと——キ・ギ、ケ・ゲの甲乙二類が軟口蓋音（velars）と口蓋垂音（uvulars）との対立 /k-/：/q-/；/g-/：/ɢ-/ であったこと——を明らかにし、推古期から奈良時代にかけて /k-/＞/kj-/；/q-/＞/k-/ のような音韻変化の存在したことも併せて述べようと思う。

1

　上代特殊仮名遣における甲類・乙類というのは、文法的な形態変化、形態音韻論的な音韻交替・音節結合の制限（語音排列則）などの《枠組》の中で、それぞれ独立した単位でありながら、互に同じ現れ方をし、性格的に共通する特徴を備えた、しかも、〈いろは仮名〉の体系では書き表わすことのできない二類に対して与えられた名称である。

　ところで、甲類・乙類の対立については、それが母音の違いによるもの

あり、甲類が後世と同じ、乙類がそれとは異なった母音を持っていたとするのが現在の通説と認めてよいであろう。しかし、このような想定、あるいは立場に基づいて、母音体系を考えた場合、甲乙二類については一般化することができるものの、その二類の対立のない音節については、甲乙二類のいずれの母音と同じであったのか慎重に検討しなければならないであろう。

　最近では、例えば、カ・キ甲類・キ乙類・ク・ケ甲類・ケ乙類・コ甲類・コ乙類は、〈ka, ki, kï, ku, ke, kë, ko, kö〉、タ・チ・ツ・テ・ト甲類・ト乙類は〈ta, ti, tu, te, to, tö〉などのように transliterate（転写・翻字）することが一般的に行なわれている。これが単なる機械的な transliteration であるならば、一対一の対応関係を示すので、それなりに評価はできるものと思われる。しかし、それが甲類母音〈i, e, o〉、乙類母音〈ï, ë, ö〉として transliterate したものであるとすれば（あるいは、結果的にそうなってしまうとすれば）、それはもはや transliteration ではなく、transcription（音韻表記）であると認めなければならないであろう。すなわち、そこには甲乙二類の対立のない音節の母音が、甲類のそれと同じであったという解釈が含まれることになるからである。

　通説としては、イ列・エ列の甲乙二類の対立のない音節の母音が、甲類母音と同じであったという解釈が行なわれているのであるが、しかし、一方には、例えば、シ・チなどは寧ろ乙類母音的な音価を持っていたという亀井孝（1950）の推定も存在するのである。従って、通説が、例えば「大きな矛盾が生じることはないようである」（『時代別国語大辞典　上代編』）とするような消極的な根拠に基づいているとすれば、それとは全く逆の可能性も"大きな矛盾は生じない"とする立場からは、否定することができないことになる。

2

　さて、イ列・エ列において、甲乙二類の対立のない音節が、甲乙二類のいずれの母音と同じであったのか（あるいは、それらとは異なった別の母音であったのか）という問題は、上代日本語の音韻体系——母音体系——の中で、

4. 推古期における口蓋垂音の存在　69

対立のない音節がどのような特徴を示すか検討し、その具体的な根拠に基づいて、改めて解釈する必要があるものと思われる。

まず、イ列・エ列の甲乙二類の現れ方によって、その甲類・乙類の《枠組》を一般化して示すならば、ほぼ次のようになろう。なお、以下、一般化された枠組を示すために、《甲類》《乙類》のように用いることにする。

《甲類》
　1）四段活用の連用形・命令形（あるいは、助動詞「り」の接続する活用形）
　2）上一段活用の各活用形

《乙類》
　1）四段活用の已然形
　2）上二段活用の未然形・連用形・命令形
　3）下二段活用の未然形・連用形・命令形
　4）ウ列音と母音交替するイ列音
　5）オ列音と母音交替するイ列音
　6）ア列音と母音交替するエ列音

以上のような《枠組》の中で、二類の対立のない音節は、どのような現れ方をするのであろうか。この現れ方については、有坂秀世（1955）によって詳細な調査がすでに行なわれている。従って、それに基づいて考察を進めることが可能となっているので、まず、一覧できる形にまとめて示した上で、検討を加えることにしたい。

伊　類	伊駒山〈射駒山〉（万）	［射］《甲類》
	淤伊尔祁流加母（万）	［老］《乙類》
斯　類	佐斯麻岐（記）	［差］《甲類》
	────	
知　類	宇知弖（記）	［撃］《甲類》
	淤知布良婆閇（記）	［落］《乙類》
尔　類	思仁来（万）	［死］《甲類》
	────	

理類	登理與曾比（記）	［取］《甲類》
	布理奴礼婆（万）	［古］《乙類》
韋類	韋泥斯（記）	［率］《甲類》
	──	
愛類	──	
	衣多利（万）	［得］《乙類》
勢類	伊麻勢（万）	［坐・命令］《甲類》
	伊麻勢婆夜（記）	［坐］《乙類》
弖類	多弖流（記）	［立有］《甲類》
	多弖弖（記）	［立］《乙類》
泥類	斯泥（万）	［死・命令］《甲類》
	加泥弖（記）	［不得］《乙類》
延類	──	
	多延奴礼（万）	［絶］《乙類》
礼類	登富礼（記）	［通・命令］《甲類》
	能煩礼婆（記）	［登］《乙類》
恵類	──	
	和礼波夜恵奴（記）	［飢］《乙類》

　ここで、その現れ方をみるならば、斯・尓・韋類は《甲類》、愛・延・恵類は《乙類》に属している。また、伊・知・理・勢・弖・泥・礼類などは《甲類》《乙類》のいずれにも現れ、《甲類》《乙類》の特徴に対しては、いわば中立的（neutral）な存在と認められる。さらに、《甲類》的な特徴を示すとみられる尓類は、〈尓～奴［瓊］〉のような母音交替を考慮に入れると、中立的な仲間に加えることができる。

　そこで、甲乙二類の対立を有する伎・紀・比・斐・美・微・祁・気・幣・閇・賣・米の各類（有坂秀世の用語に便宜従う）を加えて、以上のことをまとめると、次のようになる。

4. 推古期における口蓋垂音の存在　71

イ列 { 《甲類》　伎　斯　　　　比　美
　　　　　　　伊　　　知　尓　　　／　理　韋
　　　《乙類》　紀　　　　　斐　微

エ列 { 《甲類》　祁　　　　幣　賣
　　　　　　　　　勢　弖　泥　　　　　　礼
　　　《乙類》　愛　気　　　　閇　米　延　恵

3

　《甲類》《乙類》の枠組における甲乙二類の対立が母音によるものであるとすると、各々の現れ方から、イ列では、伎・斯・比・美類は〈甲類母音〉、紀・斐・微類は〈乙類母音〉、エ列では、祁・幣・賣類は〈甲類母音〉、愛・気・閇・米・延・恵類は〈乙類母音〉を、それぞれ有していたことになる。
　しかし、伊・知・尓・理・韋／勢・弖・泥・礼の各類は《甲類》《乙類》の特徴に対して中立的なのであるから、いずれの母音を有していたか、すぐには決定することはできない。従って、これらの各類については、（イ）別の母音を有していたとするか、あるいは、（ロ）音韻論的には甲類母音を有していたと認めた上で、音声的な実現においては、ある場合には乙類母音な現れ方もした（もちろん、逆の想定も可能である）という、いわゆるfree variantの概念によって解釈するか、のいずれかになるものと思われる。しかしながら、（イ）のように、第三の別の母音を考えるとすると、各々の母音の現れ方は、全体としてかなり複雑な、しかも平行関係をなさない母音体系であったことになる。また、（ロ）のように、free variantの概念を導入して説明することは、一見合理的なようであるが、しかし、その前提である音韻論的には甲類母音（あるいは乙類母音）を有していたとする根拠は、上代日本語の音韻体系の上からは見出すことはできない。従って、このような問題が解決されない以上、これらの解釈は成立し得ないことになる。
　また、カ（ガ）・ハ（バ）・マの三行にのみ甲乙二類の対立があるという「イ・エ両列の類別の不均衡の問題」を「古い体系から新しい体系への過渡的な時期に、区別が部分的に崩壊してゆく段階があった」[3]と想定して解釈す

ることはもちろん可能ではあるが、しかし、音韻体系の上から、その対立のない音節が甲乙二類のいずれの母音を有していたかという問題とは、一応切り離して扱う必要があるものと思われる。

4

さて、前節までの検討を通じて、イ列・エ列の甲乙二類が母音による対立であったとする解釈には種々の問題が残されることになった。結局、〈いろは仮名〉の体系では書き表わすことのできない各類（甲乙二類）が《甲類》《乙類》に分かれ、しかも、その対立のない音節が、その枠組の片方、あるいは両方に現れるということについて、音韻論的な立場から合理的に解釈する必要があるということになる。

ところで、このイ列・エ列の甲乙二類が母音による対立ではなく、子音による対立であったと解釈する説が、服部四郎（1959）、Samuel E. Martin（1959）、Roland A. Lange（1973）、松本克己（1975）によって、すでに明らかにされている。そこで、上に述べてきた所を中心として、この〈子音説〉が成立するかどうか検討を加えることにしたい。（なお、ここでは、論が煩雑になることを避けるためもあって、服部四郎の所論によることにする。）

服部四郎（1959）は、

「キ」「ギ」「ヒ」「ビ」「ミ」「ケ」「ゲ」「ヘ」「ベ」「メ」の場合は、母音音素たとえば /i/ と /i/ および /e/ と /ɜ/ による区別だとすると、何故これらの音節に限り母音音素が 2 種類あったのか、説明に困る。この困難は、次のように想定することにより除去することができる。

{ 甲類 /kji/ /gji/ /pji/ /bji/ /mji/
  乙類 /ki/ /gi/ /pi/ /bi/ /mi/

{ 甲類 /kje/ /gje/ /pje/ /bje/ /mje/
  乙類 /ke/ /ge/ /pe/ /be/ /me/

と解釈し、「甲乙両類の対立は、子音が口蓋化しているか否かの対立で、中核母音音素はそれぞれ同じである」と主張した。筆者としては、この服部四郎の解釈に従いたいと思うのであるが、それは次の理由によるからである。

すなわち、服部四郎は、「何故に [t] [d] [n] などで始まる音節にも右と並行的な甲乙両類の区別がなかったのだろうか？」という問題の説明として、

　　口蓋化された [t] [d] と非口蓋化的 [t] [d] との破裂音の音色の差異
　　は、口蓋化された [p] [b] [k] [g] と非口蓋化的 [p] [b] [k] [g]
　　とのその差異より、前舌母音の前で小さい。

と述べているのであるが、これは、甲乙二類の対立のない音節が《甲類》《乙類》の枠組に対しては中立的な特徴をも示す、という事実に対する音声学的な説明としても妥当性があると認められるからである。

　従って、イ列・エ列甲乙二類が〈口蓋化の有無による子音の対立〉であったと仮定することによって、二類の対立のない /'-, s-, z-, t-, d-, n-, j-, r-, w-/ などの子音が、口蓋的対非口蓋的な特徴の組に対して中立的 (neutral)(4)であったこと、また、それによって《甲類》《乙類》の枠組においては、いずれにも現れ得ることなどが説明されるものと思われる。

5

　ところで、2節で見たように、延類 (je) が《乙類》にのみ現れているのは注目すべきであろう。甲乙二類が口蓋的対非口蓋的な子音による対立であったとすれば、延類 /'je/ は愛類 /'e/ に対して《甲類》に属すはずであると考えられる。そして、一方、伊類 /'i/ が《甲類》《乙類》のいずれにも現(5)れるのは、それと対立する [ji] すなわち /'ji/ が存在しないためと考えるならば、一層確実なようにみえるのである。従って、もし、このような考え方が妥当であるとするならば、

　(1)《甲類》《乙類》の枠組の設定
　(2) その枠組における甲乙二類が口蓋化の有無による子音の対立であつたとする仮説

のいずれかに誤りがあることになり、今までの推論の根拠が根底から覆ることになる。しかし、この考え方は、まず(1)(2)の前提を認めた上で、

　(イ) /'je/ と /'e/ とは対立の組をなしていたかどうか。
　(ロ) 対立の組をなしているならば、なぜ /'je/ が《甲類》に属さないのか。

という問題なのであるから、(1)(2)を認めなければ、成立し得ないことは明らかであろう。そして、もし、/ʲje/ : /ʲe/ という対立が認められるならば、/ʲja/ : /ʲa/, /ʲju/ : /ʲu/ などもその対立の組に属すことになるはずであるが、しかし、このような対立は考え得るにしても、《甲類》《乙類》の枠組には入らないことはいうまでもない。従って、(1)(2)の前提に立つ以上、上代日本語の音韻体系においては、/j-/, /ʲ-/ は甲乙二類の口蓋化の有無による子音の対立の組には属さなかったのであり、その対立に関しては、それぞれ中立的であったと認めるべきであろう。そして、/ʲje/ が《乙類》にのみ現れているのは、例えば、ヤ行四段動詞が存在しないというようなことから、《甲類》がいわば体系的な〈あきま〉となっているからであると考えられる。

6

ここで、奈良時代のイ列・エ列甲乙二類に用いられた万葉仮名(字音仮名)が、中国漢字音のどのような特徴を反映しているかを明らかにし、その対応関係から、〈子音説〉の妥当性について検討を加えておきたい。比較の基礎となる漢字音――中古音(Ancient Chinese)――は、河野六郎(1968)の「Karlgren 氏の system を幾分か修正したもの」とされる体系と、三根谷徹(1953, 1956, 1972)によって明らかにされた体系の両方を利用することにした。これは、中古音の体系における、いわゆる重紐の解釈の相違について、客観的な形で比較した方が妥当であると判断したことによる。

7

(Ⅰ) イ列甲乙二類
　1) キ・ギ甲類

〈支韻〉	tśiĕ	/	tśie	支 伎 枳
	kʻiĕ	/	kʻjie	企
	gʻiĕ	/	gjie	岐 祇 伎
	gʻiĕ	/	gie	*妓
	ŋiĕ	/	ŋie	*儀 *蟻

4. 推古期における口蓋垂音の存在　75

　　〈脂韻〉　k'i̯ĕi　　/　　k'jiei　　棄
　　　　　　g'i̯ĕi　　/　　giei　　　*耆 *祁 *崎
　　〈質韻〉　ki̯ĕt　　/　　kjiet　　吉
　　〈祭韻〉　ŋi̯äi　　/　　ŋjiai　　藝

2) キ・ギ乙類
　　〈支韻〉　ki̯ĕ　　/　　kie　　　奇 寄
　　　　　　k'i̯ĕ　　/　　k'ie　　　綺
　　　　　　g'i̯ĕ　　/　　gie　　　騎
　　　　　　ŋi̯ĕ　　/　　ŋie　　　宜 義
　　　　　　ki̯ʷĕ　　/　　kjiue　　*規
　　〈微韻〉　ki̯ʷəi　/　　kiuʌi　　貴 鬼
　　　　　　ki̯əi　　/　　kiʌi　　　幾 機 既
　　　　　　k'i̯əi　/　　k'iʌi　　　気
　　〈之韻〉　ki̯əi　　/　　kiɐi　　紀 記 己 基
　　　　　　gi̯əi　　/　　giɐi　　　忌
　　　　　　ŋi̯əi　　/　　ŋiɐi　　　疑 擬
　　　　　　xi̯əi　　/　　xiɐi　　　喜 憙

3) ヒ・ビ甲類
　　〈支韻〉　pi̯ĕ　　/　　pjie　　　卑 臂
　　　　　　p'i̯ĕ　　/　　p'jie　　譬
　　　　　　b'i̯ĕ　　/　　bjie　　　婢 避
　　　　　　mi̯ĕ　　/　　mjie　　　弭 弥
　　〈脂韻〉　pi̯ĕi　　/　　pjiei　　比 妣
　　　　　　b'i̯ĕi　/　　bjiei　　毗 鼻
　　　　　　mi̯ĕi　　/　　mjiei　　寐
　　〈真韻〉　pi̯ĕn　　/　　pjien　　嬪
　　〈質韻〉　pi̯ĕt　　/　　pjiet　　必

4) ヒ・ビ乙類
　　〈支韻〉　pi̯ĕ　　/　　pie　　　彼

	b'i̯ĕ	/	bie	被
	mi̯ĕ	/	mie	縻
〈脂韻〉	pi̯ĕi	/	piei	悲 秘
	b'i̯ĕi	/	biei	備
	mi̯ĕi	/	miei	眉 媚
〈微韻〉	pi̯əi	/	piʌi	非 飛
	p'i̯əi	/	p'iʌi	斐 妃
	b'i̯əi	/	biʌi	肥

5) ミ甲類

〈支韻〉	mi̯ĕ	/	mjie	弥 弭 瀰
〈脂韻〉	mi̯ĕi	/	mjiei	寐
	mi̯ĕi	/	miei	*美 *眉 *湄
〈真韻〉	mi̯ĕn	/	mjien	民

6) ミ乙類

| 〈微韻〉 | mi̯əi | / | miʌi | 未 味 尾 微 |

以上から、その基本的な対応関係を示すと、次のようになる。

	キ（ギ）	ヒ（ビ）	ミ
甲類	ki̯-／kji	pi̯-／pji-	mi̯-／mji-
乙類	kï-／ki-	pï-／pi-	mï-／mi-

この対応関係に対する異例としては、＊印の「儀蟻妓耆祁﨑規美眉湄」などが存在する。これらの異例については、本書第Ⅰ部第3章「上代イ列母音の音的性格」で個別に検討し、その原因を明らかにしておいたので、ここでは簡単に触れるにとどめておくことにする。

 (a)「儀蟻耆祁﨑」は、『日本書紀』に見え、新しい字音に基づいたもの。
 (b)「妓」は、声符「支」への類推による用法。
 (c)「美眉湄」は、イ列甲類に適する韻類、および明母字という制限による特殊用法。あるいは、上古音（Archaic Chinese）ないし方音に基づくものか。
 (d)「規」は、推古期の「关（癸）」と同様、その合口性故に用いられた

4. 推古期における口蓋垂音の存在　77

特殊用法か。もちろん「矩」の誤写であれば、問題はない。
　因みに、「支伎枳」は、上古音 *kieg によって説明される。[8]
　ところで、上のような対応関係は、『韻鏡』などの、いわゆる等韻図における四等対三等の区別に相当するものと認められる。この四等対三等の区別──すなわち、いわゆる重紐の問題──については、介母（中間の母音的要素）の口蓋的（前舌的）-i- と非口蓋的（中舌的）-i̯- との相違と解釈する《有坂・河野説》、声母（頭子音）の口蓋化の有無（e.g. kj- : k-）の相違と解釈する《三根谷説》などがあり、必ずしも見解の一致をみない。しかし、河野六郎（1968）は「-i- と -i̯- の対立は声母の性格とも関連する」ことを認めた上で、「牙音・喉音（喩・羽を除く）・唇音が【-i- と -i̯- の】両方に現れるのは、これらの子音に口蓋音化したものと然らざるものとがあつたのではないか」との見解も示している。
　従って、先の対応関係からすれば、《有坂・河野説》《三根谷説》のいずれによっても、イ列甲乙二類が口蓋的対非口蓋的（すなわち、口蓋化の有無による）子音の対立であったとする仮説は認めることができると考える。

8

（Ⅱ）エ列甲乙二類
1) ケ・ゲ甲類

　　　〈齊韻〉　kei　　／　　kei　　　　計 鶏 係 稽
　　　　　　　k'ei　／　　k'ei　　　　啓
　　　　　　　ŋei　　／　　ŋei　　　　　霓
　　　　　　　ɣei　　／　　ɣei　　　　　奚
　　　〈麻韻〉　ka　　／　　ka　　　　　家 價 賈
　　　　　　　ŋa　　／　　ŋa　　　　　牙 雅
　　　　　　　ɣa　　／　　ɣa　　　　　下 夏
　　　〈脂韻〉　tśi̯ĕi　／　　tśiei　　　　祁
　　　〈屑韻〉　ket　　／　　ket　　　　結
　　　〈添韻〉　kem　／　　kem　　　　兼

〈銜韻〉　kam　　／　　kam　　　監
　　〈鹽韻〉　xi̯äm　／　　xiam　　＊險
2) ケ・ゲ乙類
　　〈微韻〉　ki̯əi　／　　kiʌi　　既
　　　　　　k‘i̯əi　／　　k‘iʌi　　気
　　〈咍韻〉　kâi　　／　　kʌi　　　該 概
　　　　　　k‘âi　／　　k‘ʌi　　　開 愷 凱 慨
　　　　　　ŋâi　　／　　ŋʌi　　　礙 㝵 皚
　　〈皆韻〉　kăi　　／　　kɐi　　　戒 階
　　〈支韻〉　ŋi̯ĕ　　／　　ŋie　　　＊宜 ＊義
　　〈魚韻〉　ki̯o　　／　　kiʌ　　　居 挙
　　〈祭韻〉　g‘i̯äi　／　　giai　　偈
3) ヘ・ベ甲類
　　〈麻韻〉　pa　　　／　　pa　　　覇
　　〈齊韻〉　b‘ei　／　　bei　　　陛 鼙 鞞
　　　　　　mei　　　／　　mei　　　謎
　　〈祭韻〉　pi̯äi　／　　pjiai　　蔽
　　　　　　b‘i̯äi　／　　bjiai　　敝 弊 幣
　　〈仙韻〉　pi̯än　／　　pjian　　遍
　　　　　　b‘i̯än　／　　bjian　　便
　　　　　　b‘i̯än　／　　bian　　＊辨 ＊弁
　　〈薛韻〉　b‘i̯ät　／　　biat　　＊別
　　〈元韻〉　pi̯ɐn　／　　piɑn　　＊反 ＊返
　　〈庚韻〉　b‘i̯ɐŋ’　／　biaŋ　　＊平
4) ヘ・ベ乙類
　　〈泰韻〉　pâi　　／　　pɑi　　　沛
　　〈皆韻〉　păi　　／　　pɐi　　　拝
　　　　　　b‘ăi　／　　bɐi　　　俳
　　〈齊韻〉　pei　　／　　pei　　　＊閇

4. 推古期における口蓋垂音の存在　79

　　〈灰韻〉　p(u)ậi　　／　puʌi　　杯 背
　　　　　　b‛(u)ậi　　／　buʌi　　陪 珮
　　　　　　m(u)ậi　　／　muʌi　　毎
　　〈咍韻〉　b‛ậi　　　／　bʌi　　 倍
5) エ甲類
　　〈佳韻〉　mai　　　／　mɐ　　　賣
　　〈齊韻〉　mei　　　／　mei　　 迷 謎
　　〈麻韻〉　ma　　　 ／　ma　　　馬
　　〈支韻〉　mi̯ĕ　　　／　mjie　　 咩

　　〈仙韻〉　mi̯än　　／　mjian　　面 綿
6) エ乙類
　　〈灰韻〉　m(u)ậi　 ／　muʌi　　梅 昧 妹 毎 浼
　　〈齊韻〉　mei　　　／　mei　　 ＊米 ＊迷

　以上(1)〜(6)についてみると、エ列甲乙二類の場合は、イ列甲乙二類のように綺麗な対応関係を示していないようにみえる。しかし、＊印の「險宜義辨弁別反返平閇米迷」などを除いて考えるならば、次のような対応関係が設定できそうである。

　　⎰ 甲類：　前舌母音　　　（口蓋的子音）
　　⎱ 乙類：　中舌・後舌母音（非口蓋的子音）

　ところで、今除外した異例については、以下のような説明が可能である。
(a)「險」は、『万葉集』の「柿本朝臣人麻呂之歌集出」と注記されている2首の歌にみえるのであるが、いずれも、助動詞「けむ」を表記するための、かなり特殊な用字法であったと認められる（因みに、ケ甲ムに対するケ乙ムは存在しない）。また、「險」は曉母三等に属すのであるが、それに対する四等字が存在しないので、早くから口蓋音化していた可能性もあろう。
(b)「宜義」は、推古遺文等に見え、中古音よりも古い字音に基づいた用法である。
(9)

(c)「辨弁」は、朝鮮漢字音では口蓋的な特徴を反映している[10]ので、早くから口蓋音化していた可能性が大きい。

(d)「別反返」は、有坂秀世（1955）が「これらはいづれも比較的新しい字音に基いたものと見られる」と説明したものであり、万葉仮名としての用法も特殊なものと認められる。

(e)「閇米迷」については、有坂秀世（1955）が「その基礎になつた漢字音を古音に求め」て説明したように、上古音あるいは方音によって説くことが可能である。

エ列においては、漢字音との対応関係からみると、中心母音の、前舌対中舌・後舌に対応していることが明らかとなった。従って、このような対応関係の特徴から、エ列甲乙二類が口蓋的対非口蓋的子音の対立であったとする仮説は認められるものと思われる。

9

以上によって、奈良時代におけるイ列・エ列音節は、次のように再構されることになる。(補注)

イ列 { 'i　ki　gi　tsi　dzi　ti　di　ni　pi　bi　mi　 ／ 　ri　'wi　（乙）
　　　　kji　gji　　　　　　　　　　　　pji　bji　mji　　　　　　　　　（甲）

エ列 { 'e　ke　ge　tse　dze　te　de　ne　pe　be　me　'je　re　'we　（乙）
　　　　kje　gje　　　　　　　　　　　　pje　bje　mje　　　　　　　　　（甲）

10

前節までは、奈良時代のイ列・エ列甲乙二類の対立について、〈子音の口蓋化の有無〉とする説の妥当性について検討してきたのであるが、ここで、「推古期」の万葉仮名にみられるイ列・エ列甲乙二類の対立について考察することにしたい。すなわち、その対立が奈良時代と同じであったのかどうか、もし相違していたとすれば、どのような対立であったのか、といった問題について漢字音の面から検討を加えてみることにする。

4. 推古期における口蓋垂音の存在   81

(Ⅰ) イ列甲乙二類
 1) キ・ギ甲類
   〈支韻〉 tśi̯ĕ / tśie   支
       gʹi̯e / gjie   岐
   〈質韻〉 ki̯ĕt / kjiet   吉
 2) キ・ギ乙類
   〈微韻〉 ki̯ʷəi / kiuʌi   帰 貴 鬼
   〈脂韻〉 ki̯ʷĕi / kjiuei   *关 (癸)
 3) ヒ・ビ甲類
   〈脂韻〉 pi̯ĕi / pjiei   比
 4) ヒ・ビ乙類
   〈微韻〉 pï̯əi / piʌi   非
 5) ミ甲類
   〈支韻〉 mi̯ĕ / mjie   弥
 6) ミ乙類
   〈微韻〉 mï̯əi / miʌi   未

以上から、その対応関係を示すと、次のようになる。

	キ (ギ)	ヒ (ビ)	ミ
甲類	ki̯- /kji	pi̯- /pji-	mi̯- /mji-
乙類	ki̯ʷ- /kiu-	pï̯- /pi-	mï̯- /mi-

11

　ヒ・ビ、ミの甲乙二類については、奈良時代と同じように、/pji/：/pi/、/bji/：/bi/、/mji/：/mi/ の対立であったと推定して差し支えないであろう。ところで、キ・ギ甲乙二類については、その乙類の方が合口の介母 (-w-/-u-) を持つものに対応しているのは注目される。このような点から、キ乙類の音価として、橋本進吉 (1966) は [kui]、亀井孝 (1966) は [kui, köi] などを推定し、奈良時代とは異なった音価を持っていたという可能性を示している。(11) また、筆者もその円唇的な性格に注目し、[-ǚi] のような二

重母音を想定した。しかし、ここでは、甲乙二類が子音による対立であった$^{(12)}$とする立場から、このキ・ギ乙類の円唇的な性格について、改めて検討を加え、解釈し直すことになる。

円唇的な性格を備える喉音としては、まず、[k^w-] のような labio-velar を想定するのが自然であろう。従って、キ・ギ甲乙二類は /kji/ : /k^{w}i/, /gji/ : /g^{w}i/ あるいは /ki/ : /k^{w}i/, /gi/ : /g^{w}i/ の対立であったことが考えられる。しかし、音韻論的にみるならば、前者のように口蓋的要素と円唇的要素の両方を弁別的特徴として認める必要はないので、この場合は円唇的要素を有意味と認めて、/ki/ : /k^{w}i/ のような velar : labio-velar の対立であったと一応推定しておくことにする。

なお、＊印の「关（癸）」は、「貴」の誤写による用字であれば、問題は起$^{(13)}$こらない。しかし、「癸」が原形であるとすれば、その合口性故に用いられた特殊な用法であったと思われる。

12

（Ⅱ）エ列甲乙二類

1) ケ・ゲ甲類〈用例なし〉

2) ケ・ゲ乙類

    〈微韻〉　k'i̯əi　／　k'iʌi　　気
    　　　　xi̯əi　／　xiʌi　　希
    〈支韻〉　ŋi̯e　／　ŋie　　義
    〈魚韻〉　ki̯o　／　kiʌ　　居 挙

3) ヘ・ベ甲類

    〈支韻〉　pi̯e　／　pjie　　俾
    　　　　b'i̯e　／　bjie　　婢

4) ヘ・ベ乙類

    〈泰韻〉　pâi　／　pɑi　　沛

5) メ甲類

    〈佳韻〉　mai　／　mɛ　　賣

⟨支韻⟩ mi̯e　/　mjie　　弥

6) メ乙類

⟨齊韻⟩ mei　/　mei　　米

ヘ・ベ甲類が〈支韻〉に属し、口蓋的な特徴を示していること、ヘ・ベ乙類、メ甲乙二類は、その属す韻類が前掲の奈良時代のそれと同じであると認められること、などからみて、これらが /pje/：/pe/, /bje/：/be/, /mje/：/me/ であったと推定して差し支えないであろう。一方、ケ・ゲ甲乙二類については、その甲類の用例が存在しないのであるが、乙類の対応関係が非口蓋的な特徴を示しているので、やはり、奈良時代と同じ /kje/：/ke/, /gje/：/ge/ の対立であったと一応推定される。

13

そこで、今まで述べてきたことをまとめると、次のようになる。

	キ	ギ	ヒ	ビ	ミ
甲類	ki	gi	pji	bji	mji
乙類	$k^w i$	$g^w i$	pi	bi	mi

	ケ	ゲ	ヘ	ベ	メ
甲類	(kje)	gje)	pje	bje	mje
乙類	ke	ge	pe	be	me

14

ところで、上述のようにキ・ギ、ケ・ゲ甲乙二類が /ki/：/$k^w i$/, /gi/：/$g^w i$/；/kje/：/ke/, /gje/：/ge/ の対立であったと仮定すると、音韻体系の上から以下のような問題が残ることになる。

キ・ギ乙類にのみ /$k^w i$/, /$g^w i$/ のような labio-velar の存在を認め、その甲乙二類が円唇化の有無による子音の対立であったと仮定すると、他の甲乙二類に対して、その弁別的特徴は、孤立的（isolated）であったと認めざるを得ない。もちろん、ケ・ゲ乙類が labio-velar であったと解釈することが許されるならば、問題はないことになろう。しかし、ケ・ゲ乙類に用いられ

た字母の漢字音には、合口の介母を持つものが存在しないので、その甲乙二類の対立には円唇性が関与していないと認められ、labio-velar を推定することはできない。

　また、もし、キ・ギ甲乙二類が口蓋化の有無による対立であったと解釈することができるならば、奈良時代と同様に、他の甲乙二類と綺麗な相関をなすことになる。しかし、キ・ギ乙類の合口要素――円唇性――を非弁別的特徴と認めるにしても、前舌母音と結合する k- にその円唇性を含ませて解釈することは音声学的にも無理があり、やはり、口蓋化の有無による対立とは想定できない。

15

　キ・ギ乙類の円唇的な性格を考慮に入れた上で、喉音における甲乙二類について、円唇化・口蓋化の有無による対立ではなく、それらとは別の弁別的特徴によって、平行的に解釈することが可能であろうか。もし可能であるとすれば、上述の問題は解消されることになり、また、子音体系としても一応均斉のとれた形として解釈されることにもなると思われる。

　ところで、喉音で、円唇的性格を備え、しかも、labio-velar ではない子音とは、一体何であろうか。このような条件を満たす子音としては、口蓋垂音（uvulars）［q-］［G-］以外には存在しないであろう。口蓋垂音［q］［G］とは「奥舌面と軟口蓋の最後部（口蓋垂を含む）との間で調音される閉鎖音」であり、「［q］の出わたりに［w］が発達し易い」性格を備えていると認められる。

　従って、キ・ギ乙類の円唇的な性格は、非弁別的特徴（余剰的特徴）として、この口蓋垂音に含ませて解釈することが可能となる。また、ケ・ゲ乙類の漢字音における対応関係――非口蓋的な特徴を示す――も、これらの甲乙二類が軟口蓋音対口蓋垂音の対立であったとすれば、やはり矛盾なく説明できよう。

　以上によって、キ・ギ乙類にのみ labio-velar を想定し、ケ・ゲ甲乙二類とは弁別的特徴を共有していなかったと仮定するよりも、《口蓋垂音》［q-,

4. 推古期における口蓋垂音の存在　85

G-] を想定することによって、キ・ギ、ケ・ゲ甲乙二類が軟口蓋音対口蓋垂音 /k-：q-/, /g-：G-/ の対立であったと解釈した方が、より妥当性があると認められる。

そこで、推古期のイ列・エ列甲乙二類の対立を改めて示すと、次のようになる。

	キ	ギ	ヒ	ビ	ミ
甲類	ki	gi	pji	bji	mji
乙類	qi	Gi	pi	bi	mi

	ケ	ゲ	ヘ	ベ	メ
甲類	(ke	ge)	pje	bje	mje
乙類	qe	Ge	pe	be	me

16

最後に、このような推定が妥当であるとすれば、推古期から奈良時代にかけて、次のような《一対一の音韻変化》が起こったことになる。

甲類 { ki ， gi ＞ kji ， gji
　　　 ke ， ge ＞ kje ， gje

乙類 { qi ， Gi ＞ ki ， gi
　　　 qe ， Ge ＞ ke ， ge

この音韻変化は、/k-/＞/kj-/ という口蓋音化と、それに呼応する /q-/＞/k-/ という調音点の前方への移動とによって生じたものと認められる。すなわち、ヒ・ビ・ミ、ヘ・ベ・メの甲乙二類における〈子音の口蓋化の有無〉という対立に《群化》されることによって、そしてまた、それがより均斉のとれた体系という方向とも合致することによって起こった音韻変化と解釈されるのである。

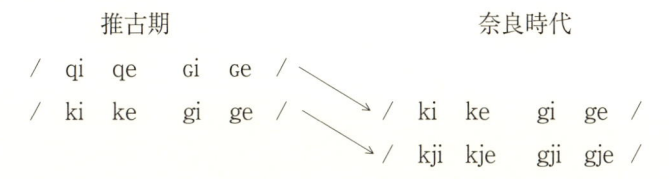

```
         推古期                    奈良時代
    / qi  qe  Gi  Ge /  ──┐
                          └→  / ki  ke  gi  ge /
    / ki  ke  gi  ge /  ──┐
                          └→  / kji kje gji gje /
```

[注]
(1) 以下の論述には、三根谷徹（1953）の所論に啓発される点のあったことを明記しておく。
(2) 有坂秀世（1955）では、濁音節についても詳細な調査がなされているのであるが、本章では論が煩雑になるのを避けるために敢えて除外してある。もちろん、それを加えても論旨に影響はない。
(3) 亀井孝（1964）
(4) いわゆる「清濁」の対立、ハ行・サ行の頭子音など、音韻論的解釈には問題が残されている。いま仮にこのように表記しておくことにする。【補注参照】
(5) 馬渕和夫（1973,1974）、松本克己（1975）参照。
(6) 因みに、中国中古音の体系ではいわゆる「影母」に・i̯-：・i̯-／'ji-：'i-の対立が存在する。
(7) （河野六郎説）／（三根谷徹説）を意味する。【因みに、三根谷徹（1976）により〈之韻〉を /-iĕi/ から /-iei/ に改めた。】
(8) 董同龢（1948）による。【小倉肇（1981b,1995）で再構する上古音によれば /*kieg/ である。】
(9) 本書第Ⅰ部第3章「上代イ列母音の音的性格」参照。
(10) 河野六郎（1939,1968）
(11) 因みに、森山隆（1971）は「おそらくイ列乙類の音価は八世紀において単純母音の [i]、そしてそれ以前の時期には [i] よりも舌の位置の下がった、すなはち [i] と [ə] の中間に相当する音価（便宜 [ɪ] であらはすと）であった」と推定し、イ列乙類の音価の変遷を説いている。
(12) 本書第Ⅰ部第3章「上代イ列母音の音的性格」
(13) 亀井孝（1954,1992）
(14) 服部四郎（1954）
(15) 服部四郎（1971）
(16) 亀井孝（1966）

[補注]
サ行・ザ行子音は破擦音の /ts-/,/dz-/、ハ行・バ行子音は破裂音の /p-/, /b-/ として再構する（本書第Ⅰ部第7章「サ行子音の歴史」参照）。

[引用文献]

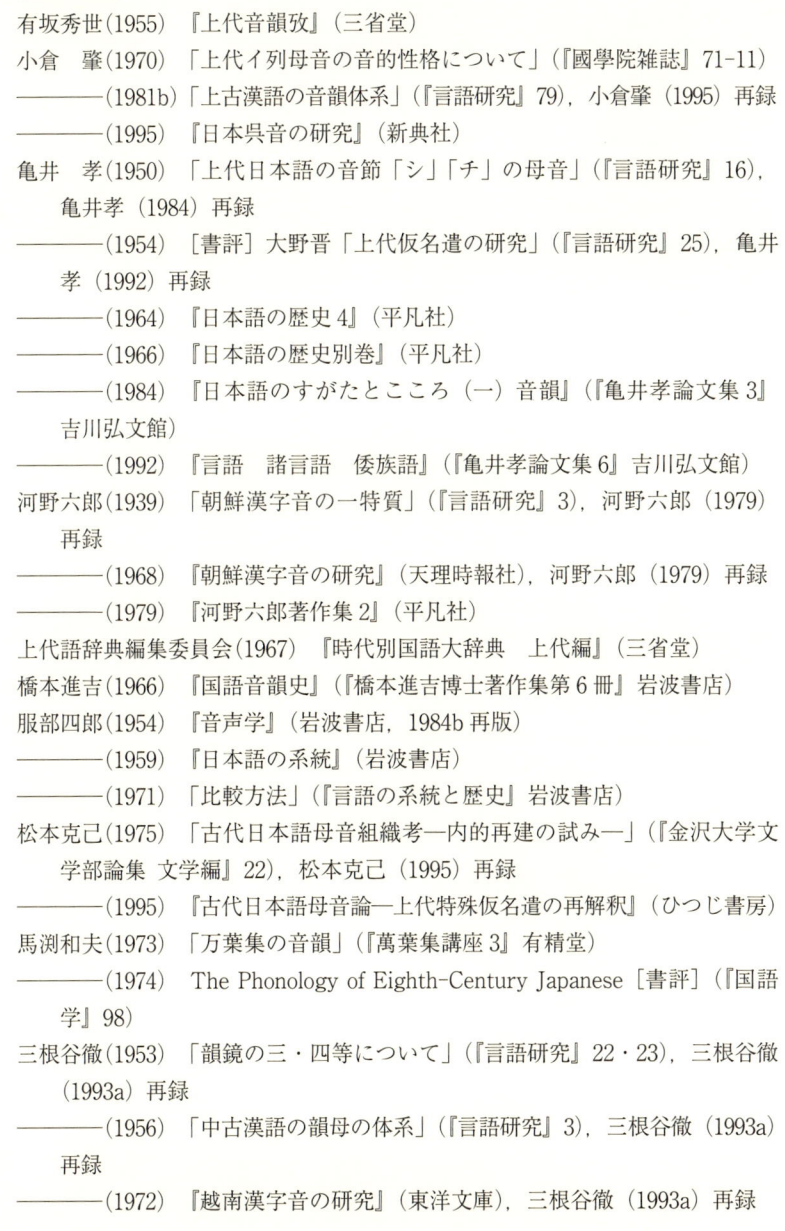

有坂秀世(1955) 『上代音韻攷』(三省堂)
小倉　肇(1970) 「上代イ列母音の音的性格について」(『國學院雑誌』71-11)
─────(1981b)「上古漢語の音韻体系」(『言語研究』79),小倉肇(1995)再録
─────(1995) 『日本呉音の研究』(新典社)
亀井　孝(1950) 「上代日本語の音節「シ」「チ」の母音」(『言語研究』16), 亀井孝（1984）再録
─────(1954) ［書評］大野晋「上代仮名遣の研究」(『言語研究』25), 亀井孝（1992）再録
─────(1964) 『日本語の歴史 4』(平凡社)
─────(1966) 『日本語の歴史別巻』(平凡社)
─────(1984) 『日本語のすがたとこころ（一）音韻』(『亀井孝論文集 3』吉川弘文館)
─────(1992) 『言語　諸言語　倭族語』(『亀井孝論文集 6』吉川弘文館)
河野六郎(1939) 「朝鮮漢字音の一特質」(『言語研究』3), 河野六郎（1979）再録
─────(1968) 『朝鮮漢字音の研究』(天理時報社), 河野六郎（1979）再録
─────(1979) 『河野六郎著作集 2』(平凡社)
上代語辞典編集委員会(1967) 『時代別国語大辞典　上代編』(三省堂)
橋本進吉(1966) 『国語音韻史』(『橋本進吉博士著作集第 6 冊』岩波書店)
服部四郎(1954) 『音声学』(岩波書店, 1984b 再版)
─────(1959) 『日本語の系統』(岩波書店)
─────(1971) 「比較方法」(『言語の系統と歴史』岩波書店)
松本克己(1975) 「古代日本語母音組織考—内的再建の試み—」(『金沢大学文学部論集 文学編』22), 松本克己（1995）再録
─────(1995) 『古代日本語母音論—上代特殊仮名遣の再解釈』(ひつじ書房)
馬渕和夫(1973) 「万葉集の音韻」(『萬葉集講座 3』有精堂)
─────(1974) The Phonology of Eighth-Century Japanese［書評］(『国語学』98)
三根谷徹(1953) 「韻鏡の三・四等について」(『言語研究』22・23), 三根谷徹（1993a）再録
─────(1956) 「中古漢語の韻母の体系」(『言語研究』3), 三根谷徹（1993a）再録
─────(1972) 『越南漢字音の研究』(東洋文庫), 三根谷徹（1993a）再録

―――(1976) 「唐代の標準語音について」(『東洋学報』57-1・2), 三根谷 徹 (1993a) 再録
―――(1993a)『中古漢語と越南漢字音』(汲古書院)
森山　隆(1971)　『上代国語音韻の研究』(桜楓社)
董　同龢(1948)　「上古音韵表稿」(『中央研究院歴史語言研究所集刊第 18 本』)
Roland A. Lange (1973) "The Phonology of Eighth-Century Japanese" (Sophia University)
Samuel E. Martin (1959) "Review of Wenck's *Japanische phonetik*" (Language, 35-2)

5. 合拗音の生成過程

1

　いわゆる合拗音（ワ行拗音）については、中国字音の影響によって、その発生と成立を解釈するのが普通であり、また、常識ともなっている。もちろん、合拗音の現れ方が漢語（字音語）にほぼ限られている[1][補記1]と言う事実からみても、そのように解釈することは間違いではないであろうし、その妥当性についても疑う余地はないであろう。従って、合拗音の生成について、従来、殆ど問題とされて来なかったのは、このような常識に照らして、あまりにも自明であると考えられたためと見なしてよさそうである。そしてまた、合拗音の消滅ないし混同の過程、表記の変遷についての具体的な跡付けと言った問題が研究の中心的課題となって来たのも、その意味では当然であったと言えよう。新村出（1906）・橋本進吉（1966）・宮良當壯（1942）の論考、小林芳規（1963）の訓点文献による考察など、すでに先学によってしばしば論及されて来たことは周知の事実である。

　たしかに、合拗音について、従来のように中国字音の影響としてその生成を説明するならば、表面的にはあまり問題はないかのように見える。ただし、単に中国字音の影響として説明するだけでは、例えば、合拗音として成立したのは /kw-,gw-/ に限られるのであるが、それはなぜか——言い換えるならば、/tw-,sw-/ などのような合拗音が日本字音として成立しなかったのはなぜか——と言った問題を解くことは難しいであろう。今日においても、このような基本的でしかも重要な問題は、依然として未解決のまま残されていると思われる。またさらに、合拗音は、どのような過程を経て、日本字音の体系に組み入れられて行ったのか、その生成の過程で日本語の音韻にどのような変化をもたらしたのか、どこまでそれが日本字音の体系の項として安定した位置を占めていたのか、と言った問題についても、従来、殆ど取り上

げられてはいないが、しかし、決して無視するわけには行かないであろう。

ところで、字音の影響を論ずる場合、中国字音の諸々の特徴——声母に限ってみても、例えば、有気音・そり舌音・軟口蓋摩擦音（声門摩擦音）などの特徴——が、そのまますべて取り入れられ、日本字音として成立したわけではないと言うことは、特に留意しておく必要がある。と言うのは、この事実については、亀井孝（1972）の言葉を借りて言えば、「日本側の主体的な立場に基づき（中略）一定の字音の特徴だけを選択的に受け入れた」とする解釈が可能であり、また、そのように解釈すべきであろうと考えられるからである。従って、このような立場から、改めて字音の影響と言う問題を取り上げ、合拗音の生成について解釈を加えるとすれば、まず、それを受け入れた日本語の側に、その素地を仮定しなければならないであろう。そしてまた、日本語の音韻体系の中に、この素地を、どのように仮定するか、あるいは、どのように位置付けるかは、興味深い問題となるはずである。

以下、上述のような問題を中心として、合拗音の生成過程について、考察を進めることにする。

2

ところで、中国字音が日本語の音韻体系・音節構造に融和ないし同化して行く過程を考えてみると、導入の初期における原音に忠実な（あるいは、比較的近い）形で発音されていた段階から、漸次その細かな区別を捨て、仮名で表記し得る程度に大幅に日本語の音韻体系に歩み寄るまでには、種々のレヴェルが想定されることになる。また、社会階層の観点から、字音の実相を捉えるならば、そこにも種々のレヴェルが想定されることになる。

例えば、仏家・博士家と言った階層における字音語は、いわば外国語音として、可能な限り原音の細かな区別を維持しようとする努力のもとに学習され、伝承されて行ったと考えられるので、それらの字音は、音韻学の知識を支えとして習得された知的なレヴェルのものと言えるであろう。従って、このような階層における字音は、日本字音として最上層をなすものと見なされる。また一方、社会一般の知識階層においては、上層的なものから、漢字の

字面を離れたものを中心とする語音的なものまで、種々のレヴェルのものが混在していたと考えられる。因みに、ここで語音的な字音と言うのは、日本字音として体系的に組み立てられて行く過程で、いわば取り残されたものであって、そのために、字音としてのよるべき規範性が失われ、早くから原音の細かな区別を捨て去って、日本語の音韻体系・音節構造に融和した形で定着したものを指す。

　字音の層ないしレヴェルの問題について、大まかではあるが、このように一応押さえておいた上で、次に、合拗音の表記の面から、その定着及び消滅の様相を窺うことにする。

　小林芳規（1963）は、「訓点における合拗音表記の沿革」について考察を加え、「当初仮名による表記が確定せず漢字表記を主としたものが、次第に仮名表記の方法に定って、やがて仮名表記のみの姿になること」を明らかにし、
　　第一期　　漢字表記のみで、仮名表記が用いられない。
　　第二期　　漢字表記と仮名表記とが併用される。
　　第三期　　仮名表記のみ。
という「三時期」を設定している。この「時期区画」については、おおよそ、
　　第一期　　平安初期から平安中期まで
　　第二期　　平安後期から院政期
　　第三期　　院政末期・鎌倉時代以降
のようになると言う。この小林芳規の所論は、字音の系統、字音の伝承と言った問題を扱っていないのが大きな難点ではあるが、しかし、訓点文献を広く見渡した上での見解であるので、その大勢を窺うことは可能となっている。もとより、合拗音の定着の過程を知るためには、字音の系統、字音の伝承、字音の層などについて、十分明らかにする必要があることは言うまでもない。ただし、この小論では、合拗音の生成過程に論点があるので、その定着の様相については、小林芳規の「三時期」に従って、一応の解釈を試みる程度に止めておきたいと思う。

　まず、第一期では、漢字表記──すなわち、同音字による置きかえの表記

(いわゆる類音字表記)――が主流をなしているのであるが、このことは、原音の IMVF/T(2)をそのまま分析しない形で捉え、また発音していたことの現れと解釈されよう。

第二期では、漢字表記と仮名表記との併用になるが、漢字表記と言っても、第一期の同音字による置きかえの表記に対して、「火・果・鬼・貴、化・外」のような《準仮名》(3)を用いる表記が中心をなしている。もっとも、第一期の漢字表記においても、《準仮名》と見てよいものも少なくないが、それが第二期に至って、より一般化したと言えよう。またさらに、この第二期において、《準仮名》の部分が「クワ・クヰ・クヱ」のような仮名表記に移行しつつある情況となっているのである。このことは、原音の IMVF/T を IMV-F と言う二つの部分に分けて、それを CwV-V, CwV-N, CwV-CV のような 2 モーラの形で捉え、また、発音するようになって行ったことの現れと解釈してよいであろう。

第三期では、《準仮名》を使用した観智院本名義抄のような「例外」もあるが、一般に仮名表記のみになる。CwV- を表わす《準仮名》の部分が、仮名二字で、さらに分析的に表記できるようになって行ったわけである。合拗音は、このような仮名表記の確立とともに、日本字音の体系の項として、一応安定した形で定着したと考えられる。

ところで、室町末期のキリシタン文献についてみると、/kwa-, gwa-/ は、qua, quŏ, gua などのローマ字で表記されているのであるが、/kwi-, gwi-/, /kwe-, gwe-/ については、それに相当する表記は存在しない。従って、少なくとも、一般の知識階層においては、室町末期までに、これらの合拗音は消滅してしまったと考えてよいであろう。つまり、/kwi-, gwi-/, /kwe-, gwe-/ と言う合拗音は、平安後期以降(小林芳規の第二期以降)、日本字音として一応定着したと考えられるのであるが、特殊な知識階層を除いて、一般には、まもなく日本字音の体系の項から姿を消してしまうことになるわけである。一方、/kwa-, gwa-/ も結局は消滅してしまうのであるが、しかし、/kwi-, gwi-/, /kwe-, gwe-/ に比して、かなり後代まで保たれたようで、明治時代以降においても、表記の上で保持しようとする意識のあったことは周

知の事実である。
(補記2)

　さて、このように、同じ合拗音ではあっても、その消滅の過程に相違が見られるのは、なぜであろうか。もちろん、/kwa-, gwa-/, /kwi-, gwi-/, /kwe-, gwe-/ の消滅と、/'wa, 'wi, 'we/ の消長と関連させて解釈することは可能である。ただ、しかし、合拗音の消滅を、/'wa, 'wi, 'we/ の消長と関連させて説明するとしても、合拗音の、字音としての性格を考えるならば、その定着の度合に相違があったと仮定すべきであり、その立場から、まず、解釈を施す必要があると考える。そして、この定着の度合と言うのは、合拗音を受け入れた日本語側の素地の問題と密接に関連していることは多言を要すまい。そこで、次に、この素地の問題を取り上げて検討を加えることにしよう。

3

　亀井孝（1972）は、神武即位前紀に見える、

　　更遣＝頭八咫烏＝召之。時烏到＝其營＝而鳴之曰、天神子召ㇾ汝。
　　怡奘過、怡奘過。過音…倭。

(5)(補記3)
の用例に注目し、「烏の鳴声はクヮだった」こと、「洒落が成り立つためには、民衆は合拗音を用いていた事」を述べ、「音象徴には音韻体系以外の現象が屡々見られ」「烏の鳴声がクヮだから日本語に合拗音が有ったという風に直ちに結び付けられはしないが」としつつ、合拗音が単に漢字音の影響によって成立したのではないと言う解釈も可能であることを主張した。すなわち、日本側の下地（素地）の存在を、まず仮定すべきであること、そして「そういう下地が有ったから字音の特徴も受け入れ得た、という解釈が出来る」ことを示した点で、この亀井孝の見解は注目に値する。

　ソシュールの言うように、「擬音語」は「けっして言語体系の組織的要素ではない」としても、[kʷa] のような発音が実際に行なわれていた、あるいは、それを発音することができたと言うことは、やはり、合拗音を成立させるための重要な素地となったであろうと考えて差し支えはあるまい。従って、亀井孝の説くように、民衆の間で発音されていた擬音語としての [kʷa]

をもって、日本字音としての合拗音の生成の素地とすることについては、一応問題はないものと思われる。ただ、筆者としては、この素地の問題を、もっと積極的に、日本語の音韻体系の側面から取り上げてみようと思うのである。

ところで、一般的に見て、中国字音が取り入れられて、日本字音として日本語の中に安定した形で定着するまでには、かなりの長い時間と漸次的な馴化の過程を経たことが考えられる。もちろん、合拗音についても、その例外ではなかったわけである。従って、合拗音の定着時期は、先に見たように平安後期以降と言うことになるのであるが、その生成の問題を扱うとすれば、当然、字音の導入された時期にまで遡って考えなければならないであろう。そして、合拗音の場合、その字音としての特徴は、秦音系（日本字音としては漢音系）の字音だけに見られるものではないのであるから、字音導入の初期の段階——ここでは、一応推古期を考えておく——にまで遡って検討を加える必要があることになる。そこで、推古期の音韻体系について、論述の都合上、ここで簡単に触れておきたい。

筆者は、かつて「推古期における口蓋垂音の存在」（1977）と言う小論を公にし、推古期におけるイ列・エ列の甲乙二類の字音仮名について、中国字音、及び、音韻論的な観点から検討を加え、推古期の音韻体系——特に子音の体系——について、一つの仮説を提示した（本書第Ⅰ部第4章）。すなわち、キ・ギ、ケ・ゲの甲乙二類について、甲類の子音は /k-, g-/ であるのに対し、乙類の子音は /q-, ɢ-/ と言う口蓋垂音であったと推定されること、そして、そのように解釈すると、体系的にも均斉のとれた形となり、しかも、諸現象を無理なく説明できること、また、推古期から奈良時代にかけて /k-, g-/＞/kj-, gj-/, /q-, ɢ-/＞/k-, g-/ のような音韻変化のあったこと、などを明らかにした。/q-, ɢ-/ と言う口蓋垂音を認める立場から、推古期の音韻体系を、便宜、音節の一覧表の形で示すと、次のようになる（＊印は推定形）。 (補注1)

5. 合拗音の生成過程　95

'a	ka	ga	tsa	dza	ta	da	na	pa	ba	ma	'ja	ra	'wa	
'i	qi ki	ɢi gi	tsi	dzi	ti	di	ni	pi pji	bi bji	mi mji	/	ri	'wi	(乙) (甲)
'u	ku	gu	tsu	dzu	tu	du	nu	pu	bu	mu	'ju	ru	/	
'e	qe ke	ɢe ge	tse	dze	te	de	ne	pe pje	be bje	me mje	'je	re	'we	(乙) (甲)
*'o	ko	go	tso	dzo	to	do	no	*po	*bo	mo	'jo	ro	*'wo	(甲)
*'ö	kö	gö	tsö	dzö	tö	dö	nö	*pö	*bö	mö	'jö	rö	*'wö	(乙)

このような構造と体系をなしていたと仮定すると、合拗音の生成過程について、以下のような解釈が可能となる。

4

まず、ア列について考えてみよう。

kuɑ（戈果過）	kuɑt（括）	ŋuɑ（臥）
k'uɑ（科課）	kuɑŋ（光廣）	ŋuan（翫）
xuɑ（火貨）	k'uɑŋ（曠）	ŋiuɑn（元願）
kuɑn（官冠観管貫館）	xuɑŋ（荒）	ŋiuɑt（月）
k'uɑn（寛）	kuɑk（郭）	
xuɑn（歓）	k'iuɑn（勧）	

などの中国字音は、日本字音として、後世 /kwa-, gwa-/ の形で定着するわけであるが、推古期の音韻体系において、これらは、どのような形で取り入れられたのであろうか。

/ka-, ga-/ で取り入れなかったことは、中国字音の kɑ（歌）：kuɑ（戈果過）などを、日本字音において、/ka/：/kwa/ の対立として区別していることからも容易に理解されよう。

さて、ここで、もう一度、推古期の音節の一覧表についてみると、

/ ka　　　ga　　　　/
/ ki　qi　gi　ɢi /
/ ke　qe　ge　ɢe /

となっていて、/qa, ɢa/ と言う結合はなく、この位置が、体系的に"あきま"[8]となっていることに気付く。この"あきま"に入る音としての[qa, ɢa]は、音韻体系外の周縁的な要素として、恐らく、擬声語・擬態語と言った音象徴——例えば、前述の烏の鳴き声など——には現れていたであろうと考えられる（因みに、/q-, ɢ-/ は、その音声的実現において[kʷ-, gʷ-]にかなり近かったと推定する[9]）。従って、このような素地を基盤として、前掲のような中国字音は、[qa-, ɢa-] の形で、まず、取り入れられたと推定される。すなわち、

中国字音　　　　　　　　日本字音
kuɑ（戈果過）/ ŋuɑ（臥）　⇒　qa/ɢa

の如くである。

ところが、/q-, ɢ-/ は推古期から奈良時代にかけて、次のような音韻変化を起こし消滅してしまうのである。

```
       推古期                          奈良時代
  / ka      ga      /     =     / ka       ga /
  / ki   qi   gi   ɢi /    →    / kji  ki  gji  gi /
  / ke   qe   ge   ɢe /    →    / kje  ke  gje  ge /
```

このような /q-, ɢ-/ > /k-, g-/ の音韻変化に伴って、[qa-, ɢa-]で取り入れた字音は、かなり不安定になって行ったことが想像される。従って、その不安定さを解消するために、いわば自然な形で、[qa-, ɢa-]に替わって、[kʷa-, gʷa-]が発生したと考えられる。すなわち、/q-, ɢ-/ > /k-, g-/ の音韻変化に伴って、/'a/ : /'wa/ のような対立を基盤として（支えとして）、この[kʷa-, gʷa-]が生まれ、[qa-, ɢa-]の穴埋め（代償）をしたことになる。ただし、この[kʷa-, gʷa-]も、まだ音韻体系外の存在で、周縁的な要素であったであろう。いま、この間の過程を分かりやすく表示すると、次のようになる。

5. 合拗音の生成過程　97

```
        推古期                        奈良時代
/ (qa)  qi  qe (ɢa)  ɢi  ɢe /  ------>  / (kwa)    (gwa)        /
/ ka        ga           /  ------>  / ka  ki  ke  ga  gi  ge /
/      ki  ke     gi  ge /  ------>  /     kji kje     gji gje /

       中国字音                    日本字音
  kuɑ（戈果過）/ ŋuɑ（臥）  ⇒  qa/ɢa  ------> kwa/gwa
```

5

次に、イ列・エ列について考えてみよう。

kiuʌi（帰鬼貴）	giue（脆）	kuɐi（乖怪）
xiuʌi（揮煇暉）	ŋiue（危偽）	xua（花華化）
kiue（詭）	giuei（匱櫃）	kuan（関慣串）
kʻiue（虧）	kuei（圭桂閨）	kiuan（巻眷）
(kjiue 規)	kuen（鐲罻）	kjiuan（絹）
(kʻjiue 窺)	kʻuen（犬）	kʻjiuat（缺）
kiuei（亀軌傀）	kuet（決訣）	xiuʌi（灰悔誨）
(kjiuei 癸)	xuet（血）	ŋuɑi（外）
ŋiuʌi（魏巍）	kuɐ（卦罣）	ŋua（瓦）

などの中国字音は、日本字音として、後世 /kwi-,gwi-,kwe-,gwe-/ の形で定着するわけであるが、推古期の音韻体系において、これらはどのような形で取り入れられたのであろうか。

ア列と同様、/ki-,gi-,ke-,ge-/ で取り入れなかったことは明らかである。ところで、上記のうち、「貴鬼癸規」などは、万葉仮名としても用いられているのであるが、その場合、これらが、いずれも「キ乙類」の字音仮名となっていることは注目される。このことからみて、上に掲げたような中国字音は、/qi-,qe-,ɢi-,ɢe-/ の形で、まず、取り入れたと推定される。

しかしながら、このように一旦は /qi-,qe-,ɢi-,ɢe-/ で取り入れた字音も、語音との対比においては、その字音としての弁別的な円唇的特徴を、より際

立たせた方が好ましいわけであるから、当然、語音とは分化して行く道をたどったものと想像される。そこで、語音とはっきり区別するために、[qa-,ɢa-] → [kʷa-,gʷa-] に平行して、/qi-,qe-,ɢi-,ɢe-/ から、いわば人為的な形で [kʷi-,kʷe-,gʷi-,gʷe-] を発生させたと考えられる。

また、一方、このような分化は、語音において、/q-,ɢ-/ の余剰的な特徴としての円唇性——合拗音を取り入れる素地となった——を消失させる方向へ導いて行った。その結果、キ・ギ、ケ・ゲの甲乙二類は、ヒ・ビ、ミ・ヘ・ベ、メの甲乙二類の対立の特徴に《群化》されて、/q-,ɢ-/＞/k-,g-/、/k-,g-/＞/kj-,gj-/ の音韻変化が起こり、子音の口蓋化の有無と言う共通の弁別的特徴を持つようになったと解釈される。この過程を分かりやすく表示すると、次のようになる。

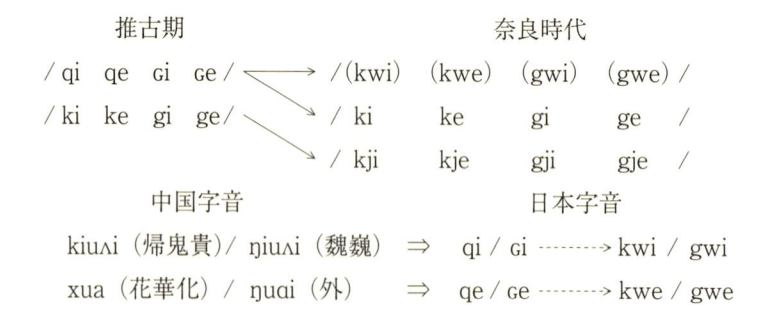

```
          推古期                        奈良時代
     / qi   qe   ɢi   ɢe /  ⟶  /(kwi)  (kwe)  (gwi)  (gwe) /
     / ki   ke   gi   ge /      / ki    ke     gi     ge   /
                                / kji   kje    gji    gje  /

          中国字音                      日本字音
     kiuʌi（帰鬼貴）/ ŋiuʌi（魏巍）  ⇒  qi / ɢi  ┄┄┄➤ kwi / gwi
     xua（花華化）/ ŋuɑi（外）      ⇒  qe / ɢe  ┄┄┄➤ kwe / gwe
```

因みに、このようにして成立した [kʷi-,kʷe-,gʷi-,gʷe-] も、まだ音韻体系外の存在で、周縁的な要素であったと考える。

6

ところで、オ列の場合はどうであろうか。推古期におけるコの甲乙二類 /ko,go/：/kö,gö/ は、その音声的実現において [qo,ɢo]：[kə,gə] のような形をとったと推定される。従って、他のオ列の甲乙二類の対立よりも、その差異は一層際立っていたであろう。そして、この差異は /q-,ɢ-/ が消滅してからも、亀井孝の説くように [k-o]：[kə] のような形で保たれて行ったと考えられる。平安時代に入ってからも、なお、コの甲乙二類の区別が最

後まで残存し得たのも、このような聴覚的基盤に支えられていたためであり、その遠因は、推古期の音韻体系にあったと考えてよさそうである。

さて、オ列における合拗音 /kwo-,gwo-/ は実際に存在したのであろうか。中古音の体系では、[kʷo,gʷo] に相当する字音は存在しなかったと推定されるので、この時期に導入された日本字音には、[kʷo-,gʷo-] は発生しなかったはずである。なお、中古音以前の段階では、[kʷo-,gʷo-] は存在したと推定されるようであるが、そのような字音が導入された場合、恐らく、/ko-,go-/（=［qo-,ɢo-］）の形で取り入れられたであろうと考えられる。ただし、/qi-,qe-,ɢi-,ɢe-/→［kʷi-,kʷe-,gʷi-,gʷe-］に平行した形で、/ko-,go-/→［kʷo-,gʷo-］の過程を経て、合拗音［kʷo-,gʷo-］を発生させることはなかったであろう。なぜならば、/q-,ɢ-/＞/k-,g-/ の変化が日本語側に起こったのと平行的な形で、中国字音側においても、[kʷo-,gʷo-] が消滅し、原音との差異が問題とならなかったからである。従って、オ列における合拗音は、通説のように、発生して間もなく消滅したのではなく、最初から発生しなかったと考えられる。

最後に、ウ列について簡単に触れておきたい。ウ列もア列と同じように、

　　/ ku　　　gu　　　/
　　/ ki　qi　gi　ɢi /
　　/ ke　qe　ge　ɢe /

となっていて、/qu,ɢu/ と言う結合が存在しないので、この位置は"あきま"となっている。ただし、ウ列における［ku,gu］:［qu,ɢu］は、ア列の［ka,ga］:［qa,ɢa］に比して、仮にそのような対立があったとしても、聴覚的距離も小さく、また、その機能的負担量も遥かに小さかったであろうと考えられる。とすれば、その"あきま"を埋めるような音は、擬声語・擬態語においても、本来、存在しなかったであろうと思われる。従って、仮に中国字音において、［kʷu-,gʷu-］のような音が存在し、それを日本語が導入したとしても、/ku-,gu-/ の形で取り入れたと考えられるので、ウ列においては、合拗音の生成と言う問題は起こらなかったわけである。

7

　以上、合拗音の生成過程に関わる問題について、推古期の音韻体系の面から論じて来たのであるが、このような解釈が認められるとすると、合拗音の定着及び消滅過程における問題についても、一応次のような説明が可能となる。

　合拗音のうち、/kwa-,gwa-/ は、日本字音として最も安定した形で定着したわけであるが、それは、この /kwa-,gwa-/ が、音韻体系の"あきま"に入る音としての [qa-,ɢa-] に替わって、いわば自然な形で成立したためと考えられる。それに対して、/kwi-,kwe-,gwi-,gwe-/ は /qi-,qe-,ɢi-,ɢe-/ から分化して、いわば人為的な形で成立したために、日本字音として一応の定着はみたものの、安定的な位置を占めるまでには至らず、結局体系から弾き出されてしまったのであろう。

　これは、もとより大まかな議論であり、しかも、その生成過程の相違から見た説明に過ぎない。従って、合拗音の定着及び消滅の過程に関わる問題を解くためには、さらに、字音の系統、字音の層、字音の伝統、字音の体系、/'wa,'wi,'we/ の消長、音韻体系などの面から、十分な検討を加えなければならないことは言うまでもない。^{（補注2）}

　ところで、/sw-,zw-,tw-,dw-,nw-,pw-,bw-,mw-,'jw-,rw-/ などの合拗音が、日本字音として生成あるいは定着しなかったことについては、次のように説明できよう。

　/pw-,bw-,mw-/ については、中国字音においても、「唇音字が開合に関してはneutralであった」[13]と考えられること、また、音声的に合口の特徴が現れていたとしても、それを取り入れる日本語側に、その素地が存在しなかったこと、などから、これらの合拗音は生成しなかったわけである。

　また一方、/sw-,zw-,tw-,dw-,nw-,'jw-,rw-/ などの場合も、日本語の子音において、合口的な特徴を取り入れる素地が存在しなかったためと説明される（因みに、その特徴は、母音の方で取り入れたと考えられる）。ただし、字音の導入された時期から、かなり下った院政期頃になると、音韻学の隆盛に伴って、特殊な知識階層の、韻学を支えとした知的な――いわば外国

語音としての——レヴェルにおいては、「スヰ・シヰ・スゥ・ツヰ……」な⁽¹⁴⁾どによって、[s^w-,z^w-,t^w-,d^w-]の合拗音を表記しようとする試みも行なわれたようである。従って、これらの合拗音は全く生成しなかったわけではないが、しかし、その表記がかなり不安定であったことからも知られるように、一時的な現象であったことは確かである。つまり、これらの合拗音は、知的なレヴェルのものであったこと、また、それを受け入れる素地が、もともと日本語に存在しなかったこと、などから、日本字音として、一般に浸透し定着するまでには至らなかったと考えられる。

　本章では、論が煩雑になることを避けるためもあって、合拗音の生成過程の問題に論点を絞り、開拗音（ヤ行拗音）については、敢えて触れることをしなかった。開拗音の生成過程についても、合拗音と同一のレヴェルでの解釈が可能であることを、ここで付言しておきたい。【本書第Ⅰ部第6章「開拗音の生成過程」参照】

[注]
(1) 字音語以外の合拗音としてよく知られているものに「蹴ル」がある。なお、キリシタン文献（日葡辞書）などを見ると、音象徴の語にも合拗音が現れている。【補記(1)参照】
(2) 河野六郎（1968）など参照。
(3) 小松英雄（1971）の「準かな」という用語による。
(4) 奥村三雄（1972）参照。【補注(2)参照】
(5) 用例は、日本古典文学大系『日本書紀上』（1967）による。【なお「過音倭」については、補記(3)参照。】
(6) 小林英夫訳『ソシュール一般言語学講義』（岩波書店1972）。Ferdinand de Saussure "Cours de linguistique générale"（1916, p.101）
(7) 中国中古音の表記は、三根谷徹（1976）の所説による。三根谷徹（1993a）も参照。
(8) 服部四郎（1960）
(9) 服部四郎（1971）
(10) 小倉肇（1977）、小倉肇（1970）参照。
(11) 亀井孝（1966）

(12) 亀井孝（1954）
(13) 河野六郎（1968）
(14) 築島裕（1969）、奥村三雄（1972）など参照。

[補注]
(1) サ行・ザ行子音は破擦音の /ts-/, /dz-/、ハ行・バ行子音は破裂音の /p-/, /b-/ として再構する（本書第Ⅰ部第7章「サ行子音の歴史」参照）。また、オ列のオ、ホ・ボ、ヲに甲乙二類の別を立てる。
(2) イ［i］とヰ［wi］が［i］に、エ［we］とエ［je］が［je］に合流する時期と、合拗音［kwa-,kwi-,kwe-］が確立していく時期が互いに重なることから、そこに語音と字音との絡み合いによるそれぞれの変化を想定することが可能である。本書第Ⅰ部第11章「「オ（o）」と「ヲ（wo）」、「エ（je）」と「エ（we）」、「イ（i）」と「ヰ（wi）」の合流過程―w化、合拗音との関わり―」を参照。

[補記]
(1) 「蹴ル」の起源として字音語「蹶」を考えることができるとしたら、合拗音の現れ方は音象徴語を除けば、漢語に限られると見なされる。「蹴ル」の起源については、小松英雄（1999）を参照。以下に、音象徴語の例を掲げておく（小学館『古語大辞典』、角川書店『古語大辞典』、『日葡辞書』などによる）。
　　　○くわいくわい（虎寛本狂言・釣狐）
　　　○くわくわらめく（虎明本狂言・鶏聟）
　　　○くわつくわつと（浄・心中万年草）
　　　○くわつたり（狂言・宝の槌）
　　　○くわつと〈quatto〉（太平記・日葡辞書）
　　　○くわらくわら（狂言記・鎌腹）
　　　○くわらりと〈quararito〉（日葡辞書・巨海代抄）
　　　○くわん（曾我会稽山）
　　　○くわんくわん（七小町）
　　　○ぐわつさり（片言）
　　　○ぐわつたり（片言）
　　　○ぐわらぐわらと〈guaraguarato〉（日葡辞書）
　　　○ぐわらつかす〈guaratçucasu〉（日葡辞書）

○ぐわらつく〈guaratçuqu〉（日葡辞書）
○ぐわらめく〈guaramequ〉（日葡辞書・ロドリゲス大文典）
○ぐわらめかす〈guaramecasu〉（日葡辞書・鷹筑波）
○ぐわらり（浄・山崎与次兵衛寿の門松）
○ぐわらりぐわらりと〈guarariguararito〉（日葡辞書）
○ぐわりぐわり（虎寛本狂言・伯母が酒）
○ぐわん（虎寛本狂言・鐘の音）
○ぐわんぐわん（田舎談義）

　なお、「くゑくゑ」（杉楊枝）の用例もあるが、これは [kwekwe] のような音を表わしているのではないであろう。
(2) 「クワン」という合拗音が1889年（明治22）当時関西で行なわれていたことをものがたるかと思われる徴証があるので、参考までに載せておく。

　「関西学院の校名は、創立者ランバス博士と第2代院長の吉岡美國先生によって名付けられた。関東に対する関西として西日本の指導者ともなる意味がある。1889（明治22）年当時、学院という名は非常に珍しく、ミッションスクールは「○○英和学校」などと呼ぶものが多いなか、あえて学院と命名した。吉岡先生は「カンサイでなく、クワンセイガクインと呼んでもらいたい」と説いている。「かんせい（当時はクヮンセイ）」と読ませた理由には、次のような事情がある。一つは当時の学生気質である。漢字の読みには呉音と漢音があり、呉音では「西」を「サイ」、漢音では「セイ」と読む。当時の学生が進取革新的で東京をトウケイと呼ぶように漢音読みする傾向があったので、関学もそれにちなんだという。（中略）創立時に制定した関西学院憲法にも、当時の発音どおりヘボン式ローマ字で「KWANSEI」と表記した」（関学カプセル「関学ジャーナル」No.215, 2008-5-20）。なお、関西学院大学WEBページ「沿革」も参照。

　因みに、この記事によると、明治20年代でも「東京」を「トウケイ」と呼んでいたことが分かる。
(3) 日本古典文学大系『日本書紀上』の頭注に「過は、集韻に戸果切という反切もあり、ɣwaの音と推定される。これとアクセントだけを異にする文字に「和」があり、呉音以前ではワと発音する。それによれば、過にもワの音があったと推定される。ただしこの巻は古写本に乏しいから、何かの誤写かと推測するとすれば、過䫊という字がある。過は倭と同音、䫊は和と同音の字である。下文に特に「過音、倭」と注があるが、この注記の形式は一般の例に合わないものである」とある。なお、日本古典文学全集

『日本書紀①』（小学館）の頭注には「『万象名義』に「過、古貨反」とあるから、音はクヮ。従ってイザクヮと訓まれ、烏の鳴声であるとの説もある。ただし、神武紀の編者は率ワ（前注）の意味で鳴いたと理解させたかったので、ワの音注を施した。原資料の文字に「過」が用いられ、その古韻がワであることが忘れられた時代になっていたか」とある。

因みに、亀井孝（1947）では、「古伝承の語り手たちが、あのヤタガラスの段を語るときに、ふつうなら、「イザワ」といふべきところを、あへて、おもしろく、からすのこゑを模して、「イザクヮー」といふ風に語ってゐたので、古伝承の記録者たちも、これをば、そのまま写しとどめようとして、かかる音をあらはすに恰好な「過」の字を借りたもの」で、「もとより、当時の正常な言語のなかには、「クヮ」といふ音は、存在しなかったであらう。しかし、わたくしの興味は、むしろ、その点に、かかるのである。正規の音韻論的な性質のもの以外に、なほ、表現的とか、象徴的とか、なづくべき音が、多少、どこの言語社会にも存在することは、すでに、さきに、「鼻毗之毗之尓」について触れておいたところである。さういふ音が、感情の直接的な表現においてはもとより、いはゆる音象徴のうちにもみられるとともに、有情無情の自然のこゑの描写においてあらはれる例として、この「怡奘過」の標記を解釈してみたいのである。」と述べている。筆者は、この亀井孝説を基本的に支持する。

[引用文献]

奥村三雄(1972)「古代の音韻」(『講座国語史2 音韻史と文字史』大修館書店)

小倉　肇(1970)「上代イ列母音の音的性格について」(『國學院雑誌』71-11)

─────(1977)「推古期における口蓋垂音の存在」(『言語研究』71)

亀井　孝(1947)「八咫烏はなんと鳴いたか」(『ぬはり』21-1〜4)，亀井孝(1984) 再録

─────(1954)［書評］大野晋「上代仮名遣の研究」(『言語研究』25)，亀井孝（1992）再録

─────(1966)『日本語の歴史別巻』(平凡社)

─────(1972)「漢字音と国語音/昭和四十七年度春季国語学会大会〔分科討論会記録〕」(『国語学』90)

─────(1984)『日本語のすがたとこころ（一）音韻』(『亀井孝論文集3』吉川弘文館)

―――(1992)『言語　諸言語　倭族語』(『亀井孝論文集 6』吉川弘文館)
河野六郎(1968)『朝鮮漢字音の研究』(天理時報社),河野六郎 (1979) 再録
―――(1979)『河野六郎著作集 2』(平凡社)
小林芳規(1963)「訓点における拗音表記の沿革」(『王朝文学』9)
小林英夫(1972)『ソシュール一般言語学講義』(岩波書店) Ferdinand de Saussure (1916)"Cours de linguistique générale"
小松英雄(1971)『日本声調史論考』(風間書房)
―――(1999)『日本語はなぜ変化するか　母語としての日本語の歴史』(笠間書院)
坂本太郎・家永三郎・井上光貞・大野晋（1967）『日本書紀上』(日本古典文学大系, 岩波書店)
新村　出(1906)「音韻史上より見たる「カ」「クワ」の混同」(『國學院雜誌』11・12,『東方言語史叢考』岩波書店 1928,『新村出全集 1』筑摩書房 1971)
築島　裕(1969)『平安時代語新論』(東京大学出版会)
橋本進吉(1966)『国語音韻史』(『橋本進吉博士著作集第 6 冊』岩波書店)
服部四郎(1960)『言語学の方法』(岩波書店)
―――(1971)「比較方法」(『言語の系統と歴史』岩波書店)
三根谷徹(1976)「唐代の標準語音について」(『東洋学報』57-1・2), 三根谷徹 (1993a) 再録
―――(1993a)『中古漢語と越南漢字音』(汲古書院)
宮良當壯(1942)「日本語に於けるクワ［kwa］行音群に就いて」(『言語研究』10・11)

6. 開拗音の生成過程

0

　第5章で「合拗音の生成過程」の問題を扱ったので、本章では「開拗音の生成過程」を取り上げる。第5章の末尾に「開拗音の生成過程についても、合拗音と同一のレヴェルでの解釈が可能であることを、ここで付言しておきたい」と述べたことに呼応するものである。なお「開拗音」という術語は、「合拗音」と対比される場合に用い、以下単に「拗音」と呼ぶことにする。

　まず、現代語の〈直音〉〈拗音〉について述べておく。

　　カキクケコ：キャ　キュ　キョ　　　ガギグゲゴ：ギャ　ギュ　ギョ
　　サシスセソ：シャ　シュ　ショ　　　ザジズゼゾ：ジャ　ジュ　ジョ
　　タチツテト：チャ　チュ　チョ　　　ダ(ヂヅ)デド：(ヂャ　ヂュ　ヂョ)
　　ナニヌネノ：ニャ　ニュ　ニョ
　　　　　　　　　　　　　　　　　　　バビブベボ：ビャ　ビュ　ビョ
　　ハヒフヘホ：ヒャ　ヒュ　ヒョ　　　パピプペポ：ピャ　ピュ　ピョ
　　マミムメモ：ミャ　ミュ　ミョ
　　ラリルレロ：リャ　リュ　リョ

　現代語において、清音の「カキクケコ、サシスセソ、タチツテト、ハヒフヘホ」、濁音の「ガギグゲゴ（ガ゜ギ゜グ゜ゲ゜ゴ゜を含める）、ザジズゼゾ、ダ（ヂヅ）デド、バビブベボ」、半濁音の「パピプペポ」および「ナニヌネノ、マミムメモ、ラリルレロ」を〈直音〉と呼び、これらの〈直音〉に対応する清音の「キャキュキョ、シャシュショ、チャチュチョ、ヒャヒュヒョ」、濁音の「ギャギュギョ、ジャジュジョ（ヂャヂュヂョ）、ビャビュビョ」、半濁音の「ピャピュピョ」および「ニャニュニョ、ミャミュミョ、リャリュリョ」を〈拗音〉と呼んでいる。従って、現代語においては、〈拗音〉とは、ヤ行の小文字「ャ・ュ・ョ」を添えて表わす音節の総称ということができるので、

拗音は「ヤ行拗音」とも言われるわけである。因みに、訓令式ローマ字では「kya, kyu, kyo；sya, syu, syo」のように「y」を挟むのが〈拗音〉であるが、ヘボン式ローマ字では「kya, kyu, kyo；sha, shu, sho」のように表記するので、ローマ字で全てが「y」を挟むわけではないことに留意する必要がある。

ところで、〈ヤ行〉拗音を音声学的に見ると、次の(1)(2)からなっている。

(1) 子音＋半母音［j］＋母音
 キャ・キュ・キョ［kja, kju, kjo］；ギャ・ギュ・ギョ［gja, gju, gjo］；
 ビャ・ビュ・ビョ［bja, bju, bjo］；ピャ・ピュ・ピョ［pja, pju, pjo］；
 ミャ・ミュ・ミョ［mja, mju, mjo］；リャ・リュ・リョ［rja, rju, rjo］

(2) （後部歯茎/硬口蓋）子音＋母音
 シャ・シュ・ショ［ʃa, ʃu, ʃo］；ニャ・ニュ・ニョ［ɲa, ɲu, ɲo］；
 ヒャ・ヒュ・ヒョ［ça, çu, ço］；チャ・チュ・チョ［tʃa, tʃu, tʃo］；
 ジャ・ジュ・ジョ（ヂャ・ヂュ・ヂョ）［dʒa, dʒu, dʒo／ʒa, ʒu, ʒo］

(2)について、シャ・シュ・ショ /sja, sju, sjo/、ニャ・ニュ・ニョ /nja, nju, njo/、ヒャ・ヒュ・ヒョ /hja, hju, hjo/、チャ・チュ・チョ /cja, cju, cjo/、ジャ・ジュ・ジョ /zja, zju, zjo/ とする音韻解釈をとるならば、(1)のキャ・キュ・キョ /kja, kju, kjo/、ギャ・ギュ・ギョ /gja, gju, gjo/、ビャ・ビュ・ビョ /bja, bju, bjo/、ピャ・ピュ・ピョ /pja, pju, pjo/、ミャ・ミュ・ミョ /mja, mju, mjo/、リャ・リュ・リョ /rja, rju, rjo/ の音韻解釈と合わせて、現代語の〈拗音〉は、/CjV/ というモーラ構造を持つものとすることができる。

なお、外来語音を表わす「テュ・デュ・フュ、キェ・シェ・ジェ・チェ・ヒェ」なども /tju, dju, Φju；kje, sje, zje, cje, hje/ と解釈すれば、これらも /CjV/ というモーラ構造を持つので拗音ということになる。ただし、「ツァ・ツェ・ツォ、ファ・フェ・フォ」などを /CV/ 構造の /ca, ce, co；Φa, Φe, Φo/ とする解釈に従えば、直音と認められることになる。ツェ・フェなどは拗音的な印象を伴う〈直音〉ということになるが、これは直音・拗音というのが、近代言語学の術語ではなく、日本悉曇学の伝統を踏まえた歴史的な概念（意

識）を含んでいる術語だからである。

　ところで、日本語の直音・拗音と中国音韻学の直音・拗音とは、実は分類基準が相違するので注意しなければならない。すなわち、中国音韻学では、介母の4種（-ø-,-u-,-i-,-iu-）に応じて、韻母を開口呼・合口呼・斉歯呼・撮口呼の四呼で分類することが行なわれている。開合（介母-u-の有無）によれば、開口呼と斉歯呼が「開口」、合口呼と撮口呼が「合口」であり、洪細（介母-i-の有無）によれば、開口呼と合口呼が洪音（＝直音）、斉歯呼と撮口呼が細音（＝拗音）となる。日本語では、「キヤ・キユ・キヨ」などの /CjV/ を開拗音とし、「クワ・クヰ・クヱ」などの /CwV/ を合拗音と呼んで対立させているが、中国音韻学に従えば、撮口呼に相当する「クヰヤウ」などの /CwjV-/ が本来の合拗音であり、「クワ・クヰ・クヱ」などの /CwV/ は合口呼ではあるが、直音（洪音）となるからである（下図参照）。従って、日本語の直音・拗音（開拗音・合拗音）は、日本悉曇学の伝統を踏まえた歴史的な概念として理解すべきであって、直音以外は全て拗音という捉え方がその基盤にあると言える。本章でも、日本語の伝統的な直音・拗音（開拗音・合拗音）の分類・概念に従っている。

	中国			日本			
〈介母〉	〈開合〉	〈四呼〉	〈洪細〉	半母音	開合	直拗	
-ø-	開口	開口呼	洪音（直音）	-ø-	開音	直音	
-u-	合口	合口呼	洪音（直音）	-w-	合音	拗音	＝合拗音
-i-	開口	斉歯呼	細音（拗音）	-j-	開音	拗音	＝開拗音
-iu-	合口	撮口呼	細音（拗音）	-wj-	合音	拗音	

1

　日本漢字音における拗音表記は、「歴リ阿口」「逆キァク」「岫シゥ」「重チゥ」「褚チォ」などア行表記の古いことが知られている。平安初期にもヤ行表記の「若ニャ」「渚ショ」などの例はあるが、ヤ行表記が定着するのは11世紀以降であるとされている。その結果、次頁の「拗音表」に示すように、サ行・タ

行のウ列でシウ：シユ、チウ：（チユ）のような両形をとるほかは、ヤ行表記はア列・オ列 /Cja, Cjo/、ア行表記はウ列 /Ciu/ のような相補分布をなす形で定着した（清・濁の別を省略）。

【拗音表】

キヤ	―	キウ	キヨ
シヤ	シユ	シウ	シヨ
チヤ	（チユ）	チウ	チヨ
ニヤ	―	ニウ	ニヨ
ヒヤ	―	（ヒウ）	（ヒヨ）
ミヤ	―	―	―
リヤ	―	リウ	リヨ
ヰヤ	―	―	ヰヨ

「チユ」については、肥爪周二（2001）は「「シユ」の影響で生じたものということで説明できそうである」とし、「ヒウ」「ヒヨ」については、漢音系字音の幽韻字、蒸韻字において「軽唇音化が起こらないため、介音が日本漢字音に反映する」ための例外としている。また、唇音（ハ行・マ行）でウ列・オ列開拗音が「まれ」であるのは、「呉音系字音の場合は、乙類（および乙類相当）の拗介音が日本呉音には反映しないという一般的傾向があるためであり（非前舌主母音を持つ拗音韻の介音は、唇音声母と結びつく場合には乙類相当となる）、漢音系字音の場合、原音の側において、非前舌主母音を持つ拗音韻は、軽唇音化によって介音が声母に吸収されるためである」と説明している。いずれも従うべき見解と考える。

2

合拗音の場合と同様に、推古期および奈良時代の音韻体系を基に開拗音の生成過程について、考察を進めることにしよう。

まず、推古期の音韻体系、奈良時代の音韻体系を以下に示す。[(2)]

6. 開拗音の生成過程

【推古期の音韻体系】

'a	ka	ga	tsa	dza	ta	da	na	pa	ba	ma	'ja	ra	'wa
'i	qi ki	ɢi gi	tsi	dzi	ti	di	ni	pi pji	bi bji	mi mji	/	ri	'wi	(乙) (甲)
'u	ku	gu	tsu	dzu	tu	du	nu	pu	bu	mu	'ju	ru	/
'e	qe ke	ɢe ge	tse	dze	te	de	ne	pe pje	be bje	me mje	'je	re	'we	(乙) (甲)
*'o	ko	go	tso	dzo	to	do	no	*po	*bo	mo	'jo	ro	*'wo	(甲)
*'ö	kö	gö	tsö	dzö	tö	dö	nö	*pö	*bö	mö	'jö	rö	*'wö	(乙)

【奈良時代の音韻体系】

'a	ka	ga	tsa	dza	ta	da	na	pa	ba	ma	'ja	ra	'wa
'i	ki kji	gi gji	tsi	dzi	ti	di	ni	pi pji	bi bji	mi mji	/	ri	'wi	(乙) (甲)
'u	ku	gu	tsu	dzu	tu	du	nu	pu	bu	mu	'ju	ru	/
'e	ke kje	ge gje	tse	dze	te	de	ne	pe pje	be bje	me mje	'je	re	'we	(乙) (甲)
'o	ko kö	go gö	tso tsö	dzo dzö	to tö	do dö	no nö	po	bo	mo mö	'jo 'jö	ro rö	'wo	(甲) (乙)

　上代特殊仮名遣に関する音韻論的な解釈については、拗音の生成に大きく関わるので、ここで再度触れておくことにしたい（詳細は前章までに譲る）。筆者がイ列・エ列の甲乙二類の別を、母音の相違としないで、子音の口蓋化の有無とする解釈（考え）にこだわるのは、イ列とエ列にはカ（ガ）・ハ（バ）・マ行の三行にだけ甲乙二類の区別があって、イ列とエ列が綺麗な平行関係にあるのに対して、オ列はその現れ方が大きく相違している、という点にある。このような分布上の相違を母音（音素）の違いによって説明することはむずかしい。つまり、母音の相違ならば、なぜサ行・タ行・ナ行・ラ行などのイ列・エ列に、甲乙二類の区別がないのかを説明しなければならないからである。そこで、イ列とエ列は子音の相違であったとする説（初期の服部四郎説）に、筆者は賛成してきた。中国中古音（Ancient Chinese）で

《脣・牙・喉》に三四等の対立（重紐）があるのと全く平行する形で、上代日本語にもカ・ハ・マ三行に対立があるわけで、中古音での三根谷徹（1953, 1993a）の解釈が日本語にもそのまま適応できると考えるからである。なお、オ列の甲乙二類は、通説と同様、母音の相違と考えるので、筆者は、いわゆる 6 母音音素説に従っていることになる。

このように、イ列・エ列の甲乙二類の別を、母音の相違としないで、子音の口蓋化の有無とする考えに従えば、拗音（開拗音・合拗音）の生成過程をうまく説明することができる（合拗音については前章で扱った）。なお、以下、議論が煩雑になるので、オ列甲乙二類の別（o_1, o_2）は暫く捨象して o で示し、後にオ列拗音を考察するときに改めて取り上げる。

3

まず、カ・ハ・マ三行の分布を見てみよう。

(1) ka(カ) : ki(キ乙) : ku(ク) : ke(ケ乙) : ko(コ)
　　（　） : kji(キ甲) : （　） : kje(ケ甲) : （　）

(2) pa(ハ) : pi(ヒ乙) : pu(フ) : pe(ヘ乙) : po(ホ)
　　（　） : pji(ヒ甲) : （　） : pje(ヘ甲) : （　）

(3) ma(マ) : mi(ミ乙) : mu(ム) : me(メ乙) : mo(モ)
　　（　） : mji(ミ甲) : （　） : mje(メ甲) : （　）

カ・ハ・マの三行には、体系的欠落（lacuna/gap）である分布上の「あきま」——音韻体系の「あきま」——があって、その「あきま」を埋める要素として、kja, kju, kjo ; pja, pju, pjo ; mja, mju, mjo の音が潜在的にあったと考えられる。そして、この「あきま」を埋める /kj-, pj-, mj-/ と /a, u, o/ の結合は、一般語の音にはなかったが、擬声語・擬態語などの音象徴語には現れていた（あるいは、現れることがあった）と推定される。

「拗音表」で示したように、カ・ハ・マの三行の日本漢字音の拗音には、kja (キヤ), kju (キウ), kjo (キヨ) ; pja (ヒヤ) ; mja (ミヤ) の音が現れるわけであるが、これは、日本語音との対比において、字音としての（口蓋的な弁別的）特徴を際だたせるために、音韻体系の「あきま」を埋める要素

6. 開拗音の生成過程　113

としての、いわば周縁的な音を顕在化させて受け入れたと考えることができる。すなわち、新たな音——kja（キヤ），kju（キウ），kjo（キヨ）；pja（ヒヤ）；mja（ミヤ）——が「借用」されたわけではないことに留意しなければならない。
(3)

　従って、kja（キヤ），kju（キウ），kjo（キヨ）；pja（ヒヤ）；mja（ミヤ）などの拗音は、音韻体系の「あきま」に入る音として、いわば"自然な形"で成立したと考えられ、これらの拗音は、わりと楽に簡単に発音することができたと推定される（現代の外来語音の「ティ」など参照）。

　ここで、(1) のカ行拗音における「キヤ（kja）」の生成に焦点をあて、推古期から奈良時代への日本語音の変化を考慮に入れて考えてみよう。

　中国字音の /ka-, kia-/（声母 k- で便宜代表する）は、推古期では *ke（ケ甲）で取り入れられ、奈良時代には /ka-/：ka（カ）と /kia-/：kje（ケ甲）とで、それぞれ別の音節で取り入れたと推定される（例えば、「家」/ka/：*ke（ケ甲）〈推〉→ ka（カ）〈奈〉、「監」/kam/：*kem（ケ甲ム）〈推〉→ kam（カム）〈奈〉、「険」/xiam/：*kem（ケ甲ム）〈推〉→ kjem（ケ甲ム）〈奈〉など。推古期は積極的な徴証はなく推定形である）。

　推古期の ke（ケ甲）：qe（ケ乙）の段階では、「居・挙」（魚部魚韻；上古音 /kriɑg/, 魏晋音 /kriʌ/）が「ケ乙」の借字（いわゆる万葉仮名）として用いられていることから見て、qe（ケ乙）はかなり後舌的であったのに対し、ke（ケ甲）は前よりの [kʲe (kje)] を含む [ke]～[kɛ] の形で実現されていたと推定される。従って、中国字音の /ka-, kia-/ は、いずれも ke（推古期ケ甲）で取り入れることができたと考えられる。しかし、奈良時代に入ると、推古期の ke（ケ甲）：qe（ケ乙）が kje（ケ甲）：ke（ケ乙）の対立に変化し、中国字音の /ka-/ は、kje（奈良時代ケ甲）ではなく、むしろ ka（カ）の方が相応しくなったと考えられる。すなわち、推古期の (qa)：ka の段階では、ka（カ）は、かなり前寄りの異音を持っていたと推定されるので、「奇」（上古音 /kriar/, 中古音 /kie/）などを ka（カ）で取り入れることができたのであるが、奈良時代には、(kwa)：ka：(kja) のいわば鼎立の段階になり、ka の [a] も、所謂「中母音」として安定することになったために、中国字

音の /ka-/ は kje（ケ甲）ではなく、ka（カ）で反映するようになったというわけである。
(8)

　以上のように考えるならば、推古期の（qɑ）: ka の段階での ka の前舌的異音を下地として、例えば、中国字音の伽 /giɑ/・佉 /k'iɑ/ などはカ [ka] で受け入れたと解される。そして、推古期から奈良時代への qi（キ乙）・qe（ケ乙）＞ ki（キ乙）・ke（ケ乙）; ki（キ甲）・ke（ケ甲）＞ kji（キ甲）・kje（ケ甲）の変化に伴って、ka の前舌的な異音の位置に体系的な「あきま」ができることになった。

```
              推古期                         奈良時代
/(qɑ)    qi(キ乙)   qe(ケ乙) /------>/ (kwa)    kwi      kwe)  /
/ka(カ)  ki(キ甲)   ke(ケ甲) /------>/  ka(カ)  ki(キ乙)  ke(ケ乙)/
                           /------>/   (  )    kji(キ甲) kje(ケ甲)/
```

　この「あきま」を利用して、推古期にはカ [ka] で受け入れた「伽・佉」などは、原音に近づけるために、新たにキヤ [kja] で取り入れ直したと考えられる。因みに、「伽」「迦」は、借字（万葉仮名）としては「カ」であり、字音としても「カ」であるが、梵語音訳字、陀羅尼字などでの付音（外国語音）としては「キヤ」が一般的である。以下に示すようにカ（ka）: キヤ（kja）の分化はかなり早くから起こっていたことが推測される。
(9)

	借字	呉音（古層）	呉音	漢音
伽 /giɑ/	｛カ｝	カ・キヤ	カ・キヤ	キヤ
迦 /kiɑ/	｛カ｝	カ・キヤ	カ・キヤ	キヤ

　すなわち、「伽」「迦」などは、「カ」で取り入れた後、より原音（外国語音）に近づけるために ka の前舌的異音をもとに「キヤ（kja）」でも取り入れ、外来音らしさを維持することが行なわれたと考えられる。
　ところで、ハ行、マ行の場合には、カ行と相違して、下記のように、推古期においても「あきま」は存在し、奈良時代とで、変化がないように見える。

6. 開拗音の生成過程　115

```
          推古期                          奈良時代
/ (  )    qi(キ乙)   qe(ケ乙) /    / ka(カ)    ki(キ乙)   ke(ケ乙) /
                                →
/ ka(カ)   ki(キ甲)  ke(ケ甲) /    / (  )     kji(キ甲)  kje(ケ甲) /
---------------------------------------------------------------
/ pa(ハ)   pi(ヒ乙)  pe(ヘ乙) /    / pa(ハ)   pi(ヒ乙)   pe(ヘ乙) /
                                =
/ (  )    pji(ヒ甲)  pje(ヘ甲) /   / (  )    pji(ヒ甲)   pje(ヘ甲) /

/ ma(マ)   mi(ミ乙)  me(メ乙) /   / ma(マ)   mi(ミ乙)   me(メ乙) /
                                =
/ (  )    mji(ミ甲)  mje(メ甲) /  / (  )    mji(ミ甲)   mje(メ甲) /
```

　しかし、カ・ハ・マ三行の全体からみると、推古期での「あきま」は qa；pja,mja であり、奈良時代の「あきま」は kja,pja,mja であって、体系的欠落としての「あきま」における綺麗な並行関係（相関関係）が成立するのは、奈良時代になってからである。従って、kja,pja,mja という体系的な「あきま」は奈良時代に顕在化したとみるべきである。

　総じて、繰り返しになるが、カ・ハ・マ三行の拗音、kja（キヤ），kju（キウ），kjo（キヨ）；pja（ヒヤ）；mja（ミヤ）は、音韻体系の「あきま」に入る音として成立したと言うことである。

4

　ここで、イ列・エ列の甲乙二類を〈母音音素〉の相違とする立場からの拗音生成に関する見解について述べておく（不自然な母音体系の問題——上段 /i,u/ の2種、中段 /e,ë,o,ö/ の4種、下段 /a/ の1種——は便宜上伏せておく）。イ列・エ列の甲乙二類が

$$\begin{cases} ki（キ甲） pi（ヒ甲） mi（ミ甲） \\ kï（キ乙） pï（ヒ乙） mï（ミ乙） \end{cases} \begin{cases} ke（ケ甲） pe（ヘ甲） me（メ甲） \\ kë（ケ乙） pë（ヘ乙） më（メ乙） \end{cases}$$

のような母音音素の相違 /i：ï, e：ë/ としての対立であるとした場合、i,e と結合する k(i/e)；p(i/e)；m(i/e) は、ï,ë と結合する k(ï/ë)；p(ï/ë)；m(ï/ë) に比べてかなり前よりの口蓋的な子音 [k^j, p^j, m^j] であったと推定

される（ただし、この口蓋的な要素は、母音音素の相違とする音韻論的な立場からすれば、余剰的な特徴と解釈される）。この口蓋的な子音［k^j,p^j,m^j］と母音［a,u］とが結合して［k^{j}a,k^{j}u；p^{j}a,（p^{j}u）；m^{j}a］すなわち、kja,kju；pja,（pju）；mja のような音節（拗音）を ka,ku；pa,pu；ma と区別して（対立させて）派生させたと考えることになる（下図）。

	/	kï	/	kë	/	pï	/	pë	/	mï	/	më
ka	ki	ku	ke	pa	pi	pu	pe	ma	mi	mu	me	
kja	/	kju	/	pja	/	(pju)	/	mja	/	—	/	

これは、可能性としてはあり得る解釈であるが、子音の口蓋的な特徴はあくまでも余剰的な（付随的な）ものであり、［a,u］の位置に「あきま」を構成し、それを埋めるような形で拗音が生成するとすれば、それはいわば二次的なものと考えざるを得ない。子音の口蓋的な特徴が「あきま」を構成するとすれば、余剰的な特徴ではなく、関与的な特徴として考えなければならないからである。なお、ここで、二次的というのは、一次的な拗音の生成のプロセスがあった上でのことと考えるが、実際にはそれは存在しない。

もし、ki,ke；pi,pe；mi,me が［a,u］の位置に積極的に「あきま」を構成するものとして、kja,kju；pja,（pju）；mja の系列に並ぶものとすれば、

  ka kï ku kë pa pï pu pë ma mï mu më

  kja ki kju ke pja pi (pju) pe mja mi — me

のような体系を考えることになるが、これは結局、ki ＝ /kji/、kï ＝ /ki/；ke ＝ /kje/、kë ＝ /ke/、pi ＝ /pji/、pï ＝ /pi/；pe ＝ /pje/、pë ＝ /pe/、mi ＝ /mji/、mï ＝ /mi/；me ＝ /mje/、më ＝ /me/として、子音の口蓋的な特徴を音韻論的に弁別的な特徴として解釈するのと同じことになるはずである。ただし、このような音韻体系において、母音音素のa,ï,u,ë と i,e が各々一系列をなし、しかも別の系列に属すという音声学的な理由及び相関的な特徴は見出すことはできない。従って、イ列・エ列の甲乙二類を母音音素と解釈する説によって拗音の生成を説明するのは難しいということである。因みに、［a,u］と結合する k,p,m が非口蓋的な［k(ï/ë), p(ï/ë), m(ï/ë)］の方で、

非口蓋的な ka,pa,ma；ku,pu,mu のいわば「すきま」に口蓋的な kja,pja,mja；kju,(pju) が入り込んで拗音が成立したと説明しても、結局は、説明が複雑になるだけで、同じことである。

5

　サ行拗音の生成について検討する。サ行は、奈良時代には [tsa]（サ）,［tʃi]（シ）,［tsu]（ス）,［tʃe]（セ）,［tso]（ソ）のような音価を持っていたと推定され、音韻論的には /tsa,tsi,tsu,tse,tso/ のように解釈される（本書第Ⅰ部第7章「サ行子音の歴史」参照）。

(4) 　［tsa]（サ）：（[tsi]）　：［tsu]（ス）　：（[tse]）：［tso]（ソ）
　　　（[tʃa]シヤ）：［tʃi]（シ）：（[tʃu]シウ／シユ）：［tʃe]（セ）：（[tʃo]シヨ）

　/tsa,tsi,tsu,tse,tso/ という音韻論的解釈に従えば、[tsi,tse] は /tsi,tse/ の「すきま」に入る音であり、[tʃa,tʃu,tʃo] は音韻体系の「あきま」に入る音ということになる。従って、上述のカ・ハ・マの三行と同様に、サ行の tsja（シヤ）, tsju（シウ／シユ）, tsjo（シヨ）の〈拗音〉は、音韻体系の「あきま」に入る音として、いわば"自然な形"で成立したと考えられることになる。ただし、この議論は、実はかなり概略的なもので、語頭と非語頭におけるサ行子音の問題などを棚上げにしている。このことについての詳細は、本書第Ⅰ部第7章に述べたので、それに譲る。

　次に、タ・ナ・ラの各行の分布を見てみよう。

(5)　ta（タ）　：ti（チ）　：tu（ツ）　：te（テ）　：to（ト）
　　（tjaチヤ）：　　　　：（tjuチウ）：　　　　：（tjoチヨ）

(6)　na（ナ）　：ni（ニ）　：nu（ヌ）　：ne（ネ）　：no（ノ）
　　（njaニヤ）：　　　　：（njuニウ）：　　　　：（njoニヨ）

(7)　ra（ラ）　：ri（リ）　：ru（ル）　：re（レ）　：ro（ロ）
　　（rjaリヤ）：　　　　：（rjuリウ）：　　　　：（rjoリヨ）

(8)　wa（ワ）　：wi（ヰ）　：　　　　：we（ヱ）　：wo（ヲ）
　　（wjaヰヤ）：　　　　：　　　　：

タ行：tja（チヤ），tju（チウ），tjo（チヨ）、ナ行：nja（ニヤ），nju（ニウ），njo（ニヨ）、ラ行：rja（リヤ），rju（リウ），rjo（リヨ）、ワ行：wja（ヰヤ）の〈拗音〉は、分布をみても明らかなように、音韻体系の本来の「あきま」や「すきま」に入る音ではない。ただし、ti（チ），ni（ニ），ri（リ），wi（ヰ）の子音は口蓋化した [tʲ, nʲ (ɲ), rʲ, wʲ] であったと考えられるので、これらの口蓋化子音と母音 [a,u,o] が結合する位置は、いわば音声的な「あきま」になっていると見ることができる。このような「あきま」の位置を埋める形で、[tʲa (tja), nʲa (nja), rʲa (rja), wʲa (wja); tʲu (tju), nʲu (nju), rʲu (rju); tʲo (tjo), nʲo (njo), rʲo (rjo)] のような口蓋化子音の系列の〈拗音〉が生成した考えられる。このタ・ナ・ラ・ワ行の口蓋化子音と母音 [a,u,o] との結びつきは、カ・ハ・マ行の kj-, pj-, mj-およびサ行の [tʃ-] に平行する形で成立したものである。すなわち、漢字音としての示差性とカ・ハ・マ行、サ行の〈拗音〉への類推・群化（体系化）が働いて成立したと見られるので、その意味では二次的なものと考えられよう。ただし、二次的といっても、段階的に成立（生成）したのではないと考える。因みに、上代特殊仮名遣の甲乙二類を母音音素の相違と解釈する立場では、子音の口蓋的な要素は余剰的（付随的）なものであるが、子音の口蓋的な特徴の有無とする解釈に従えば、子音の口蓋的な要素は弁別的な特徴である。筆者は、上代特殊仮名遣の甲乙二類を子音の口蓋的な特徴の有無とする解釈に従っているので、母音 [a,u,o] と結合して〈拗音〉を生成する子音の口蓋的な要素は、非口蓋的な子音との対立が必要になれば、関与的（弁別的）特徴に転化する（転化させる）ことは容易であったと考える。

6

ここで、先に触れた、唇音（ハ行・マ行）でウ列・オ列拗音が「まれ」であるのは、「呉音系字音の場合は、乙類（および乙類相当）の拗介音が日本呉音には反映しないという一般的傾向があるためであり（非前舌主母音を持つ拗音韻の介音は、唇音声母と結びつく場合には乙類相当となる）」（肥爪周二 2001）という点について考えてみよう。

「乙類（および乙類相当）の拗介音が日本呉音には反映しない」例として、サウ（相）、ラウ（良）など多くの例を挙げることができるが、いま仮にこのサウ、ラウを基に考察を進める。[(12)]

サウ：シヤウ、ラウ：リヤウのような直音と拗音の対立において、「平仮名系の文献」などに出てくる「サウ（さう）」「ラウ（らう）」は、拗音「シヤウ」「リヤウ」の〈直音化〉と考え、字音（拗音）に習熟していなかった階層の人々が和語の音韻体系に引き寄せて取り入れた——或いは、同化させて発音した——ためと説明するのが一般的である。「拗音が当時の日本語になじまない音だったことを示す」（奥村三雄 1977）ということであり、築島裕（1969）が「和文では発音までも直音化してゐたかも知れない」と述べるように、シヤウの「シヤ」を「サ」と直音表記にしたのは、シヤ [tʃa]、サ [tsa] という発音（音価）の相違を反映していると考えるわけである。なお、馬渕和夫（1971）は「拗音をもそれに対する直音で代用することもあった」と述べ、「代用」という用語でこの現象を説明しているが、このような直音形の漢語は、和語の中に浸透し、動詞化までしている例（例えば、「装束く」など）もあることから、「代用」ではなく、むしろ拗音形よりも古い段階で取り入れられたもので、直音形と拗音形は取り入れられた時期の相違と考えるべきであろう。[(13)]

現代語で例をあげてみよう。セパードの「セ」がシェパードの「シェ」の直音表記だとすれば、それは、単なる表記法の問題ではなく、実際に [ʃe] をセ [se] で受け入れたことを示すわけであるから、発音の問題として捉えなければならないことは明らかである。すなわち、シェパードの「シェ（ʃe）」が古くセパードの「セ（se）」と表記されたことと、「相（シヤウ）」が「サウ」と表記されたこととは並行的に考えることができるので、同一のレヴェルの問題であると考えられる。従って、相（シヤウ）の仮名表記「サウ」は、実際に「サウ（tsaŋ/tsaū）」の発音であったと見なされる。

因みに、シヤウの「シヤ」を直音化して「サ」と表記するのが拗音の〈表記法〉の問題であるとすれば、「サ」と表記されていても、実際の発音はシヤ [tʃa] であったということになる。すなわち、表記法が未発達（不十分）

であったために、拗音を直音表記にした、という立場である。しかし、仮名で表記することができなければ（仮名表記が定着していなければ）、そのまま漢字（或いは同音字）を用いたと考えられるのであって、例えば、『土左日記』(934) の「京」などの漢字表記を見ても、このことは明らかであろう。日本語にかなり浸透した漢語のレヴェルになれば、「仮名」で表記できるものも増えてはいったが、しかし、『金光明最勝王経音義』(1079) にも見られるように、この時代の知識階層（上層）においても、まだ「任本音読之」とあることから、「仮名」で表記することのできない（「仮名」で表記する習慣のない）ものも多かったわけで、特に拗音などはそうであったと考えてよいものである。

　総じて、拗音の直音表記というのは、拗音の表記法の問題ではなく、発音の問題と考えるのが妥当である、ということになる。いずれにしても、「直音表記」という術語の使われ方は、発音の問題なのか、表記法の問題なのか、論者によって異なっていたり、区別せずに用いていたりしているので、その意味で好ましくない術語の一つであることは間違いない。[14]

　以上のことから、「相」サウ：シヤウ、「良」ラウ：リヤウのような直音と拗音の対立は、拗音の「直音表記」というような表記上の問題ではなく、「サウ」「ラウ」でまず取り入れられ、その後、更に原音に近づけるために「あきま」の位置に入る「シヤウ」「リヤウ」で取り入れ直したものと考えるべきであるということになる。

7

　ところで、「良」には、借字（万葉仮名）としての「ラ」が存在する。この「ラ」は、字音 raū（ラウ）を基にした用法と見なされる。借字と字音とは基本的には異なったレヴェルのものであるが、借字の基礎となった字音は、その依拠した日本字音と大きくかけ離れたものではなかったはずなので、借字の基礎になった字音を借字から推定することはできると筆者は考える。例えば、「明」/miaŋ/ は、「マ」の借字（「推古期遺文」）として用いられているが、その基になった字音は mjaū（ミヤウ）ではなく、maū（マウ）で[15]

あったと推定してよいであろう。それは、「良」の借字「ラ」；字音 raū（ラウ）と同一レヴェルで考えれば、「明」の *maū（マウ）という字音を基に借字「マ」として用いられたと見なすことができるからである（ただし、「明」の字音「マウ」は文献上で確認はできない、推定形である）。「明」の *maū（マウ）、「良」の raū（ラウ）は、mjaū（ミヤウ）、rjaū（リヤウ）よりも古く取り入れられた字音であり、病 /biaŋ/ が「バウザ」（病者、『源氏物語』夕顔）のように「バウ」で古く取り入れられたのと軌を一にするものである。

	借字	呉音（古層）	呉音	漢音
明 /miaŋ/	{マ}	*マウ	ミヤウ	メイ
病 /biaŋ/		バウ	ビヤウ	ヘイ
寧 /neŋ/	{ナ}	*ナウ	ニヤウ	ネイ
英 /'iaŋ/	{ア}	アウ	アウ	エイ
香 /xiaŋ/	{カ・カグ}	カウ	カウ	キヤウ
相 /siaŋ/	{サガ}	サウ	サウ	シヤウ
良 /liaŋ/	{ラ}	ラウ	ラウ	リヤウ

{　}内は借字（万葉仮名）、＊印は推定形の字音

上図を見れば明らかなように、借字、呉音（古層）、呉音、漢音との間で綺麗な平行関係が見られるのである。

ここで、ア列の「良：{ラ}、ラウ、リヤウ」のような字音のあり方をもとに、ウ列のサ・タ・ナ行の拗音を考えてみよう。

「須・主・周…」などの借字{ス}は、中国原音でそれにうまく適合するものがなかったので、「シユ（シウ）」にあたる漢字が選ばれたとする考え方が一般に行なわれている。しかし、次頁の図を見れば明らかなように、「ス」の字音が古く成立している（呉音の古層）ことから、当初から「ス」で受け入れ、後に「シウ（シユ）」で受け入れ直したと考えるべきであろう。

	借字	呉音（古層）	呉音	漢音
須 /siuʌ/	｛ス｝	ス	ス・シウ	シウ
主 /tśiuʌ/	｛ス｝	ス	ス・シウ	シウ
周 /tśiʌu/	｛ス｝	*ス	*ス・シウ	シウ
酒 /tsiʌu/	｛ス｝	*ス	*ス・シウ	シウ
醜 /tśʼiʌu/		ス	ス・シウ	シウ

「シウ」で「シウ」「シユ」の両形を便宜表わす。

タ・ナ行では、以下に示したように、「厨」は「ツ（du）」、「柔」は「ニ」の字音で古く取り入れられ、後に「チウ」「ニウ」で取り入れ直されたことは明らかであろう。

	借字	呉音（古層）	呉音	漢音
厨 /ḍiuʌ/		ヅ	ヅ・ヂウ	チウ
注 /ṭiuʌ/			チウ	チウ
肘 /ṭiʌu/			チウ	チウ
柔 /ńiʌu/	｛ニ｝	*ニ	ニウ	ジウ
乳 /ńiuʌ/			ニウ	*ジウ？
儒 /ńiuʌ/			*ニウ・ジウ	ジウ

「厨」「柔」のような例から、「注」「肘」なども「*ツ（tu）」、「乳」「儒」は「*ニ」で古く取り入れられ、後に「チウ」「ニウ」で取り入れ直されたと推定される。ただし、文献上からは、「注・肘」の「ツ」、「乳・儒」の「ニ」の借字や字音は確認できない。恐らく、新しい字音に置き換えられてしまったためであろう。

8

さて、今まで保留しておいたオ列拗音について取り上げる。「許」コ乙：キヨを例としてオ列拗音について考えてみよう。まず、コ乙：キヨと同じような対立をなすものを次頁に示したが、ここでも、借字、呉音（古層）、呉

6. 開拗音の生成過程 123

音、漢音との間で平行関係が見られることは留意される（呉音における甲乙の別は必要な場合以外は省略する）。

	借字	呉音（古層）	呉音	漢音
許	/xiʌ/	｛コ乙｝	コ	コ	キヨ
居挙	/kiʌ/	｛ケ乙・コ乙｝	*ケ・コ	コ	キヨ
語御	/ŋiʌ/	｛ゴ乙｝	ゴ	ゴ	ギヨ
漁	/ŋiʌ/		ゴ	ゴ・ギヨ	ギヨ
所	/ṣiʌ/	｛ソ乙｝	ソ	ソ	シヨ
諸	/tśiʌ/	｛ソ乙｝	ソ	ソ・シヨ	シヨ
鼠	/śiʌ/		ソ	ソ・シヨ	シヨ
除	/ḍiʌ/			ヂヨ	チヨ
女	/niʌ/			ニヨ	ヂヨ

「許」の借字「コ乙」は、呉音の古層の字音「コ」の反映であり、拗音「キヨ」は新しい字音の反映であると見なされる。すなわち、原音の「許」/kiʌ/を当時の音韻体系の手持ちのコマで最も近い「コ乙」で取り入れたのが呉音の古層であり、原音にさらに近づけるために音韻体系の「あきま」に入る音としての「キヨ」で取り入れ直したのが新しい層の字音ということになる。許「キヨ」は、文献上では漢音系字音として現れてくるが、「漁ゴ・ギヨ、諸ソ・シヨ、鼠ソ・シヨ」などを見ても分かるように(16)、呉音の新しい層として「キヨ」があったと考えても一向に不自然ではない。すなわち、「許」における字音「コ」から「キヨ」への変化（ko → kjo）は、いわゆる呉音と漢音の交代のように見えるが、実は呉音系字音において、すでに「キヨ」の字音が存在していたので、呉音系字音内での変化（取り入れ方の違い）であり、「キヨ」が漢音系字音と一致したに過ぎない、ということである。従って、「許」などの呉音コ：漢音キヨという把握の仕方は、間違いではないが、図式化しすぎていると言わざるを得ない。

なお、借字の「許」（コ乙）に、借字の「古」（コ甲）を対立させて考えると——字音としての対立も同じである——、「許」の方がコ→キヨに変化

(交代)し、「古」がコのままであるのは、オ列甲乙二類の対立の解消(いわゆる上代特殊仮名遣の消滅)と関連させて解くこともできそうである。

　オ列甲乙二類の合流において、和語の場合には、甲乙二類の機能負担量はそれほど高くなかったと考えられる。すなわち、語音排列則(いわゆる有坂・池上法則)によって、オ列甲類同士の結合は、一般語においては許されていないので、最小対立語例などから見た機能負担量は非常に低かったと見なされるからである。そして、一方には、1音節語・2音節語の多音節語化などの背景があったために、オ列甲乙二類の合流における同音衝突の危険性は小さかったと考えられる。ところが、字音(呉音系字音)の場合には、オ列甲乙二類によって区別されている「古」(コ甲):「許」(コ乙)など、多くの1音節の字音語において、オ列甲乙二類の合流による同音衝突の危険性があった。そこで、和語の音韻体系に融和するまでに近づいていた「許」コ(コ乙)の字音を捨てて、「あきま」に入る音として、原音に近づけたレヴェルの字音「許」キヨ(kjo)を採用し、外来音らしさを保つと同時に、「古」:「許」の合流を回避したと考えることができる。すなわち、古(コ甲):許(コ乙)がいずれも「コ」になって、字音としての区別がなくなるのを防ぐために、「許」の方が原音に近づけた音形での「キヨ」で取り入れ直し、「古」との対立を保ったということである(上記の「居・語・漁・所・諸・鼠…」なども同様に考えられる)。以上のような解釈について、その成立する蓋然性を考えて見ると、それほど高くはないかもしれない。ただし、オ列甲乙二類の対立の解消がコ→キヨなどの字音交代の背景の一因になった可能性は否定できないであろう。

9

　最後に、漢字音の導入(取り入れ)に伴う、日本語の音節構造の問題について考えてみたい。

　筆者は、中国漢字音の導入に伴って、音節からモーラ(拍)の単位を分離する(独立させる)ことによって、日本語の「語音」とは相違した「字音」独自の〈語音排列則〉を生み出したと考えている[17]。すなわち、音節からモー

ラを分離して、音節とモーラの二重構造を持つことによって、漢字音をうまく日本語の中に取り入れることに成功した、ということである。

　古代の日本語は、1音節（CV）が1モーラ（CV）に該当する構造（すなわち音節とモーラが一致する構造）を持っていたと考えられる。このような日本語が、1単語1音節という単音節構造を持つ中国語（漢字）を導入するにあたり、漢字がIMVF/Tという複雑な音節構造を持つために[18]、それを1音節・1モーラとして受け入れる（収める）ことができなかった。このことについて、河野六郎（1976）は、

　　日本語の音節は原則的にCV構造を示す。ところが中国語にはCVはもとより、CVCの構造もあれば、CVVもある。そしてCVVはC$_v$V、CV$_v$（Vは核の母音、$_v$は核母音と二重母音を作る母音）、更にはC$_v$V$_v$といった三重母音もある。このような複雑な音節構造を持つ中国語の音節を日本語の単純なCV構造で受け止めるために日本語は種々の工夫を行った。

とし、

　　VもしくはCVのような音節は容易に受け入れることができたが、CVC、CVVのごとき構造はこれを二音節に分解してCV-C、CV-Vのようにせざるを得なかった。今日、日本字音はV、CVを除けば、概ねCV-V、CV-C(V)をpatternとしている。ただ、CVCの場合は、CV-Cと分解して後のCに寄生母音-i乃至-uを加えるか、その子音が鼻音Nの場合は「撥音節」（ん）で受け止めている。又C$_v$V-はヤ行拗音の音節（キャ・シャ・チャ等）を日本語の中に導入した。

と述べている。この河野六郎の"CV-V、CV-C(V)の二音節のpattern"という捉え方を基に、筆者は、日本語が音節からモーラ（拍）の単位を分離させる（独立させる）ことによって[19]、言い換えれば、CV構造をそのままに維持し、音節とモーラを分離することで——音節とモーラの二重構造を持つことによって——、複雑な音節構造の漢字音を取り入れようとしたという解釈を提示したい。

　古代日本語においては、音節の構造が（CV）nで、しかも1音節語（CV）

ないし2音節語（CVCV）が主体であったために、そのCVという単位の長さに関しては、特に厳しい制限はなかったが、おのずとほぼ一定であったと考えられる。しかし、日本語のCV構造を堅持しつつ、1音節の長さが一定でない漢字音——IMVF/Tという複雑な構造を持つ漢字音——をそのまま受け入れることはできなかったので、IMV-と-Fに二分して——CV-V：1音節2モーラ、CV-CV：2音節2モーラ、というように——CVのモーラの単位で切り分けることによって、〈音節〉と〈モーラ〉を分離し、対処したということである。言い換えれば、日本語音と漢字音との対立を明確に保つために、日本語音の1音節のCVを等時的な一定の長さをもつ単位としての「モーラ（拍）」として切り出して固定することによって、漢字音本来の1単語1音節との相違を際立たせることに成功したといってもよいであろう。因みに、借字（万葉仮名）におけるいわゆる「二合仮名」（君(クニ)・監(ケム)）や固有名詞の「相模」の「相（siaŋ）サガ」などは、このCV単位の切り分けを利用したものである。

　ところで、日本語の促音・撥音・長音・二重母音の後半部は、それ自体で1拍（モーラ）を構成するので、特殊拍（モーラ音素）と呼ばれている。これらは、音節の観点から見れば、単独で1音節を作らず、先行音（モーラ）と一体化して1音節を構成するので、音節とモーラが一致しないという特異な点を有している。従って、漢字音の韻尾（-F）のうち、-i韻尾、-u韻尾が安定的に存続したのは、二重母音の後半部が1モーラを形成するということが支えとなったからであり、また、-t韻尾、-m,-n,(-ŋ)韻尾が比較的後まで存続したのは、日本語の1モーラを形成する促音・撥音が支えとなったからであると考えてよいであろう。そして、そのような支えのない-p韻尾，-k韻尾は、早くから開音節化（1モーラ化）せざるを得なかったということになる。このように見るならば、音節からモーラという単位が独立することによって、「音便」（イ音便・ウ音便・撥音便・促音便）や「字余り」などの存在が可能となったことも首肯できるであろう。[20]

　この音節とモーラの関係について、拗音「脈（ミヤク）」を例としてもう少し考えてみたい。まず、「脈」が、mja-kuとなって、mi-ja-kuとならな

かったのは、原音の1音節を日本字音として2音節・2モーラで取り入れるというパターンに従ったためであるということになる。mja-ku として受け入れることができたのは、mja という拗音を「あきま」に入る音として成立させたためであり、その結果として「韻尾」を1音節・1モーラとして独立させ、全体を2音節・2モーラにすることができたためと考えられる。韻尾（-F）を独立させ、維持することによって、体系的な字音の受け入れが可能となったことは見逃せないであろう。因みに、日本字音でも原音に近づけたレヴェルでは mjak/mjak" という1音節の発音もなされていたと考えられるが、これは外来音のレヴェルであり、一般の日本字音の mja-ku（2音節・2モーラ）とはレヴェルが異なっていたと見なされる。

なお、「脈（ミヤク）」などの漢語が、もし和歌などに用いられるとすれば、mi-ja-ku のような3音（3モーラ）ではなく、2音（2モーラ）で詠み込まれたはずと考えられる。これは、例えば、『拾遺和歌集』9巻雑下（531）に
　　　内より人の家に侍りける紅梅を掘らせ給ひけるに、鴬の巣くひて侍りければ、家主の女まづかく奏せさせ侍りける
　　ちよくなれば　いともかしこし　鴬の　宿はと問はば　いかが答へむ
　　　かく奏せさせければ、掘らずなりにけり
とあって、「ちよくなれば」の「チヨク（勅）」が2音（2モーラ）で詠まれていることからも知られる。【補記参照】

『和泉式部集』には「観身岸額離根草　論命江頭不繋舟」の詩句の訓読に従った各字の訓みを上（頭）に据えた和歌が収められているが、この和歌群は、漢字の「訓読」と和歌での「字音」の扱いを知る手がかりとなる点で面白い資料となっているので、取り上げてみよう。

まず、「観身」の訓読に該当する最初の6首を示す（『新編国歌大観』による。以下同断）。【第Ⅰ部第9章補注(2)参照】

268　みる程は夢もたのまるはかなきは　あるをあるとてすぐすなりけり
269　をしへやる人もならなんたづねみん　よしのの山の岩のかけみち
270　観ずればむかしのつみをしるからに　なほめのまへに袖はぬれけり
271　すみのえのまつにとはばやよにふれば　かかる物おもふ折やありしも

272 **れい**よりもうたてものこそ悲しけれ　わがよのはてになりやしぬらん

273 **はかなく**てけぶりとなりし人により　雲ゐのくものむつましきかな

　この6首を見ると、合拗音「観」/kuɑn/ が和歌（270）では kwa-n（クワ・ン）という2音（2モーラ）で詠み込まれているのに対し、「観身」の訓読である「み（身）を観（クワン）ずれば」では、「観」は kwan（クワン）の1音節扱いになっていることが分かる。すなわち、和歌の漢語としての「観」は2モーラ、漢文訓読の字音語としての「観」は1音節、という相違が見られるわけで、平安中期における音節とモーラの実体を知ることができる点で貴重な例と言える。

　なお、合拗音「観」が和歌で kwa-n という2音（2モーラ）で詠み込まれるのは、

　　　　観音院にてよみ侍りける　　　　　　　権僧正智弁
　929/933　観念の　こころしすめば　山かぜも　常楽我浄　とこそきこゆれ
　　　　　　　　　　　　　　　　　　　　　　　　（『続千載和歌集』巻10）

　　　　同歌中（毎日一首中、如意輪）　　　　民部卿為家
　16319　観音の　大慈大悲ぞ　むかふべき　八葉のはちすの　むねにひらきて
　　　　　　　　　　　　　　　　　　　　　　　　（『夫木和歌抄』巻34）

などの用例を見ても明らかである。

　因みに、『続千載和歌集』の「常楽我浄」は七音句を形成しているので、「dzja-ū,ra-ku,ga,dzja-ū」という詠みが想定され、上述の「ちよく（勅）」が「チヨ・ク」であったように、「常、浄」が「ジヤ・ウ」の2モーラであったことが分かる。また、『夫木和歌抄』の「大慈大悲ぞ」も七音句を形成しているので、「da-i,dzi,da-i,pi,dzo」と詠まれ、「大」が「ダ・イ」の2モーラであったことが分かる。

　以上のことから、〈合拗音〉として受け入れた「観」/kuɑn/ は、1音節の kwan と 2音節・2モーラの kwa-n の2種、また、〈開拗音〉として受け入れた「常」/ʑiaŋ/、「浄」/dzieŋ/ も、1音節の dziaũ と 2音節・2モーラの dzja-ū の2種があったことになる。この2種は、概略的に言うならば、1音節の方は外来音レヴェル（規範的な字音レヴェル）、2音節・2モーラの方は

漢語レヴェル（実用の字音レヴェル）に該当するものであると言えよう。すなわち、音節とモーラを分離したことにより、敢えて言えば、「音節を単位とした（外来音レヴェルの）漢字音」と「モーラを単位とした（日本）漢字音」との２種が生まれることになったというわけである。

[注]
(1) 肥爪周二（2001）による。
(2) ＊印は推定形。「推古期の音韻体系」については第Ⅰ部第４章・第５章、「奈良時代の音韻体系」については第Ⅰ部第１章・第２章を参照されたい。
(3) 音韻（音素）は原則として借用されないというのが、筆者の基本的な立場である。例えば、現代語の「フィ」「ヴィ」などが、[fi] [vi] を表音するために用いられたとしても、依然として [Φi] [bi] で現れるのが普通であるのは、このことをよく表わしている。外来語の借用によって日本語の音素として /f, v/ が生成することはないと考える。なお、小松英雄(1981)の「促音・撥音」についての次のような見解を筆者は基本的に支持するが、それは、「拗音」に関しても同様だからである。「促音・撥音は、古く日本語に存在しなかったとされている。それらが使われるようになったのは、中国語の影響によるともいわれている。しかし、もしその影響ということを考えるにしても、それは日本語としてまったく存在しなかった音を中国語から借用したということではなく、もともと擬声語や擬態語の中にしか分布していなかったそういう種類の音が、中国語との接触によって顕在化し、正式の音節として一般語の音韻体系の中にも組み入れられたものと理解すべきであろう。」（小松英雄1981, p.173）
(4) 論が煩雑になることを避け、声母 k-（見母）で、便宜的に牙喉音声母 (k-, k'-, g-, ŋ-, x-, ɣ-) を代表させる。もちろん牙喉音声母の全てに以下の説明が該当するということではない。
(5) 上古音、魏晋音は、小倉肇（1995）の「上古漢語」「魏晋語」による。
(6) 「借字」は小松英雄（2000）による。筆者も「大為尓」に「謂之借名文字」（『口遊』）とある「借名」の用法も踏まえて、「借字」を用いることにする。
(7) qa に対して、それとの聴覚的距離を保つために、ka は前舌的な異音で実現されることも多かったと考えられる。
(8) 推古期から奈良時代への qe（ケ乙）＞ ke（ケ乙）；ke（ケ甲）＞ kje（ケ甲）の変化に伴って、ケ甲とケ乙はともに調音点が前方に移動し、ケ乙の仮名と

して用いられた「居・挙」は、コ乙を表わすようになった。この「居・挙」（上古音 /kriɑg/ ＞魏晋音 /kriʌ/ ＞中古音 /kiʌ/）のケ乙→コ乙の変化は、推古期：qe（ケ乙）＞奈良時代：ke（ケ乙）の変化に伴う中国字音 /ka-/ の取り入れ方の変化（*ke（ケ甲）→ ka（カ）；例えば、家ケ甲→家カ）とは、必ずしも連動していないことに注意したい。この変化は、寧ろオ列乙類母音の変化（中舌から後舌へ）と連動すると見られるからである。

(9) 伽は [ki-ja] ではなく [ka] で受け入れ、後に [kja] で取り入れ直しているということである。

(10) 一方、イ列・エ列の甲乙二類を子音音素の相違とする立場では、母音の違いは余剰的な特徴と解釈される。

(11) 「すきま」は服部四郎（1960）の考え方に従う。現代語で言えば、サシスセソ /sa,si,su,se,so/ [sa,ʃi,su,se,so] のシ /si/ にスィ [si] の生まれる「すきま」があるとする考え方である。

(12) 浜田敦（1964）に「漢字音の、呉音と漢音とが、この拗音と直音とに関して、相異なる形で対立している場合が少なくないと云うことがある」として、「「良 ラウ、リャウ」「御 ゴ、ギョ」「有 ウ、ユウ」「須 ス、シュ」「相 サウ、シャウ」など」を掲げ、拗音の直音化、三等韻の介音、サ（ザ）行音などの問題を論じている。

(13) 「さうそく（装束）」など、当時の人々が「サウ」を拗音「シャウ」の直音化と仮に捉えていたとしても、それは「サウ」の方が和語の音韻構造に合致し、その音形が許容されていたために、そのような意識が生まれたのであって、歴史的に「サウ」が「シャウ」より古い段階のものであることを否定するものとはならない。

(14) 古写本類で「シヤウ」と「サウ」が区別なく用いられているように見えるものもあるが、これは、拗音表記が確立した後世の「シヤウ」表記が混入している可能性が大きいと考える。

(15) 三根谷徹（1972）は「漢字音そのものではないが、これと関連するものとして、漢字を用いて中国語以外の外国語を表記する場合の用字法」として「日本の〈万葉仮名〉」などを示し、「〈漢字の読み方〉であるよりは〈漢字による表記法〉であるから、漢字音とは別に取り扱われる資料である」と述べている。

(16) 呉音系字音として「漁ギヨ、諸シヨ、鼠シヨ」などが出てくることについては、小倉肇（1995）の「字音対照表」参照。

(17) 「字音」独自の語音排列則とは、「語頭の位置に濁音、ラ行音が立つ」と

いう頭音法則を始めとして、拗音（開拗音・合拗音）・二重母音などのCjV、CwV、CVV或いは韻尾におけるCVm/CVp、CVn/CVt、CVŋ/CVkという結合則などを指す。本書第Ⅰ部第7章4節に「外来音独自の〈頭音法則〉」について述べている。
(18) 中国語の音節構造式（IMVF/T）は、河野六郎（1968）による。
(19) 河野六郎（1978）では「単母音化」から「二音節のパターン」へという受け入れ方の変化を想定している。従うべき見解と考えるが、「単母音化」は、借字の字音の問題と関連してくるので、議論を単純化するために、ここでは敢えて触れないでおく。少し長くなるが、河野の見解を以下に引用しておく。

　　呉音と朝鮮音に共通すると考えられる顕著な一つの点は中国原音の-aiとか-auといった二重母音を単母音化したことである。『法華経音訓』によると、礙（AC.ngâi³）はゲとなっているし、（中略）後（AC. ɣəu²）はゴとなっていて、この後の音は現在まで根強く伝えられている。これらの字音はかなり古いものでもともと二重母音を嫌う日本語が初め中国音の二重母音を導入した際、これを単母音化して受け入れたものと考えられる。（中略）おそらく漢字音を導入した当初、このような単母音化で受け止めたが、その後、漢字音の大量の借用から、中国音の-ai, -auのような二重母音は-a|i, -a|uのように二音節で採り入れるパターンが生じ、それ以来もはや単母音化の必要は無くなった。（中略）このようなパターンの発明によって字音の受け入れはかなり自由になったが、それ以前に単母音化で採り入れた字音のあるものはそのまま後世まで伝えられたのである。(p.434)

　因みに、本書第Ⅰ部第5章2節でも、合拗音の表記の面から、この問題に触れている。
(20)「音便」「字余り」は、モーラ数（文字数）をそのままにしておき、音節数を節減する（「書きて」ka-ki-te→「書いて」kai-te、「としのうちに」to-tsi-no-u-ti-ni→「としのうちに」to-tsi-nou-ti-ni）という、モーラ数と音節数が一致しないことをむしろ積極的に利用することによって、「まとまり」（一単位化／境界標示機能）を示す方法と解されるからである。このことについて、川上蓁（1988）は「はじめ［to・ki・te］［ta・ka・ki］の三音節であったものが音便によって［toi・te］［ta・kai］の二音節になった、つまりここに音節数の減少が起こったのである。「い」音便に限らず、「う」音便も撥音便も促音便も、音便は総てこのような音節数の

減少をもたらす。(中略)ただし、以上の四種の音便が起こっても言葉の拍数は変らない。そのことを「音節数は変らない」と旧派の国語学者は表現する。注意すべきことである。」と述べている。この川上蓁の見解を基本的に支持する。

なお、本書第Ⅰ部第12章で触れたように、上村幸雄の〈古代語の時代には、音数律的構造は音節的構造とはおおよそ一致していたが、それが音節構造とモーラを数える音数律的構造が相対的に分離した〉との見解に基本的には賛成である。ただし、筆者は〈"なが母音・はねる音・つまる音"の発生が「みじかい音節と対立するながい音節」を発生させた〉とは考えてはいないことを付け加えておく。

[補記]
『古今和歌集』『拾遺和歌集』『後拾遺和歌集』の和歌に詠み込まれた漢語を掲げておく(『新編国歌大観』により、表記を適宜改める)。
　○さうび (薔薇)　　　　　　　　つらゆき
　　我はけさ　うひにぞ見つる　花の色を　あだなる物と　いふべかりけり
　　　　　　　　　　　　　　　　　　　　　(古今10・436 物名)
　○きちかう (桔梗) の花　　　　　とものり
　　あきちかう　のはなりにけり　白露の　おけるくさばも　色かはりゆく
　　　　　　　　　　　　　　　　　　　　　(古今10・440 物名)
　○きちかう (桔梗)
　　あだ人の　まがきちかうな　花うゑそ　にほひもあへず　折りつくしけり
　　　　　　　　　　　　　　　　　　　　　(拾遺7・363 物名)
　○しをに (紫苑)　　　　　　　　よみ人しらず
　　ふりはへて　いざふるさとの　花見むと　こしをにほひぞ　うつろひにける
　　　　　　　　　　　　　　　　　　　　　(古今10・441 物名)
　○りうたむ (竜胆) の花　　　　　とものり
　　わがやどの　花ふみしだく　とりうたむ　のはなければや　ここにしもくる
　　　　　　　　　　　　　　　　　　　　　(古今10・442 物名)
　○りうたむ (竜胆)
　　河かみに　今よりうたむ　網代には　まづもみぢばや　寄らむとすらん
　　　　　　　　　　　　　　　　　　　　　(拾遺7・362 物名)
　○けにごし (牽牛子)　　　　　　やたべの名実
　　うちつけに　こしとや花の　色を見む　おく白露の　そむるばかりを

6. 開拗音の生成過程　133

(古今10・444 物名)
○けにごし（牽牛子）
　　忘れにし　人のさらにも　恋しきか　むげにこじとは　思ふものから
　　　　　　　　　　　　　　　　　　　　　　　　　　(拾遺7・365 物名)
○ささ、まつ、びは（枇杷）、ばせをば（芭蕉葉）　きのめのと
　　いささめに　時まつまにぞ　日はへぬる　心ばせをば　人に見えつつ
　　　　　　　　　　　　　　　　　　　　　　　　　　(古今10・454 物名)
○百和香　　　　　　　　　　　よみ人しらず
　　花ごとに　あかずちらしし　風なれば　いくそばくわが　うしとかは思ふ
　　　　　　　　　　　　　　　　　　　　　　　　　　(古今10・464 物名)
○屛風に　　　　　　　　　　　平兼盛
　　ふしづけし　淀の渡を　けさ見れば　とけん期（ご）もなく　氷しにけり
　　　　　　　　　　　　　　　　　　　　　　　　　　(拾遺4・234)
○燃えはてて　灰となりなん　時にこそ　人を思ひの　止まむ期（ご）にせめ
　　　　　　　　　　　　　　　　　　　　　　　　　　(拾遺15・929)
○紅梅　　　　　　　　　　　　よみ人しらず
　　鶯の　巣づくる枝を　折りつれば　こうばいかでか　生まむとすらん
　　　　　　　　　　　　　　　　　　　　　　　　　　(拾遺7・354 物名)
○かにひ（雁緋？）の花　　　　伊勢
　　わたつ海の　沖なかにひの　はなれいでて　燃ゆと見ゆるは　海人の漁りか
　　　　　　　　　　　　　　　　　　　　　　　　　　(拾遺7・358 物名)
○さくなむさ（石南草）　　　　如覚法師
　　紫の　色にはさくな　むさしのの　草のゆかりと　人もこそ見れ
　　　　　　　　　　　　　　　　　　　　　　　　　　(拾遺7・360 物名)
○らに（蘭）
　　秋の野に　花てふ花を　折りつれば　わびしらにこそ　虫もなきけれ
　　　　　　　　　　　　　　　　　　　　　　　　　　(拾遺7・366 物名)
○すはうごけ（蘇芳苔）
　　鶯の　すはうごけども　ぬしもなし　風にまかせて　いづちいぬらん
　　　　　　　　　　　　　　　　　　　　　　　　　　(拾遺7・374 物名)
○はなかむし（花柑子）　　　　仙慶法師
　　五月雨に　ならぬ限は　郭公　なにかはなかむ　しのぶばかりに
　　　　　　　　　　　　　　　　　　　　　　　　　　(拾遺7・391 物名)
○こにやく（蒟蒻）

野を見れば　春めきにけり　あをつづら　こにやくままし　わかなつむべく
(拾遺7・399 物名)
○へうのかは（豹の皮）
底へうの　かは浪わけて　入りぬるか　待つほどすぎて　見えずもあるかな
(拾遺7・425 物名)
○四十九日　　　　　　　　　　　　　　すけみ
秋風の　よもの山より　おのがじし　ふくにちりぬる　もみぢかなしな
(拾遺7・431 物名)
○内より人の家に侍りける紅梅を掘らせ給ひけるに、鶯の巣くひて侍りければ、家主の女まづかく奏せさせ侍りける
ちよく（勅）なれば　いともかしこし　鶯の　宿はと問はば　いかが答へむ
かく奏せさせければ、掘らずなりにけり　　　　　　(拾遺9・531)
○中将に侍りける時、右大弁源致方朝臣のもとへ、八重紅梅を折りてつかはすとて
流俗の　いろにはあらず　梅の花　　　右大将実資
珍重すべき　物とこそ見れ　　　　致方朝臣　　(拾遺18・1179)
○恋するに　仏になると　言はませば　我ぞ浄土の　あるじならまし
(拾遺18・1188)
○双六(すぐろく)の　市場にたてる　人妻の　逢はでやみなん　物にやはあらぬ
(拾遺19・1214)
○女院御八講捧物に　金して亀のかたをつくりてよみ侍りける
斎院
業(ごふ)尽くす　みたらし河の　亀なれば　法のうききに　あはぬなりけり
(拾遺20・1337)
○極楽をねがひてよみ侍りける　　　　　仙慶法師
極楽は　はるけきほどと　聞きしかど　つとめて至る　所なりけり
(拾遺20・1343)
○市門に書き付けて侍りける　　　　　　空也上人
ひとたびも　南無阿弥陀仏　といふ人の　蓮の上に　のぼらぬはなし
(拾遺20・1344)
○大僧正行基よみたまひける
法華経を　我が得し事は　たき木こり　菜つみ水くみ　つかへてぞ得し
(拾遺20・1346)
○いにしへの　虎のたぐひに　身をなげば　さか(釈迦)とばかりは　とはむ

とぞ思ふ　　　　　　　　　　　　　　　　　　　　　（拾遺 8・508）
〇南天竺より東大寺供養にあひに、菩提がなぎさにきつきたりける時、よめる
　<u>霊山</u>(りやうぜん)の　<u>釈迦</u>のみまへに　契りてし　<u>真如</u>くちせず　あひ見
　つるかな　　　　　　　　　　　　　　　　　　　　（拾遺 20・1348）
〇返し　　　　　　　　　　　　　　　婆羅門僧正
　<u>迦毘羅衛</u>(かびらゑ)に　ともに契りし　かひありて　<u>文殊の御顔</u>　あひ見
　つるかな　　　　　　　　　　　　　　　　　　　　（拾遺 20・1349）
〇後朱雀院生れさせたまひて　七日の夜　よみ侍ける
　　　　　　　　　　　　　　　　前大納言公任
　いとけなき　衣の袖は　せばくとも　<u>劫</u>(こふ)の上へをば　撫でつくしてん
　　　　　　　　　　　　　　　　　　　　　　　　　（後拾遺 7・434）
〇故土御門右大臣の家の女房　車三つにあひ乗りて　菩提講にまゐりて侍け
　るに　雨の降りければ、二つの車は帰りはべりにけり、いま一つの車に乗
　りたる人　講にあひてのち　帰りにける人のもとにつかはしける
　　　　　　　　　　　　　　　　よみ人しらず
　もろともに　三つの車に　乗りしかど　我は<u>いちみ</u>(一味)の　雨にぬれにき
　　　　　　　　　　　　　　　　　　　　　　　　　（後拾遺 20・1187）
〇乳母せんとてまうできたりける女の乳の細う侍りければよみ侍ける
　　　　　　　　　　　　　　　　大江匡衡朝臣
　はかなくも　思ひけるかな　ちもなくて　<u>はかせ</u>(博士)の家の乳母せんとは
　　　　　　　　　　　　　　　　　　　　　　　　　（後拾遺 20・1217）

[引用文献]

奥村三雄(1977)　「音韻の変遷（2）」『岩波講座日本語 5　音韻』（岩波書店）
小倉　肇(1995)　『日本呉音の研究』（新典社）
川上　蓁(1988)　「音便の音声」(『國學院雑誌』89-8)
河野六郎(1968)　『朝鮮漢字音の研究』（天理時報社），河野六郎(1979)に再録。
―――(1976)　「「日本呉音」に就いて」(『言語学論叢』最終号)，河野六郎(1979) 再録。
―――(1978)　「朝鮮漢字音と日本呉音」(『末松保和博士古稀記念論集―古代アジア史論集』上巻，吉川弘文館)，河野六郎(1980) 再録。
―――(1979)　『河野六郎著作集2』（平凡社）
―――(1980)　『河野六郎著作集3』（平凡社）
小松英雄(1981)　『日本語の音韻』(『日本語の世界 7』中央公論社)

―――――(2000)『古典和歌解読』(笠間書院)
築島　裕(1969)『平安時代語新論』(東京大学出版会)
服部四郎(1960)『言語学の方法』(岩波書店)
浜田　敦(1964)「拗音」(『国語国文』33-5)
肥爪周二(2001)「ウ列開拗音の沿革」(『訓点語と訓点資料』第107輯)
馬渕和夫(1971)『国語音韻論』(笠間書院)
三根谷徹(1953)「韻鏡の三・四等について」(『言語研究』22・23), 三根谷徹 (1993a) 再録
―――――(1972)『越南漢字音の研究』(東洋文庫), 三根谷徹 (1993a) 再録
―――――(1993a)『中古漢語と越南漢字音』(汲古書院)

7. サ行子音の歴史

0

　古代のサ行音は、破擦音のサ [tsa]、シ [tʃi]、ス [tsu]、セ [tʃe]、ソ [tso] であったという推定に依拠し、音韻論的には /tsa, tsi, tsu, tse, tso/ であったと解釈する。この立場から、サ行子音は、その音声的な実現としては、語頭は破擦音、非語頭は摩擦音であったという仮説を提示する。その上で、

(1) 外来音（字音・漢語）の受け入れを通して、いわゆるサ行拗音はどのように生成したのか。

(2) サ行子音（破擦音）の摩擦音化は、どのようなプロセスで起こっていったのか。

(3) サ行子音の変化は、タ行子音チ・ツの破擦音化及び四つ仮名の合流とどのように連動しているのか。

などの点を明らかにし、サ行子音の歴史の再構築を試みる。

1

　サ行子音がかつて破擦音であったという仮説を、種々の徴証から考証したのは、有坂秀世（1936）であった。有坂秀世は、サを [tsa]、シを [si] または [ʃi] と推定し、セについては「⦅s⦆又は⦅ʃ⦆のやうな摩擦音で始る音節であったやうに見えるけれど、証拠は薄弱である」とし、「ス・ソの頭音の性質に至つては、はつきりと知るべき手掛りが未だ何処にも見出されない」と述べている。この有坂論文に対して、亀井孝（1970）は「有坂はサの音価推定と　シの音価推定との結果を　その蓋然性においておなじものとはかんがえていない、すなわち、その確実さの度あいにおいて　サのばあいの方がたかいものと　かんがえているようである」との〈よみ〉を示した上で、「この点につき、わたくしに異論はない。ただ、わたくしとしては、シの音

価推定のための証拠は、それぞれがたがいに他をささえおぎないあうかたちをとってはいても、あいよって、もってきめてとなりうるまでのちからには、しょせんかけているとおもう」と評価する。亀井孝はこのような立場から、有坂秀世とは異なった徴証（「すずめ」のなきごえ「シウシウ」など）をもとに、「サ行の古音が破擦音であったであろうその可能性について」の見解を提示し、サ[tsa]、シ[tʃi]、ス[tsu]、セ[tʃe]、ソ[tso]という音価を推定した。[1]

本章は、有坂秀世・亀井孝による〈サ行子音がかつて破擦音であった〉とする仮説に基づいて、サ行子音の歴史を再構築しようとする、その一つの試論である。

2

サ行音のサがかつて破擦音の[tsa]であったという推定については、有坂秀世と亀井孝の間に見解の相違はない。しかし、シについては、有坂秀世は[si]または[ʃi]、亀井孝は[tʃi]と推定し、見解が分かれている。有坂秀世がシを破擦音の[tsi]または[tʃi]としなかったのは、『在唐記』の注記「本郷沙字音」の解釈、及び外国史籍に現れるシの音訳例が「悉く心母（古代支那音及び現代朝鮮音共にs）」の字を用いていることにあると考えられる。『在唐記』の注記について、有坂秀世は、次のように述べている。

> 試みに、古代に於けるシの音価が[si]或は[ʃi]のやうなものであつたと仮定する時は、支那語（又は朝鮮に於ける漢字音）の拗音音節を模倣するため、それを基礎にして拗音を作れば、[sia][ʃia]又は[ʃa]のやうな形になる。平安初期に於ける「本郷沙字音」が、かやうな性質のものであつたとすれば、梵音śaを註するためにはちやうど適当なものであつたらうと考へられるのである。つまり、当時、サ即ち「本郷佐字音」が[tsa]であり、シヤ即ち「本郷沙字音」が[sia][ʃia][ʃa]のやうな音であつたものと仮定する時は、梵音caを「本郷佐字音勢呼之。」と註し、梵音śaを「以本郷沙字音呼之。」と註した理由がよく説明されるのである。

ここでの問題は、
(Ⅰ) サ (「本郷佐字音」) とシャ (「本郷沙字音」) の相違 (対立) を想定することができるか否か。
(Ⅱ) そのような対立があった場合、拗音シャ (「沙」) の成立に、シの頭子音を摩擦音の [s] または [ʃ] と仮定しなければ説けないのか否か。
という2点に絞られるであろう。

(Ⅰ)については、すでに馬渕和夫 (1959a) の批判はあるものの、丸山徹 (1978) および廣岡義隆 (1989) が指摘した外来音 [ʃa] の存在は無視できない。

丸山徹 (1978) は仏足石歌に見られる「舎加」(釈迦) の「舎」の用字について検討し、次の3点に注目した。
(1) 仏足石歌において、「サ」は原則として「佐」で写されているが、「サカ (釈迦)」の「サ」のみ「舎」で写されている。
(2) 仏足石歌における他の万葉仮名に比して、「舎」の用例は奈良・平安時代を通じて非常に少ない。
(3) 「釈迦」ということばは恐らく中国からもたらされた外来語であり、「釈」は「舎」と共に審母三等に属し、中古音で ʃ を頭子音にもつ。

これらの3点から、「少なくとも上代において外来音 [ʃa] は本来の「サ」とは区別して捉えられており、仏足石歌における「舎加」の「舎」はその反映であろう」とする注目すべき見解を提示した。後に丸山徹とは独立に、廣岡義隆 (1989) も「舎」を「常用仮名「佐」とは使ひ分けられた」「拗音仮名 (開拗音仮名) としての用例である」と述べ、ほぼ同様の結論を導いている。「舎」の音価については [ʃa] (丸山)、[ʃɑ] (廣岡) と母音の推定に相違はある (中古音では /ɑ/ と /a/ は区別される)(2) が、丸山徹が [ɑ] と [a] を区別なく使用しているようなので、推定音は同じ [ʃa] としてよいであろう (以下 [ʃa] として扱っておく)。

さて、丸山徹・廣岡義隆の説くように、遅くとも奈良時代末には外来音の [ʃa] があったとすれば、『在唐記』の「沙」が拗音シャ ([ʃa])(3) であったという推定に、一つの傍証を加え得ることになる。また、「舎」「沙」が、拗音

シャ（[ʃa]）を表わし、サ（「佐」）と区別されているとすれば、〈日本語の音〉としての「サ」は、少なくとも[ʃa]ではなかったことになるはずである。筆者としては、丸山徹・廣岡義隆の指摘する外来音シャ（[ʃa]）の存在を支持するとともに、有坂秀世の仮定する（Ⅰ）については、特に問題がないと考える。

（Ⅱ）については、有坂秀世のように、シの頭子音を摩擦音の[s]または[ʃ]と仮定しなくても（シが破擦音[tʃi]であったとしても）、『在唐記』の「本郷沙字音」の「沙」（拗音シャ[ʃa]）を説くことは可能であると考える（外国史籍の音訳例については、6節で述べる）。

「本郷沙字音」の「沙」や釈迦の「舎」など、外来音[ʃa]の存在を考えれば、有坂秀世が推定するように、シを摩擦音[si]または[ʃi]と仮定する方が、その受け入れ（模倣）を説明するのに都合はいいようである。また、一方、亀井孝のようにシを破擦音[tʃi]とする推定に従うとすれば、有坂秀世が説くような形での説明は困難であるように見える。従って、この両者によるシの音価推定は、互いに相容れない排他的なものと考えられるのであるが、果たして本当にそうなのであろうか。シを破擦音[tʃi]であったとする立場からでも、外来音（拗音）[ʃa]の受け入れをうまく説明できるとすれば、そして、なおかつ有坂秀世の推定する摩擦音のシを矛盾なく取り入れることができるとすれば、この（Ⅱ）の問題は解決するであろう。

3

そこで、シ[tʃi]〜[ʃi]、シャ[ʃa]という推定を矛盾なく解釈するために、次のような仮説を提示してみたい。

まず、サ行音は、その音価としては、サ[tsa]、シ[tʃi]、ス[tsu]、セ[tʃe]、ソ[tso]であったとする亀井孝の推定に依拠し、音韻論的には/tsa,tsi,tsu,tse,tso/であったと解釈する。その上で、この破擦音としてのサ[tsa]、シ[tʃi]、ス[tsu]、セ[tʃe]、ソ[tso]は、すべての環境に現れていたのではなく、《語頭》に位置した場合の音声的な実現（異音）として現れていたと想定する。そして、《非語頭》（いわゆる語中・語尾）の環境

にあっては、摩擦音のサ [sa]、シ [ʃi]、ス [su]、セ [ʃe]、ソ [so] で実現していたと想定する。すなわち、サ行音は、音韻論的には /tsa, tsi, tsu, tse, tso/ と解釈されるが、その音声的な実現においては、語頭では破擦音、非語頭では摩擦音であったであろうという仮説である。因みに、この仮説の一部（「シ」について）は、すでに川上蓁（1988）により、次のように述べられている。

　　語頭や鼻音の次では [tʃi]、それ以外では [ʃi] という区分（ただし鼻音の次では大抵は [dʒi]「じ」に変る。なお [dʒi] は後世 [ʒi] に変った）があったことも十分考えられる。

筆者も、この川上蓁の考えを支持し、さらにサ行音全体にわたって、語頭と非語頭の「区分」を及ぼそうとするものである。ただし、この仮説は、実際には、非語頭において、破裂要素の弱まった [ᵗs, ᵗʃ] などが現れていたことや、[θ] のような異音が現れていたことなどまでも否定するものではない。推定音を含めた、以上の語頭：破擦音、非語頭：摩擦音という仮説は、議論を錯綜させないために、あえて単純化して提示したものであることを付言しておく。以上の仮説を改めて図示すると、次のようになる。

音韻論的解釈　　　　　　語　頭　　　　　　　　非語頭
/tsa, tsi, tsu, tse, tso/　　ts系：[tsa-　tsu-　tso-]　s系：[-sa-　-su-　-so-]
　　　　　　　　　　　tʃ系：[　　tʃi-　tʃe-　　]　ʃ系：[　　-ʃi-　-ʃe-　　]

サ行音が、このような音声的な実現をしていたとすれば、
　語　頭：[（　）, tʃi-,（　）, tʃe-,（　）]
　非語頭：[（　）, -ʃi-,（　）, -ʃe-,（　）]

のように、（　）に示された位置がいわゆる「あきま」となっていることに気付く。すなわち、「あきま」に入る音としては、tʃ系の [tʃa][tʃu][tʃo] とʃ系の [ʃa][ʃu][ʃo] の2系列の音があったことになる。

サ行音が語頭と非語頭とで音声的実現が異なっており、「あきま」に入る音として tʃ系とʃ系の2系列の音があったと仮定すると、有坂秀世のようにシの頭子音を [s] または [ʃ] としなくても、外来音（字音・漢語）の受

け入れやサ行イ音便、外国史籍の音訳例、さらには擬音語などの問題を無理なく説くことができるようになる。

4

　まず、外来音（字音・漢語）の受け入れについて考えてみよう。外来語としての「釈迦」（梵語 śākya）の「釈」及びそれを写す万葉仮名「舎」は、丸山徹・廣岡義隆の推定するように［ʃa-］であったと考えられる。ここで、上述のようにʃ系の「あきま」（［ʃa］［ʃu］［ʃo］）を想定すれば、「沙」「舎」などの外来音［ʃa］は、その「あきま」に入る音として、そのまま取り入れることが可能となる。すなわち、外来音［ʃa］はʃ系の「あきま」に入る音として成立していったと考えられるのである。この「あきま」の存在は、いわゆるサ行拗音を発生させる素地の一部をなすものであった。従って、このような「あきま」（素地）がなければ、上代において「釈迦」などの外来音［ʃa］をいち早く取り入れることはできなかったであろう。外来音を受け入れる場合、日本語の音韻体系にない音（音素の新たな結合でも存在しない音）は、取り入れられないと考えるのが正統な立場だからである。[9]

　現代語においても、例えば、英語の film（［film］）、tea（［tiː］）の［fi］、［ti］が、外来音のフィ［Φi］、ティ［ti］として取り入れられたのは、［Φ］と［i］、［t］と［i］の結合を新たに作り出すことによって、すなわち、

　　Φ系：［（ 　 ）,（ 　 ）, Φu ,（ 　 ）,（ 　 ）］
　　t 系：［ ta ,（ 　 ）,（ 　 ）, te , to ］

のように、その「あきま」に入る音として、［Φi］、［ti］の存在が可能となっているためである。そして、さらに注目すべきは、原音［fi］［ti］をフィ［Φui］、チ［tʃi］としても受け入れている点にある。film の［fi］という外来音の受け入れについて言えば、次のような過程が考えられる。音韻体系の既存の枠組みの中で、それに最も近い音結合フイ［Φui］でまず受け入れた（ヒ［çi］で受け入れなかったのは、［ç］が唇音ではないからである）。そして、外来音に習熟するのに伴い、新たな結合フィ［Φi］を作り出すことによって、さらに原音に近づけた。ここで、［fi］という音結合を作り出す

ことができなかったのは、日本語の音素として /f/（唇歯音 [f]）が存在しないためであり、[fi] という原音に対して日本語の音韻体系の枠組みの中で最もそれに近いフィ [Φi] という形で済ましている（あるいは許容している）と解されるのである。英語の [f] [v] はもとより [θ] [ð]、[l] [r] の区別などが現代の〈外来音〉として未だに成立していないのは（あるいは成立しえないのは）、現代語の音韻体系において、その存在を可能にするような「素地」がないからにほかならない。

このようにみてくると、「沙」「舎」などの外来音 [ʃa] は、当初はサ [tsa] で受け入れたものと考えられるであろう。万葉仮名としての、例えば、次のような「サ」の用法は、それを物語っている。

(1) 見者悲沙（見れば悲しさ）　：比等能等母斯佐（人の羨しさ）
　　　　　　（万6・982）　　　　　　　　　　　（万5・863）
(2) 異舎儺等利（鯨魚取り）　：伊佐魚取（鯨魚取り）
　　　　（紀歌謡68・β群）　　　　　　　（万17・3893）

そして、外来音 [ʃa] に習熟するに従い、改めて「あきま」に入る音としての [ʃa] で取り入れ直されたと推定する。外来語としての「舎利（śarīra）」や「沙弥（śrāmaṇera）」なども同様に考えられる。これらのサ [tsa] ＞シャ [ʃa] のような受け入れ方の変化は、現代語の、例えばセパード（shepherd）＞シェパード、チーパーチー（tea party）＞ティーパーティー、ビルジング（building）＞ビルディングなどと平行する現象であると考えてよい。従って、「釈迦・沙弥・舎利」などのシャ [ʃa] は、サ [tsa] で取り入れた在来の語形（サカ・サミ・サリ）に対して、原音に忠実で、より外来語音らしさを際立たせるレヴェルのものであったと考えられる。仏足石歌の「舎」のような〈専用の仮名〉の存在は、このような背景を想定するとうまく説明がつくであろう。

ところで、語頭：破擦音、非語頭：摩擦音という〈語音排列則〉からみて、「あきま」に入る外来音も、一般的には、語頭：破擦音（ts系/tʃ系）で受け入れたと考えられる。従って、「釈迦」などの語頭：摩擦音 [ʃa-] は、実はその例外をなすものであった。これらは、原音に忠実な音が必要とされた

特別な外来語（仏教語）であり、和語の〈語音排列則〉を維持しながら、外来音独自の、語頭に摩擦音［ʃa-］が立つという〈頭音法則〉の形成により生成したものと考えられるのである。このような外来音独自の〈頭音法則〉は「濁音」「ラ行音」の導入においても形成されている。なお、「釈迦」なども、他の「あきま」に入る外来音と同様に破擦音［tsa-/tʃa-］で受け入れ、その後、摩擦音［ʃa-］で取り入れ直したという可能性も考えられる。もし、そうであれば、サ［tsa］＞シャ［tʃa］＞シャ［ʃa］という受け入れ方の変化を経たことになり、〈専用の仮名〉「舎」も、サ［tsa］およびシャ［tʃa］との相違を示すものであったことになる。しかしながら、シャ［tʃa］を経ずに、サ［tsa］からシャ［ʃa］への変化を想定する方が遙かに自然であり、また、「舎」もサ［tsa］（「佐」など）と区別された仮名とみなすべき蓋然性が高いであろう。従って、この可能性は小さいと考える。

因みに、〈字音〉と〈漢語の音〉とでは、その音声的な実現（あり方）が異なっていたと考えられるので、〈字音〉のレヴェルでの破擦音も、〈漢語の音〉の非語頭では、〈語音排列則〉に従って、摩擦音で実現するのが普通であった。また、語頭の［ʃa-］も、［ʃa-］〜［tʃa-］のような揺れを見せつつ、［tʃa-］で実現するようになっていったと考えられる。

以上によって、いわゆるサ行拗音は、外来音の導入によって、tʃ系、ʃ系の「あきま」に入る音として成立していったものと考える。なお、このようにして成立した外来音としてのシャ・シュ・ショ（tʃ系［tʃa,tʃu,tʃo］、ʃ系［ʃa］）は、〈日本語の音〉としてのサ /tsa/、ス /tsu/、ソ /tso/ の異音の範囲には収まらない、いわば音韻体系外の周縁的な要素であったであろう。

5

次に、サ行イ音便について考えてみる。有坂秀世はシを摩擦音の［si］または［ʃi］と推定する。その根拠の一つがサ行イ音便の現象であり、有坂秀世（1936）は、次のように述べている。

> 平安時代中頃から、所謂サ行のイ音便の形が現れ、シの音節が語中語尾に於てその頭音を失つた場合がある。（中略）これらも亦アフリカータ

よりは寧ろ単純な摩擦音にふさはしい音韻現象である。

音便の過程について、音声学の立場から詳しく考察した川上蓁（1988）は、サ行イ音便について、「なして－ないて[naʃite － naçite － najite － naite]」のように説いている。川上蓁も有坂秀世と同様、音便の変化の過程を説明するのに、シの場合、破擦音よりは摩擦音であった方が相応しいと考えている（3節参照）。このような考え方に対し、亀井孝は「イ音便は五十音図のイ列に属する音節のうちキ（ギ）とシとにのみ排他的におこっているのである。シがその頭子音に破擦音をもつものとして、サ行イ音便の発生の説明のために、それはなにら拒障にならないのではなかろうかとおもわれる」と述べ、また「音便形の成立にはそれにいたる過程としてむしろ音節全体の弱化をそこに仮定すべきである」と説く。恐らく、この「音節全体の弱化」には、シの摩擦音化（あるいは破裂要素の弱化）も当然含まれるであろうから、シが破擦音であったとしても説明は可能である。すなわち、非語頭の位置（母音間）で、破擦音が弱まって摩擦音化するという現象は、音声学的にみても自然であるから、シが[tʃi]であっても問題はないということになる。しかし、本章で想定するように（川上蓁も同様）、音便現象が体系的に起こる前に、すでに非語頭では摩擦音のシ[ʃi]であったとすれば、音便の音声的な変化をさらに説明しやすくなることは間違いないであろう。従って、サ行イ音便を可能とする音環境を提供したのは、サ行子音が語頭と非語頭で破擦音と摩擦音に分化し、相補分布を形成したことにあったと考えられるのである。

ところで、小松英雄（1975）は、音便について「形態音韻論のレヴェル」から「意味的・機能的な癒着にともなう一語化・一単位化」としての積極的な機能の存在を明らかにした。このような視点は、「意味的・機能的な癒着にともなって、発音の自然な変化として、そこに音便が生じている」という捉え方とは相反するが、しかし、そのような「変化」を可能とするような音環境（素地）を想定することとは、必ずしも矛盾はしないと考える。もちろん、変化を可能とするような音環境があるからといって、それが形態音韻論的なレヴェルでの「音便」の成立にそのまま繋がるわけではない。従ってまた「音便」が単なる音声変化によるものではないことも明らかである。実際

の口頭語において、変化を可能とする音環境の下で〈音便的な現象〉を起こすことがあり、そのような現象を日本語がいわば主体的に選択し、境界標示の〈指標〉として体系的に採用したのが「音便」という現象であると考えられる。従って、サ行子音の語頭：破擦音、非語頭：摩擦音という分化についても、サ行イ音便を実際にもたらしたという点で、「音便」の機能、すなわち〈境界標示機能〉の観点から、言い換えれば、形態音韻論のレヴェルから捉え直す必要があると考える（8節参照）。

6

有坂秀世がシを摩擦音であると仮定した根拠の一つに外国史籍の音訳例がある。ここで、この音訳の問題について考えてみる。有坂秀世（1936）が「奈良時代以前の朝鮮支那の史籍でも日本語のサ行音を音訳するには、すべて摩擦音系統の字をのみ用ゐてゐる」として掲げた音訳例は、次のものである（出典、注記等は全て省略して掲げる）。

　　シ　：「倭王姓阿每宇多利思比孤」「都斯麻国」「竹斯国」「意斯移麻岐弥」「日本斯那奴阿比多」「施德斯那奴次酒」「竹斯物部莫奇委沙奇」「竹斯島」
　　セ　：「既洒臣」
　　ソ（甲）：「阿蘇山」
　　ソ（乙）：「沙至比跪」

有坂秀世は「以上の音訳例の中には、或は日本人の方から書いて見せたものも混じて居るかも知れないが、兎に角、シセソ（甲）ソ（乙）に充てられてゐる文字の中で、斯思蘇はすべて心母（古代支那音 s 現代朝鮮音も同じ）の字であり、沙は審母（二等、古代支那音 ṣ 現代朝鮮音 s）に属し洒には心審（二等）両音がある。即ち全部摩擦音系統の文字のみであることには注意すべきである」と述べている。しかし、「斯那奴」「沙至比跪」以外はすべて《非語頭》の位置に現れるものであることは、特に留意される。有坂秀世（1955）も〈斯類〉について「語頭の例としてはただ比較的不確実な朝鮮資料が二つ（而も語としては一つ、即ち族名「斯那奴」）あるだけなので、音

韻即ち発音運動の理想としては {ts} 又は {tʃ} のやうなものであつても、母音と母音との間で実現される場合に偶然弛く摩擦音的な形であらはれる傾向があつたものではないかとも疑はれる」と述べており、本章の仮説を否定するような材料にはならないと考える。むしろ逆に本章の仮説を支持するものとみなすことが可能である。すなわち、語頭の例としての「斯那奴」（科野・信濃）は「比較的不確実な」ものであり、また「沙至比跪」も「事蹟が一致しない」ものであって、それぞれ心母 /s/、審母二等 /ʂ/ の字音をもとに（あるいは、それを意識して）用いられたかどうか疑わしいと見られるからである。

　ところで、「中国原音に基づいているという点において、万葉仮名資料中卓絶した価値をもつ」（森博達 1991）とされる『日本書紀』のα群の仮名では、どのような反映をしているのであろうか。森博達は「α群によれば、サ行の各頭音が後続母音の舌位（調音位置）の相違によって整然と三種に分類されることがわかる」とし、次のようにまとめている。

　　①奥舌（非広）母音をもつ「ス」と「ソ甲」には、摩擦音である〈心〉
　　　母のみが用いられている。
　　②前舌（非広）母音をもつ「シ」と「セ」には、どちらも、摩擦音の
　　　〈心〉母・〈書〉母と破擦音の〈章〉母が用いられている。
　　③残された「サ」と「ソ乙」には、ともに破擦音字が多用され、摩擦音
　　　字も用いられている。

そして、森博達は、サ行の各頭音の音価を「ひとまず、①［su］・［so］②［ᵗʃi］・［ᵗʃe］③［ᵗsɑ］［ᵗsə］の如く」推定している。

　森博達の詳細な考察の結果によっても明らかなように、『日本書紀』のα群の仮名においては、サ行として、語頭：破擦音、非語頭：摩擦音という使い分けは認められない。しかし、「之之符須登」「斯斯磨都登」（巻 14・75）のように、破擦音（章母 /tś/）の「之」、摩擦音（心母 /s/）の「斯」が、語頭・非語頭のいずれの位置にも現れていることは注目すべきであろう。森博達は「シ」の音価を閉鎖の弱い破擦音［ᵗʃi］と推定しているが、それは破擦音の「之」でも、摩擦音の「斯」でも表わし得たことを認めていることに

なる。従って、非語頭の「シ」が摩擦音で現れていたとしても、それを「之」あるいは「斯」で表記したことも十分考えられるのである。また、α群の表記者が摩擦音のみを使用している「ス」「ソ甲」についても、摩擦音 [s-] ではなく、破擦音 [ᵗs-]（あるいは [ts-]）であったという推定は、森博達の立場からでも可能である。すなわち、「ス」「ソ甲」が破擦音で実現していたとしても、その奥舌母音の円唇性のために、「シ・セ・サ・ソ乙」よりも摩擦要素が強く響いたとすれば、α群の表記者がその特徴を捉えて摩擦音字の〈心〉母で表記したということも考えられるからである。

　本章の仮説は、すでに述べた（3節参照）ような点を含めて、語頭の破擦音が中国原音に比べて破裂要素が弱かったという可能性も勿論否定はしていない。従って、『日本書紀』のα群における語頭：破擦音、非語頭：摩擦音という仮名の使い分けが認められないからといって、本章の仮説が成立しないとは考えられない。

　なお、α群の表記者は、日本語の音において、音韻的な対立のあるものは、声類・韻類における種々の制約を考慮しながら、漢字原音の「手持ちの駒」を最大限に利用して、その区別を明示しようとしたが、音韻的な対立のないもの（異音の別も含む）については、音声的な違いを特に書き分けることをしなかったという可能性についても考慮すべきであろう。さらに言えば、非弁別的な余剰的特徴までも取り入れた表記（言い換えれば、音声学的な立場による音声記号のような表記）をするならば、逆に日本語の音として、どの特徴が弁別的なのか分からなくなり、却って「語句」の同認を妨げる結果となってしまう、ということも考えてみなければならない。【本書第Ⅰ部第1章10節参照】

　以上のような観点からすれば、α群の仮名の用法は、本章の仮説に対する積極的な否定の材料にはならないと考える。

7

　ところで、サ行拗音シャ・シュ・ショ（tʃ系 [tʃa] [tʃu] [tʃo]）は、外来音の導入にともなって、「あきま」に入る音として成立したと説いてきた。

しかし、実はこの「あきま」に入るような tʃ 系の音は、擬音語などには、すでに現れていたと推定されるのである。

亀井孝（1970）の掲げる「すずめ：チュンチュン（シウシウ：チウチウ）」、川上蓁（1978）の指摘する「そそく（動詞）：チョロチョロ」「ささら水：チャラチャラ」などの例は、この推定を裏付けるものと見てよいであろう。これらは、サ行子音の摩擦音化にともなうサ行拗音 [tʃa, tʃu, tʃo] ＞ [ʃa, ʃu, ʃo] の変化と、タ行チ・ツの破擦音化 [ti, tu] ＞ [tʃi, tsu] にともなうタ行拗音 [tʃa, tʃu, tʃo] の成立に連動したもので、擬音語としての写音的な特徴を保つために、サ行拗音からタ行拗音に乗り換えていったと考えられるものである。なお、『万葉集』の「そ（追馬）」という馬追いの声も、「馬追い虫」の鳴き声「スイッチョ」などから、「チョーチョー（[tʃo:tʃo:]）」であったとみることができる（川上蓁1978参照）。

このような擬音語など見られる「あきま」に入るような音（音韻体系外の周縁的な音）の存在は、外来音の導入における「素地」をなすものであったと解される。日本語みずからがこのような「素地」（あきま）を積極的に利用して、外来音（外来語）を取り入れ、日本語としての語彙を飛躍的に増大させることに成功したわけである。従って、サ行子音 /ts/ が母音 i, e の前で口蓋化して [tʃ] になったのは、自然な音声変化ではなく、実はこのような「あきま」に入る音を安定的に作り出すためであったと考えられるのである。

8

ここで、なぜサ行子音が語頭：破擦音、非語頭：摩擦音に分化したのか考えてみたい。破擦音や破裂音が非語頭の位置で摩擦音として実現することは、現代語にも見られる。例えば、破裂音 [b] が「あぶない」のような非語頭の位置では、母音に挟まれて閉鎖が弱まり、摩擦音 [β] で実現することはよく知られた事実である。また、破裂音 [g] が非語頭では [ɣ]（[ŋ] がない場合）で現れること（が多いの）も同様である。有坂秀世（1936）も「現代東京方言に於て音韻《dz》が母音と母音との間などで屢不完全に [z] の

形で実現されるやうに、当時に於て音韻《ts》が不完全に実現される場合偶然［s］の形であらはれることは、或は有つたかも知れない」と述べている。このような事実からみると、サ行子音の語頭：破擦音、非語頭：摩擦音の分化は、自然な音声変化と考えることもできる。しかし、それでは、音声学的な説明にはなっても、まだ「なぜ」という問いの答えにはなっていない。この「なぜ」に答えるためには、機能の面から「分化」という現象を捉えなければならないであろう。

　サ行子音が語頭と非語頭で音声的に分化すると、語頭の破擦音は、語頭標示機能（積極的境界標示機能）を持つようになり、一方、非語頭の摩擦音は、一単位化（消極的境界標示機能）の指標となった。このような分化は、ハ行音においても語頭：破裂音［p］、非語頭：摩擦音［Φ］という形で並行的に起こったと考えられる[15]。これを言語の側から見れば、語としての単位（言語運用としての一単位）を明確化することによって、語彙量の増大にともなう多音節化を容易にし、より効率的な運用を図るために、語頭と非語頭とで音の分化を行なったと捉えることができるであろう。そして、境界標示機能（一単位化の標示）をさらに押し進めたのが、音便、ｗ化（ハ行転呼音）、連濁、母音交替、連声などの一連の現象であると解されるのである。さらに、サ行子音における語頭と非語頭の分化は、既述のように外来音［ʃa-］を受け入れるための「素地」を提供していることも忘れてはならない点である。

　ところで、サ行子音が語頭：破擦音、非語頭：摩擦音に分化した、その遠因となる現象が実は考えられそうである。有坂秀世（1955）は、次のように述べている。

　　佐類音節の源流に{tsa}と{sa}との二つがあつたものと考へることは必ずしも不可能ではない。古音{sa}の{s}は語頭では{h}を経て消失し、語中では（その実現である［s］が、たま〳〵{ts}の母音間で不完全に実現された形と似てゐた所から、){ts}と混じ、結局奈良朝・平安朝初期頃には{sa}といふ音節が全く無くなつてしまつてゐた、といふ風な場合も考へられないではない。

　また、亀井孝（1973）も、次のように述べている。

7. サ行子音の歴史　151

ふるく"サ行音"が破擦音の ts であったこともほぼたしかであろうとおもわれる。しかしながら、もしサ行音が古代において破擦音の ts であったとするならば、それは、古代日本語の子音体系のありかたにてらしてかんがえてみるとき、ずいぶん奇異であることもまたたしかである。閉鎖音 t と摩擦音 s とそれに破擦音の ts と、この三個の単位をつかいわける言語はもとよりめずらしくないし、また、この三個の対立を知らない言語もおなじくすこしもまれでないが、二個の対立しかもたないばあいにその対立が t と ts とから成るのは異常である。文献以前の日本語の段階へまでさかのぼってゆくと、いつかそこには t と s と ts とのこの三つの単位の鼎立していた時代があったものと、そうわたくしは仮定する。そして、s は、おそらく s から h へのみちをたどって、ついにあとかたもなく消えていってしまったものと仮定する。

有坂秀世・亀井孝は、議論の方向は異なるものの、文献以前の日本語において、破擦音 ts の他に s のあった可能性を説いている。筆者も、亀井孝の仮定を支持し、/t/, /ts/, /s/ という三つの音素の鼎立していた時代を想定する。破裂音 /t/ と破擦音 /ts/ があって、摩擦音の /s/ がないとすれば、音韻論的に見て、破擦音 /ts/ の t は弁別的な特徴として機能しないからである。ここで、/t/：/ts/：/s/ の対立がかつてあったと仮定すると、サ行子音の語頭：破擦音、非語頭：摩擦音という仮説とは、どのように関連するのであろうか。

/s/ は、有坂秀世・亀井孝が推定するように、s＞h＞ø などの変化を経て消失したと考えられる。従って、この /s/ の消失によって、/ts/ における非語頭：摩擦音の存在が可能となり、非語頭（母音間）における破擦音の摩擦音化が起こりやすいという環境（条件）が整ったことになる。このような音環境を素地として、サ行子音は語頭：破擦音、非語頭：摩擦音という分化を起こしたと解される。音韻論的には /t/：/ts/：/s/ という３項対立は解消され、/t/：/ts/ の２項対立となったが、音声学的には [t]：[ts]：[s] という３項対立がそのまま残されたわけである（母音 i, e の前ですでに口蓋化した [tʃ] [ʃ] になっていたとしてもかまわない）。すなわち、音韻論

的には、/t/：/ts/ として t が弁別的な特徴とはならなくなったが、音声学的には、非語頭に現れる［s］（［ʃ］）の存在によって、語頭の［ts］（［tʃ］）にとっては、その破裂の要素 t が関与的（relevant）な特徴となったのである。そして、この関与的な特徴を利用して、境界標示の機能を果たすことが可能となった。従って、サ行子音は、語頭の［ts］（［tʃ］）の t の破裂要素を生かし、境界標示機能を果たすために、非語頭に［s］（［ʃ］）を分化させたと考えられるのである。[17]

9

　最後に、サ行子音が語頭：破擦音、非語頭：摩擦音であったとする仮説から、タ行チ・ツの破擦音化と「四つ仮名」の合流という問題を考えてみる。これらを取り上げるのは、タ行チ・ツの破擦音化および「四つ仮名」の合流は、サ行子音の摩擦音化と連動した変化であること、そして、これらの変化も〈境界標示機能〉と密接な関わりをもつとみなされること、などからである。ただし、このような問題を説くためには、開拗音の生成、清濁の対立に関わる前鼻音の存在などを含めて総合的に取り上げる必要がある。従って、ここでは、概略的な説明に止めるざるを得ないことをお断りしておきたい。

　さて、室町時代の半ばには、中国・朝鮮資料によって、タ行チ・ツの破擦音化が確認される。すなわち、16世紀以降になると、タ行子音の破裂音［t-］が、狭母音［i, u］の前で破擦音化して［tʃi-, tsu-］になっていった。従って、その頃には、サ行の少なくともシ・スの語頭音は摩擦音化していったと考えられる。[18]このような点を踏まえて、変化の過程を考えると、次のようになる。

　まず、タ行チ・ツの破擦音化は、サ行子音の語頭：破擦音から見て、非語頭の位置から始まったと考えられる。音声的には軽い摩擦を伴った破擦音［-tˢi-, -tˢu-］として実現していたであろう。すなわち、チ、ツは語頭と非語頭で、［ti-：-tˢi-］／［tu-：-tˢu-］のような分化を起こしたことになる。サ行のシ、スは語頭と非語頭で、［tʃi-：-ʃi-］／［tsu-：-su-］であったから、まだ混乱は起こらなかったであろう。しかし、タ行のチ、ツが明確な

7. サ行子音の歴史　153

〈境界標示機能〉を果たすために、非語頭でさらに摩擦性を強めると、サ行シ、スでの〈境界標示機能〉と抵触し、シ・ス、チ・ツといういわば〈清音の四つ仮名〉の合流を起こすことになる。濁音の場合には、ジ：ヂ、ズ：ヅという「四つ仮名」の対立において、和語の語頭にそれらが立つことはなく、機能負担量が小さいこともあって、語頭（撥音の後）：破擦音 [dʒi-, dzu-]、非語頭：摩擦音 [-ʒi-, -zu-] のような異音の関係となることによって、新たな境界標示機能を獲得し、音韻的に合流を果たした。

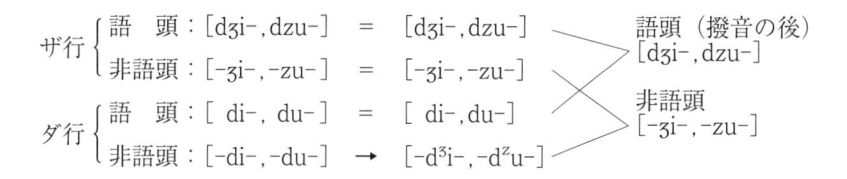

ザ行 { 語　頭：[dʒi-, dzu-] ＝ [dʒi-, dzu-] ＼ 語頭（撥音の後）
　　　 非語頭：[-ʒi-, -zu-] ＝ [-ʒi-, -zu-] ╳ [dʒi-, dzu-]
ダ行 { 語　頭：[di-, du-] ＝ [di-, du-] ╱ 非語頭
　　　 非語頭：[-di-, -du-] → [-dʒi-, -dzu-] ╱ [-ʒi-, -zu-]

しかし、清音の場合には、機能負担量も大きく、シ：チ、ス：ツの対立を解消することは事実上できなかった。そこで、チ・ツが非語頭で摩擦性を強める一方で、シ・スは語頭で破裂性を弱め [ᵗʃi-, ᵗsu-] とし、両者の聴覚的な距離を大きくして弁別性を高め、合流を回避する方向に動き、〈境界標示機能〉をなんとか保とうとした。しかし、シ・スが語頭で破裂性を弱めたことが、結果的には、チ・ツが非語頭で摩擦性を強めることになり、語頭での、サ行シ・スの摩擦音化、タ行チ・ツの破擦音化をもたらすことになった。すなわち、破裂要素 t の有無という形でタ行チ・ツ、サ行シ・スが弁別されるようになり、両者の合流が回避されたのである。以上を概略的に図示すると、次のようになる。

サ行 { 語　頭：[tʃi-, tsu-] ＝ [tʃi-, tsu-] → [ᵗʃi-, ᵗsu-] ＞ [ʃi, su]
　　　 非語頭：[-ʃi-, -su-] ＝ [-ʃi-, -su-] ＝ [-ʃi-, -su-]
タ行 { 語　頭：[ti-, tu-] ＝ [ti-, tu-] ＝ [ti-, tu-] ＞ [tʃi, tsu]
　　　 非語頭：[-ti-, -tu-] → [-tʃi-, -tˢu-] → [-tʃi-, -tsu-]

このように、サ行シ・スが摩擦音化し、境界標示機能が失われると、サ・セ・ソにおいても語頭：破擦音、非語頭：摩擦音という分化による境界標示

機能の働きが弱められていった。シ・スの摩擦音化を契機として、サ行全体が摩擦音に移行していったわけである。従って、サ行音の境界標示機能は失われることになったのであるが、このような機能は、一方で、サ行イ音便のような一単位化の機能によって補われていることは留意すべきであろう。すなわち、複合標示機能をもっぱら果たす音便・連濁などに、その機能を委ねることによって、サ行音みずからの分化を解消する方向に向かったものと解されるのである。[21]

なお、シが語頭で摩擦音化したのにともなって、サ行拗音は語頭・非語頭ともに [ʃa, ʃu, ʃo] となり、チが破擦音化したのにともなって、タ行拗音 [tja, tju, tjo] は tʃ 系の「あきま」に入る音 [tʃa, tʃu, tʃo] として、その位置に収まることになった。

総じて言えば、サ行音が、境界標示機能を果たすために、破擦音の破裂要素 t を生かして語頭：破擦音、非語頭：摩擦音に分化したことが、結果的には、語頭の摩擦音化の道を開き、その破裂要素を消失させる変化をもたらしたわけである。サ行音の破裂要素の消失は、タ行 /t/：サ行 /s/ の2項対立へ収束する変化ではなく、かつてのタ行 [t]、サ行 [ts, tʃ, s, ʃ] とは異なる形で、タ行チ・ツの破擦音化による新たな3項対立——タ行 [t, tʃ, ts]、サ行 [s, ʃ] ——/t/：/c/：/s/ の形成へ向かう変化であったと解されるのである。[22]

サ行子音の歴史においては、セ [ʃe] が後に [se] に移行したことなど、まだ論ずべき点は多々残されている。古音 s の歴史、濁音の前鼻音、四つ仮名の合流、タ行・サ行の相通、高知方言のサ行子音（山田幸宏 1983 参照）などの問題を含めて、今後の課題としたい。

[注]
(1) 「もし古代日本語の子音体系が t と ts（および、おそらくシとセとでは tʃ）をもっていて」と述べていることによる。母音については、便宜 [a, i, u, e, o] の5母音を用いる（注8参照）。
(2) 中古音（Ancient Chinese）の推定音（音韻表記）は三根谷徹（1993a）に

従う。

(3) 有坂秀世 (1936) は、本郷沙字音 (シャ) が「[sia] [ʃia] [ʃa] の中のいづれに最も近いものであつたか、(中略) 決定することが困難である」と述べている。以下、有坂秀世の場合も便宜 [ʃa] とし、[sia] [ʃia] には触れない。なお、本章で用いる音声記号 [ʃ] は、従来の慣用的な用法を踏襲したもので、その発音 (音価) は、現代語のシと同じ子音を想定している。従って、後部歯茎音の [ʃ] で表わすよりは、歯茎硬口蓋音 [ɕ] の方が相応しい (有声音 [ʒ] も [z])。しかし、無用の混乱を避ける意味もあって、便宜 [ʃ] [ʒ] を用いることにする (中古音 /ś/ 〈審母三等〉などの [ʃ] も同様)。

(4) ここで「少なくとも」としたのは、外来音 [ʃa] の存在から、サが [ʃa] ではなかったということは言えても、サが [tsa] であったとする推定の根拠にはならないからである。

(5) 亀井孝 (1970) は「有坂は、じつはその巧妙な解釈のために シの頭子音の音価を (摩擦音の) [s] または [ʃ] と仮定しているのである。(中略) 有坂は当時の日本における沙の発音を [sia] [ʃia] または [ʃa] のようなかたちのものと推定した。漢字の日本音としての このようなかたちの基礎には 日本語のシの頭子音に 摩擦音を擬しておく方が ぐあいがいいというのが すぐれた有坂のそのよみであったと解されるのである」と述べている。

(6) サ行音を破擦音の [tsa, tʃi, tsu, tʃe, tso] とする亀井孝の推定を支持するのは、室町末期の [sa, ʃi, su, ʃe, so] を基に、それ以前は破擦音であったとする立場から、この推定音が最も無理のない形であると考えられるからである。なお、[tsa, tʃi, tsu, tʃe, tso] の前段階は [tsa, tsi, tsu, tse, tso] であったと推定する (7節参照)。因みに、破擦音としては [tʃa, tʃi, tʃu, tʃe, tʃo] の可能性も考えられる。しかし、tʃa > sa, tʃu > su, tʃo > so という非口蓋化の積極的な要因を見出すことは困難であろう。また、外来音の受け入れの問題や『在唐記』の「サ」の解釈とも抵触するので、この tʃ であったとする仮定は取らない。

(7) 音素の表記法について、ここでは問題にしていないので、便宜上 /ts/ のような示し方をしておく。一つの子音音素 /c/ (あるいは /č/) で表記してもよい。/ts/ 表記を採用したのは、破裂音 [t]：破擦音 [ts/tʃ]：摩擦音 [s/ʃ] の対立における破裂要素 t の有無を取り上げる場合など、/t/：/c/：/s/ よりも /t/：/ts/：/s/ の方が視覚的に説明しやすいこと、いわ

ゆる拗音の音韻体系上の位置、音韻論的解釈が未定であること、室町末期のタ行・サ行子音の音韻論的解釈に問題があること（注22参照）、及び中古音の音韻表記との関連、などを考慮した結果である。従って、サ行音の/tsa, tsi, tsu, tse, tso/ という音韻論的解釈も、音声的な実現を説明するための暫定的なものである。なお、以下に述べる「あきま」についても、音韻論的な解釈の相違による捉え方の違いを回避するために、音声系列に重点をおいて用いることにする。

(8) 川上蓁の指摘する「鼻音の次」という問題、上代特殊仮名遣の甲乙、あるいは早田輝洋（1977）、高山倫明（1992）が説くように、かつての「清・濁」は非鼻音：鼻音の対立であり、非語頭（母音間）で「清子音」は有声音であったとする仮説などについても、議論が煩雑になることを恐れて、本章ではあえて触れないでおく。もちろんこのような問題を考慮に入れても、本章の論旨に特に影響はないと考える。なお、有坂秀世（1936）には「当時「佐」の仮名が、語頭に於て音韻群（tsa）を表し語中語尾に於ては音韻群（sa）表すといふ風に、明確に区別せられた二種の音韻群を表す（中略）ことは無かつたものと思ふ」とあり、本章の仮説を否定するかのような見解が見られる。しかし「二種の音韻群」と述べているように、有坂秀世の見解と本章の仮説とは抵触しない。本章でも「佐」が異なった2種の音韻（/tsa/, /sa/）を表わすとは考えないからである。

(9) 拗音全体の成立に関しては、類推による体系化という観点は必要である。しかし、外来音シャ［ʃa］の場合には、類推によって説くことはできないと考える。

(10) 現代語において、例えば［f］［v］［θ］［r］［l］などの子音が音声的に現れないわけではない。個人的、臨時的（偶発的な場合も含む）な発音としては、よく出てくる。しかし、例えば［s］と［θ］の聞き分けが普通にできるとか、その区別が語の識別に役に立っているとか、ということはない。従って、このような立場から、音韻体系における「素地」の問題を取り上げているのである。

(11) 『万葉集』において、「沙弥」が、題詞等では「沙弥」（2・123）、歌では「作美（サミ）」（2・221）で現れていることに注目したい。なお、奥村三雄（1982）の掲げる「毗盧遮那（Vairocana）・阿闍梨（ācārya）」なども、当初はサ・ザで受け入れ、後にシャ・ジャで取り入れ直したものであろう。従って、いわゆるサ行拗音の直音化表記という考え方は取らない。【本書第Ⅰ部第6章「開拗音の生成過程」参照】

(12) s系の外来音も、〈語音排列則〉に従って、破擦音 ts 系として受け入れられたと考えられる。このことは、『在唐記』の梵音 sa の「大唐娑字音勢」の注記からも窺えるところである。
(13) 〈頭音法則〉〈末音法則〉などを含む外来音独自の〈語音排列則〉が形成されたと考える。
(14) 〈字音〉〈漢語の音〉については、小倉肇（1983）を参照。
(15) 木田章義（1989）は「『在唐記』の時代では、語頭でP、語中・語末でFであったという可能性も捨てきれない。少なくともそれから間もなく、語中・語末のハ行音がF→Wに変わってゆくのであるから、語頭と語中・語末とではこの時すでに違いがあったということも十分有り得ることである」と述べている。この木田章義の解釈を基本的に支持したい。注（21）参照。
(16) 古音 /s/ の消失過程については、有坂秀世と亀井孝の見解は異なっている。消失の過程および変化の動因については、なお慎重な検討を要する。
(17) なお、この語頭と非語頭の分化は、外来音を受け入れるための素地（あきま）を提供していることを重視すれば、境界標示機能のためばかりではなく、そのような「あきま」を作り出すためでもあったと考えることも可能であろう。
(18) 丸山徹（1981）は、ロドリゲスの記述から「16世紀から17世紀初頭の日本語の中に軽い閉鎖を伴った破擦音のサ行子音が存在したであろう」と述べている。ただし、その記述は「「サ」の音節にのみ破擦音を耳にし、あとは有声音（ザ・ズ・ゾの子音）との対応から構成した「規範」であったかもしれない」とも解釈されるので、ここで述べるシ・スの摩擦音化の時期とは必ずしも矛盾しないと考える。サの摩擦音化が遅れていたことを示す資料ともなる点で注目される。
(19) 高山知明（1993）は、最小対を詳細に検討し、「全体としては機能負担量は低く、合流が生じたとしても同音衝突の危険はわずかしかなかった」との見解を示している。
(20) 室町末期の「ズ」が破擦音であった可能性（注18参照）を考慮して、一応このように考えておく。高知方言（久野1955参照）と同様に、濁音の方も摩擦音化（ジ・ズ）、破擦音化（ヂ・ヅ）を経て、ザ行 [ʒi, zu]：ダ行 [dʒi, dzu] から、その合流が起こったという可能性もあり得る。
(21) ハ行音の語頭 [p] が摩擦音化したのも、非語頭 [Φ] のw化（ハ行転呼音）に複合標示機能を委ね、ハ行みずからが新たな語頭標示機能を獲

得することによって、語頭 [p]：非語頭 [Φ] という分化を保つ必要がなくなったためと解される。従って、語頭音 [p] は、ハ行転呼音が進行している間は保たれ、その後小松英雄（1981）の説くように擬声語・擬態語 [p]、一般語 [Φ] に「分裂」したと考える（下図参照）。この点では小松英雄（1981）、林史典（1992）と見解を異にする。【「w 化（ハ行転呼音）に複合標示機能を委ね」たとする点については、第Ⅰ部第 11 章 3 節で考えを改めている。】

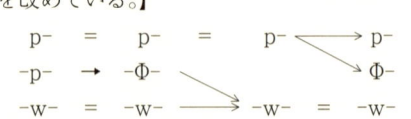

```
p-   =   p-   =   p-  ⟶  p-
-p-  →  -Φ-              Φ-
-w-  =  -w-   ⟶  -w-  =  -w-
```

(22) 新たな 3 項対立を形成するために、サ行音・タ行音が積極的に変化を起こしたとさえ考えられなくはない。古音 s の存在を前提に、変化の動因を積極的に解釈すれば、日本語音韻史における音韻体系の修復という側面を読みとることも可能である。ただし、古音 s の仮定が成立しなくても、本章の仮説およびここでの論旨に影響はない。なお、服部四郎（1960）は、タ行・サ行の頭子音について、室町末期 /t/、/s/、現代語 /t/、/c/、/s/ と解釈する。具体的な音価ならびに弁別素性、拗音などをどのように捉えるかによって、室町末期の音韻論的解釈は変わりうる。

[補記]

(1) 中国語の語頭音 [ʃa] を写すために、「あきま」に入る音 [ʃa] をもってしたのは、「釈迦」などの特別の場合に限られる、ということを強調しておきたい。すなわち、全ての中国語（漢語・字音）の語頭音 [ʃ-] を受け入れたわけではないということである。このことについて、英語（単語）の語頭音 [v-] を日本語のバ行子音（語頭 [b-]：非語頭 [-ß-]）で受け入れるという例で説明しておく。英語の語頭音 [v-] は、バ行子音の語頭音 [b-] よりも非語頭音に現れる [-ß-] の方が音声的に近いと考えられる。従って、英語音 [v-] を非語頭音に現れる [ß-] で写す（取り入れる）ということが考えられそうである。しかし、もし非語頭音の [ß-] によって、英語の語頭音 [v-] を受け入れることがあるとすれば、「釈迦」の [ʃ-] を仏教語として特別に区別したのと同じように、[v-] をもつ英語（単語）を日本語の [b-] とは特別に区別して受け入れる必要がある場合に限られるであろう。もし、そのような必要（特別の事情）があれば、可能性としてはあり得るであろうが、現実的には（英語学習の場面

を除く)、英語(単語)の[v-]を日本語の[ß-]で写すようなことは起こっていない。
(2) 旧稿執筆以降に出たので引用できなかったが、紙尾康彦(2002)「ロ氏文典のサ行子音に関する記述の新解釈」(『國學院雑誌』103-2)は、「当時の「サ・ス・ソ」が破裂性を伴っていたということを、ロドリゲスの記述から言うには無理があるといわざるをえない」(p.9)という、丸山徹(1981)とは異なった解釈を示していて注目される論考である。いわゆる外国語資料をどのように読み解くか、その扱い(解釈)の難しさをここでも実感させられた。

[引用文献]

有坂秀世(1936) 「上代に於けるサ行の頭音」(『国語と国文学』昭 11-1),有坂秀世(1957)再録
――――(1955) 『上代音韻攷』(三省堂)
――――(1957) 『国語音韻史の研究 増補新版』(三省堂)
奥村三雄(1982) 「サ行音はどのように推移したか」(『国文学解釈と教材の研究』27-16)
小倉 肇(1983) 「[書評]沼本克明著『平安鎌倉時代に於る日本漢字音に就ての研究』」(『国語学』135)
――――(1987) 「上代日本語の母音体系(上)―オ列甲乙の合流過程に係わる問題―」(『弘前大学国語国文学』9)
紙尾康彦(2002) 「ロ氏文典のサ行子音に関する記述の新解釈」(『國學院雑誌』103-2)
亀井 孝(1970) 「すずめしうしう」(『成蹊国文』3),亀井孝(1984)再録
――――(1973) 「文献以前の時代の日本語」(『日本語系統論のみち』『亀井孝論文集 2』吉川弘文館)
――――(1984) 『日本語のすがたとこころ(一)音韻』(『亀井孝論文集 3』吉川弘文館)
川上 蓁(1978) 「馬を追う声」(『国語研究』41)
――――(1988) 「音便の音声」(『國學院雑誌』89-8)
木田章義(1989) 「P音続考」(『奥村三雄教授退官記念 国語学論叢』桜楓社)
久野マリ子・久野眞・大野眞男・杉村孝夫(1995)「四つ仮名対立の消失過程―高知県中村市・安芸市の場合―」(『国語学』180)
小松英雄(1975) 「音便機能考」(『国語学』101)

―――――(1981)「日本語の音韻」(『日本語の世界7』中央公論社)
高山知明(1993)「破擦音と摩擦音の合流と濁子音の変化―いわゆる「四つ仮名」合流の歴史的位置付け―」(『国語国文』62-4)
高山倫明(1992)「清濁小考」(『日本語論究2　古典日本語と辞書』和泉書院)
服部四郎(1960)『言語学の方法』(岩波書店)
林　史典(1992)「「ハ行転呼音」は何故「平安時代」に起こったか」(『国語と国文学』平4-11)
早田輝洋(1977)「生成アクセント論」(『岩波講座日本語5　音韻』)
廣岡義隆(1989)「上代における拗音の仮名について」(三重大学『人文論叢』5)，廣岡義隆（2005）再録
―――――(2005)『上代言語動態論』(塙書房)
馬渕和夫(1959a)「上代・中古におけるサ行頭音の音価」(『国語と国文学』昭34-1)
丸山　徹(1978)「仏足石歌における「舎加」の「舎」について」(東京大学『言語学演習'78』)
―――――(1981)「中世日本語のサ行子音―ロドリゲスの記述をめぐって―」(『国語学』124)
三根谷徹(1993a)『中古漢語と越南漢字音』(汲古書院)
森　博達(1991)『古代の音韻と日本書紀の成立』(大修館書店)
山田幸宏(1983)「土佐方言サ行子音と上代サ行子音」(『国語学』133)

8.「衣」と「江」の合流過程
──語音排列則の形成と変化──

0

　ア行「衣」とヤ行「江」の合流過程において、語頭：ア行［e-］、非語頭：ヤ行［-je-］という語音排列則が形成されたことを『和名類聚抄』『土左日記』『本草和名』などの「衣」「江」の分布から推定する。源順の「あめつちの歌四十八首」の「えのえ」も、この語音排列則に従っていることを述べる。語頭：ア行［e-］、非語頭：ヤ行［-je-］という語音排列則が緩み、単語連接における後接語の初頭（語頭）という位置で［e-］＞［je-］の変化が起き、［e-］の語頭標示機能が弱められ、最終的に、語頭：［je-］、非語頭：［-je-］となって、ア行「衣」とヤ行「江」の合流が完了する。このような語音排列則の形成と変化を想定することによって、〈大為尓〉〈以呂波〉の48字説についても、単なる「空想」ではなくて、成立する蓋然性の高いことを述べる。

1

　奈良時代の語音排列則（頭音法則）によれば、母音音節は語頭（形態素の初頭）にしか立たなかったので、ア行「衣」とヤ行「江」は、次のような分布をなしていた。

	語頭	非語頭
「衣」	e-	×
「江」	je-	-je-

　院政期には、東禅院心蓮『悉曇口伝』の「エト者以❤(i)穴呼❤(i)而終゠垂舌端則成エノ音也」の記述から、ア行「衣」とヤ行「江」は合流して、語頭において［je-］となっていたことが知られる。すなわち、語頭における

[e-]:[je-] の対立が解消され、[e-] > [je-] の変化が起きて、ア行「衣」はヤ行「江」に統合されたと推定され、その時期は、訓点文献などの混同例から天暦以降と考えられている。(1) 従って、奈良時代・平安時代前期から平安時代中期にかけて、次のような変化が起こったことになる。

	奈良時代・平安時代前期		平安時代中期	
	語頭	非語頭	語頭	非語頭
「衣」	e-	×	je-	-je-
「江」	je-	-je-		

以上のような考え方及び推定が"ア行「衣」とヤ行「江」の合流"についての通説となっている。

2

ところで、源順『和名類聚抄』(931-938) の「衣」と「江」の用法を調査した馬渕和夫 (1971) は、次のような結果を表にまとめている(十巻本のみ。＊印は出典を明示するもの)。

		衣	江
語頭		23(*2)	*1
語中	比のあとにくるもの	3(*1)	24(*7)
	その他のもの	5(*2)	

馬渕和夫は「語頭には「衣」を用い、語中には「江」を用いるという傾向が歴然としており、それを破るものは先行文献であったようである」と指摘し、「問題となるのは、「比衣」というばあいになぜ「衣」が表われるかであるが、これを、Φi-ie という音連続が Φi-e と聞かれていたからだとすれば、この使い分けは音韻の問題となり、語頭音には /e/ が、語中音には /i̯e/ が立ったということになる。しかしまた、単なる文字の使い分けだという考えも成り立つ」と述べている。因みに、語中「衣」は、以下の 8 例である。

(1) 比衣（稗）　　　　　　(2) 比衣止利（鴨）
(3) 日本紀私紀云阿乎比衣（竹刀）　(4) 比古波衣（檗）
(5) 漢語抄云以乎乃布衣（脬）　(6) 漢語抄云奈万衣乃岐（荊）
(7) 加良衣（革）　　　　　(8) 加良衣比（王余魚）

　(5)「漢語抄云以乎乃布衣（脬）」、(6)「漢語抄云奈万衣乃岐（荊）」の2例は、二十巻本で「江」とあるもの。(3)「日本紀私紀云阿乎比衣（竹刀）」は、『日本書紀私記』乙本（神代下）では「阿乎比江」とあり、楊守敬校刊本『和名類聚抄』も同じ。これが原形であるとすれば、語中の「江」の例になる。(7)「加良衣（革）」、(8)「加良衣比（王余魚）」は、「加良（唐）＋衣（荏）／衣比（鱏）」で、これらの「衣」は語頭例に加えられる。(2)「比衣止利（鴨）」は「比衣＋止利」で、「比衣」は擬声語に由来する語形で、例外として説明される。結局、語中「衣」で、語頭例として説明できないのは、(1)「比衣（稗）」(4)「比古波衣（檗）」の2例である。

3

　一方、『和名類聚抄』と同時代の『土左日記』（935）においては、池田亀鑑（1941）によって「貫之自筆本の仮名の推定が大体正しいとすれば、（中略）貫之自筆本に於ては、あ行の「え」とや行の「え」とは区別せられ、前者には「衣」後者には「江」のみが専用せられてゐる」という指摘がなされている。従って、馬渕和夫（1971）は「『和名類聚抄』（承平四年、九三四）には区別がなく、それとほとんど同時にできた『土左日記』にはその区別がまもられているのは不思議なようであるが、これは、承平四年において順は二十四才、貫之は六十才以上の老年であったらしいことをかんがえれば一応理解できることである」と述べ、その違いを年齢差（世代差）によって説明する。

　しかし、『土左日記』のア行「衣」とヤ行「江」の書き分けについて再調査した遠藤和夫（1972）によれば、青谿書屋本『土左日記』には、

　　【松ノ】もとことになみうちよせ　衣たことにつるそとひかよふ
　　　　　　　　　　　　　　　　　　　　　　　　（承平五年一月九日）

のように、「枝」を「衣た」とする異例が存在するとともに、『和名類聚抄』^(補注1)と同じように「語頭には「衣」を用い、語中には「江」（または「へ」）をかくといふ傾向」のあることを指摘している。ここで、遠藤和夫の調査を基に用例数をまとめると、次のようになる。

	衣	江・へ
語　頭	15	0
語　中	0	19

【なお、清水史（1999）によって、「かたへはなくなりにけり」（二月十六日）の「かたへ」は「片枝」であることが論証されているので、これを加えると、語中の「江・へ」は20例になる。青谿書屋本『土左日記』の「衣」「江（へ）」の全用例を掲げておく（新典社『影印本土左日記』により、頁数・行数を示す）。^(補注2)

語頭：「衣」（15例）
　〇「え（副詞）」12例
　　(1) 衣かゝす〈21・9〉、(2) 衣たへす〈24・1〉、(3) 衣のますなりぬ〈29・1〉、(4) 衣いてたゝす〈30・6〉、(5) 衣あらて〈30・9〉、(6) 衣まさらす〈41・2〉、(7) 衣しらぬ〈54・8〉、(8) 衣あらて〈55・8〉、(9) 衣まねは〈56・1〉、(10) 衣よみあゑかたかるへし〈56・2〉、(11) 衣はからぬ〈78・8〉、(12) 衣つくさす〈108・10〉
　〇「得」2例
　　(13) きゝ衣たりけむ〈59・8〉、(14) 衣させたり〈105・8〉
　〇「枝」1例
　　(15) 衣たことに〈40・6〉
非語頭：「江・へ」（20例）
　〇「見え」7例
　　(1) み江す〈75・1〉、(2) みへさなるを〈19・9〉、(3) みへすなりぬ〈39・6〉、(4) みへすして〈41・5〉、(5) みへす〈44・1〉、(6) みへす〈73・3〉、(7) みへす〈104・5〉

○「絶え」5例
　(8) た江すきこゆ〈65・9〉、(9) たへすとふらひにく〈31・3〉、(10) かせのたへぬかきり〈69・5〉、(11) たへてさくらのさかさらは〈95・5〉、(12) ものもたへす〈105・7〉
○「思ほえ」2例
　(13) おもほへす〈54・1〉、(14) おもほへたれとも〈59・4〉
○「聞こえ」2例
　(15) きこへたる〈62・6〉、(16) きこへたる〈95・2〉
○「すみの江」3例
　(17) すみの江〈84・4〉、(18) すみの江〈84・8〉、(19) すみの江〈87・9〉
○「片枝」1例
　(20) かたへはなくなりにけり〈106・7〉】

このように、語頭：「衣」、語中：「江（へ）」という分布をなす『土左日記』において、ア行［e］とヤ行［je］の書き分けの異例が1例見られるわけである。この異例（「衣た」）は、語頭の例であること、そして、［je-］＞［e-］の変化であって、通説の［e］＞［je］とは逆の変化を示していることは注目しなければならない。すなわち、ア行「衣」とヤ行「江」の合流は、［e］＞［je］というような単純な変化ではなくて、語頭：［e-］、非語頭：［-je-］のような過程を経た変化であることが推測されるからである。従って、『土左日記』も『和名類聚抄』と同じように語頭：「衣」、語中：「江」という分布を示すので、『土左日記』はア行「衣」とヤ行「江」の区別が正しく、『和名類聚抄』はその区別がないと見なすことは妥当ではないと考える[4]。また、馬渕和夫は『和名類聚抄』の「衣」と「江」は「単なる文字の使い分け」とも考えられるとしているが、ア行［e］とヤ行［je］の合流後に単なる文字遣（用字法）が行われたとは考えがたい。

4

　ここで、『土左日記』より若干早く成立した深根輔仁『本草和名』（901

-923)の「衣」と「江」の分布について検討してみよう。馬渕和夫（1971）によれば「「江」は一例のみで、あとすべて「衣」の例で、確実に誤用とみとめられるものはない」とされている。馬渕和夫の挙例を基に用例数をまとめると、次のようになる。

	衣	江
語　頭	16	0
語　中	2	1

「江」の1例は「布奈江（椋）」。「衣」の用例のうち、「以奴衣（仮蘇）」、「以奴衣（香薷）」、「以奴衣（蘇）」、「乃々衣（仮蘇）」、「乃良衣（蘇）」、「知比佐岐衣（水蘇）」などは「〜＋衣（荏）」、また「於保衣比加都良（蒲陶）」は「於保（大）＋衣比加都良」、「加良衣比（王余魚）」は「加良（唐）＋衣比（鱧）」という語構成で、いずれの「衣」も語頭例として処理される。

　語中「衣」の2例は、「世衣（虻蹄子・石花）」、「比衣止利（鴨）」である。「世衣」は「世」の長音形（『和名類聚抄』の声点本では「勢（去）」とある）で、「衣」は母音の表記に用いられたもの。「比衣止利」はすでに述べたように「比衣＋止利」で、「比衣」は擬声語に由来する語形である。この2例の「衣」は、いずれも例外として説明することができる。従って、『本草和名』においても、語頭：「衣」、語中：「江」という分布が確認できるのである。

　なお、築島裕（1969）で取り上げられた

　○950-015　妙法蓮華経玄賛

　　「取ウ(ヨ)」：「聞エ」「肥(コ)エ壮なり」

　○951-1　石山寺本蘇悉地羯羅経略疏天暦五年点

　　「補桃菓ウヒノ大(キナ)ルソ」「求メ得ウ」：「見エは」「超エて」

などの平安中期（天暦年間）におけるア行「衣」とヤ行「江」が区別されている例も、馬渕和夫（1971）の言及しているように、語頭：「衣」、語中：「江」という分布に抵触しない。
(5)

5

以上のような事象によって、ア行「衣」とヤ行「江」は、

	奈良時代・平安時代前期		平安時代中期	
	語頭	非語頭	語頭	非語頭
「衣」	e-	×	e-	×
「江」	je-	-je-	×	-je-

のように、奈良時代・平安時代前期の語音排列則が変化して、平安時代中期には新たな語音排列則（語頭：[e-]、非語頭：[-je-]）が形成されたことが推定されるのである。馬渕和夫（1971）が「事実の予言」として言及するように、夙に橋本進吉（1950）は「もとのeとyeとの区別が失はれて、新に語頭にはeを用ゐ、語頭以外にはyeを用ゐるといふきまりが出来たかも知れない」と述べているが、『和名類聚抄』『土左日記』『本草和名』などの「衣」と「江」の分布は、この橋本進吉の推測を裏付けるものと考えられる。

6

ところで、〈阿女都千〉のア行「衣」とヤ行「江」の区別は、源順の「あめつちの歌」において、どのような現れ方をしているのであろうか。『国歌大観』の本文（西本願寺本）に従って『源順集』の「あめつちの歌四十八首」の詞書と該当部分を示す。（　）内は「あめつちの歌」の仮の通し番号。

　　あめつちのうた四十八首、もとふぢはらのありただ、あざな藤あむ、よめるかへしなり、もとのうたは、かみのかぎりに、そのもじをすゑたり、かへしはしもにもすゑ、ときをもわかちてよめるなり
　　(41) えもいはで　恋のみまさる　我が身かな　いつとやいはに　おふる松のえ
　　(42) のこりなく　落つる涙は　つゆけきを　いづらむすびし　草村のし の
　　(43) えもせかぬ　涙の川の　はてはてや　しひて恋しき　山はつくばえ
　　(44) をぐら山　おぼつかなくも　あひぬるか　なくしかばかり　恋しきものを

まず、句頭の「え」について見てみよう。(41)(43) の句頭「え」は、いずれも「え…否定」の形式を持つ副詞であるから、ア行「衣 (e)」と推定される。従って、句頭に据えられた二つの「え」は全く同音で、ア行「衣」とヤ行「江」の区別はなされていないことになる。

一方、句末の「え」について見ると、(41) は「松のえ」の「枝」であるから、ヤ行「江 (je)」と推定される。(43) の句末の「え」は、「つくばえ」という1語の名詞（固有名詞）でないかぎり、「(山は) つくば」に下接しているので、助詞であることは間違いない。ただし、助詞「え」というのは中央語には存在しないようで、文献で確認できるのは助詞「よ」の異形態（東国方言語形）とされる

　○父母え（等知波々江）斎ひて待たね筑紫なる水漬く白玉取りて来までに
　　　　　　　　　　　　　　　　　　　　　　　　　　　（万 20・4340）
の「え (je)」だけである。「あめつちの歌」は、「双六盤の歌」などとともに有忠と源順の「ことば遊びのうえでの知恵くらべ・技巧くらべ」[7]であり、沓冠歌として多少不自然な用語・用法があっても許容されている。このことを考慮すると、(43) は、「山はつくば」との結びつきで東国方言語形の助詞「え」を用いていると解釈することができそうである。[8]句末のヤ行「江」であれば、「～越え・消え…、笛…」などのような語句が容易に選択できるのに、源順はそれを使用していないからである。さらに、東国方言語形を支える「つくば」という語は、実は「春」(3) の「つくば山さける桜のにほひをば　いりてをらねどよそながらみつ」ですでに用いられている。この (3) の歌は、「恋」に入れても不自然ではないので、「恋」(43) の東国方言語形を含む「山はつくばえ」と繋がり、方言語形「え」の導入に対する違和感を和らげる役割を担っていると見られる。

源順が方言語形「え」を用いたのは、(41)(43) の句頭「え」に平行して、(41)「松のえ」の「え（枝）」に対応する1音節語が必要であったためと考える（助詞「え」については7節で触れる）。

(43) の句末の「え」は、方言語形の助詞「え」であるとすると、ヤ行の「江」であるから、(41)(43) の句末の「え」は同音である。従って、沓冠歌

として作成された「あめつちの歌」では、句頭・句末に据えられた「えのえを」の二つの「え」は、句頭はア行「衣」、句末はヤ行「江」で、いずれも区別がなかったことになる。ただし、以上の検討によれば、(41)(43)ともに、1首単位で見ると、いずれも「え(e)…え(je)」という句頭と句末のペアで、ア行「衣」とヤ行「江」の区別をしていると認められる。しかし、「えのえ」を詠み込むことと、「え」の2音を区別して詠むこととは、異なったレヴェルの問題で、やはりこれでは「阿女都千」を詠み込んだことにはならない。従って、源順は「阿女都千」の「えのえ」における二つの「え」を全く等価の仮名として処理していることになりそうである。

ところで、(41)の「松のえ」の「え」は、「枝」であるからヤ行「江(je)」と推定したのであるが、実はこの推定には問題があった。「松のえ」が1語(1単位語)ではないかぎり、この「え」は、『土左日記』で「枝」が「衣た」と表記されているように、語頭の「衣」、すなわちア行[e]と推定されるからである。従って、(43)の句末の「え」が方言語形の「江(je)」であれば、〈阿女都千〉の「えのえ」は、句頭ではなくて、句末に置かれた「えのえ」、すなわち(41)ア行[e]、(43)ヤ行[je]で、実は区別されていることになるのである。

「あめつちの歌」の(41)(43)の句末における、語頭：ア行[e]、非語頭：ヤ行[je]は、『和名類聚抄』の語頭：ア行「衣」、非語頭：ヤ行「江」と全く同じ分布を示すこととなり、作者が同じ源順であるから、当然と言えば当然であるが、同じ語音排列則に従っていることが確認されることになる。

7

〈阿女都千〉の製作者・成立年代は明らかではない。「えのえを」の箇所が、大矢透(1918)の解読の如く「榎の枝を」としても、また小松英雄(1979)の説くように「いかにも日本語らしい響きでまとめたということ」であるとしても、「えのえ」は1語とは認められないので、いずれの「え」も語頭に位置するものと考えざるを得ない。とすれば、この〈阿女都千〉は、ア行「衣」とヤ行「江」が語頭での対立を保っていた時代に成立したことになる。

もし源順が語頭でア行［e-］：ヤ行［je-］の対立を持っていたならば、「あめつちの歌」の句頭において、それを反映した歌を作らないはずはない。また、有忠が「えのえ」の2音を区別して歌に詠み込むことができて、源順ができなかったとは考えられない。従って、語頭：ア行［e-］、非語頭：ヤ行［-je-］という語音排列則に従うかぎり、句頭でのア行「衣」とヤ行「江」の区別は不可能であったと考えられる。〈阿女都千〉を句の上に据えて詠んだ有忠は、「えのえ」の箇所を処理できなかったに違いない。源順の「あめつちの歌」も、一見すると、句頭で見れば、有忠と同じように区別できていないことになる。しかし、それはあくまでも〈見せかけ〉であって、実は句末の「えのえ」で2音を区別しているのである。ここに、有忠と源順の「ことば遊びのうえでの知恵くらべ・技巧くらべ」の有様を如実に窺うことができると考える。(41)(43)の句頭に同じ副詞の「え」を持ってきたのも、恐らく、その〈見せかけ〉を強調するための意図的なものと考えてよいであろう。句頭（語頭）の「衣（e-）」であれば、容易に選択できる語が他にあったはずであるが、同じ「え（副詞）」を無造作に重複させているのは、いかにも源順らしくないからである。

このように考えてくると、有忠の挑戦を受けて立った源順が「かへしはしもにもすゑ、ときをもわかちてよめるなり」という自ら厳しい制約を課したのは「日本語を支配する音韻法則への挑戦」であるとともに「ことば遊びのうえでの知恵くらべ・技巧くらべ」であることは確かであるが、源順が沓冠歌に仕立てた本当の理由は、この「えのえ」の処理にあったのではないかと考えられる。自ら厳しい制約を課した形に見せながらも、「えのえ」を処理できる位置が句末にしかなかったのであり、それはやむを得ない選択でもあったと解されるのである。ただし、句末のヤ行［je］ならば、「〜越え・消え…、笛…」などのような語句が容易に選択できるので、源順は、さらに自ら厳しい制約を課すために、句頭の(41)(43)「え（副詞）」に平行して、句末でも(41)「え（枝）」に対応する(43)「え」を1音節語で揃えることにしたのであろう。その結果が(43)の方言語形「え」であったと解される。

8

　源順にとっては、ア行「衣」とヤ行「江」は、全く同音になっていたわけではなく、語頭：ア行［e-］、非語頭：ヤ行［-je-］の区別があり、聴覚的にもその区別は明瞭であったと推定される。従って、その区別を生かす形で(41)(43)の2首を作成したと考えてよいであろう。源順は「え」に2音の区別があることを十分認識していた上で、〈阿女都千〉の「えのえを」の箇所を、語音排列則に従いながら（逆に言えば語音排列則に挑戦しながら）沓冠歌の句末で「え」の2音を詠み込んだことになる。源順の「あめつちの歌」によって、〈阿女都千〉の「えのえを」は「え［e］のえ［je］を」であったことが確認される。ただし、それが「榎の枝を」であったということまでは含意しない。

　さて、それでは、語頭：ア行［e-］、非語頭：ヤ行［-je-］という相補分布をなす、この2音は、音韻論的に異音（allophone）と解釈すべきであろうか。言い換えれば、すでにア行「衣（e）」とヤ行「江（je）」は音韻的に統合してしまったと解釈してよいか、という問題である。しかし、源順はア行［e］とヤ行［je］を音声的（聴覚的）に明瞭に区別していたと考えられ、相補分布をなすこの2音を、単なる異音の関係にあると解釈することは躊躇される。これは、現代語のガ行音とガ行鼻濁音の音韻論的な解釈と類似している。相補分布をなす［g-］と［-ŋ-］を1音素 /g/ の異音とするか、2音素として /g/, /ŋ/ とするか、という問題である。1音素 /g/ と解釈する場合の問題は、語の意味の識別に役立っているかどうかという点よりも、むしろ /g/ が非語頭（母音間）で［-ŋ-］になる音声学的な理由がないという点である。これと同じように、/e/ が非語頭（母音間）で［-je-］になる音声学的な理由はないし、また、/je/ と解釈しても、語頭において［e］で実現する音声学的な理由はない。従って、ア行「衣（e）」とヤ行「江（je）」が音韻的に統合して /je/ となるのは、語頭：［je-］、非語頭：［-je-］となった時代を待たなければならないと考える。時期的には、恐らく10世紀末頃であったと推定する。10世紀末ないし11世紀初頭の成立と考えられる『孔雀経音義』の末尾に付載された音図には「イヨヤウユ」とあって、ア行を欠く

ものの、ア行［e］とヤ行［je］の区別があったとは認められないからである。

従って、ア行［e］とヤ行［je］は、次のような変化を経て統合したことになる。

	奈良時代・平安時代前期		平安時代中期		平安時代中期末	
	語頭	非語頭	語頭	非語頭	語頭	非語頭
「衣」	e-	×	e-	×	×	×
「江」	je-	-je-	×	-je-	je-	-je-

9

以上のような見解に立てば、「空想にとどまる」[18]とされている（らしい）〈以呂波〉[19]、〈大為尓〉の48字説も、新たな視点で検討してみる必要がでてくるであろう。

まず、〈以呂波〉48字説について見てみよう。亀井孝（1978b）は「このばしょをかりて、むしろ一般のかたがたの目にはふれていないであろう私見をいまここにあえて一般にむけごひろうすることをゆるされたい」と前置きして、

「いろはうた」も、もしかしたらその原形は四十八字から成っていたかもしれないという仮説である。この仮説がどこまで顧るにあたいするものかどうかはともかく、「いろはうた」にたいしても「いろはにほへどちりぬるを、わがよたれぞえつねならむ……」と、もと"ア行のエ"をこのようにふくんでいた段階をもし想定するならば、すくなくとも今様体として、それがいっそうすっきりとすることだけはたしかであろう。

と述べている。〈以呂波〉の原形[20]は、「わかよたれそえ　つねならむ……けふこえて」のように、ア行「衣」とヤ行「江」を含む48字であったという仮説である。亀井孝説による48字の〈以呂波〉によれば、ア行「衣（e）」は副詞の「え」で、「わかよたれそえ　つねならむ」のように、句末「え」が次の句とひと続きになる形になっている。従って、このア行「え」が句末に

あっても、語頭に位置する「え」と見なされる。また、「けふこえて」のヤ行「え」は動詞「越ゆ」の連用形で、非語頭に位置している。すなわち、上で想定した、ア行「衣」とヤ行「江」の合流過程における、語頭：[e-]、非語頭：[-je-]という語音排列則に、48字説の〈以呂波〉は合致しているのであり、亀井孝説は、蓋然性の高い仮説と評価してよいと考える。

次に、〈大為尓〉48字説について検討してみよう。小松英雄（1973）は、「江」字の挿入について、以下のように述べている（明らかな誤植は訂正）。

> 機械的に「江」字を挿入した七つのばあいのうち、とりあげうるのは、「衣不祢加計奴江」というくみあわせであり、また、それがただ一つである。「江」を〈入り江〉の意とみれば、そのままとおることになるし、「ず」の連体形「ぬ」についての問題も、これによって解消する。また、副詞の「エ」はア行の衣であり、〈入り江〉の「エ」はヤ行の江であるから、同一の仮名の重複にはならない。したがって、「衣不祢加計奴」の「衣」字については、もとの形のそのままの保存とみてさしつかえない。

小松英雄説による48字の〈大為尓〉によれば、「えふねかけぬえ」のように、句頭「え」が副詞でア行 [e]、句末が〈入り江〉の「え」でヤ行 [je] であるから、語頭：[e-]、非語頭：[-je-]という語音排列則に合致しているように見えるので、本章の立場からも問題はないかのようである。しかし、句末の〈入り江〉の「え」は名詞で、実は語頭に位置すると見なされるので、ア行 [e] が重複してしまうことになる。従って、次のような問題が生じてくる。語頭：[e-]、非語頭：[-je-]という語音排列則の存在が正しくて、小松英雄の挿入する〈入り江〉の「江」に問題があるのか、あるいは、小松英雄説が正しくて、語音排列則の認定に問題があるのか、ということである。

まず、語頭：[e-]、非語頭：[-je-]という語音排列則があったことを前提に、〈大為尓〉48字説に従うならば、句末に挿入すべき「え」は、非語頭のヤ行 [je] の語でなければならない。1語でしかも非語頭に位置するものとすれば、この場合、付属語の助詞しか候補にならないであろう。しかしながら、ヤ行の「え」という助詞は少なくとも中央語には存在しないといって

よい。従って、語頭：[e-]、非語頭：[-je-] という語音排列則に従った 48 字説は成り立たないように見える。しかし、すでに述べたように、源順の「あめつちの歌」における「山はつくばえ」の「え」は、方言語形のヤ行の助詞「え」であったと考えられる。とすれば、〈大為尓〉の句末の「え」も、「藻葉干せよ」の「よ」に対応する助詞「え」、すなわち、「山はつくばえ」の「え」である可能性は考えられなくはない。

　大矢透（1918）の解読のように「繋けぬ」であれば、「え舟繋けぬえ」は「（藻が水の中にあって）舟を繋ぎ止めておけないよ」ということであり、『言語学大辞典　術語編』（「あめつち」）のように「駆けぬ」であれば、「え舟駆けぬえ」は「（藻が水の中にあって）舟が走れないよ」ということになる。従って、意味的には、助詞「え」であっても一向に不自然ではない。ただし、ここで方言語形「え」の使われていることの理由が求められるのであるが、〈大為尓〉には「あめつちの歌」のように「つくば」という語句が用いられていないので、それとの関連で説明することは困難である。

10

　ここで、〈大為尓〉の「えふねかけぬ゚え」の「え」が助詞であったという可能性について、もう少し考えてみたい。

　〈大為尓〉と「あめつちの歌」との関係は明らかではない。〈大為尓〉が採録されている源為憲撰『口遊』には、源為憲の「今案世俗誦曰阿女都千保之曾里女之訛説也此誦為勝」という注記があり、源為憲が〈阿女都千〉を直接知っていたことは明らかである。また、源為憲は、その師である源順の「あめつちの歌」も知っていたと考えられる。〈大為尓〉の作者と源為憲との関係は不明であるが、〈大為尓〉の作者が「あめつちの歌」を知っていてもそれほど不自然ではないであろう。とすれば、〈大為尓〉と「あめつちの歌」において、その冒頭の部分が類似しているのは偶然ではない可能性がある。すなわち、〈大為尓〉の「大為尓伊天　奈徒武和礼遠曾（田居に出で　菜摘む我をぞ）」の冒頭の２句が「あめつちの歌」の最初の２首に対応していると見られるからである。

(1) あらさじと うちかへすらし 小山田の なはしろ水に ぬれてつくるあ
(2) めもはるに 雪まもあをく なりにけり 今こそ野べに 若なつみてめ

　ただし、語句をそのまま用いているわけではない。「和礼（我）」「支美（君）」「不祢（舟）」なども「あめつちの歌」に共通して見られるが、これは歌に詠まれる普通の語であって、類似性の根拠にはならない。従って、冒頭の部分の類似は、もちろん単なる偶然である可能性もあり得るが、しかし、発想の仕方あるいは着想の点で、その関連性はやはりあると見るべきであろう。〈大為尓〉と「あめつちの歌」は、〈阿女都千〉と『千字文』との関係に準えることができそうである。すなわち、〈阿女都千〉を基に、それを組み替えて五七調の歌（誦文）にするときに、〈大為尓〉の作者は、「あめつちの歌」の冒頭の部分を踏まえて製作して行ったのではないかと推測されるのである。因みに、〈大為尓〉の作者が源為憲であるとしたら、その可能性はより大きくなるであろう（次章参照）。[21]

　しかし、このことと「あめつちの歌」の「つくばえ」の方言語形の助詞「え」の踏襲とは自ずから問題は別である。強いて解釈すれば、〈大為尓〉の作者が二つの「え」を詠み込む際に、「あめつちの歌」の(43)「えもせかぬ…山はつくばえ」の「え（e）…否定……え（je）」というパターンを利用して、「えふねかけぬえ」を作った、という可能性はあるかもしれない。

　以上、〈大為尓〉と「あめつちの歌」との関係を通して助詞「え」の可能性について検討してきたが、その可能性は完全には否定できないものの、やはり蓋然性は低いと判断せざるを得ない。

11

　〈以呂波〉、〈大為尓〉の48字説について、語頭：[e-]、非語頭：[-je-]という語音排列則があったことを前提に検討してきた。「いろは」については「わかよたれそえ　つねならむ……けふこえて」で語音排列則の上からも問題はなかったのであるが、〈大為尓〉については「えふねかけぬえ」の句末の「え（je）」に問題のあることが分かった。

　小松英雄（1973）の想定する〈入り江〉の「江」では、語頭に立つことに

なり、語頭：[e-]、非語頭：[-je-] という語音排列則に抵触することになるからである。しかし、上の検討でも分かるように、方言語形の助詞「え」にしても、それを挿入すべき確たる根拠がなく、蓋然性が低いと判断された。やはり、〈大為尓〉の 48 字説に従うかぎり、挿入すべき「え」は〈入り江〉の「江」しかないと考えざるを得ない。とすれば、この語音排列則を前提としての〈大為尓〉48 字説は成り立たないように見えるのである。

さて、語頭：[e-]、非語頭：[-je-] という語音排列則は、実は源順『和名類聚抄』(931-934)、紀貫之『土左日記』(935)、深根輔仁『本草和名』(901-923) などのア行「衣 (e)」とヤ行「江 (je)」の分布から想定されたものである。ここで検討しなければならないのは、この語音排列則が生きて運用されていた時期的な問題である。〈大為尓〉の成立年代は明らかではないが、〈大為尓〉が採録されている源為憲撰『口遊』は天禄元年 (970) の序文があり、それほど遡らない時期に〈大為尓〉が成立したことは確かであろう。従って、〈大為尓〉が成立した時代には、語頭：[e-]、非語頭：[-je-] という語音排列則が緩くなりかけていた可能性がある。10 世紀末にはア行 [e] とヤ行 [je] が合流して、語頭：[je-]、非語頭：[-je-] という新たな語音排列則が形成されるのであって、〈大為尓〉は、いわば旧語音排列則が崩れかけてゆく時代の中にあったと考えられるからである。

語頭：ア行 [e-]、非語頭：ヤ行 [-je-] という語音排列則が崩れ、語頭：[je-]、非語頭：[-je-] という新たな語音排列則に移行することになるわけであるが、この移行のプロセスは、結局、語頭においての [e-] ＞ [je-] という変化である。ただし、語頭といっても、単語の初頭と単語連接における後接語の初頭とがあって、これらの変化の時期は異なっていたと考えるのが自然である。いずれが早く [e-] ＞ [je-] になったかといえば、非語頭：[-je-] の存在から見て、後接語の初頭の [e-] であったと考えるのが妥当であろう。そして、その結果、語頭：[e-] の境界標示機能（語頭標示機能）が弱められていき、単語の初頭（語頭）の [e-] も [je-] になって、/e/＞/je/ の合流が完了したのである。これを図示すると、次のようになる。

8.「衣」と「江」の合流過程　177

	奈良時代・平安時代前期 (〜9世紀末)		平安時代中期 (10世紀初頭)		平安時代中期 (10世紀中葉)		平安時代中期末 (10世紀末)	
	語頭	非語頭	語頭	非語頭	語頭	非語頭	語頭	非語頭
「衣」	e-	×	e-	×	e-	×	×	×
「江」	je-	-je-	×	-je-	je-※	-je-	je-	-je-

※後接語の初頭

　以上のような想定に立てば、〈大為尓〉の「えふねかけぬゑ」の「え」が〈入り江〉の「江」であることの説明が可能となる。つまり、「江」は語頭であっても、単語連接における後接語の初頭にあるので、語頭：ア行［e］、非語頭：ヤ行［je］という語音排列則が崩れてゆく中で、それが［je］で実現していたとしても不自然ではないからである。この点については、「いろは」の「わかよたれそゑ　つねならむ……けふこゑて」では問題とならない。「わかよたれそゑ」の副詞の「え」が単語連接における後接語の初頭のように見えるが、実際には、「わかよたれそ」で切れているわけであるから、「え」は語頭に位置していて問題はないからである。〈大為尓〉と〈以呂波〉は、恐らくそれほど製作時代に開きはなかったであろう。〈以呂波〉が成立して後に、語頭：［je-］、非語頭：［-je-］という新たな語音排列則に移行し、ア行［e］とヤ行［je］との合流が完了したと考える。

　なお、ア行［e］とヤ行［je］が音韻的に統合して /je/ となったために、「いろは」の「わかよたれそゑ　つねならむ……けふこゑて」、〈大為尓〉の「えふねかけぬゑ」の重複した「え」が削除されて、誦文としての一貫性を保たせた結果が、現在知られている〈以呂波〉〈大為尓〉の姿であるということになる。削除された「え」は、〈以呂波〉がア行「衣」、〈大為尓〉がヤ行「江」であって、一貫性がないように見える。そして、〈大為尓〉の場合、/je/ に統合したのであるから、〈以呂波〉のようにア行「衣」の方を削除した方が理にかなっているように見える。しかし、〈大為尓〉のように句末の「え」（ヤ行［je］）を削除しても、一向に不自然ではない。句頭の「え」も合流した後には［je］となっていたからである。結局、重複した「え（je）」の削除対象となるのは、誦文として、削除しても不自然にならない方であっ

て、音韻的（音声的）なレヴェルでの問題ではないことを確認しておきたい。因みに、〈以呂波〉や〈大為尓〉などの誦文は、仮名を重複させずに網羅したいわば一覧表であるから、自ずと古い保守的な力が働くことになる。〈以呂波〉の製作時代に（あるいは〈大為尓〉の製作時代においても）、すでに新たな語音排列則に従う若い世代が存在していたとしてもおかしくはない。むしろそのように想定する方が自然である。従って、10世紀後半（中葉）以降に、ア行［e］とヤ行［je］とで語頭の混同例があったとしても、それは必ずしも問題とはならない。

12

最後に、ア行「衣」とヤ行「江」の合流過程における、語頭：ア行［e］、非語頭：ヤ行［je］という語音排列則の形成と廃棄について考えてみたい。

ア行［e］とヤ行［je］は、本来の機能負担量の小ささに加え、(22)「榎（e）」→「榎の木」、「枝（je）」→「えだ」などのような多音節語化による機能負担量の軽減があった。これを基盤として、（語頭での）語の識別機能を放棄する代わりに、境界標示機能を果たす、語頭：［e-］、非語頭：［-je-］という語音排列則が形成された。すなわち、この語音排列則は、ア行「衣」が語頭標示機能を持ち、ヤ行「江」が非語頭標示機能（一単位化の機能）を果たすというものである。(23)連濁・母音交替・母音融合などの形態論的な一単位化といわば歩調を合わせる形での変化と見なすことができる。また、機能的には、現代語の語頭：［g-］、非語頭：［-ŋ-］と同じであると考えてよい。従って、ア行［e］とヤ行［je］の合流過程における、語頭：ア行［e-］、非語頭：ヤ行［-je-］という語音排列則の形成は、境界標示機能の獲得にあったと解されるのである。しかし、この境界標示機能は、いわば伝統的な語音排列則（母音音節は語頭にしか立たないという上代以来の規則）に従ったものであったために、音便による一単位化の機能（母音音節が非語頭に立つことによる複合標示機能）が働き出してからは（あるいは働き始める中で）、この音便の語音排列則と抵触することとなった。さらに、w化（ハ行転呼音）によっても［-Φu-］＞［-u-］の変化が生じ、母音音節［u］が非語頭

に立つようになった。そのために、母音音節による語頭標示機能が弱められてしまったと見ることができる。従って、結局は、ア行［e］とヤ行［je］は、語頭：［e-］、非語頭：［-je-］という語音排列則を緩めざるを得なくなった。その結果、単語連接における後接語の初頭（語頭）という位置で［e-］＞［je-］の変化が起き、ア行［e-］の語頭標示機能がさらに弱められた。そして、［e-］＞［je-］の変化が単語の初頭（語頭）に及び、最終的には、この語音排列則を放棄して、新たに語頭：［je-］、非語頭：［-je-］という語音排列則を形成して両者は合流し、音韻的に /je/ に統合されることになったのである。

[注]
(1) 築島裕（1969）は「訓点本の世界では、ア行のエとヤ行のエとの区別は、天暦あたりを最下限として、その後は混同したものの如くである」と述べている。
(2) 鈴木朖『雅語音声考』には「比衣止里ノヒエ　和名抄．今ヒヨドリト云．是ハ伴信友補」とある。
(3)「比古＋波（葉）＋衣（枝）」の語構成であれば、「衣」は語頭例に加えられる。
(4) 橋本進吉（1950）、築島裕（1969）、沖森卓也（1989）など、『和名類聚抄』はア行「衣」とヤ行「江」の区別がない資料とされている。『和名類聚抄』の「衣」と「江」の仮名の現れ方に注意する柳田征司（1985）も「音韻としての /e/ と /je/ とが混同している資料である」とする。
(5) 因みに、天慶6年（943）の『日本紀竟宴和歌』の（68）「多愛努那気利気理」の「絶え（多愛）」は、（43）「越え（古江）」、（77）「絶え（多裔）」、（79）「燃え（裳江）」、（80）「栄え（散嘉江）」の中にあって、確かに「混用例」（語中の「衣」）ではあるが、（51）「越ゑ（古恵）」のような時期的に見て不審な例も見られるので、存疑とせざるを得ない。【補記参照】
(6)「衣」と「江」の分布から想定される語頭：［e-］、非語頭：［-je-］という語音排列則には、確かに例外（説明できない異例としては「比衣（稗）」）は存在する。しかし、母音音節は語頭にしか立たないという語音排列則（頭音法則）においても例外（「かい（楫）」など）は見られるのである。従って、例外があるからといって、語音排列則の存在を否定することはできないはずである。

(7) 小松英雄（1979）p.94。なお、塚本邦雄（1980）も参照。
(8) 助詞「え（je）」は、「人の言ふらむことをまねぶらむよ」（枕草子・鳥は）などの「よ」と同じ助詞で、その異形態と考えられる。当時の中央語に口頭語（あるいは俗語）としてこの異形態の助詞「え」があったとすれば、それを方言語形めかして用いたという可能性はある。しかし、これは想像の域を出ない。
(9) 西本願寺本では「盈もいはて…まつの盈」「江もせかて…つくは江」とあることから、「え」に「盈」と「江」の文字レヴェルでの区別があった、とする考えも出されている（大友信一 1997）。しかし、この考えは、ア行［e］とヤ行［je］の音のレヴェルでの区別がなかったことが前提となっている。音のレヴェルでの区別はないが、文字レヴェルでは区別するということもあり得るが、まず、やはり音のレヴェルでの区別の有無を検討しなければなるまい。因みに、沓冠歌では、上（かみ）・下（しも）に同じ「もじ」を据えるわけであるから、仮名（文字）のレヴェルでは反映されない清濁の対立なども捨象されていることに留意する必要がある。
(10) 『群書類従』の本文では、(41)「松がえ」となっている。「松のえ」がもとの形で、歌語らしく「松がえ」と改変されたものであろう。熟合度から見れば、「松がえ」は「しづえ（下枝）・ほつえ（上枝）」と「松のえ」の中間ぐらいであろうか。「松がえ」であっても、語頭の「え」と見なすことができそうである。因みに、『和名類聚抄』では「枝　和名衣太」（道円本・巻20）とあって、ア行「衣（e）」である。
(11) 因みに、源順の「双六盤の歌」では、(1)「するがなるふじのけぶりもはるたてば　かすみとのみぞ見えてたなびく」の「え」と (12)「へにかよふるいのきしよりひくつなで　とまりはここつつげよなにはえ」の「え」が共有されている。「なにはえ（難波江）」は 1 語（固有名詞）と見なせるので、いずれも非語頭の「え（je）」であって、矛盾はない。
(12) 〈阿女都千〉は、〈大為尓〉の源為憲の注記に「阿女都千保之曾」のような万葉仮名（真仮名）で記されている。しかし、これは『口遊』が漢字文であるからで、〈阿女都千〉〈大為尓〉の原形は、仮名（真仮名ではない）で表記されていたと考える。紀貫之の『土左日記』と同様、ア行［e］は「え（衣）」、ヤ行［je］は「𛀁（江）」のように区別されていたと推定する。
(13) 小松英雄（1979）p.102
(14) 小松英雄（1979）p.94。「あめつちの歌」を音韻史の資料として扱う前に、有忠との「ことば遊びのうえでの知恵くらべ・技巧くらべ」という観

(15) 方言語形の「え」を用いざるを得ない事情に、あるいは有忠の「あめつちの歌」があったのではないかとも考えられる。有忠の歌が現存していないので、単なる想像に過ぎないが、源順が「～越え…、笛…」などの語句を避けて、方言語形「え」を用いたのは、有忠の歌に沓冠的に「～越え」のような語句がすでに用いられていたということがあったためかもしれない。

(16) 便宜、簡略的な音韻表記を用いる。体系的には、[a,i,u,e,o] は /'a,'i,'u,'e,'o/、[ja,ju,je,jo] は /'ja,'ju,'je,'jo/、[wa,wi,we,wo] は /'wa,'wi,'we,'wo/ と解釈するのが妥当であると考えている。因みに、音声と音韻をパロールとラングの相違としたり、音韻は意識（観念）レヴェルの存在とする立場には立たない。このような捉え方は、語の（知的意義の）弁別機能などをもとに音素を設定する立場とは相容れないからである。音韻論的解釈とは、三根谷徹（1979）の説くように「音声的実現をよく説明できるような単位としての音素 phoneme と韻律素 prosodeme（或いは segmental phoneme と suprasegmental phoneme）を認定する作業であり、その結果として示されるものである」との見解に従う。

(17) 沖森卓也（1989）は、ア行 [e] とヤ行 [je] の「混同が一般化するのは一〇世紀後半以降」とする（注1参照）。「変化の生じた時期もまた、文献資料の解釈によって揺れがある」（『言語学大辞典 術語編』「五十音図」）のはやむを得ない。なお、ア行 [e] とヤ行 [je] の合流において、語頭：ア行 [e-]、非語頭：ヤ行 [-je-] の過程を経て（この段階では /e/, /je/）、後に合流して /je/ になったとすれば、「江　和名衣」（和名抄）のような語頭の混同例（[je-] → [e-]）は、/je/ に統合された徴証にはならない。

(18) 小松英雄（1979）p.135

(19) 国語史・日本語史の概論書など、〈以呂波〉、〈大為尓〉の48字説は殆ど取り上げられていないので、「空想にとどまる」かどうかをも含めて、一般的にどのような評価が下されているのか判断できない。48字の〈以呂波〉、〈大為尓〉が現存していないという理由よりも、むしろ、ア行 [e] とヤ行 [je] の合流時期との関係で、判断が保留されているのかもしれない。

(20) 小松英雄（1979）は、「参考文献」のところで、「四十八字の可能性を想定したもの。発表されたのは遅いが、ずっと以前からの考え」と注記して

いる。なお、『亀井孝論文集5』所収の「〈あめつち〉の誕生のはなし」の〈訂正をかねて〉にも亀井孝の言及がある。

(21) 亀井孝（1960）では「「大為尓」の作者は、ちゃんと源為憲とわかってをり」とするが、小松英雄（1990）は「大為尓の作者を『口遊』の撰者自身に擬するむきもあるが断定は危険である」と慎重な態度をとっている。なお、小松英雄（1979）の「大為尓の作者」の項も参照。
(22) 橋本進吉（1950）は「ye音を有する語はe音を有する語よりも数多く、且つ平生いつも用ゐる語が多い為、実際の言語に於てye音を使用する頻度はe音に比して遙に大であつたと思はれる」（pp.221-222）と述べている。頻度を考慮に入れていることは注目に値する。
(23) サ行子音・ハ行子音も境界標示機能を果たす語頭：非語頭による語音排列則が形成されている。小倉肇（1998）参照。

[補注]
『土左日記』の「江・へ」について、旧稿執筆時に引用を失念していた、或いは引用できなかった二つの論考をここに補っておく。
(1) 「枝」を「衣た」とする異例については、遠藤和夫（1972）以前に大坪併治（1961）ですでに指摘があった。
(2) 青谿書屋本『土左日記』の「江・へ」は清水史（1999）によって20例となっている。清水史（1999）の論考と旧稿では紙幅の関係で掲げることができなかった全用例を補訂して【 】内に示すこととした。

[補記]
亀井孝（1959）「〈新刊紹介〉高田修編 醍醐寺五重塔の壁画 吉川弘文館　昭三四・三刊」（『国語学』38）は、「五重塔解体の産物として発見された初層天井板の落書に関する伊東卓治氏の研究」を紹介したものである。伊東卓治の「ア行ヤ行のエの区別および混同の問題にまでも及んでいる」論考に対する亀井孝の見解がそこに明解に述べられている。この伊東卓治、亀井孝の両論考は、本章で取り上げなければならなかったのであるが、旧稿執筆時には全く失念していたので、ここで少し補っておくことにしたい。まず、伊東卓治（1959）で確認された「ア行ヤ行の衣江」の用例は以下のものである（原文の表記を適宜改めて引用する）。

　　(1) 影の見江つる〔片仮名資料（二）〕
　　(2) 差し交す枝（江太）し一つになり果てば〔片仮名資料（三）〕

(3) 影も見江ぬ〔平仮名資料（二）〕
(4) 絶衣ぬ思ひの〔平仮名資料（五）〕

この論考で、亀井孝は「いわゆるア行のエ（衣）といわゆるヤ行のエ（江）の二つの単位の対立の廃棄について、平安時代における音のうえの混同の具体相として考えうるのは、[je] → [e] ではなく、（Ⅰ）[e] → [je] か、（Ⅱ）[e] と [je] との分布が語頭とそれ以外とで相補的な排他の関係を形づくるにいたったばあいか（後者のばあいには、語頭の位置という条件において、いくつかのかぎられた語にあらわれる [je] が [e] になったものとみられる）この二つのうちのいずれかである。」(p.154) と述べ、橋本進吉 (1950) と同様の考えを示しているのは注目される。用例(4)については「歴史的には江のかなを期待するところに衣のかなのつかわれているこの混用例が、平がなの資料の方にみえるものであることは、後世、片かなでは「エ」の方がのこり、平がなでは「え」の方が平俗の形として勢力をもつにいたったことと合せかんがえるとき、ますます興味がふかい。これは、かならずしも偶然のこととはおもわれないからである」(p.154) と述べている。注(5)に示した『日本紀竟宴和歌』の「絶え（多愛）」の用例も含めて、平仮名系文献の資料として別途考える必要があろう。なお、用例(2)は、語音排列則の変化（語頭：[e-]、非語頭：[-je-] →語頭：[je-]、非語頭：[-je-]）を反映するものと解され、平安時代中期（天暦5年〈951〉）の一つの「具体相」を知ることができるものとなっている。

[引用文献]

池田亀鑑(1941)　『古典の批判的処置に関する研究　第一部』（岩波書店）
伊東卓治(1959)　「初層天井板の落書」（高田修編『醍醐寺五重塔の壁画』吉川弘文館）
遠藤和夫(1972)　「青谿書屋本『土左日記』における「え」のかきわけ」（『国語研究』35）
大坪併治(1961)　『訓点語の研究』（風間書房）
大友信一(1997)　「「あめつちのうた」再考」（平成9年度国語学会春季大会発表要旨）
大矢　透(1918)　『音図及手習詞歌考』（大日本図書，勉誠社1969復刻）
沖森卓也(1989)　『日本語史』（桜楓社）
小倉　肇(1998)　「サ行子音の歴史」（『国語学』195）
亀井　孝(1959)　「〈新刊紹介〉高田修編　醍醐寺五重塔の壁画　吉川弘文館　昭

三四・三刊」(『国語学』38)
―――(1960)「〈あめつち〉の誕生のはなし」(『国語と国文学』37-5), 亀井孝 (1986) 再録
―――(1978b)「いろはうた」(月刊『言語』言語空間, 12月号)
―――(1986)『言語文化くさぐさ』(『亀井孝論文集5』吉川弘文館)
亀井孝・河野六郎・千野栄一(1996)『言語学大辞典第6巻 術語編』(三省堂)
小松英雄(1973)「《大為尓歌》存疑」(『国語学』95)
―――(1979)『いろはうた 日本語史へのいざない』(中央公論社, 講談社2009復刊)
―――(1990)「五音と誦文」(『日本語学』9-2)
清水 史(1999)「日本の古典テキストにおける陥穽と異文解釈―原形 Original と原型 Archetypes の空隙―」(愛媛大学人文学会編『伝統・逸脱・創造 人文学への招待』清文堂)
塚本邦雄(1980)「十世紀のアラベスク和歌」(『ことば遊び悦覧記』河出書房新社)
築島 裕(1969)『平安時代語新論』(東京大学出版会)
橋本進吉(1950)『国語音韻の研究』(『橋本進吉博士著作集第4冊』岩波書店)
馬渕和夫(1971)『国語音韻論』(笠間書院)
三根谷徹(1979)「現代日本語の長母音について―その「音韻論的解釈」―」(『国語研究』42)
柳田征司(1985)『室町時代の国語』(東京堂出版)

9.〈大為尓歌〉考
―――〈阿女都千〉から〈大為尓〉へ―――

0

　〈大為尓〉は、源順の「あめつちの歌四十八首」の冒頭2首および『万葉集』巻1の巻頭歌ならびに『三宝絵』序の冒頭に引く古人の「漢詩」を踏まえて作成された、ヤ行「江」を含む48字の誦文で、作者は、『口遊』『三宝絵』の著者、源順の弟子の源為憲である。〈大為尓〉は、綿密かつ周到に計算された用語で構成されており、まさに「此誦為勝」と見なすことのできる内容の誦文（韻文）となっている。〈阿女都千〉から〈大為尓〉への改変は、源為憲の「ちゑのあそびの産物」であり、「此誦為勝」という注記は、音韻史の問題（ア行の「衣」とヤ行の「江」の区別）とは全く関係のないもので、そのまま文字通りの意味で理解することができる。また、五音と誦文との相互補完的な結びつきは、〈以呂波〉が成立してから後のことであることも改めて確認する。

1

　　大為尓伊天奈徒武和礼遠曾支美女須土安佐利
　　比由久也末之呂乃宇知恵倍留古良毛波保世与衣
　　不祢加計奴　謂之借名文字
　　　今案世俗誦曰阿女都千保之曾里女之訛説也
　　　此誦為勝

（真福寺本『口遊』書籍門）

　　たゐにて　なつむわれをそ　きみめすと　あさりひゆく
　　やましろの　うちゑへるこら　もはほせよ　えふねかけぬ
　　　これを借名(かな)文字と謂ふ
　　　今案ずるに世俗に誦して「あめつちほしそ」と曰ふは里女の訛説なり

この誦勝れりとなす

大矢透（1918）は、第4句の「安佐利比由久」は「安佐利於比由久とあるべきを、於の一字を脱し」たものとして、それを補った上で、次のような「意訳」を行なっている。

　　田居ニ出デ。菜摘ム我ヲゾ。君召スト。求食リ追ヒ行ク。山城ノ。
　　打酔(エ)ヘル児ラ。藻干(ハホ)セヨ。得(エ)船繋ケヌ。

大矢透が「安佐利［於］比由久」のように、「於」を補ったのは、伴信友が「太為尓歌考」で「於音字本書に脱(オチ)たるを、今こゝに補へて七言の句に調へ、その詞を考へて、しばらく比字の上に補ふ」（『比古婆衣』）とする「考訂」に従ったものであろう。

〈大為尓〉(1)については、概論書等、その誦文を大矢透の「意訳」に従って載せるだけで、内容についての説明（誦文の解釈）はなされていないと言ってよい。大矢の「意訳」で済ましているのが現状である。ただし、小松英雄（1973）は「大矢透によってこころみられた「意訳」にしても、それが、唯一の可能な解釈ではない。「奈徒武」は「菜摘む」でなく「泥(なづ)む」の方がよいのではないかとか、「(於)比由久」には「負ひゆく」をあてうるのではないかというたぐいのことは、いくつもでてくる(2)」ことを踏まえた上で、次のように述べている。〈大為尓〉は、「まるでたわごとのような内容である。ただし、全体がうまくつながらないだけで、前半と後半とは、それぞれ、どうにか続いている」（小松英雄1979）、〈阿女都千〉が「最後の部分の意味が不透明のままなかば放棄されている」のに対し、「いちおう、意味のある〈ことば〉として一貫」してはいるが、「部分的に意味がつうじても全体として支離滅裂」（小松英雄1990）である。

従来から、〈大為尓〉の内容について、ほとんど問題とされてこなかったのは、〈大為尓〉の、このような理解が一般的になされているためと見なされるが、さらに言えば、国語史（音韻史）の関心が、源為憲の「此誦為勝」の注記にあって、ア行の「衣（e）」とヤ行の「江（je）」の区別の有無、すなわち、48字か47字かにあったためであると考えられる。

しかし、小松英雄（1973）の論じたように〈大為尓〉の原形は、ヤ行の

「江（入り江）」を含む48字であった——すなわち、「衣不祢加計奴（え船繋けぬ）」の後に「江（入り江）」（ヤ行の「江（je）」）の存在した「衣不祢加計奴*江⁽³⁾」（え船繋けぬ【江】⁽⁴⁾）」であった——蓋然性が高いと考えられ、また前章（小倉肇2001）で述べたように、従来のア行の「衣（e）」とヤ行の「江（je）」の合流過程・時期に問題がある以上、小松英雄の〈大為尔〉48字説に従いつつ、その内容について改めて詳細に検討してみる必要があると考える。

以下の考察で明らかになるように、〈大為尔〉は、「江（入り江）」を含む48字の誦文として、綿密かつ周到に計算された用語（ことば）で構成されており、まさに「此誦為勝」と見なすことができる誦文（韻文）になっていると考えられるからである。

2

まず、〈大為尔〉の冒頭の語「たゐ」について検討することから始める。「たゐ」は、一般的に「田・田圃」の意味と理解されるので、「田居に出で」て「菜摘む」という行為は不自然に感じられる。従って、その不自然さを解消しようとすれば、例えば、難儀をするという意味の「泥む」の方がよいのではないか、というような考え方も出てくる。いずれにしても、「大為尔伊天　奈徒武」は、従来から、字数制限による無理なしわよせの表現と解されてきているようであるが、しかし、次のような例を見ると、そうとも言えないことが分かる。⁽⁵⁾

○春くればたゐにまづ咲くつぼすみれ　みれどもあかぬ君にもあるかな
（古六帖・2717）

※山吹の咲きたる野辺のつほすみれこの春の雨に盛りなりけり
（万8・1444）

○ますらをと思へるものを大刀佩きて可尓波のたゐに芹そ摘みける
（万20・4456）

○鶴が音の聞こゆる田居に廬りして我旅なりと妹に告げこそ
（万10・2249）

「たゐ」とは、春になると「つほすみれ」がまず咲き、七草の「せり（芹）」を摘むことのできる、また「廬り」をすることのできる、そういう場所でもある。従って、「たゐ」は狭い意味での「田・田圃」だけを意味する表現ではないことに留意する必要がある。

〈大為尓〉は、小松英雄（1973）の論じたように、〈阿女都千〉の{(2＋2)×2}×6＝48という構成をもとに、48＝12×4＝(5＋7)×4という五七調の構成にして組み替えた誦文と考えられる。その組み替えをする際に、〈大為尓〉の作者は、源順の「あめつちの歌四十八首」の冒頭の部分を踏まえて作成して行った、と筆者は推測している（本書第Ⅰ部第8章・小倉肇2001）。すなわち、〈大為尓〉の「田居に出で　菜摘む（我をぞ）」の冒頭の2句が、

　(1) あらさじとうちかへすらし小山田の　なはしろ水にぬれてつくるあ

　(2) めもはるに雪まもあをくなりにけり　今こそ野べに若なつみてめ

という、「あめつちの歌四十八首」の冒頭の2首に対応し、これを踏まえていると考えられるからである。このような私見に従えば、「田居に出で」の「たゐ」は、(1)の「田・畦」と(2)の「野辺」とを踏まえた表現——むしろ、それらを巧みに重ね合わせた表現——と見なすことができるであろう。

「たゐ」について、小松英雄（1979）は「『万葉集』に使われているところから見て、すでに古い時代にその形をとるようになったらしいが、かえって平安時代の用例に乏しい。あるいは、催馬楽に用いられているために、理解可能な語彙の中に残っていたものであろうか」と述べている。このような性格の「たゐ」という語を〈大為尓〉で敢えて用いているのは、上述の理由（重ね合わせ）の他に、以下に述べる『万葉集』との繋がりをも計算に入れてのことと解される（「たゐ」については8節でさらに検討を加える）。

3

「安佐利［於］比由久」について、大矢透は「求食リ追ヒ行ク」、伴信友は「求り追ひ行く」と「意訳」している。いずれも「漁る」などの表記を用いないで、「求食・求」とするが、「求食（あさる）」は、『万葉集』以来の用字

であり、節用集などにも「鳥求食」の注記があるように、「鳥などが餌を探し求める」という意味と解される。従って、大矢透、伴信友のいずれも、この「あさる」を食用の「若菜」を求めて行く、と解釈しているようである。恐らく、この解釈を支えるのが、直前句の「君召すと」の「召す」という表現なのであろう。「召す」は「食べる」の敬語と考えられるからである。しかし、この「召す」は「田居に出で　菜摘む我をぞ　君召すと」のように、その直接の対象は「我」であって、「菜」ではない。そこで、伴信友のように「其歌詞を考るになほ其意とゝのひてもきこえざれどもとよりかゝる歌など作らむ事はいと難きわざなれば其心しらひしておほかたによみときてあるべし」(「太為尓歌考」)という理由付けがなされることになる。

この「召す」は、直接的には「食べる」の意味ではなく、「呼び寄せる・招く・呼び寄せてかわいがる」の意味の敬語であるとすれば、「我をぞ　君召すと」で文脈上何ら不都合はなくなる。しかし、そうすると、今度は「我をぞ君召すと　あさり追ひ行く」の「あさる」の主体が問題となる。〈大為尓〉は、構文としては、

　　「たゐに出で菜摘む我をぞ君召すとあさり追ひ行く」
　　「山城の打ち酔へる児ら藻葉干せよえ船繋けぬ【江】」

という前半と後半の二段構成になっていて、「あさる」の主体は「君」であると見なされるので、「召す」という敬意をもってする主体の「君」の動作としては、「あさり追ひ行く」は相応しくないと考えられるからである。従って、その不自然さを解消しようとすれば、例えば、「阿闍梨、負ひ行く」のような解釈も出てくることになる。しかし、〈大為尓〉を二段構成の構文と認めなければ、すなわち、「あさり追ひ行く」の主体を「山城の打ち酔へる児ら」と考えるならば、「召す」主体が「君」、「あさる」主体が「児ら」となり、敬語表現に関する問題は一応解消するはずである。

ところで、「菜摘む我をぞ　君召すと」における「我」は、自称の代名詞と考えられるので、それとの関係で「君」も対称の代名詞(あなた)ということで解釈されてきたようである。しかし、「君」が代名詞であるとすると、「あさり追ひ行く」主体の「打ち酔へる児ら」との関係が説明できない。つ

まり、「君」と「児ら」が同一主体でないと、意味的（文脈的）に続かないからである。

　二段構成での「阿闍梨、負ひ行く」という解釈を取らずに、「召す」主体を「君」、「あさる」主体を「児ら」とする先の解釈に従いつつ、しかも「君」と「児ら」が同一主体であるとするならば、「君」は、人称詞（対称の代名詞）ではなく、「大君、天皇」などを意味する名詞と考えざるを得ないであろう。「我」が人称詞であるから、「君」も人称詞であるとする必然性はないので、この「君」を名詞と認めることは何ら差し支えはないと考える。

　従って、〈大為尓〉の「田居に出で　菜摘む我をぞ　君召すと　あさり追ひ行く　山城の　打ち酔へる児ら」は、"野辺に出て、若菜を摘んでいる私を「大君（天皇）がお召しになる」と言って、追いかけて行く山城の酔いどれさん"という文脈（内容）で解釈することができるので、構文としても全体がうまく繋がることになる。

　なお、「召す」は、直接的には「（我を）呼び寄せる」意味であるが、「（菜を）食べる」意味がそこに重ねられていると見なしてよいであろう。すなわち、「（我を）お呼び寄せになって、（菜を）召し上がる」ということである。また、「君（大君）召すと　あさり追ひ行く」という普通ではない表現・行為がここで許されているのは、「児ら」が「打ち酔へる」状態にある、ということが前提にあるからである。そして、単なる「酔へる」ではなく、「打ち酔へる」という表現（ほろ酔い状態の表現）を用いていることに注意したい。また、「我をぞ　君召す」の助詞「ぞ」が、「児ら」の「打ち酔へる」状態の言動を描写する表現――「召すノダ」のような強調の含みを伴った断定的な言い切りの表現（かなり強引な表現）――として効果的に用いられていることにも注目すべきであろう。「君」と「児ら」の関係については、以下に述べる。

4

　〈大為尓〉は、〈阿女都千〉を五七調の誦文に組み替えるに際し、源順の「あめつちの歌四十八首」の冒頭の部分を踏まえて作成されたと考えられる

ので、〈大為尓〉の作者は、源順と密接な関係にあった人物であろうと推測される（前章・小倉2001）。従って、亀井孝（1960）の想定するように、〈大為尓〉の作者は、源順の弟子で、『口遊』の作者である源為憲自身であった、という可能性が最も大きいと考えられる。

　ところで、〈大為尓〉は、源順の「あめつちの歌四十八首」の冒頭の2首だけではなく、実は、以下に述べるように、『万葉集』巻1の巻頭歌をベースとしつつ、さらには、源為憲の手になる『三宝絵』序の冒頭に引く古人の「漢詩」をも踏まえて作成されている、と筆者は考えている。因みに、源為憲と『万葉集』との繋がりは、師である源順が梨壺の五人の一人として『万葉集』の訓読に関わっていることなどからも推測される。従って、このような種々の徴証を勘案すれば、〈大為尓〉の作者は、源為憲であると推定して間違いはないであろう。

　○籠もよ　み籠持ち　ふくしもよ　みぶくし持ち　この岡に　菜摘ます児
　　家告らせ　名告らさね　そらみつ　大和の国は　押しなべて　我こそ居
　　れ　しきなべて　我こそいませ　我こそば　告らめ　家をも名をも
　　（籠毛與　美籠母乳　布久思毛與　美夫君志持　此岳尓　菜採須兒　家
　　告閑　名告紗根　虚見津　山跡乃國者　押奈戸手　吾許曾居　師吉名
　　倍手　吾己曾座　我許背歯　告目　家呼毛名雄母）　　　（万1・1）

〈大為尓〉が『万葉集』巻1の巻頭歌をも踏まえて作成されていると考えるのは、

　　　　　　　　　『万葉集』　　　　　〈大為尓〉
　　　人　物：我と児　　　　⇔　　我と君・児ら
　　　場　所：岡　　　　　　⇔　　たね
　　　行　為：菜摘む／名告る　⇔　　菜摘む／藻葉〈莫告藻〉
　　　地　名：大和の国　　　⇔　　山城の宇治

などにおいて、綺麗な対応関係が見られるからである。野辺で若菜を摘む娘子に呼びかけるという行為において、『万葉集』は、大和の雄略天皇の立場（我）で歌っているが、〈大為尓〉は、山城の大君（天皇）の立場からで

はなく、娘子（我）の側に視点を移すことによって「あめつちの歌四十八首」の冒頭の2首を踏まえつつ、全体として、『万葉集』巻1の巻頭歌のモチーフを背景に据えた誦文として作成されている、と見なすことができる。

このような想定に立つと、〈大為尓〉は"野辺に出て、若菜を摘んでいる私を「大君がお召しになるのだ」と言って、山城の大君気取りで追いかけて行く酔いどれさん、そんなことをしていないで、藻を刈り干しなさい。たくさんの藻で船が繋げない［入り江］になっていますよ"というような内容で全体を理解することが可能となる。従って、このように考えると、「召す」主体の「君」が「あさり追ひ行く」の主体であり、また「打ち酔へる児ら」であると解釈することができるので、従来のように、〈大為尓〉を二段構成の構文構造と考える必要はなくなる。また、〈大為尓〉に「山城」のような地名（国名）がなぜ唐突に出てくるのか、という疑問も解消することになる。

5

ここで、改めて「あさる」の意味・用法を考えてみたい。「あさる」という動詞は、すでに見たように「鳥などが餌を探し求める」意味で用いられているが、人間の場合には、

　○伊勢島やしほひの潟にあさりても　いふかひなきはわが身なりけり
　　　　　　　　　　　　　　　　　　　　　　　　　　　（源氏・須磨）
　○海士ども、あさりして、かひつ物もて参れるを、めし出で、御覧ず。
　　　　　　　　　　　　　　　　　　　　　　　　　　　（源氏・須磨）

などのように、海士（海女）が「魚・貝・海藻などを採る」の意味で用いられる。そして、次のように、さらに広く「物などを探し求める（出す）」という意味の用法もある。

　○局に、物語の本どもとりにやりて隠しおきたるを、御前にあるほどに、やをらおはしまいて、あさらせ給ひて、みな内侍の督の殿に奉り給ひてけり。
　　　　　　　　　　　　　　　　　　　　　　　　　　　（紫式部日記）
　○とかく、いひしろひて、この御文は、ひき隠し給ひつれば、せめてもあさり取らで、つれなく大殿籠りぬれば、胸走りて、「いかで取りてしが

な」と　　　　　　　　　　　　　　　　　　　　　　　（源氏・夕霧）[9]

　この用法での「あさる」は、その対象の「隠（さ）れている（目に見えない）もの」という意味特徴が全面に出ていることが注目される。また、『万葉集』などのいわゆる「妻恋」の歌に、「あさる」が用いられているが、これは、「あさる」の「餌を求める」意味と「人（妻）を探し求める」意味とが、重ね合わされて表現されるからである。

○春の野にあさる（安佐留）雉のつま恋ひに己があたりを人に知れつつ
　　　　　　　　　　　　　　　　　　　　　　　　　（万8・1446）
○夕なぎにあさりする（求食為）鶴潮満てば沖浪高み己が妻呼ぶ
　　　　　　　　　　　　　　　　　　　　　　　　　（万7・1165）
○あさりす（求食為）と礒に住む鶴明けされば浜風寒み己妻呼ぶも
　　　　　　　　　　　　　　　　　　　　　　　　　（万7・1198）
○鴨すらも己が妻どちあさりして（求食為而）後るる間に恋ふといふものを
　　　　　　　　　　　　　　　　　　　　　　　　　（万12・3091）

　〈大為尓〉の「あさる」も、上述の「召す」の意味を踏まえるならば、「魚介類を採る」意味と「人（妻）を探し求める」意味が重ねられていると考えてよいであろう。すなわち、〈大為尓〉の「あさり追ひ行く」は、「（打ち酔へる）児ら」が本業としている魚介類をあさらないで、我（娘子）を探し求めて追いかけ回す、という表現として理解することができるからである。「私」なんか「あさっ」ていないで、「藻葉」を「あさっ」て刈り干しなさい、ということである。そして、この「あさる」という表現には、「児ら」の「打ち酔へる」状態での言動を示すことにもなる"欲しいものを何とかして手に入れようと、執拗なまでに追い求める"という意味特徴、すなわち、現代語にも通じる「あさる」の「含み」が表面に出ていると解される。このような含みの「あさる」に、さらに「あざる（戯）」が重ねられている――「あさり追ひ行く」と「あざれ追ひ行く」――と見るならば、「児ら」の「打ち酔へる」状態での言動がより一層際立つことになるであろう。

6

　さて、以上のような表現の「あさる」は、さらに「藻葉（もは）」とも深い関わりを持っている。

　「藻葉」は、「藻 毛詩注云藻^{音早和名毛}_{二云毛波}水菜也」として『和名類聚抄』（那波道円本巻17・海菜類）にも採録されている用語である。「藻葉」とは「すなわち「藻」のことで、（中略）語彙の膨張にともなって、語と語との識別を容易にするために、（中略）意味はもとのままで、語形が補強された」（小松英雄 1979）ものである。

　〈大為尔〉が『万葉集』巻1の巻頭歌を踏まえているとする私見に従えば、〈大為尔〉の「あさる」と「藻葉」に関係する『万葉集』の、次のような例は注目に値する。

　　〇あさりすと磯に我が見し莫告藻（なのりそ）をいづれの島の海人（あま）か刈りけむ

　　　　　　　　　　　　　　　　　　　　　　　　　　　　（万7・1167）

　〈大為尔〉の「藻葉」は、「藻」のことであるが、「藻」は「海菜類」の「水菜」（『和名類聚抄』）であり、さらに、その「藻」が「あさる」との意味的関連から「莫告藻」を含意しているとすれば、「藻葉（莫告藻）」は、『万葉集』巻1の巻頭歌の

　　〇菜摘ます児　家告らせ　名告らさね／我こそば　告らめ　家をも名をも

という「名告り」の言葉（表現）と綺麗な対応関係をなすことになるからである。

　　〇あさりする人とを見ませ草枕旅行く人に我が名は告らじ（万9・1727）
　　〇難波潟潮干に出でて玉藻刈る海人娘子（あまをとめ）ども汝が名告らさね

　　　　　　　　　　　　　　　　　　　　　　　　　　　　（万9・1726）

　　〇志賀の海人の磯に刈り干す名告藻（なのりそ）の名は告りてしをなにか逢ひ難き

　　　　　　　　　　　　　　　　　　　　　　　　　　　　（万12・3177）

　この「我が名は告らじ」「汝が名告らさね」という表現は、「莫告藻」がその背景にあることは疑いのないところである。従って、〈大為尔〉の前半に唐突に出てくる「あさる」という表現は、後半の「藻葉」「え船繋けぬ［江］」を違和感なく導くためのキーワードになっているばかりではなく、

「あさる」と「藻葉」との組み合わせによって——いわば連想関係（associative relation）(12)によって——、『万葉集』巻1の巻頭歌における「名告り」の文脈を巧みに踏まえた表現になっていると解されるのである。

〈大為尓〉において、「藻（も）」ではなく「藻葉（もは）」という用語が選ばれているのは、「あさる」との組み合わせから「莫告藻」が連想され、その「な告りそ」から「名告り」の具体的な「言の葉」（『万葉集』の「菜摘ます児　家告らせ　名告らさね……」）が導き出される、という表現構造になっていることを明示するためであろう。

以上によって、〈大為尓〉の「藻葉干せよ」は、"山城の大君気取りで「菜摘ます児　家告らせ　名告らさね」「我こそば　告らめ　家をも名をも」などと名告り戯れ、しつこく私を追いかけ回していないで、ちゃんと「藻」を刈り干しなさい"という内容の表現と解釈することができる。従って、〈大為尓〉の「たゐに出で菜摘む我」は、若菜を摘みに野辺に出ている海人娘子であり、「打ち酔へる児ら」は、若い漁師（海士）であると見なされる。

7

このように考えてくると、〈大為尓〉の最終句「え船繋けぬ【江】」にも、源為憲の仕掛けた表現技巧が潜んでいそうである。

まず、最終句「え船繋けぬ【江】」までの「たゐに出で菜摘む我」と「児ら藻葉干せよ」は、"私も野辺に出て「若菜」を摘んでいるのですから、あなたも［入り江］に出て「藻（水菜）」を刈り干しなさい"という意味（内容）である。ここで、注目されるのは、次のように綺麗な対句的表現がなされていることである。

私も	野辺に出て	「若菜」を	摘んでいる
⇕	⇕	⇕	⇕
あなたも	［入り江］に出て	「藻（水菜）」を	刈り干しなさい

従って、最終句の「え船繋けぬ【江】」は、"（そうしないから）船が繋げない［入り江］になっているのですよ"という意味になる。しかし、この最終

句がただそれだけの意味であるならば、『万葉集』冒頭歌の「名告り」の文脈を踏まえた結句にはなりそうもない。そこには、「我」と「児ら」の関係が織り込まれていると考えるべきであろう。すなわち、「船」に「我」、「*江」に「児ら」が重ねられていると見なすならば、"(私も野辺に出て「若菜」を摘んでいるのですから、あなたも入り江に出てちゃんと「藻（水菜）」を刈り干しなさい。そうしないから）船（我）を繋ぎ止めておくことができない入り江（児ら）になっているのですよ"という表現として解釈することができ、「名告り」の文脈の締め括りに相応しい表現となるからである。

　　　船を　繋ぎ止めておくことができない　［入り江］
　　　⇕　　　　　　　　　　　　　　　　　　　⇕
　　　我を　繋ぎ止めておくことができない　　児ら

　従って、最終句「え船繋けぬ【江】」は、「船（我）」と「*江（児ら）」が対をなす表現と考えられるので、このことは、〈大為尓〉が「江」を含む48字の誦文として作成されたことの、一つの有力な徴証になり得るであろう。

　因みに、この「え船繋けぬ【江】」の「え……ぬ江」という形式は、源順の「あめつちの歌四十八首」の (41)「えもいはで恋のみまさる我が身かないつとやいはにおふる松のえ」、(43)「えもせかぬ涙の川のはてはてやしひて恋しき山はつくばえ」を踏まえたものと考えられる【前章・小倉肇2001参照】。

8

　ところで、伴信友は、〈大為尓〉の「也末之呂乃宇知恵倍留古良」を「山城のうち、酔へる子等」として、「宇知の地名を兼ぬ」と述べている。「山城の内（宇治）」という解釈であろうが、ここで五七調を崩してまで、七・五に区切る必然性はないので、直ちに従うことはできない。しかし、下記の『新六帖』の歌を参照するまでもなく、「山城のうち酔へる児ら」は、「宇治」と「打ち」が重ねられていると考えるべきであろうから、伴信友の「宇知の地名を兼ぬ」という指摘自体は、的を射ていると言える。従って、「山城のうち酔へる児ら」は、"山城の宇治の打ち酔へる児ら"であることになる。

そして、「宇治川にして作る歌」と題される『万葉集』の次の歌と、後世のものではあるが、『頓阿句』『新六帖』の歌は、この場合、極めて示唆的である。

　　　　宇治川にして作る歌
○巨椋の入江とよむなり射目人の伏見が田居に雁渡るらし（万９・1699）
○巨椋やおもひ入江の渡しもり　世をうぢ山の道しるべせよ
　　　　　　　　　　　　　　　　　　　　　　（頓阿句・307）
○朝日山霞むこなたの伏見たゐ　うち起すべき時はきにけり
　　　　　　　　　　　　　　　　　　　　（新六帖・635 春の田）

すなわち、「宇治」は、「巨椋の入江」「伏見の田居」を連想させ、両者を導き出すキーワードとなり得るからである。因みに、「宇治」「巨椋の入江」「伏見の田居」は、いずれも後世の歌枕になっている場所（名所）である[13]。従って、〈大為尓〉は、「たゐ」から半ばの「山城の宇治」に到り、冒頭の「たゐ」が「伏見のたゐ」であること、そして、「山城の宇治／打ち」から「え船繋けぬ【江】」の最終句に到り、結尾の「*江」が「巨椋の入江」であることに気付かせる、という表現構造（仕掛け）になっていると解されるのである。

9

さらに、〈大為尓〉の冒頭の２句「たゐに出で　菜摘む（我をぞ）」および最終句「え船繋けぬ【江】」は、源為憲の『三宝絵』（東博本）序の冒頭に「古ノ人ノ云ル事有」「物ノ心ヲ知人ハカクゾ云ル」として引用されている

　　○　身　観　バ　岸　額　ニ　根　離　ル　草
　　　　命　論　バ　江　辺　　　不　繋　　　船

という「漢詩」を踏まえた表現である、と筆者は考える[14]（補注２）。すなわち、〈大為尓〉と古人の「漢詩」は、次のように綺麗に対応していると見られるからである。

〈大為尔〉　　　　　　　古人の「漢詩」
　「たゐに出で　菜摘む」⇒「岸額（たゐ）」「根離（摘む）」「草（菜）」
　「え船繋けぬ【江】」　　⇒「江辺（江）」「不繋（繋けぬ）」「船（船）」

　従って、〈大為尔〉は、冒頭2句と最終句のそれぞれを古人の「漢詩」の語句に対応させながら、冒頭2句と最終句を対の形で呼応させることによって、いわば首尾一貫した形で、この「漢詩」の表現全体を踏まえる、という表現構造になっていると解される。従って、古人の「漢詩」に託した源為憲自身の想い――為憲のことばで言えば、「物ノ心ヲ知人」の心――が〈大為尔〉全体を通して表出されていると見てよいであろう。
　〈大為尔〉が古人の「漢詩」を踏まえているということに気付かせるキーワードは、上述の「たゐ・*江」と同様に、この場合も「（山城の）宇治」であると考えられる。この「漢詩」は、『和漢朗詠集下』の「無常」にも採録されており、「漢詩」の表現内容と「宇治」（「世をうぢ山」の「憂し」）との関連を考えることができるからである。上記の頓阿の歌とともに、次の例を参照されたい。
　　○わがいほは宮このたつみしかぞすむ　世をうぢ山と人はいふなり
　　　　　　　　　　　　　　　　　　　　　　　　　　　（古今・983）
　　○里の名をわが身に知れば山城の　うちのわたりぞいとゞ住み憂き
　　　　　　　　　　　　　　　　　　　　　　　　　　　（源氏・浮舟）
　従って、〈大為尔〉は、半ばの「山城の宇治／憂し」から最終句（「え船繋けぬ【江】」）に到り、古人の「漢詩」の第2句「江辺不繋船」がそのまま喚起され、ここで初句に戻り、冒頭2句（「たゐに出で　菜摘む（我をぞ）」）が「漢詩」の第1句「岸額根離草」を踏まえた表現であることに気付かせる、という表現構造になっていると解されるのである。
　なお、冒頭の2句の「たゐに出で　菜摘む（我をぞ）」という纏まりは、源順の「あめつちの歌四十八首」を踏まえる場合と共通していることも注目されるところである。

10

　ところで、〈大為尓〉は、構文構造としては二段構成になっていないのに、「山城の宇治／憂し／打ち」を中心とする、前半と後半という、いわば二段構成の表現構造になっているのであるが、これは、古人の「漢詩」の七言二句の形式を、〈大為尓〉の韻文形式を包む大枠（枠組み）として用いているからであると考えられる。また、〈大為尓〉に用いられている対(句)の表現形式も、この「漢詩」の対句形式が下敷きになっていると考えてよい。

　漢詩には、対句形式と並んで頭韻・脚韻などの押韻形式がある。この古人の「漢詩」には正式の押韻例は存在しない。しかし、下記のように第1句頭「観」と第2句頭「論」の/-n/、第1句末「草」と第2句末「舟」の/-u/が、いずれも頭韻・脚韻をなしているように見えるのは注目される（補注3）（なお、第2句末「舟」は、『三宝絵』の底本（東博本）では「船」であるが、『和漢朗詠集』『和泉式部集』の引用では「舟」となっている。いま「舟」に従う）(16)。

　○観身岸額離根草　　論命江頭不繋舟　　　（和漢朗詠集・789）

　古人の「漢詩」を踏まえることによって、正式な押韻ではないが、このような「押韻形式」を見ているとすれば、〈大為尓〉において、頭韻・脚韻という形式が用いられた可能性は考えられる。以下に、その試解を示しておく。第1句（「たゐに出で」）と第8句（「え船繋けぬ【江】」）は、末尾母音が共通の[e]であり、脚韻を意図した可能性がある。また、7音句の第2句（「菜摘む我をぞ」）、特に5音句の第3句（「君召すと」）、第5句（「山城の」）、第7句（「藻葉干せよ」）の末尾母音が[o]であるのは、脚韻を意図した可能性がある。一方、初頭音節では、第1句（「た」）、第2句（「な」）、第4句（「あ」）、第5句（「や」）のように、いずれも母音が[a]で、頭韻を意図した可能性がある。因みに、「え（e）……*江（je）」は、いわば畳韻的な表現をねらった可能性も考えられる。これらを図示すると、次のようになる。

　たゐにいで　なつむわれをぞ　きみめすと　あさりおひゆく
　やましろの　うちゑへるこら　もはほせよ　えふねかけぬ【江】

もし、冒頭句（「たゐに出で」）と最終句（「え船繋けぬ【江】」）が脚韻を意図したものであるとすれば、これも〈大為尓〉がヤ行の「江」を含む48字の誦文として作成された、一つの徴証になり得るであろう。
　〈大為尓〉と五音（音図）との直接的な結びつきは認められないのであるが、この古人の「漢詩」を媒介とした頭韻・脚韻などの「押韻形式」が認められるとすれば、五音との関係は考えなければならない。ただし、そうだとしても、一方的な関係であったことは確かであり、小松英雄（1990）の述べるように、五音と誦文との相互補完的な結びつきは、「以呂波が成立して以降である」と考えて間違いはないであろう。
　このように見てくると、〈大為尓〉は、内容的にも形式的にも、和漢の綜合および僧俗の綜合を意図した、源為憲のまさに「ちゑのあそびの産物」であったと考えられるのである。そうであれば、〈大為尓〉が『口遊』に収められているテクスト上の意味——例えば、教材としての意味など——も改めて検討する必要に迫られることになるであろう。

11

　以上の考察から、冒頭「たゐ（伏見のたゐ）」と結尾「*江（巨椋の入江）」および冒頭2句「たゐに出で　菜摘む（我をぞ）（岸額根離草）」と最終句「え船繋けぬ【江】（江辺不繋船）」がいずれも対をなしていることが明らかとなった。従って、すでに述べた「船（我）」と「*江（児ら）」の対をも考え合わせるならば、「え船繋けぬ」の後に「江」があった——言い換えれば、〈大為尓〉が「江」を含む48字の誦文として作成された——蓋然性は極めて高いと考えられるのである。すなわち、「江」がなければ、形式的にも対（句）をなさなくなることは明らかであり、内容的にも誦文としての一貫性——文脈的な纏まりや様々な表現構造——が失われてしまい、全体として支離滅裂な誦文になってしまうからである。
　〈大為尓〉と「あめつちの歌四十八首（『源順集』）」の冒頭2首、『万葉集』巻1の巻頭歌、『三宝絵』序の「漢詩」との関係を以下に図示しておく。

【万葉集】	この岡	菜摘ます児	我		大和の国	菜摘ます児家告らせ名告らさね
	↕	↕	↕		↕	我こそば告らめ家をも名をも
【源順集】	小山田・畔					
	野辺	若菜摘み		大君		え…で／ぬ…え
						莫告藻 我 児ら
						↕ ↕ ↕
【大為尓】	田居に出で	菜摘む我をぞ	君召すと	あさり 追ひ行く	山城の 打ち酔へる児ら	藻葉干せよ え 船繋けぬ 江
	↕			↕	↕	↕
	伏見のたゐ	←		山城の 宇治	→	巨椋の入江
				山城の 憂し		↕
【漢 詩】	岸額 根離草	- - - - - - -	- - - - - -	- - - - - - -	→	江辺 不繫 船

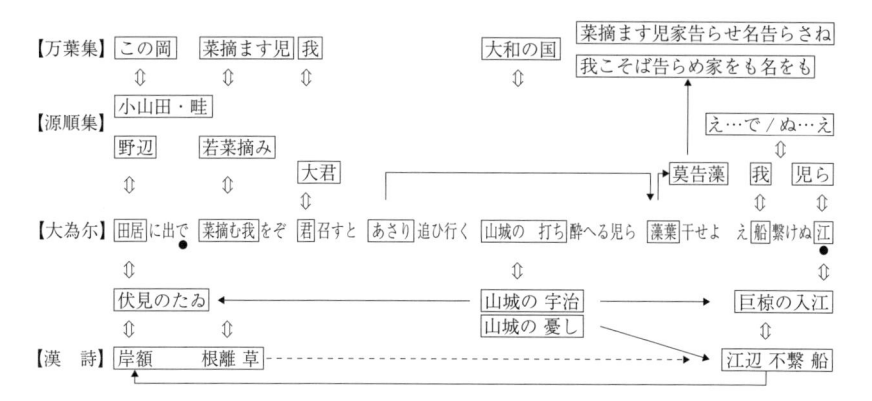

12

　ここで、源為憲の「今案　世俗誦曰阿女都千保之曾里女之訛説也　此誦為勝」という注記における「里女之訛説」について検討してみよう。

　まず、「里女」とは、文字通りの「田舎おんな」ではなく、小松英雄（1973）の述べるように「〈無教養なひとたち〉を象徴的にさした語」と解することができる。また「訛説」も「あるべき形から逸脱したいいかた」と解して特に支障はない。ここで問題となるのは、源為憲が「阿女都千保之曾」のどういうところを評して、「里女之訛説」としているのか、という点である。小松英雄は、〈阿女都千〉には「おふせよ」以下の「意味のつうじない部分がふくまれているため」と考えており、従うべき見解と考える。ただし、筆者は、以下に述べるように、「阿女都千保之曾」という区切り方についても、「里女之訛説」の重要な要素になっていると考えている。

　「阿女都千保之曾」という区切り方について、小松英雄（1979）は「もし、七字区切りがいけないというのなら、八字区切りになおせばよいだけのことで、「里女之訛説也」などといって見切りをつけるはずはない。おそらく後半の三分の一ほどが意味不通であることを、こういったものであろう」と述べている。

　平安後期の『賀茂保憲女集』に「うつぶしふみをかきはじめけるよりなむ、あめつちほしそらといひけるもとにはしける」とあって、$\{(2 + 2) \times 2\} \times$

6という8字区切りの、

　　あめつちほしそら　やまかはみねたに　くもきりむろこけ
　　ひといぬうへすゑ　ゆわさるおふせよ　えのえをなれゐて

という唱え方のあったことが推測されるので、7字区切りが「里女之訛説」になりそうもないように見える。ここで7字区切りというのは、

　　あめつちほしそ　らやまかはみね　たにくもきりむ　ろこけひといぬ
　　うへすゑゆわさ　るおふせよえの　えをなれゐて

という区切り方で、『金光明最勝王経音義』に見られる〈以呂波〉と同じように、「七音節単位にくぎられて、そらんじられてゐた」(亀井孝1960)[18]と考えられているものである。

　ところで、〈以呂波〉の、この7字区切りは、小松英雄(1979)の述べるように「漢語の声調を習得させるための手段」として「有効に運用するための工夫として考え出された」と考えられるのであるが、〈阿女都千〉には、[19]そのような利用がなされていた形跡はなく、五音(音図)と誦文との相互補完的な結びつきは、「以呂波が成立して以降である蓋然性が高い」(小松英雄1990)と判断されるので、〈阿女都千〉が〈以呂波〉と同じ目的を持って7字区切りにされていた、という可能性は極めて小さいと考えられる。

　筆者は、「阿女都千保之曾」という7字区切りは、七五調に従った区切りを意味し、その初句が示されている、という可能性を考えている。すなわち、

　　あめつちほしそ　らやまかは　みねたにくもき　りむろこけ
　　ひといぬうへす　ゑゆわさる　おふせよえのえ　をなれゐて

という(7＋5)×4の形式で、七五調の〈以呂波〉と同じ今様形式の区切り方である。前章(小倉肇2001)で述べたように〈以呂波〉と〈大為尓〉の作成時期は、それほどの開きはなかったと考えられるので、源為憲の時代に、〈阿女都千〉が今様形式(七五調四句)の区切り方で唱えられ(書かれ)、手習いの手本としても用いられていたということは十分に考えられそうである(次節参照)。もし、そうだとすれば、意味を無視して形式だけを流行の今様体にした「阿女都千保之曾」という唱え方は、源為憲にとって「里女之訛説」ということになるのではあるまいか。

ここで、韻文形式から見た〈大為尔〉の作成過程について纏めると、次のようになろう。小松英雄（1990）の表現を借りるならば、「阿女都千は最後の部分の意味が不透明のままなかば放棄されているが、{(2 + 2) × 2} × 6という構成原理をそのままにして改善することはできなかったので、大為尔の作者は、四十八の仮名を (5 + 7) × 4 という形式に構成しなおすことを思い」ついた。源為憲は、前章（小倉肇2001）で述べたように、ア行の「衣」とヤ行の「江」の区別を保っており、〈阿女都千〉の48の「借名文字」（源為憲の〈大為尔〉の注記を援用）は動かすことのできない数であった。むしろ、この48字が前提でなければ、〈大為尔〉のような形式での改変は思い付かなかったと考えられるのである（〈阿女都千〉の原形については14節参照）。

　この (5 + 7) × 4 という「韻文としては破格の形式」（小松英雄）にしたのは、{(2 + 2) × 2} × 6 という形式で作成された〈阿女都千〉が、7字区切りの (7 + 5) × 4 という意味と形式の合致しない七五調四句の今様形式で唱えられていた（「里女之訛説」）のに対し、「あめつちの歌四十八首」と『万葉集』を踏まえた伝統的な（いわば正統の）五七調の形式に従って、小松英雄の述べるように「意味のある〈ことば〉として一貫」させる誦文（韻文）として仕立て上げるためであった、と考える。なお、この韻文形式を包む大枠（枠組み）としては、古人の「漢詩」の七言二句の形式が用いられたと筆者は考えている（10節参照）。因みに、意味と形式の合致しない〈阿女都千〉の「里女之訛説」という評価（批判）に対して、〈大為尔〉は、構文構造と表現構造との乖離（いわば意味と形式の乖離）を「漢詩」の二句形式を用いることによって源為憲自身が見事に克服し、単なる批判に終わらせないでいることも見逃せない点である。

　そして、この「あめつちの歌四十八首」と『万葉集』を踏まえた、いわば伝統的な五七調（四句）形式の〈大為尔〉を、内容的にも形式的にも今様体に改めたのが48字の〈*以呂波〉[20]であるということになる（14節の図参照）。従って、48字の〈*以呂波〉は、その意味でも、〈阿女都千〉から〈大為尔〉を経てのいわば終着点ともいうべき存在になっていると解されるのである。

なお、さらにあえて言うならば、〈阿女都千〉が、7字区切りの（7＋5）×4という意味と形式の合致しない七五調四句の今様形式で唱えられていたことが背景にあって、〈以呂波〉の7字区切りという方式（「漢語の声調を習得させるための手段」として「有効に運用するための工夫として考え出された」方式）が生み出されたとも考えられるのである。

以上の考察によって、源為憲の注記「里女之訛説」の意味は、次のようになろう。すなわち、「里女」は流行を追う〈無教養なひとたち〉、「訛説」は〈意味の不透明な部分〉を含み、かつ伝統的な韻律（五七調）に従わない〈逸脱した〉唱え方（七五調）を指しての表現、ということになる。

13

ここで、『宇津保物語』（国譲上）の「あめつちそ」を取り上げ、源為憲の注記に見られる7字区切りの「阿女都千保之曾」との関連を考えてみよう。

　　あかきしきしにかきて、うの花につけたるは、かな。はじめは、おとこにてもあらず、をんなにてもあらず、あめつちそ。そのつぎにをとこで、はなちがきにかきて、おなじもじをさまざまにかへきてかけり。

（前田家本）

この「あめつちそ」の「そ」は、助詞（「ぞ」）と見なすのがよさそうであるが、文末の「ぞ」（終助詞）は、いわば断定的な言い切りになるのが普通であるから、この場合、なぜ「ぞ」のような断定的な表現が取られているのかが説明されなければならない。しかし、助詞「ぞ」としては、説得力ある説明をすることは困難なように見える。それよりも、「うの花につけたるは、かな」のように、いわゆる体言止めとして「あめつちそ」が考えられるならば、この方が適切であることは確かである。ただし、「あめつちそ」を体言として認める場合、5字区切りの「あめつちそ／らほし……」を想定しなければならないのであるが、現在知られている〈阿女都千〉は「そら・ほし」ではなく「ほし・そら」なので、この想定にも無理がある。

ところで、この「あめつちそ」の部分は、伝本によってかなりの相違が見られるので、小松英雄（1979）は「この誦文を知らない後世の人たちが、写

しまちがったり、あるいは、文章がとおりやすいように改めたりした結果であろうか」とし、さらに「一つの可能性としては、この「あめつちそ」という形の本文こそが後世の人の改めたものかもしれない」とも述べている。もし、この「あめつちそ」が改められた形であるとしたら、原形は、上述のような5字区切りではなく、4字区切りの「あめつち」、7字区切りの「あめつちほしそ」、8字区切りの「あめつちほしそら」のいずれかであった可能性が大きい。4字区切りの「あめつち」が原形の場合には、助詞「ぞ」の添加という問題がある。7字区切りの「あめつちほしそ」が原形の場合には「ほし」の欠落、8字区切りの場合には「ほし」と「ら」の欠落を想定する必要がある。この三つの可能性について、その蓋然性を考えるならば、7字区切りの「あめつちほしそ」が最も高いと判断される。「あめつち」が原形ならば、伝本による差異はほとんど生じなかったであろうし、8字区切りの「あめつちほしそら」では2箇所の欠落を考えなければならないからである。

「あめつちほしそ」が原形であるとすると、7字区切りの〈阿女都千〉あるいは〈阿女都千〉そのものの誦文を知らない後世の人が、「あめつちほし＋ぞ（助詞）」と異分析（metanalysis）を施し、さらに「ほし」を脱落させた「天地ぞ」のような形にまで持ってゆくことは、それほど不自然な想定ではないであろう。「天地」という語は、上代の『万葉集』以来広く一般的に用いられているからである。(21)従って、もしこのような想定が正しければ、『宇津保物語』（前田家本）の「あめつちそ」は、七五調で区切られた〈阿女都千〉の誦文――「阿女都千保之曾」――のなれの果ての姿ということになり、そしてまた、このような本文（「あめつちそ」）が存在すること自体、7字区切りの誦文（「里女之訛説」）は、後世に広く伝えられなかった（あるいは普及しなかった）ことを意味している。

14

以上によって、前節までの検討を踏まえ〈阿女都千〉〈大為尔〉〈以呂波〉の歴史的な関係を示すと、次のようになる。

	奈良・平安前期		平安中期 源順の時代		平安中期 源為憲の時代		平安中期末以降	
	語頭	非語頭	語頭	非語頭	語頭	非語頭	語頭	非語頭
「衣」	e-	×	→ e-	×	→ e-	×	×	×
「江」	je-	-je-	×	-je-	je-※	-je-	je-	-je-

※後接語の初頭

```
〈阿女都千〉─────────→〈あめつちの歌四十八首〉      『賀茂保憲女集』「あめつち」
「{(2+2)×2}×6」            ↘〈*阿女都千〉48字  ────→『相模集』「天地」
八字区切り形式              七五調四句今様形式
                           (「里女之訛説」)-----→   『宇津保物語』「あめつちそ」
                                          ↘                      (前田家本)
                                            〈*以呂波〉48字 ──→〈以呂波〉47字
                                             七五調四句今様体         (現存形態)
                                            〈*大為尓〉48字 ──→〈大為尓〉47字
                                             五七調四句(伝統的形式)    (現存形態)
```

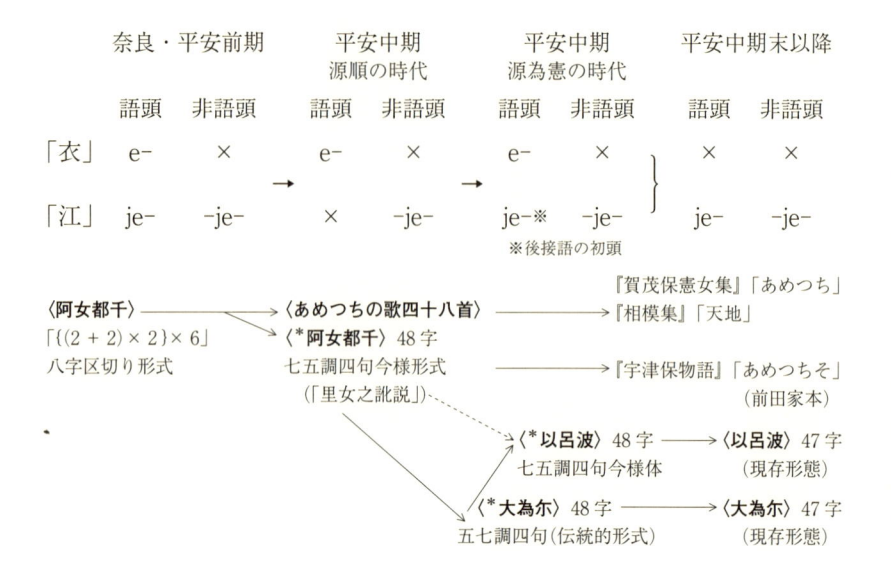

15

　最後に、源為憲の「今案　世俗誦曰阿女都千保之曾里女之訛説也　此誦為勝」の「此誦為勝」について考えてみる。

　〈大為尓〉について、伴信友は、「太為尓歌考」で「其歌詞を考るになほ其意と、のひてもきこえざれど」とか「一首の意はさだかにとほりてもきこえざれど」と述べている。その理由として「もとよりかゝる歌など作らむ事はいと難きわざなれば」とあるので、字数制限による無理なしわよせの結果であると考えているようである。

　この見解は、今日まで受け継がれているようであるが、これまでの考察で明らかなように、事実はそうではなく、〈大為尓〉は、48字という厳しい制約が課されているにもかかわらず、綿密かつ周到に計算された用語で巧みに構成されている優れた誦文（韻文）と認められるのである。〈大為尓〉は、すでに述べたように、源為憲のまさに「ちゑのあそびの産物」であり、かなりの自信作であったと筆者は考える。

　〈大為尓〉はヤ行の「江」を含む48字の誦文として作成されており、〈阿

女都千〉の「阿女都千保之曾」に対する「里女之訛説」という評価も、音韻史の問題（ア行の「衣（e）」とヤ行の「江（je）」の区別）とは全く無関係であるので、源為憲の「此誦為勝」という注記は、そのまま文字通りの意味（勝ル・勝ル）で理解すべきであろうと考える。この「此誦為勝」という表現には、〈阿女都千〉に比べ〈大為尓〉が世俗に流布しない（あるいは、正当に評価されない）、源為憲の嘆き・苛立ちが込められているのではあるまいか。
(22)

[注]
(1) 『口遊』に〈たゐに〉〈あめつち〉が真仮名（借字）で〈大為尓〉〈阿女都千〉のように表記されているのは、『口遊』が漢字文で書かれているからで、〈たゐに〉〈あめつち〉の性格を象徴しているわけではない。『金光明最勝王経音義』に見られる〈以呂波〉の真仮名の表記は、片仮名系文献の中にあって、五音との相互補完的な関係を示すもので、『口遊』の〈大為尓〉〈阿女都千〉とは、同じ真仮名表記でもその性格は異なっていることに留意する必要がある。本章では、『口遊』、『金光明最勝王経音義』の真仮名表記に従って、その名称を〈大為尓〉〈阿女都千〉〈以呂波〉のように記すが、これは、誦文の語句の仮名表記との混乱を避けるためであり、誦文の原形は、いずれも仮名（真仮名ではない）で作成されたものと考えている。因みに、『口遊』の本文（影印・翻刻）、注釈については『口遊注解』（1997）がある。
(2) 小松英雄（1979）では、「「菜摘む」のかわりに、難儀をするという意味の「泥む」を当ててみてはどうだろうとか、「求食り追ひ往く」では意味をなさないから、「阿闍梨、負ひ行く」で解釈できないだろうかというようなことを議論してみても、決定的な改善策など出てきようがない。（中略）無理な条件を課して作られたものに、無理があらわれたということにすぎない」と述べられている。
(3) 「*江」の＊印は、推定形（再建形）を示す。以下同断。注(4)参照。
(4) 小松英雄（1973）により「江（入り江）」を補う。〈大為尓〉の原形は、ヤ行の「江」を含む48字であったとする小松英雄説に従って論をすすめる。以下同断。なお、『言語学大辞典 術語編』では「加計奴」を「駆けぬ」とするが、大矢透の「繋けぬ」に従う。なお、「船」は「舟」とした方がよ

いと考えるが、暫く大矢透に従う。注(16)参照。
(5) 『古今六帖』は『新編国歌大観』、『万葉集』は、『増訂版萬葉集　本文篇』（塙書房 1998）の本文・訓読による。なお、訳文は『萬葉集　訳文篇』を参考にした。
(6) 『新編国歌大観』の本文（西本願寺本）による
(7) 「求食　鳥求_二食　謂_二之――_一」（『易林本節用集』）。なお、『日葡辞書』（邦訳）には、「Asari,ru,atta. アサリ，ル，ッタ（あさり、る、つた）鳥が脚や嘴で土をほじくって餌をさがし求める。¶ 例，Mizzutorino asaru.（水鳥のあさる）水鳥がその餌をさがす。この語は、小鳥については用いないで、鶏や雉（Qijis）などについて言う」とある。『万葉集』の「求食」の用例は 5 節を参照。
(8) なお、『三宝絵』が『口遊』より後の成立であることを考慮しても、いずれの典拠も冒頭部に関係していることは注目してよい。
(9) 『源氏物語』、『紫式部日記』などの本文は、岩波「日本古典文学大系」による。
(10) 「あさり追ひ行く」の「行く」は、「あさる」の意味（含み）並びに文脈を考慮するならば、この場合、いわゆる補助動詞的用法（継続・進行の意味）と見なしてよいであろう。この「行く」が「追ひ行く」という形で、〈空間的移動〉の意味を担っているとすれば、むしろ「追ひ来る」という表現の方が相応しいと考えられるが、ここでは「あさり追う」に〈継続・進行〉の意味を担う「行く」が接続していると解釈しても特に問題はないと考える。
(11) 「莫告藻」は、「号浜藻、謂奈能利曾毛也（浜藻を号けて奈能利曾毛と謂へり）」（允恭紀）とあるように、いわゆる「ホンダワラ」類だけではなく、古くは、広く「浜藻」を意味していたと考えられる。因みに、『和名類聚抄』（那波道円本・巻 17・海菜類）には、

　　　　莫鳴菜　本朝式云莫鳴菜　_{奈々里曾漢語抄云神馬藻三字奈乃里曾}
　　　　　　　　　　　　　　　　_{今案本文未詳但神馬莫騎之義也}

のように、「莫鳴菜（奈々里曾）」「神馬藻（奈乃里曾）」として採録されている。
(12) ソシュールの用語を念頭においで用いる。
(13) 「伏見のたゐ」と「巨椋の入江」の例を掲げておく。なお、「山城／大和」の「伏見のたゐ」を区別しない。用例は、頓阿句・新六帖も含め『新編国歌大観』により、表記を適宜改める。

○五月雨は伏見のたゐに水こえて　庭までつづく宇治の河波
(隆信集・119)
○明方に夜は成りぬらし菅原や　伏見のたゐに鴫ぞ立つなる
(新拾遺・1654)
○あさかぜの寒けきなへに菅原や　伏見のたゐにはだれ雪ふる
(中古六・96)
○いなばもる伏見のたゐの寝ねがてに　千代を一夜とまつ風ぞ吹く
(明日香・994)
○巨椋の入江の月のあとにまた　ひかり残して蛍とぶなり
(為尹千・280)
○巨椋の入江もちかしいめ人の　いかにふしみのあきのさよ風
(雪玉集・5587)

(14) 『三宝絵』は岩波「新日本古典文学大系」による。なお、『和泉式部集』（268-310）に、この詩句の訓読に従った各字の訓みを上（頭）に据えた和歌がある。これは、源順と有忠の「あめつちの歌四十八首」の「ことば遊び」に通じるもので、この「漢詩」と〈大為尓〉（ちゑのあそび）との結びつきを暗示しているかのようでもある。【補注(2)参照】

(15) 「宇治」の「う」と「憂し」の「う」が掛けられると一般的に説明されるが、そうではなく、「うち」に「宇治・憂し・打ち」が重ねられていると見るべきであろう。「うち」に「宇治・憂し」が重ねられるのは、「ち(ti/di)」と「し(tʃi/dʒi)」の音声的な近さが背景にあると考えられる。サ行子音の音価については、小倉肇（1998）【本書第Ⅰ部第7章】参照。

(16) 『三宝絵』底本（東博本）の「船」は、『和漢朗詠集』『和泉式部集』の引用のように「舟」の誤りである可能性が大きい。「船」は上巻、「舟」は中・下巻に偏っているからである。また、底本の「江辺」も「江頭」であった可能性がある。

(17) 本章の範囲を超えるので問題の提示にとどめる。なお、「ちゑのあそびの産物」は、亀井孝（1960）の用語。

(18) 「以呂波耳本へ止／千利奴流乎和加／餘多連曾津祢那／良牟有為能於久／耶万計不己衣天／阿佐伎喩女美之／恵比毛勢須」（大字）という7字区切りを指す。

(19) 小松英雄（1964）参照。

(20) 〈以呂波〉の原形が48字であったという仮説については、亀井孝（1978b）、亀井孝（1986）『言語文化くさぐさ』所収の「〈あめつち〉の誕生のはな

し」の〈訂正をかねて〉、小松英雄(1979)の「参考文献」、小倉肇(2001)など参照。因みに、筆者は、〈以呂波〉は、『涅槃経』の「諸行無常　是生滅法　生滅滅已　寂滅為楽」とともに「花の色は移りにけりないたづらに我が身よにふるながめせしまに」(古今集1・113)の和歌をも踏まえて作成されたのではないかと私に考えている。

(21) 『千字文』の冒頭「天地玄黄」の「天地」がその背景にあったということもあり得るであろう。

(22) 「あめつちの歌四十八首」の冒頭2首と『万葉集』巻1の巻頭歌および古人の「漢詩」を踏まえて作成されていること(表現構造・技巧も含む)が理解されずにいる、という背景があるいはあったのかもしれない。

[補注]

(1) 伴信友が「太為尓歌考」で「於」を補ったとすることについては、すでに岡島昭浩(1996)に指摘があった。旧稿執筆時には失念していたので、ここに記しておく。「「たゐに」と大矢透」(岡島昭浩のWEBページ「日本語の歴史と日本語研究の歴史〈雑文・雑考〉」)。

(2) 注(14)で触れた『和泉式部集』に見られる和歌(268-310)を『新編国歌大観』により掲げておく。

　　　　　　観身岸額離根草、論命江頭不繫舟
268　みる程は夢もたのまるはかなきは　あるをあるとてすぐすなりけり
269　をしへやる人もならなんたづねみん　よしのの山の岩のかけみち
270　観ずればむかしのつみをしるからに　なほめのまへに袖はぬれけり
271　すみのえのまつにとはばやよにふれば　かかる物おもふ折やありしも
272　れいよりもうたてものこそ悲しけれ　わがよのはてになりやしぬらん
273　はかなくてけぶりとなりし人により　雲ゐのくものむつましきかな
274　きえぬともあしたにはまたおくしもの　みならば人をたのみてまし
275　しほのまによものうらうらもとむれど　いまはわが身のいふかひもなし
276　のべみればをばながもとの思草　かれゆく程になりぞしにける
277　ひねもすになげかじとだに有るものを　よるはまどろむ夢もみてしか
278　たれかきてみるべき物とわが宿の　よもぎふあらしふきはらふらん
279　人とはばいかにこたへん心から　物おもふ程になれる姿を
280　にはのまもみえずちりつむこのはくづ　はかでもたれの人かきてみん
281　ねになけば袖はくちてもうせぬめり　身のうき時ぞつきせざりける
282　ををよわみみだれておつる玉とこそ　涙も人のためにはみゆらめ

283　花をみて春は心もなぐさみき　紅葉の折ぞ物はかなしき
284　なにはがたみぎはのあしにたづさはる　ふねとはなしにある我が身かな
285　れいよりもしぐれやすらん神無月　袖さへとほる心ちこそすれ
286　たらちめのいさめしものをつれづれと　詠むるをだにとふ人もなし
287　るりのちと人もみつべしわがとこは　涙の玉としきにしければ
288　くれぬなりいくかをかくて過ぎぬらん　入あひのかねのつくづくとして
289　さをしかのあさたつ山のとよむまで　なきぞしぬべきつまこひなくに
290　命だにあらばみるべき身のはてを　しのばん人もなきぞ悲しき
291　野辺に出づるみかりの人にあらねども　とりあつめてぞ物はかなしき
292　ちりのゐる物とまくらはなりぬめり　なにのためかはうちもはらはん
293　をしとおもふをりやありけむありふれば　いとかくばかりうかりける身を
294　ろもおさで風にまかするあま舟の　いづれのかたによらんとすらん
295　すみなれし人かげもせぬわが宿に　有明の月のいくよともなく
296　れいならずねざめせらるる比ばかり　空とぶ雁の一こゑもがな
297　はるたたばいつしかも見むみ山辺の　かすみにわれやならんとすらん
298　えこそなほうき世とおもへどそむかれぬ　おのが心のうしろめたさに
299　のきばだにみえずすがけるわがやどは　くものいたまぞあれはてにける
300　ほどふれば人はわすれてやみにけむ　契りし事を猶たのむかな
301　とやまふくあらしの風のおときけば　まだきに冬の奥ぞしらるる
302　りんだうの花とも人を見てしかな　かれやははつるしもがくれつつ
303　にほどりのしたの心はいかなれや　みなるる水のうへぞつれなき
304　つゆをみて草葉のうへとおもひしは　時まつ程の命なりけり
305　なにのためなれるわが身といひがほに　やくとも物のなげかしきかな
306　かぎりあればいとふままにもきえぬ身　いざ大方は思ひすててん
307　さなくてもさびしきものを冬くれば　よもぎのかきのかれはてにして
308　るいよりもひとりはなれてしる人も　なくなくこえんしでの山道
309　吹く風のおとにもたえてきこえずは　雲のゆくへをおもひおこせよ
310　ねしとこに玉なきからをとめたらば　なげのあはれと人もみよかし

この一連の和歌によって、『三宝絵』序に引く古人の「漢詩」は「身を観ずれば岸の額に根を離れたる草、命を論ずれば江の頭に繋が不る舟」と訓読されていたことが知られる。

(3)「頭韻・脚韻」という用語をここでは拡張して用いている。本来の術語の用法ではないことをお断りしておく。

[引用文献]

大矢　透(1918)　『音図及手習詞歌考』（大日本図書，勉誠社 1969 復刻）
岡島昭浩(1996)　「「たゐに」と大矢透」（WEB ページ「日本語の歴史と日本語研究の歴史〈雑文・雑考〉」）
小倉　肇(1998)　「サ行子音の歴史」，『国語学』195）
─────(2001)　「「衣」と「江」の合流過程──語音排列則の形成と変化を通して──」（『国語学』204）
亀井　孝(1960)　「〈あめつち〉の誕生のはなし」（『国語と国文学』37-5），亀井孝（1986）再録
─────(1978b)「いろはうた」（月刊『言語』言語空間，12 月号）
─────(1986)　『言語文化くさぐさ』（『亀井孝論文集 5』吉川弘文館）
亀井孝・河野六郎・千野栄一(1996)『言語学大辞典第 6 巻　術語編』（三省堂）
小松英雄(1964)　「阿女都千から以呂波へ──日本字音史からのちかづき──」（『国語研究』19），小松英雄（1971）再論
─────(1971)　『日本声調史論考』（風間書房）
─────(1973)　「《大為尔歌》存疑」（『国語学』95）
─────(1979)　『いろはうた　日本語史へのいざない』（中央公論社，講談社 2009 復刊）
─────(1990)　「五音と誦文」（『日本語学』9-2）
─────(1994)　『やまとうた　古今和歌集の言語ゲーム』（講談社，笠間書院 2004 全面改稿版）
─────(2004)　『みそひと文字の叙情詩　古今和歌集の和歌表現を解きほぐす』（笠間書院，『やまとうた』1994 の全面改稿版）
伴　信友　　　　「太為尔歌考」（『比古婆衣』，『日本随筆大成第 2 期巻 7』1928 ／『伴信友全集第 4 巻』国書刊行会 1907）
幼学の会編(1997)『口遊注解』（勉誠社）

10. 〈あめつち〉から〈いろは〉へ
——日本語音韻史の観点から——

1 はじめに

　過去の言語を研究するためには、当然のことながら文献を扱わなければならない。文献に記された文字言語を通して、言語（口頭語）の変遷の様相を捉え、その歴史を明らかにするという手続きが必要となる。正しい文献学的操作（アプローチ）によって、ことばの歴史に迫ることができるわけである。そもそも、文献は、言語研究のために残されているわけではない。残された文献を言語研究の資料として用いるわけであるから、文献と資料とは同じではあり得ない。所与の文献が言語研究のための資料となりうるかどうかは、その研究の目的・方法による。まず我々の前にあるのは文献であって、資料ではないということを自覚することから研究が始まる。文献との対話を通して、そこに投影された「ことば」の様相を明らかにするという真摯な姿勢が求められているのである。また、言語史は「ことば」の単なる変化の歴史ではない。変化の動因を明らかにしなければ、そして、その変化を体系内に位置づけなければ、言語史にはなり得ない。言語は言うまでもなく体系的存在であるから、一見変化していないように見える事象でも、体系が変化すれば、その体系内での位置（価値）は変化する。変化ばかりに注目していても、「ことば」の歴史には迫れないということである。日本語の歴史には、実は未解決の問題が数多く残されている。正しい文献学的なアプローチによって、新しい事実が今後いくつも明らかにされることになるであろう。本章では、以上のような視点に立って、日本語の史的変化の上で、すでに通説となっているア行「衣 (e)」とヤ行「江 (je)」の合流の問題を取り上げることにする。まず、従来扱われてきた諸「資料」を、所与の「文献」として正しく位置づけ、それぞれの文献との対話を通して明らかとなった事象をもとに、変化の動因を探り、通説とは異なった合流時期・合流過程を描き出してみたい。[1]

2　源順の「あめつちの歌四十八首」

　平安時代中期の歌人・漢学者で、和漢の才に優れた源順（911-983）は、承平年間（931-938）に『和名類聚抄』を編纂し、また梨壺の五人の一人として『後撰和歌集』の編纂と『万葉集』の解読に携わった。源順は、知的な遊びを特に好んだようで、馬の毛の名を詠み込んだ『源順馬毛名合（うまのけのなあわせ）』や『源順集』に収められた「双六盤の歌」、「碁盤の歌」と呼ばれる図面の形に並べられた和歌など、いわゆる遊戯的な作品を多く残している。「双六盤の歌」の直前には「あめつちの歌四十八首」と題する一連の歌が収められている。その題詞を見ると、

　　あめつちの歌四十八首。もと藤原の有忠（ありただ）、あざな藤あむ、詠める返しなり。もとの歌は、上（かみ）のかぎりに、その文字を据ゑたり。返しは下（しも）にも据ゑ、時をも分かちて詠めるなり。

とあって、この「あめつちの歌四十八首」（以下〈あめつちの歌〉と略称）は、藤原有忠と源順との間で行なわれた「知的な遊び」（ことば遊び）の一つであることが分かる。源順の歌は、有忠への「返し」として作られているので、有忠の歌よりもさらに高度な（難易度の高い）技巧が要求されている。それを具体的に表明しているのが、この「題詞」である。有忠の歌は、残念ながら現存していないが、有忠は〈あめつち〉の文字を上の句の始めに置いて詠んだだけのものであったのに対し、源順のものは、上の句の始めと下の句の終わりにその文字を置き（沓冠の形式）、さらに「四季」の部立てをすることによって、歌の内容を限定するという、自ら厳しい制約を課していることが知られる。この〈あめつちの歌〉とは、以下のようなものである（「西本願寺本」により、明らかな誤りを訂正し、表記は適宜改めて示す）。

　　　　春
1　あらさじと　打ち返すらし　小山田の　苗代水に　ぬれてつくるあ
2　めも遙（はる）に　雪間も青く　なりにけり　今こそ野辺に　若菜摘みてめ
3　つくば山　咲ける桜の　匂ひをば　入りて折らねど　よそながら見つ
4　ちぐさにも　ほころぶ花の　にしきかな　いづら青柳　ぬひし糸すぢ

5	ほのぼのと	明石の浜を	見渡せば	春の浪わけ	出づる船のほ
6	しづくさへ	梅の花笠	しるきかな	雨にぬれじと	君や隠れし
7	そこ寒み	むすびし氷	うちとけて	今やゆくらん	春のたのみぞ
8	らにも枯れ	菊も枯れにし	冬のよの	もえにけるかな	さほ山のつら

夏

9	やまも野も	夏草しげく	成りにけり	などかまだしき	宿のかるかや
10	まつ人も	見えぬは夏も	白雪の	猶ふりしける	越のしらやま
11	かた恋ひに	身を焼きつつも	夏虫の	あはれわびしき	物を思ふか
12	はつかにも	思ひかけては	ゆふだすき	かもの川浪	立ちよらじやは
13	みをつめば	物思ふらし	時鳥	なきのみまどふ	五月雨のやみ
14	ねを深み	まだあらはれぬ	あやめ草	人をこひぢに	えこそ離れね
15	たれにより	祈る瀬々にも	あらなくに	浅くいひなせ	大幣にはた
16	には見れば	八百たち生ひて	枯れにけり	辛くしてだに	君が訪はぬに

秋

17	くれ竹の	夜寒に今は	なりぬとや	かりそめ臥しに	衣かた敷く
18	もがみ川	稲舟のみは	通はずて	下り上りなほ	さわく葦がも
19	きのふこそ	行きて見ぬほど	いつの間に	移ろひぬらん	野辺の秋はぎ
20	りうたうも	名のみなりけり	秋の野の	千草の花の	香には劣れり
21	むすび置きて	白露をみる	ものならば	夜光るてふ	玉もなにせむ
22	ろもかぢも	舟もか通はぬ	天の川	七夕わたる	ほどやいくひろ
23	この葉のみ	降りしく秋は	道をなみ	渡りぞわぶる	山川のそこ
24	けさ見れば	移ろひにけり	をみなへし	我にまかせて	秋ははや行け

冬

25	ひを寒み	氷もとけぬ	池なれや	上はつれなき	深き我がこひ
26	とへと言ひし	人はありやと	雪分けて	尋ね来つるぞ	三輪の山もと
27	いづことも	いさや白浪	立ちぬれば	下なる草に	かける蜘蛛のい
28	ぬるごとに	衣をかへす	冬の夜の	夢にだにやは	君が見え来ぬ
29	うちわたし	待つ網代木に	糸氷魚の	絶えて寄らねば	なぞや心う
30	へみゆみの	春にもあらで	散る花は	雪かと山に	入る人に問へ

31	**すみ**山の	燃えこそまされ	冬 寒 み	ひとりおき火の	夜は寝も寝ず
32	**ゑ**こひする思	君がはし鷹	霜枯れの	野にな放ちそ	早く手に据**ゑ**
33	**ゆ**ふされば	いとどわびしき	大 井 川	篝火なれや	消えかへり燃**ゆ**
34	**わ**すれずも	おもほゆるかな	朝な朝な	しが黒髪の	寝くたれのた**わ**
35	**さ**さがにの	寝をだに安く	寝ぬころは	夢にも君に	あひ見ぬが憂**さ**
36	**る**り草の	葉に置く露の	玉をさへ	物思ふ時は	涙とぞな**る**
37	**お**もひをも	恋をもせじの	みそぎすと	人形なでて	はてはてはし**お**
38	**ふ**く風に	つけても人を	思ふかな	天つ空にも	有りやとぞ思**ふ**
39	**せ**は淵に	五月雨川の	成りゆけば	身をさへ海に	思ひこそませ
40	**よ**し野川恋	底の岩波	いはでのみ	苦しや人を	いはで思ふ**よ**
41	**え**も言はで	恋のみまさる	我が身かな	いつとや岩に	生ふる松の**え**
42	**の**こりなく	落つる涙は	つゆけきを	いづらむすびし	草村のし**の**
43	**え**も堰かぬ	涙の川の	はてはてや	しひて恋しき	山は筑波**え**
44	**を**ぐら山	おぼつかなくも	あひぬるか	鳴く鹿ばかり	恋しきもの**を**
45	**な**きたむる	涙は袖に	満つ潮の	ひる間にだにも	相見てしか**な**
46	**れ**ふしにも	あらぬ我こそ	逢ふことを	ともしの松の	燃え焦がれぬ**れ**
47	**ゐ**ても恋ひ	臥しても恋ふる	かひもなみ	かくあさましく	見ゆる山の**ゐ**
48	**て**る月も	漏るる板間の	あはぬ夜は	ぬれこそまされ	かへす衣**で**

　この〈あめつちの歌〉から最初の一文字（または最後の一文字）を集めてみると、

　　あめ　つち　ほし　そら　やま　かは　みね　たに　くも　きり　むろ
　　こけ　ひと　いぬ　うへ　すゑ　ゆわ　さる　おふ　せよ　えの　えを
　　なれ　ゐて

となる。これが〈あめつち〉あるいは〈あめつちの詞〉と呼ばれているものである。

3 〈あめつち〉の原形

　ところで、〈あめつち〉について、小松英雄（1973）は、「具体的内容を知る手がかりは、『源順集』と『相模集』との二つしかない。そのうち、『相模集』の方は、（中略）二十四字をとどめているにすぎないから、実際には、『源順集』が、唯一のたよりである。しかしながら、そこからみちびきだされた形が、この誦文の原形であるという保証は、もちろん、ないのである」と述べている。

　そこで、24字（12首）をとどめているにすぎない『相模集』の〈天地〉(3)について検討を加え、『源順集』の48首から導き出された〈あめつち〉が「この誦文の原形である」かどうか考えてみよう。〈あめつち〉の原形をしっかりと確認しておくことは、出発点の基礎となる大切な事柄だからである。『相模集』の〈天地〉は、以下のようになっている。

　ある所に、庚申の夜、天地をかみしもにてよむとて、よませし、十六

　　　　　　春
(1) **あ** さ 緑　　春めづらしく　　ひとしほに　　花の色増す　　紅の **あ**
(2) **つ** きもせぬ　子の日の千代を　君 が た め　まづひきつれむ　春の山 **み** ち
(3) **ほ** かよりは　のどけきやどの　庭 ざ く ら　風 の 心 も　そらによくらし
(4) **そ** の 方 と　ゆくへ知らるる　春 な ら ば　せきすゑてまし　春日の野 **は** ら
　　　　　　夏
(5) **や** ど 近 き　卯の花かげは　なみなれや　思ひやらるる　ゆきの白 **は** ま
(6) **か** たらはば　をしみなはてそ　時 　 　 鳥　聞きながらだに　飽かぬこゑを **ば**
(7) **み** しま江の　玉江の真菰　夏 か り に　しげく行きかふ　をちこちのふね
(8) **た** きつ瀬に　よどむ時なく　禊 ぎ せ ん　汀すずしき　今日のなごしに
　　　　　　冬
(9) **む** しのねも　秋過ぎぬれば　草 む ら に　こりゐる露の　霜むすぶころ
(10) **こ** の葉漏る　時雨ばかりの　ふるさとは　軒の板間も　あらしとをふけ
(11) **え** こそ寝ね　冬の夜深く　寝ざめして　さえまさるかな　袖のこほりの
(12) **え** だ 寒 み　つもれる雪の　消えせねば　冬はみるかな　花のときは **を**

この『相模集』の〈天地〉も沓冠歌の形式を取ってはいるが、1首で2文字を詠み込んでいるところが『源順集』と相違する点である。『相模集』でこのような「沓冠」の形式が取られているのは、〈あめつち〉が「あめ（天）」「つち（地）」のような2音節名詞の組み合わせを基本としていることが、その背景にあったと考えられる。すなわち、〈あめつち〉の「もじ」を詠み込むのではなく、「ことば」として詠み込んでいるということである。この『相模集』の〈天地〉から最初と最後の1文字を集めてみると、

　　あめ　つち　ほし　そら　やま　かは　みね　たに　むろ　こけ　えの　えを

となっている。
　現存の『相模集』の題詞には、「十六」とあるが、実際には12首しかなく、しかも四季の「秋」が欠落していることは注目される。従って、元の形（祖本の形）は「春夏秋冬」の四季それぞれに4首ずつあった（4×4＝16首）と考えるのが自然であろう。
　「春」は「あめ・つち・ほし・そら」、「夏」は「やま・かは・みね・たに」となっていて、源順の〈あめつちの歌〉の16首目までに該当し、〈季節〉も〈語句〉の順序も一致している。そこで、これ以降も同様であったとすれば、「夏」の(8)「たに」と「冬」の(9)「むろ」の間に「秋」に該当する「くも・きり」の2首の歌（源順の17～20に該当する歌）があったと推定される。
　さらに、「冬」にある(9)「むろ」と(10)「こけ」は、内容から見て晩秋から初冬にかけての歌と解されるので、季節の移行の歌として「秋」の後半に入っていても、不自然ではない（因みに、源順の「むろ・こけ」(21～24)は「秋」の歌として作成されている）。従って、「冬」の(9)「むろ」と(10)「こけ」の2首を「秋」に移すことができる。そうすると、「秋」には「くも・きり・むろ・こけ」の4首があったことになる。「冬」は「えの・えを」が残るので、その後に「なれ・ゐて」の2首（源順の45～48）があったと推定できる。以上をまとめると、次のようになる（網掛けは欠落、下線は移したもの）。

「春」あめ・つち・ほし・そら　　「夏」やま・かは・みね・たに
「秋」くも・きり・むろ・こけ　　「冬」えの・えを・なれ・ゐて

　このように考えるならば、現存の『相模集』（浅野家本）の「十六（首）」と「秋」の欠落がうまく説明されることになる。
(4)

　『相模集』の〈天地〉が、このような32字の誦文として再建されるとすれば、源順の〈あめつちの歌〉から得られる48字の誦文とは大きく相違していることになる。すなわち、『相模集』の〈天地〉には、「秋」と「冬」の間——実際には、(10)「こけ」と(11)「えの」の間——に、「ひと・いぬ・うへ・すゑ・ゆわ・さる・おふ・せよ」の8首（16字）が欠落していると見なされるからである。

　〈あめつち〉が平安後期の女流歌人相模の時代には32字の誦文として、いわば崩れた形で伝えられていたという可能性も完全には否定できないが、「借名文字」すなわち「文字表（syllabary）」としての性格を失わずにいたからこそ〈あめつち〉が長く伝承されて行ったとすれば、やはり、そこに16字の欠落を認めるのが自然である。従って、この欠落は、偶然ではなく、むしろ意図的なものという可能性が大きいと考えられる。「春夏秋冬」の四季（4部）に分け、それぞれ4首ずつで詠もうとすれば、16首（32字）にしかならないことは初めから分かっているので、この方式で必要な24首（48字）には、最初から足りないことは明らかであったはずだからである。
(5)

　源順の〈あめつちの歌〉のように「時をも分かちて」とあっても、実際には「春夏秋冬」のあとに「思」と「恋」が加わって6部の構成になっているので、この『相模集』でも、そのつもりで作成された（詠まれた）という可能性は考えられる。つまり、現在の「冬」の「えの・えを・(なれ・ゐて)」は「恋」に、「冬」は「ひと・いぬ・うへ・すゑ」、「思」は「ゆわ・さる・おふ・せよ」という形で全てを詠もうとした、ということである。しかし、現在見られる(11)(12)の「えの・えを」の歌は、明らかに「冬」の歌として作られているので、全体が6部構成として作られたとは考えられない。恐らく、「ある所に〜よませし」という題詞からも窺われるように、この〈天地〉の歌は、いわば即興的に歌われたために——〈あめつちの歌〉のよ

うに、全体を計算して周到に作られたものではないので——、このような形でも十分にその目的を果たしたと考えるべきなのであろう。言い換えれば、〈あめつち〉の全ての「もじ」を詠み込むという意図は最初からなく、「天地をかみしもにてよむ」こと自体が目的であったということである。例えば、『夫木和歌抄』に、「あめつちのもじの歌」「あめつちのもじを上下におきてよめる」として、『源順集』の〈あめつちの歌〉の中から（任意の）1首を掲載するのと、ある意味で同じであると考えられる[6]。従って、『相模集』では、〈あめつち〉の全ての「もじ」を詠み込むという意図は最初からなく、〈あめつち〉の「ことば」を「かみしもにてよむ」こと自体が目的であったとすれば——すなわち、〈あめつち〉の全ての「もじ」を詠み込むということが、最初から放棄されているとすれば——、中途か末尾を省かざるを得ないことになる。「天地をかみしもにてよむ」のであるから、冒頭を省くわけにいかないので、「春」から「秋」まで詠み、中途を省き、「冬」で「えの・えを・なれ・ゐて」として締め括ったものと考えられる。小松英雄（1979）の述べるように「出来ばえのよいものだけを残したということではない」と考える。ただし、このような推定は、現存の『相模集』（浅野家本）ではなく、再建された〈祖本〉に基づくものであることは言うまでもない。

　〈あめつち〉の誦文の全体を知る手がかりは、実際には『源順集』の〈あめつちの歌〉しかない。しかし、24字（12首）をとどめているにすぎない『相模集』の〈天地〉を検討した結果、『源順集』から得られる48字の〈あめつち〉の誦文と『相模集』の〈天地〉は同じである蓋然性の極めて高いことが明らかとなった。従って、『源順集』の〈あめつちの歌〉から得られる48字の〈あめつち〉の誦文が、この誦文の原形であるという、一つの「保証」が得られたのではないかと考える。

4　〈あめつち〉の解釈

　さて、このような〈あめつち〉とは、どのような内容（意味）を持つ誦文なのであろうか。大矢透（1918）は、「天（あめ）・地（つち）・星（ほし）・空（そら）・山（やま）・川（かは）・峰（みね）・谷（たに）・雲（くも）・霧（きり）・室（むろ）・苔（こけ）・人（ひと）・犬（いぬ）・上（うへ）・末（すゑ）・硫黄（ゆわ）・猿（さる）」、「おふせよ」以下は、「生育（おふ）

せよ・榎(え)の枝を・慣(な)れ居(ゐ)て」と解し、これが現在のほぼ通説になっている。

中田祝夫(1957)は、大矢透の解釈に対し「負ふ・為よ・江の(良箆?)・衣を(愛男?)・汝・偓」という解釈を示した。これを受けて、馬渕和夫(1971)は、「良箆」を「江野」と改め、「偓」は「率(ゐで)て」であった可能性を認めている。

また、小松英雄(1979)は、

> もし、たとえば、「ゆわさる／をのふえ／……」というように、最初からの構成原理をその限界まで押し通したとしたら、あとに残された仮名の一群を、なんらかの秩序のもとに排列することは不可能であった。そこで、かれは「ゆわさる」というところで見切りを付けて、それ以上に深追いをせず、残された十二の仮名を、いかにも日本語らしい響きでまとめたということではないであろうか。もとより、だれかがそれに自由な解釈を与えたとしても、その解釈を拒否するつもりはなかったであろう。

との見解を示している。小松英雄によれば、「おふせよ」以下の大矢透の解釈は、「その見せかけの文法性に導かれて――あるいは幻惑されて――」なされたものであるということになる。また、中田祝夫、馬渕和夫の解釈は、2音節名詞の組み合わせという構成原理が最後まで貫かれていることを前提とした解釈であるが、「なんらかの秩序のもとに排列」されていると見なすには、やはり無理があると見なされる。「おふせよ」以下は、2音節名詞の組み合わせという構成原理が放棄され、「いかにも日本語らしい響きでまとめた」とする見解が妥当であると考えられる。

ところで、〈あめつち〉の「おふせよ」以下が「いかにも日本語らしい響きでまとめ」られたものであるとしても、「えのえを」(41～44)という箇所は、どのように考えたらよいのであろうか。大矢透は、「榎(え)の枝(え)を」と解釈し、ア行「衣」とヤ行「江」が区別されていたことの反映であると考えている。これを受けて、〈あめつち〉の成立段階では、ア行「衣(e)」とヤ行「江(je)」が区別されていたとするのが現在の通説となっている。

5 ア行「衣」とヤ行「江」の語音排列則

ここで、ア行「衣（e）」とヤ行「江（je）」について検討してみることにしよう。奈良時代では、以下の（1）（2）の二系列の〈万葉仮名〉が使い分けられている。//内は中国漢字音(7)（中古音と呼ばれる。声調は省略する）。

(1) 衣 /iʌi/、依 /iʌi/、愛 /ʌi/、哀 /ʌi/、埃 /ʌi/、亜 /a/、翳 /ei/、娃 /ɐ/

(2) 延 /jian/、叡 /jiuai/、曳 /jiai/、要 /jiau/、遥 /jiau/、裔 /jiai/、縁 /jiuan/、穎 /jiuaŋ/、睿 /jiuai/

(1)はア行下二段動詞「得る」の未然形・連用形、「可愛（エ）」「蝦夷（エミシ）」「榎（エ）」「荏（エ）」「桟（エツリ）」など、(2)はヤ行下二段動詞「絶ゆ」、助動詞「ゆ・らゆ」などの未然形・連用形、「江（エ）」「枝（エ）」「兄（エ）」「笛（フエ）」「稗（ヒエ）」「鵐（ヌエ）」などの表記に用いられ、中国漢字音の面からも、(1)がア行「衣（e）」、(2)がヤ行「江（je）」であることが知られる。

また、奈良時代では、母音音節は語頭（形態素の初頭）にしか立たなかったので、ア行「衣」とヤ行「江」は、次のような分布をなしていた。

	語頭	非語頭
「衣」	e-	×
「江」	je-	-je-

院政期には、東禅院心蓮『悉曇口伝』の「エト者以❀(i)穴呼❀(i)而終ニ垂舌端則成エノ音也」の記述から、ア行「衣」とヤ行「江」は合流して、語頭において［je-］となっていたことが知られている。また、室町末期のキリシタン文献のローマ字表記でも ye となっている。従って、語頭における［e-］：［je-］の対立が解消され、［e-］＞［je-］の変化が起きて、ア行「衣」はヤ行「江」に統合されたと推定され、その時期は、訓点文献などの混同例から天暦（947-957）以降と考えられている(8)。すなわち、奈良時代・平安時代前期から平安時代中期にかけて、次のような変化が起こったことになる。

	奈良時代・平安時代前期		平安時代中期	
	語頭	非語頭	語頭	非語頭
「衣」	e-	×	je-	-je-
「江」	je-	-je-		

　ところで、源順の編纂した『和名類聚抄』(931-938) の「衣」と「江」の用法について、馬渕和夫 (1971) は「語頭には「衣」を用い、語中には「江」を用いるという傾向が歴然として」いるという注目すべき事実を指摘した。また、『和名類聚抄』と同時代の『土左日記』(935) においては、池田亀鑑 (1941) によって「貫之自筆本の仮名の推定が大体正しいとすれば、(中略) 貫之自筆本に於ては、あ行の「え」とや行の「え」とは区別せられ、前者には「衣」後者には「江」のみが専用せられてゐる」という指摘がなされている。さらに、この『土左日記』の区別について再調査した遠藤和夫 (1972) は、青谿書屋本『土左日記』において、

　【松ノ】もとことになみうちよせ　衣たことにつるそ　とひかよふ
　　　　　　　　　　　　　　　　　　　　　　　　　　（承平五年一月九日）

のように、ヤ行「江」と考えられる「枝」が「衣た」とア行「衣」で表記されるという「異例」が存在すること、さらに、『和名類聚抄』と同じように「語頭には「衣」を用い、語中には「江」（または「へ」）をかくといふ傾向」のあることを指摘している。^(補注1)

　以上のように、平安中期の『和名類聚抄』や『土左日記』において、ア行の「衣」とヤ行の「江」は、語頭：「衣」、語中：「江」という特異な分布をなすことが確認されるのである。そして、ここで注目すべきは、『土左日記』において、ア行 [e] とヤ行 [je] の書き分けの「異例」が１例見られることである。この異例（「衣た」）は、語頭の例であること、しかも、ヤ行 [je-] ＞ア行 [e-] の変化であって、通説のア行 [e-] ＞ヤ行 [je-] とは逆の変化を示していることは重要である。すなわち、ア行「衣」とヤ行「江」の合流は、通説のような [e-] ＞ [je-] という単純な変化ではなく、語頭：[e-]、非語頭：[-je-] の過程を経た変化であることが推測されるか

らである。従って、ア行「衣」とヤ行「江」は、

	奈良時代・平安時代前期		平安時代中期	
	語頭	非語頭	語頭	非語頭
「衣」	e-	×	e-	×
「江」	je-	-je-	×	-je-

のように、奈良時代・平安時代前期の語音排列則（phonotactics）が変化して、平安時代中期には新たな語音排列則（語頭：[e-]、非語頭：[-je-]）の形成されたことが推定されることになる。

6 〈あめつちの歌〉とア行「衣」・ヤ行「江」

　〈あめつち〉の「えのえ」、すなわち、ア行「衣（e）」とヤ行「江（je）」の区別は、源順の〈あめつちの歌〉において、どのような現れ方をしているのであろうか。ここで詳しく検討してみよう。

41　えも言はで　恋のみまさる　我が身かな　いつとや岩に　生ふる松のえ
42　のこりなく　落つる涙は　つゆけきを　いづらむすびし　草村のしの
43　えも堰（せ）かぬ　涙の川の　はてはてや　しひて恋しき　山は筑波え

　41、43の句頭「え」は、いずれも「え……否定（で／ぬ）」の形式を持つ〈副詞〉であるから、ア行「衣（e）」と推定される。また、句末の「え」について見ると、41の句末「え」は「松の枝」、43は「筑波え」の助詞「え」(9)で、いずれもヤ行「江（je）」と推定される。従って、沓冠歌として作成された〈あめつちの歌〉では、句頭・句末に据えられた「えのえ」の二つの「え」は、句頭はア行「衣」、句末はヤ行「江」で、いずれも区別がなかったことになる。ただし、41、43ともに、1首単位で見ると、いずれも「え（e）……え（je）」という句頭と句末のペアで、ア行「衣」とヤ行「江」の区別をしていると認められる。しかし、〈あめつち〉の「えのえ」を詠み込むことと、「え」の2音を区別して詠むこととは、異なったレヴェルの問題で、

やはりこれでは〈あめつち〉を詠み込んだことにはならない。従って、源順は〈あめつちの歌〉において、〈あめつち〉の「えのえ」における二つの「え」を全く等価の文字として処理していることになる。しかし、すでに見たように、源順は、『和名類聚抄』において、語頭：ア行「衣」、非語頭：ヤ行「江」という語音排列則に従っていることが確認されている。とすれば、源順の〈あめつちの歌〉において、ア行「衣」とヤ行「江」の区別がなされていないことと、『和名類聚抄』などに見られる語音排列則とが、どのような関係にあるのか問題となるはずである。

ところで、先に、41 の「松のえ」の「え」は、「枝」であるからヤ行 [je] と推定したのであるが、実は、この推定には問題があった。というのは、「松のえ」が 1 語ではないかぎり、この「え」は、『土左日記』で「枝」が「衣た」と表記されているように、語頭の「衣」、すなわち、ア行 [e] と推定されるからである。従って、43 の句末の「え」はヤ行の「江 (je)」と推定されるので、〈あめつち〉の「えのえ」は、句頭ではなくて、句末に置かれた「え (e) のえ (je)」で区別されていることになる。〈あめつちの歌〉の 41、43 の句末における、語頭：ア行 [e]、非語頭：ヤ行 [je] は、『和名類聚抄』の語頭：ア行「衣」、非語頭：ヤ行「江」と全く同じ分布を示すこととなり、作者が同じ源順であるから、当然と言えば当然であるが、同じ語音排列則に従っていることが確認されることになるのである。[10]

〈あめつち〉の制作者・成立年代は、残念ながら明らかではない。「えのえ」の箇所が、大矢透 (1918) の解読の如く「榎の枝」としても、また小松英雄 (1979) の説くように「いかにも日本語らしい響きでまとめたということ」であるとしても、「えのえ」は 1 語とは認められないので、いずれの「え」も語頭に位置するものと考えざるを得ない。とすれば、この〈あめつち〉は、ア行「衣」とヤ行「江」が語頭での対立を保っていた時代に成立したことになる。すなわち、大矢透の解読に従えば、「榎」と「枝」という最小対立語対として、音韻論的には /'e/ : /'je/ と解釈されることになるわけである。

さて、もし、源順が語頭においてア行 [e-]：ヤ行 [je-] の対立を持って

いたならば、〈あめつちの歌〉の句頭において、それを反映した歌を作らないはずはないと考えられる。また、有忠が「えのえ」の2音を区別して歌に詠み込むことができて、源順ができなかったとは考えられない。言い換えれば、語頭：ア行［e-］、非語頭：ヤ行［-je-］という語音排列則に従うかぎり、句頭でのア行「衣」とヤ行「江」の区別は不可能であったということである。〈あめつち〉を句の上に据えて詠んだ有忠は、「えのえ」の箇所を処理できなかった。すなわち、有忠は二つの「え」を句頭において詠み込んだのであるが、それは発音の上でも、文字の上でも等価なものとして扱われ、〈あめつち〉における「衣」と「江」の区別が全く反映されていなかったわけである。源順は、これを何とか解決したいと考えたのであろう。そこで、源順が選んだ唯一の方法が、〈あめつち〉を「下にも据ゑ」て詠み込むことであった。句末ならば、語音排列則に従って、非語頭に分布するヤ行「江（-je-）」を詠み込むことができるからである。従って、有忠の挑戦を受けて立った源順が「返しは下にも据ゑ、時をも分かちて詠めるなり」という自ら厳しい制約を課したのは「日本語を支配する音韻法則への挑戦」であるとともに「知恵くらべ・技巧くらべ」であることは確かであるが、源順が「沓冠歌」に仕立てた本当の理由は、この「えのえ」の処理にあったと考えられるのである。自ら厳しい制約を課した形に見せながらも、「えのえ」を処理できる位置が句末にしかなかったのであり、それはやむを得ない選択でもあったということである。

　源順の〈あめつちの歌〉も、一見すると、句頭で見れば、有忠と同じように区別できていないことになる。しかし、それはあくまでも〈見せかけ〉であって、実は、句末の「えのえ」で2音を区別している。41、43の句頭に同じ副詞の「え」を持ってきたのも、恐らく、その〈見せかけ〉を強調するための意図的なものと考えてよいであろう。句頭（語頭）の「衣（e-）」であれば、容易に選択できる語が他にあったはずであるが、同じ「え（副詞）」を無造作に重複させているのは、いかにも源順らしくないからである。言い換えれば、そこに、源順の沓冠歌に仕立てた巧みな〈しかけ〉が隠されているということである。従来、この〈見せかけ〉に幻惑されて、源順は「えの

え」の2音の区別をしていないと見なされてきたのであるが、これは源順の巧みな〈しかけ〉に気付かなかった（騙されてしまった）からである。

　ところで、〈あめつち歌〉の原形が、『和名類聚抄』『土左日記』などのように、ア行「衣」、ヤ行「江」の仮名で書き分けられていたとすれば、

41　**衣**も言はで　恋のみまさる　我が身かな　いつとや岩に　生ふる松の**衣**
42　**の**こりなく　落つる涙は　つゆけきを　いづらむすびし　草村のし**の**
43　**衣**も堰かぬ　涙の川の　はてはてや　しひて恋しき　山は筑波**江**

のように、句頭「衣の衣」、句末「衣の江」であったと推定される。そして、源順は「もとの歌は、上のかぎりに、その文字を据ゑたり、返しは下にも据ゑ」と述べているのであるから、かみ（上）としも（下）は、同じ「文字」であると把握されていたはずである。源順にとって——紀貫之・藤原有忠などの同時代の人々を含む——、「衣」と「江」は、同じ「文字」でありながら、語頭「衣」、非語頭「江」として書き分けられ、しかも「発音」を異にする「文字」であったことになる。そして、また、「衣」と「江」は、単独で発音すれば、（語頭の発音として）[e] で実現されていたわけであるから、同じ「文字」と認識されていたとしても一向に不自然ではない。従って、〈あめつち歌〉の原形が句頭「衣の衣」、句末「衣の江」であったとしても、「題詞」とは矛盾しないし、むしろ、そのように表記されていた蓋然性は高いと考えられるのである。

7　ア行「衣」とヤ行「江」の合流過程

　源順にとって、ア行「衣」とヤ行「江」は、全く同音になっていたわけではなく、語頭：ア行 [e-]、非語頭：ヤ行 [-je-] の区別があり、その区別を生かす形で、源順は〈あめつちの歌〉41、43の2首を作成した。「え」に2音の区別があることを十分認識していた上で、〈あめつち〉の「えのえ」の箇所を、語音排列則に従いながら（逆に言えば語音排列則に挑戦しながら）沓冠歌の句末で「え」の2音を詠み込んだことになる。

それでは、語頭：ア行［e-］、非語頭：ヤ行［-je-］という相補分布をなす、この2音は、音韻論的にどのように解釈したらよいのであろうか。この2音を異音（allophone）と解釈することができれば、ア行「衣（e）」とヤ行「江（je）」は、すでに音韻的に統合してしまっていたことになる。このような相補分布をなすア行［e］とヤ行［je］の音韻論的解釈については、現代語のガ行音とガ行鼻濁音の音韻論的解釈が思い合わされる。すなわち、ア行「衣（e）」とヤ行「江（je）」を /'e/ と /'je/ とするか、/'je/（あるいは /'e/）とするかは、丁度、現代語で相補分布をなす［g-］と［-ŋ-］を1音素 /g/ の異音とするか、2音素として /g/, /ŋ/ とするか、という問題と同じだからである。現代語のガ行音・ガ行鼻濁音について、1音素 /g/ と解釈する場合に問題となるのは、語の意味の識別（弁別）に役立っているかどうかという点よりも、むしろ /g/ が非語頭（母音間）で［-ŋ-］になる音声学的な理由がないという点である。これと同じように、ア行「衣」とヤ行「江」を /'e/ と解釈した場合、この /'e/ が非語頭（母音間）で［-je-］になるという音声学的な理由がないことは注意してよい。また、/'je/ と解釈するにしても、語頭において［e-］で実現するという音声学的な理由はないのである。従って、源順の時代には、ア行「衣（e-）」とヤ行「江（-je-）」は /'e/ と /'je/ と解釈され、これが音韻的に統合して /'je/ となるのは、語頭：［e-］、非語頭：［-je-］という語音排列則が変化し、語頭：［je-］、非語頭：［-je-］となった時代を待たなければならないことになる。この統合の時期は、恐らく10世紀（平安中期）末頃であったと推定される。10世紀末ないし11世紀初頭の成立と考えられる『孔雀経音義』の末尾に付載された音図には「イヨヤウユ」とあって、ア行を欠くものの、ア行［e］とヤ行［je］の区別があったとは認められないからである。

　従って、ア行［e］とヤ行［je］は、次のような変化を経て統合したことになる。

10. 〈あめつち〉から〈いろは〉へ　229

	奈良・平安前期		平安中期		平安中期末	
	語頭	非語頭	語頭	非語頭	語頭	非語頭
「衣」	e-	×	e-	×	×	×
「江」	je-	-je-	×	-je-	je-	-je-

8　〈いろは〉〈たゐに〉の 48 字説

　以上のような見解に立つと、〈いろは〉〈たゐに〉の 48 字説も、新たな視点で検討してみる必要がでてくる。
　まず、〈いろは〉48 字説について見てみよう。現存最古の〈いろは〉は、『金光明最勝王経音義』(1079) に見られるのであるが、〈いろは〉の原形について、亀井孝 (1978b) は、以下のような注目すべき仮説を提示した。

　　「いろはうた」も、もしかしたらその原形は四十八字から成っていたかもしれないという仮説である。この仮説がどこまで顧るにあたいするものかどうかはともかく、「いろはうた」にたいしても「いろはにほへどちりぬるを、わがよたれぞえつねならむ……」と、もと"ア行のエ"をこのようにふくんでいた段階をもし想定するならば、すくなくとも今様体として、それがいっそうすっきりとすることだけはたしかであろう。

　すなわち、〈いろは〉の原形は「わかよたれそえつねならむ……けふこえて」のように、ア行「衣」とヤ行「江」を含む 48 字であったという仮説である。この 48 字の〈いろは〉によれば、ア行「衣 (e)」は副詞の「え」で、「わかよたれそえ　つねならむ」のように、句末「え」が次の句とひと続きになる形になっている。従って、このア行「え」が句末にあっても、語頭に位置する「え」と見なされる。また、「けふこえて」のヤ行「え」は動詞「越ゆ」の連用形で、非語頭に位置している。すなわち、ア行「衣」とヤ行「江」の合流過程における、語頭：[e-]、非語頭：[-je-] という語音排列則に、48 字説の〈いろは〉は合致しているのであり、亀井孝説は、蓋然性の高い仮説と評価されるのである。
　次に、〈たゐに〉48 字説を見てみよう。〈たゐに〉は源為憲の編纂した『口遊』の中に出てくる。

大為尓伊天奈徒武和礼遠曾支美女須土安佐利
比由久也末之呂乃宇知恵倍留古良毛波保世与衣
不祢加計奴　謂之借名
　　　　　　文字
　　　今案世俗誦曰阿女都千保之曾里女之訛説也此誦為勝

　　　　　　　　　　　　　　　　　（真福寺本『口遊』書籍門）

　　大矢透（1918）の「意訳」によれば、
　　　田居ニ出デ。菜摘ム我ヲゾ。君召スト。求食リ追ヒ行ク。山城ノ。
　　　打酔ヘル児ラ。藻干セヨ。得船繋ケヌ。
という47字の誦文と認められる。大矢透は原文にない「お（於）」を補った^(補注2)のであるが、小松英雄（1973）は、〈たゐに〉を詳細に検討し、「え船繋けぬ【江】」のように句末にヤ行の「江」を持つ48字の誦文であったことを論証した。これが〈たゐに〉48字説である。さらに、第Ⅰ部第9章（小倉肇2003a）で、〈たゐに〉の作者は、源順の弟子で、『口遊』の作者である源為憲であること、〈たゐに〉は、源順の「あめつちの歌四十八首」の冒頭の2首を踏まえた上で、『万葉集』巻1の巻頭歌をベースとしつつ、源為憲『三宝絵』序の冒頭に引く古人の「漢詩」をも踏まえて作成されていることを明らかにし、構文構造と表現構造から〈たゐに〉の句末は「え船繋けぬ【江】」であったこと——すなわち〈たゐに〉の原形が48字の誦文であったこと——を、小松英雄とは異なった視点から論証した。

　　ところで、この48字説の〈たゐに〉によれば、「えふねかけぬ【え】」のように、句頭「え」は副詞でア行 [e]、句末は〈入り江〉の「え」でヤ行 [je] ということになる。従って、語頭：[e-]、非語頭：[-je-] という語音排列則に合致しているように見えるので、問題はないと考えられそうである。しかし、句末の〈入り江〉の「え」は名詞で、実は、語頭に位置するので、ア行 [e] が重複してしまうことになるのである。

9　語音排列則の変化

　　さて、語頭：[e-]、非語頭：[-je-] という語音排列則は、源順『和名類聚抄』（931-934）、紀貫之『土左日記』（935）などのア行「衣（e）」とヤ行

「江 (je)」の分布から想定されたものであった。ここで検討しなければならないのは、この語音排列則が生きて運用されていた時期的な問題である。〈たゐに〉の成立年代は明らかではないが、〈たゐに〉が採録されている源為憲撰『口遊』は天禄元年 (970) の序文があり、それほど遡らない時期に〈たゐに〉が成立したことは確かであろう。従って、〈たゐに〉が成立した時代には、語頭：[e-]、非語頭：[-je-] という語音排列則が緩くなりかけていた可能性がある。10世紀末にはア行 [e] とヤ行 [je] が合流して、語頭：[je-]、非語頭：[-je-] という新たな語音排列則が形成されるのであって、〈たゐに〉は、いわば旧語音排列則が崩れかけてゆく時代の中にあったと考えられるからである。

　語頭：ア行 [e-]、非語頭：ヤ行 [-je-] という語音排列則が崩れ、語頭：[je-]、非語頭：[-je-] という新たな語音排列則に移行することになるわけであるが、この移行のプロセスは、結局、語頭においての [e-] ＞ [je-] という変化である。ただし、語頭といっても、単語の初頭と単語連接における後接語の初頭とがあって、これらの変化の時期は異なっていたと考えるのが自然である。いずれが早く [e-] ＞ [je-] になったかといえば、非語頭：[-je-] の存在から見て、後接語の初頭の [e-] であったと考えるのが妥当であろう。そして、その結果、語頭：[e-] の境界標示機能（語頭標示機能）が弱められていき、単語の初頭（語頭）の [e-] も [je-] になって、/'e/ ＞ /'je/ の合流が完了したのである。これを図示すると、次のようになる。

	奈良・平安前期 (〜9世紀末)		平安中期 (10世紀初頭)		平安中期 (10世紀中葉)		平安中期末 (10世紀末)	
	語頭	非語頭	語頭	非語頭	語頭	非語頭	語頭	非語頭
「衣」	e-	×	e-	×	e-	×	×	×
「江」	je-	-je-	×	-je-	je-※	-je-	je-	-je-

※後接語の初頭

　以上のような想定に立てば、〈たゐに〉の「えふねかけぬ【え】」の「え」

が〈入り江〉の「江（je）」であることの説明が可能となる。つまり、「江」は語頭であっても、単語連接における後接語の初頭にあるので、語頭：ア行［e］、非語頭：ヤ行［je］という語音排列則が崩れてゆく中で、それが［je］で実現していたとしても不自然ではないからである。この点については、「いろは」の「わかよたれそ【え̥】　つねならむ……けふこえて」では問題とならない。「わかよたれそ【え̥】」の副詞の「え」は、単語連接における後接語の初頭のように見えるが、実際には「わかよたれそ」で切れているわけであるから、「え」は語頭に位置していて問題とはならないからである。

　〈たゐに〉と〈いろは〉は、恐らくそれほど制作時代に開きはなかったであろう。〈いろは〉の原形（48字）は、10世紀後半（970年以降）から10世紀末までに作られた蓋然性が高いと考えられる。そして、〈いろは〉が成立して後に、語頭：［je-］、非語頭：［-je-］という新たな語音排列則に移行し、ア行［e］とヤ行［je］との合流が完了する。

　なお、ア行［e］とヤ行［je］が音韻的に統合して /'je/ となったために、「いろは」の「わかよたれそ【え̥】　つねならむ…けふこえて」、〈たゐに〉の「えふねかけぬ【え̥】」の重複した「え」が削除されて、誦文としての一貫性を保たせた結果が、現在知られている47字の〈いろは〉、46字の〈たゐに〉の姿であるということになる（因みに、現存の〈たゐに〉では「お（於）」も削除されているので46字となっている）。削除された「え」は、〈いろは〉がア行「衣」、〈たゐに〉がヤ行「江」であって、一貫性がないように見える。〈たゐに〉の場合には、/'je/ に統合したのであるから、〈いろは〉のようにア行「衣」の方を削除した方が理にかなっているようである。しかし、〈たゐに〉のように句末の「え」（ヤ行［je］）を削除しても、一向に不自然ではない。句頭の「え」も合流した後には［je］となっていたからである。結局、重複した「え（je）」の削除対象となるのは、誦文として、削除しても不自然にならない方であって、音韻的（音声的）なレヴェルでの問題ではないことを強調しておきたい。

10 おわりに

以上によって、〈あめつち〉〈たゐに〉〈いろは〉の歴史的な関係を示すと、次のようになる。〈*たゐに〉〈*いろは〉は再建形である。

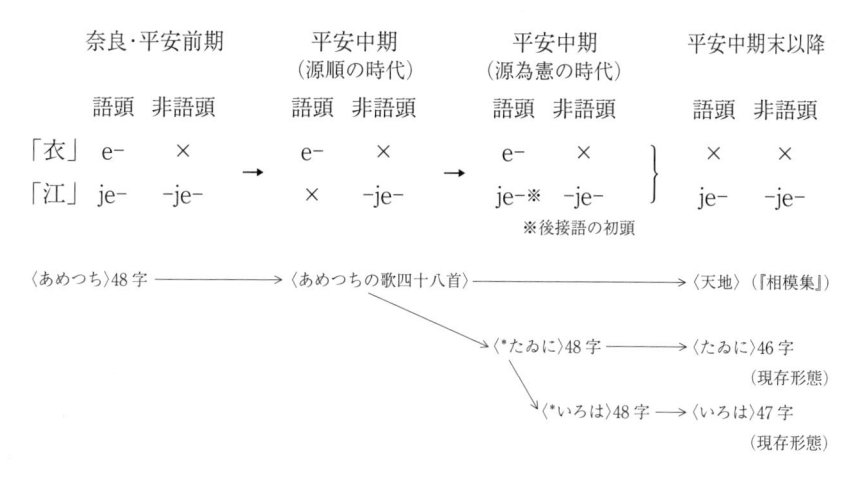

	奈良・平安前期		平安中期 (源順の時代)		平安中期 (源為憲の時代)		平安中期末以降	
	語頭	非語頭	語頭	非語頭	語頭	非語頭	語頭	非語頭
「衣」	e-	×	e-	×	e-	×	×	×
「江」	je-	-je-	×	-je-	je-※	-je-	je-	-je-

※後接語の初頭

〈あめつち〉48字 ──→ 〈あめつちの歌四十八首〉 ──────→ 〈天地〉(『相模集』)

　　　　　　　　　　　　　　　　　　〈*たゐに〉48字 ──→ 〈たゐに〉46字
　　　　　　　　　　　　　　　　　　　　　　　　　　　　　　(現存形態)

　　　　　　　　　　　　　　　　　　〈*いろは〉48字 ──→ 〈いろは〉47字
　　　　　　　　　　　　　　　　　　　　　　　　　　　　　　(現存形態)

[注]

(1) ア行「衣」とヤ行「江」の合流過程についての詳細は、小倉肇 (2001, 2003a) で扱っているので参照されたい。【本書第Ⅰ部第8章、第9章】

(2) 題詞の「藤原有忠、あざな藤あむ」(「西本願寺本」) は、「群書類従本」では「藤原有忠朝臣藤六」とあり、「藤原有忠」=「藤六」ということになる。因みに、藤原輔相の私家集といわれるものに『藤六集』というのがあり、この「藤六」との関係が問題となる。『藤六集』は、全て「物名」(隠し題) からなる和歌が収められていて、知的な遊びという点からも、その関連が考えられるからである。ただし、この『藤六集』が「藤原有忠朝臣藤六」の家集ではない──有忠と藤六とが別の人物として掲げてある──とすれば、源順の〈あめつちの歌〉は、有忠、藤六 (輔相) の二人への「返し」ということになる。ここでは、仮に「藤原有忠」=「藤六」という一人の人物として論を進めてゆく。別の人物であったとしても、以下の論に影響はない。

(3) 浅野家本を底本にした『新編国歌大観』の本文により、表記は適宜改める。( ) 内は仮の通し番号。

(4) 『新編国歌大観』の解題では、「明らかな脱落 (庚申の夜の四季歌中、秋に

当たる四首を脱）も認められる」とするが、単なる「脱落」とは考えられない。
(5) 源為憲の〈たゐに〉の注記による。8節参照。
(6) 『新編国歌大観』による。

　　　あめつちのもじの歌　　　源順
　〇らにもかれきくもかれにし秋ののの　もえにけるかなさほの山づら
　　　　　　　　　　　　　　　　　　　　　　　　　　　（夫木・612）

　　　あめつちのもじの歌　　　順
　〇筑波山さける桜のにほひをば　いりてをらねどよそながらみつ
　　　　　　　　　　　　　　　　　　　　　　　　　　　（夫木・1273）

　　　さみだれ川　未国　あめつちのもじを上下におきてよめる　順
　〇せをはやみ五月雨河の成行けば　みをさへうみにおもひこそなせ
　　　　　　　　　　　　　　　　　　　　　　　　　　　（夫木・11224）

(7) 〈中古音〉は三根谷徹（1993a）による音韻表記。
(8) 築島裕（1969）は「訓点本の世界では、ア行のエとヤ行のエとの区別は、天暦あたりを最下限として、その後は混同したものの如くである」と述べている。
(9) この助詞「え」は、「人の言ふらむことをまねぶらむよ」（枕草子・鳥は）などの「よ」と同じ助詞で、その異形態と考えられる。助詞「え（je）」は、中央語の文献では存在が確認されないが、『万葉集』には、東国方言語形と見なされる「父母え（等知波々江）斎ひて待たね筑紫なる水漬く白玉取りて来までに（万20・4340）」の用例がある。
(10) 源順の「双六盤の歌」では、(1)「駿河なる富士のけぶりも春たてば　霞とのみぞ見えてたなびく」の「え」と (12)「へにかよふるいの岸よりひくつなで　とまりはここととげよなにはえ」の「え」が共有されている。「なにはえ（難波江）」は1語（固有名詞）と見なせるので、いずれも非語頭の「え（je）」であって、矛盾はない。
(11) 小松英雄（1979）p.102
(12) 現代語でも、語頭に表われる「は」と助詞「は」は、「発音」を異にする同じ「文字」であるが、単独で発音すれば同じ「発音」である。「文字」とその表わす「発音（音価）」とは、当然のことながら切り離して考える必要がある。
(13) 西本願寺本では、(41)「盈もいはて…まつの盈」、(43)「江もせかて…つくは江」とあって、句頭・句末とも「盈の江」となっている。祖本では、

句頭「盈の盈」(「衣の衣」)、句末「盈の江」(「衣の江」)であったことを推測させる(「盈」と「衣」は異体字の関係)。

[補注]
(1) 本書第Ⅰ部第8章補注 (1)(2) 参照。
(2) 本書第Ⅰ部第9章で「大矢透が「安佐利[於]比由久」のように、「於」を補ったのは、伴信友が「太為尓歌考」で「於音字本書に脱(オチ)たるを、今こゝに補へて七言の句に調へ、その詞を考へて、しばらく比字の上に補ふ」(『比古婆衣』)とする「考訂」に従ったものであろう」と述べている。その補注(1)も参照。

[引用・参考文献]
池田亀鑑(1941)　『古典の批判的処置に関する研究　第一部』(岩波書店)
遠藤和夫(1972)　「青谿書屋本『土左日記』における「え」のかきわけ」(『国語研究』35)
大矢　透(1918)　『音図及手習詞歌考』(大日本図書, 勉誠社1969復刻)
小倉　肇(2001)　「「衣」と「江」の合流過程—語音排列則の形成と変化を通して—」(『国語学』204)
─────(2003a)「〈大為尓歌〉再考—〈阿女都千〉から〈大為尓〉へ—」(『国語学』212)
亀井　孝(1960)　「〈あめつち〉の誕生のはなし」(『国語と国文学』37-5), 亀井孝 (1986) 再録
─────(1978b)「いろはうた」(月刊『言語』言語空間, 12月号)
─────(1986)　『言語文化くさぐさ』(『亀井孝論文集5』吉川弘文館)
小松英雄(1973)　「《大為尓歌》存疑」(『国語学』95)
─────(1979)　『いろはうた　日本語史へのいざない』(中央公論社, 講談社2009復刊)
─────(1990)　「五音と誦文」(『日本語学』9-2)
塚本邦雄(1980)　「十世紀のアラベスク和歌」(『ことば遊び悦覧記』河出書房新社)
築島　裕(1969)　『平安時代語新論』(東京大学出版会)
中田祝夫(1957)　「平安時代の国語」(改訂版『日本語の歴史』至文堂)
橋本進吉(1950)　『国語音韻の研究』『橋本進吉博士著作集第4冊』(岩波書店)
馬渕和夫(1971)　『国語音韻論』(笠間書院)

三根谷徹(1993a)『中古漢語と越南漢字音』(汲古書院)
幼学の会編(1997)『口遊注解』(勉誠社)

11.「オ(o)」と「ヲ(wo)」、「エ(je)」と「ヱ(we)」、「イ(i)」と「ヰ(wi)」の合流過程
—— w 化、合拗音との関わり ——

1

奈良時代の語音排列則（頭音法則）によれば、母音音節は語頭（形態素の初頭）にしか立たなかったので、ア行「オ (o)」とワ行「ヲ (wo)」およびア行「衣 (e)」とヤ行「江 (je)」は、次のような分布をなしていた。

	語頭	非語頭		語頭	非語頭
「オ」	o-	×	「衣」	e-	×
「ヲ」	wo-	-wo-	「江」	je-	-je-

平安時代後期には、寛智『悉曇要集記』(1075) に「同韻者」として「オコソトノホモヨロ 一韻」とあり、「ワ行のウ・ヲが省かれているので、(中略) ア行のオとワ行のヲが同音であったことが知られ」(馬渕和夫 1971)、東禅院心蓮『悉曇口伝』の「ヲ者以ら(u)穴呼ら(u)ヲ而終＝開唇則成ヲノ音也」の記述から、ア行「オ (o)」とワ行「ヲ (wo)」は合流して、語頭において [wo-] となっていたことが分かる。すなわち、語頭におけるオ [o-]：ヲ [wo-] の対立が解消され（[o-] ＞ [wo-] の変化が起きて）、オ [o-] はヲ [wo-] に統合されたことになる。ア行「オ」とワ行「ヲ」の（語頭の）混同例は、訓点文献によれば、11 世紀初頭になって多く現れることから、10 世紀末あたりまで、語頭においてオ [o-]：ヲ [wo-] の対立を保っていて、11 世紀初頭にその対立を解消して、[wo-] に統合したと考えられている。

238　第Ⅰ部　日本語音韻史

	奈良時代・平安時代前期・中期		平安時代後期	
	語頭	非語頭	語頭	非語頭
「オ」	o-	×	×	×
「ヲ」	wo-	-wo-	wo-	-wo-

（奈良・平安前期中期の欄の右側に統合を示す右波括弧）

　一方、ア行「衣（e）」とヤ行「江（je）」も、語頭における衣 [e-]：江 [je-] の対立が解消され [e-] ＞ [je-] の変化が起き、衣 [e-] は江 [je-] に統合され、[je-] になったことが分かっている。その統合の時期は10世紀末頃と推定されている。[(1)]

	奈良時代・平安時代前期		平安時代中期末	
	語頭	非語頭	語頭	非語頭
「衣」	e-	×	×	×
「江」	je-	-je-	je-	-je-

　従って、オ [o-] とヲ [wo-] の合流過程は、衣 [e-] と江 [je-] のそれに平行していると考えられそうである。衣 [e-] と江 [je-] の合流過程では、本書第Ⅰ部第8章（小倉肇2001）で明らかにしたように、『和名類聚抄』『土左日記』『本草和名』などの「衣」と「江」の分布から、語頭：[e-]、非語頭：[-je-] という語音排列則（phonotactics）が形成されたことが明らかである。すなわち、次のような語音排列則上の変化があったことになる。

	奈良時代・平安時代前期		平安時代中期		平安時代中期末	
	語頭	非語頭	語頭	非語頭	語頭	非語頭
「衣」	e-	×	e-	×	×	×
「江」	je-	-je-	×	-je-	je-	-je-

　オ [o-] とヲ [wo-] の合流過程が衣 [e-] と江 [je-] のそれに平行しているとすれば、オ [o-] とヲ [wo-] についても、次のような語音排列則の変化のあったことが考えられる。

11.「オ(o)」と「ヲ(wo)」、「エ(je)」と「エ(we)」、「イ(i)」と「ヰ(wi)」の合流過程

	奈良時代・平安時代前期		平安時代中期		平安時代後期	
	語頭	非語頭	語頭	非語頭	語頭	非語頭
「オ」	o-	×	o-	×	×	×
「ヲ」	wo-	-wo-	×	-wo-	wo-	-wo-

橋本進吉（1950）は、

> 平安朝に於けるoとwoとが一つに帰して、それが、室町末の西洋人がuoと記した音（その発音はwo）にあたるのは、どうかといふに、これも古代国語では、o一つで成り立つ音は決して語頭以外に来る事無く、之に反してwoは語頭にもそれ以外にも用ゐられたが、woの用ゐられた頻度は比較的に少いけれども、「ほ」（Fo）から変じたwoが語頭以外に甚多くあらはれたから、woは甚優勢となり、語頭のoも之に化せられてすべてwoとなつたか、さもなければ、もとの音はどんなであつても、すべて語頭にはo語頭外にはwoとなつたであらう。かやうにしてoは語頭に用ゐられたとしても、語頭以外にはwoが常に用ゐられ、且つそれが屢用ゐられた為、後には語頭のoも之に化せられてwoとなつたのであらうと思はれる。

と述べ、語頭：オ［o-］、非語頭：ヲ［-wo-］を経て、語頭：ヲ［wo-］、非語頭：ヲ［-wo-］となったと考えている。

確かに「阿女都千」の「おふせよ……えのえを」、「大為尓」の「奈徒武和礼遠曾……安佐利【於】比由久」、「いろは」の「ちりぬるを……うゐのおくやま」などを見ると、語頭：オ［o-］、非語頭：ヲ［-wo-］という分布をなしているのであるが、これらは、語頭：オ、非語頭：ヲのような語音排列則が形成されたという証拠にはならない。もちろん、『和名類聚抄』『土左日記』『本草和名』などにおいても、語頭：オ、非語頭：ヲという分布はなしていない。オ［o-］とヲ［wo-］の合流時期は、衣［e-］と江［je-］に比べて遅かったと推定されるので、『和名類聚抄』『土左日記』などに反映していないとしても、それは当然であるので、語頭：オ、非語頭：ヲという語音排列則が形成されなかったという証拠にはならないのである。

ア行オ [o-] とワ行ヲ [wo-] の（語頭の）混同例は、訓点文献によれば、11世紀初頭になって多く現れることから、10世紀末あたりまでは、語頭においてオ [o-] : ヲ [wo-] の対立を保っていたと考えるのが自然である。従って、「大為尓」や「いろは」のオ [o] : ヲ [wo] という現れ（分布）は、語頭：オ、非語頭：ヲという語音排列則の形成によるものではなく、語頭におけるオ [o-] : ヲ [wo-] の対立を保っていた状態の反映と考えてよい。すなわち、ア行オとワ行ヲにおいては、語頭：オ [o-]、非語頭：ヲ [-wo-] という語音排列則は形成されずに、単語連接における後接語の初頭（語頭）の位置で、オ [o-] ＞ヲ [wo-] の変化が起き、それが単語の初頭（語頭）の位置に及び、11世紀初頭には、その対立を解消して、[wo-] に合流したと推定するのが妥当のようである。合流までの期間は比較的短かったと考えられる。従って、次のような変化があったことになる。

	奈良時代・平安時代前期・中期		平安時代後期	
	語頭	非語頭	語頭	非語頭
「オ」	o-	×	×	×
「ヲ」	wo-	-wo-	wo-	-wo-

それでは、なぜ、語頭：オ [o]、非語頭：ヲ [wo] という語音排列則は形成されなかったのであろうか。まず第一に、衣 [e] : 江 [je] に比して、オ [o] : ヲ [wo] の方が機能負担量が大きかったことが挙げられるであろう。第二に、衣 [e] : 江 [je] に比して、オ [o] : ヲ [wo] の方が合流開始時期が遅かったために、母音音節の語頭標示機能の弱化の流れの中で、語頭：オ [o-]、非語頭：ヲ [-wo-] という語音排列則を形成しても、その語頭標示機能が十分に発揮される状況にはなかったことが考えられる。すなわち、オ [o-] は、それが持っていた語頭標示機能（境界標示機能）を更に強めていくような環境にはなかったわけである。一方、橋本進吉（1950）が「「ほ」(Fo) から変じた wo が語頭以外に甚多くあらはれたから、wo は甚優勢となり」と指摘するように、ヲ [wo] の方は、平安中期に一般化しつつあった w 化（ハ行転呼音：-Φo->-wo-）の流れの中で、非語頭のヲ

[-wo-] を有する語彙が増加したために、/'wo/ の機能負担量は大きくなっていった。[o-] の方は、そのままであったので、/'wo/ に比して /'o/ の機能負担量は相対的に小さくなってしまったと見なされる。そこで、単語連接における後接語の初頭（語頭）の位置で、オ [o-] ＞ヲ [wo-] の変化が起き、それが単語の初頭（語頭）の位置に及び、最終的に /'o/ : /'wo/ の対立を解消して、/'wo/（[wo]）に統合したわけである。

　11世紀初頭の時期に、オ [o] : ヲ [wo] がヲ [wo] に合流したのは、w 化（ハ行転呼音：-Φo- > -wo-）の流れの中で、機能負担量の大きくなったヲ /'wo/ がオ /'o/ を引き寄せて吸収したためと考えてよいであろう。ア行オ [o] とワ行ヲ [wo] の合流時期が、w 化の一般化と重なるのは、これらが連動した変化であると考えられるからである。

2

　さて、ア行オ [o] とワ行ヲ [wo] の合流過程を見てきたのであるが、ここでア行イ [i] とワ行ヰ [wi]、ワ行エ [we] とヤ行エ [je] の合流過程を考えてみよう。

　ア行イ [i] とワ行ヰ [wi]、ワ行エ [we] とヤ行エ [je] の合流時期は、その混用例が平安時代末（院政期末）あたりに顕著に見られることから、オ [o] とヲ [wo] の合流時期に比べて、更に遅れたようである。イ [i] とヰ [wi] が合流して [i] となり、ワ行エ [we] とヤ行エ [je] が合流して [je] となったことは、例えば、高野山宝性院宥快『悉曇字記鈔』（1345-1416）の「アイウエヲノ五音ノ中ニアイウノ三ハ本音也。エヲ二ハ末音也。即エハイノ末音、ヲハウノ末音也。故呼エノ音時ハ必ス音ノ始ニ微細ニ帯スイノ音ヲ。故ニイエト呼ハルル也。呼ヲノ音ヲ時ハ必ス帯スウノ音ヲ呼ルウヲト也」の記述によって推定することができる。すなわち、「アイウノ三ハ本音」とあり、「ヰ」が「必ス帯スウノ音ヲ」とは説かれていないからである。

　従って、以下のような変化が起こったことになる。

	奈良・平安時代前期		平安時代中期末		平安時代末(院政期末)	
	語頭	非語頭	語頭	非語頭	語頭	非語頭
「衣」	e-	×	×	×		
「江」	je-	-je- →	je-	-je- →	je-	-je-
「ヱ」	we-	-we- =	we-	-we- ↗		
「イ」	i-	× →	i-	-i- ↗	i-	-i-
「ヰ」	wi-	-wi- =	wi-	-wi-		

　ところで、オ［o］とヲ［wo］は［wo］に、イ［i］とヰ［wi］は［i］に、ヤ行エ［je］とワ行ヱ［we］は［je］に変化し、これらの間の音韻変化は平行関係を示していないように見える。つまり、なぜ、イ［i］とヰ［wi］は［wi］に、ヱ［we］とエ［je］は［we］にならなかったかという問題である。
　イ［i］とヰ［wi］については、次のような事情がある。
　イ音便、字音韻尾（-i）など、イが非語頭に立つのは、平安時代中期末以降には一般化していたので、イ［i］とヰ［wi］が合流し/i/となっても、語音排列則の上での問題（制約）はなくなっていたことが考えられる。しかし、イ音便の定着によって、非語頭にもイ［i］が立つようになると、かえって、/-'wi-/：/-'i-/の対立は識別機能において更に重要になったはずであり、語音排列則の変化の観点からだけでは、このイ［i］とヰ［wi］の合流は説明できないことになる。むしろ、他の要因が大きく作用していたことを考える必要がある。
　ところで、イ［i］とワ行ヰ［wi］、ワ行ヱ［we］とヤ行エ［je］の合流時期は、字音における合拗音［kwa-, kwi-, kwe-］の確立していく時期であり、丁度時期的に重なっている。これは単に偶然ではなく、両者の間に何らかの関係——語音と字音との関わり(3)——があった考えるのが自然であろう。
　字音の合拗音［kwa-, kwi-, kwe-］については、平安時代中期には、まだ原音の特徴を色濃く残した発音——言い換えれば、中国字音（外国語音）としての発音——がなされていて、まだ仮名で表記できる段階にまでは日本語の音韻体系に順化・融和していなかった。これらが仮名（準仮名を含む）で

一般に表記されるようになるのは、訓点文献・辞書などの用例から見て、(平安時代末)院政・鎌倉時代になってからと考えられる。そして、丁度この時期が、イ［i］とワ行ヰ［wi］、ワ行ヱ［we］とヤ行エ［je］の合流時期と重なるわけで、語音と字音との絡み合いによるそれぞれの変化のあったことが想定されるのである。

　すなわち、字音の合拗音［kwa-,kwi-,kwe-］が確立していく時期と平行して、語音におけるワ行ヰ［wi］、ヱ［we］がイ［i］、エ［je］に合流することによって、ワ行ヰ［wi］、ヱ［we］の円唇的な［w］の要素が消滅していったのは、字音の円唇的な特徴を際立たせることによって——言い換えるならば、字音の円唇的な特徴を際だたせる目的で——字音の合拗音［kwa-,kwi-,kwe-］の地盤（字音としての合拗音らしさ）を強化しようとしたのではないかと考えられる。つまり、合拗音［kwa-,kwi-,kwe-］は、語音との対比においては、字音としての識別的特徴と字音の特徴（らしさ）を保持するために、その円唇的な特徴を、より際だたせた方が好ましいからである。ここに、語音としての /'a-,'i-,'je-；'wa-,'wi-,'we-；Φa-,Φi-,Φe-/ と合拗音 /kwa-,kwi-,kwe-/ との間で、いわば"せめぎ合い"のあったことが推定されるのである。

　語音におけるワ行ヰ［wi］、ヱ［we］のイ［i］、エ［je］への合流は、合拗音［kwa-,kwi-,kwe-］の字音としての円唇的な特徴を際立たせるために、その円唇的な特徴の［w］を消失させる方向へ向かったわけで、語頭における語の識別機能を放棄して、機能負担量の大きいイ /'i/、エ /'je/ がヰ /'wi/、ヱ /'we/ を引き寄せ、吸収していったわけである。もちろん、同音異義語が大きく増大するといった危険性がなかったことがその基盤にあることは言うまでもない。そして、この合流は、ハ行音［Φ-］とワ行音［w-］との接近を回避するとともに、字音と語音との間で相対的な開きができて、一応安定した状態に移ることになった。すなわち、このような合流によって、/'i-：'wi-：Φi-：ki-：kwi-；'je-：'we-：Φe-：ke-：kwe-/ の5項対立が /'i-：Φi-：ki-：kwi-；'je-：Φe-：ke-：kwe-/ の4項対立の一応安定した対立に移行したわけである。

	平安後期					鎌倉時代		
	a-	i-	je-	o-	a-	i-	je-	×
	wa-	wi-	we-	wo-	wa-	×	×	wo-
	Φa-	Φi-	Φe-	Φo- →	Φa-	Φi-	Φe-	Φo-
	ka-	ki-	ke-	ko-	ka-	ki-	ke-	ko-
	kwa-	kwi-	kwe-	×	kwa-	kwi-	kwe-	×

　オ［o］：ヲ［wo］の場合には、合流して［wo］となったのであるが、それは、日本字音として合拗音［kwo-］が形成されなかった——というよりも、本来、字音としての合拗音［kwo-］が存在しなかった——ために、語音における円唇的特徴の［w］を保つ方向への変化が阻害されることがなかったからである。つまり、合拗音としての /kwo-/ が存在しないために、語音［wo-］の唇的特徴の［w］を消失させることなく、いわばその位置を埋めるような形で、［o-］＞［wo-］の変化が起きたといってもよい。ただし、その［wo-］の［w］の円唇性はそれほど強くはなかったと考えられる。キリシタン文献の uo, vo のローマ字表記によって［wo］のような音価が想定されるが、有坂秀世（1959）の

　　室町時代に於ける〔wo〕の〔w〕も、果して音韻制度上で要求されてゐる要素であつたかどうかは疑問であり、寧ろ音節《o》が、発音を明晰ならしめる欲求から、当時いくらか〔wo〕に近く発音される傾向を示してゐた程度のものではなからうか。

とする考えに従うべきであろう。服部四郎（1960）も

　　vo, uo で表わされ、/ʼo/ に該当すると考えられる発音は、［wo］のようにひびく傾向はあっても、その［w］は /ʼwa/ に該当する［wa］の［w］よりは短く弱いものであったであろう。

と述べているように、［wo］の［w］の要素は弱かったと考えられるである(4)。

　以上のように考えることができるならば、イ［i］とワ行ヰ［wi］、ワ行ヱ［we］とヤ行エ［je］の場合には、合拗音［kwi-, kwe-］の生成を容易にす

るために、[i] が [wi] に、[je] が [we] には合流しなかったと言うことができるであろう。そして、字音としての合拗音 [kwi-,kwe-] の安定を維持するために（字音としての円唇的な特徴を際だたせるために）、[wi] ＞ [i]、[we] ＞ [je] の変化を起こしたと考えられる。

　ところが、一方、ア [a] とワ [wa] の場合には、両者が合流して /'a/ となって、[Φa-] と [wa-] との接近を回避し、合拗音 [kwa-] の円唇的な特徴を際立たせるような変化を起こさなかった。すなわち、合拗音 [kwa-] があるにもかかわらず、ワ [wa] がア [a] の方には合流していないわけである。これは、いったいなぜなのであろうか。イ [i] とワ行ヰ [wi]、ワ行ヱ [we] とヤ行エ [je] の場合と並行的な変化がア [a] とワ [wa] の場合には、なぜ起こらなかったのかが問題となる。

　これについては、ア /'a-/ とワ /'wa-/ の場合、いずれも機能負担量が大きく、合流して /'a-/（あるいは /'wa-/）となることができなかったことが最大の原因であろう。そして、また、合拗音 [kwa-] は、[kwi-,kwe-] に比べて、そのままで円唇的な特徴が際立っていたので、それを更に強めるような動きは必要なかったと考えられる。このことは、合拗音 [kwa-] が遅くまで存続した理由の一つでもある。従って、/'a-：'wa-：Φa-：ka-：kwa-/ という5項対立が、/'i-：Φi-：ki-：kwi-；'je-：Φe-：ke-：kwe-/ の4項対立の成立後も続くことになったわけであるが、やはり、その（5項対立という）過重を回避するために、江戸時代になって [Φa-] ＞ [ha-]、そして [kwa-] ＞ [ka-] という変化を起こし、/'a-：'wa-：ha-：ka-/ という4項対立となって、互いの聴覚的な近さを解消し、安定を保つことになったわけである。

3

　小倉肇（1998：第Ⅰ部第7章注21）で指摘したように、w化（ハ行転呼音）が進行している間は、ハ行音の語頭 [p-] は保たれていたと考えられるので、語頭のオ [o-]：ヲ [wo-] の対立を解消して、語頭：ヲ [wo-] となっても、語頭における [p-]：[w-] は、聴覚的距離も十分であったと

みなされる。ワ行音の［w］は語頭、非語頭にも位置することができたので、平安中期では［p-］：［w-］（［-w-］）という２項対立をなしていた。この２項対立の時期を経て、ハ行音の語頭［p-］が擬声語・擬態語［p-］と一般語［Φ-］に分裂することにより、平安後期・中世には［p-］：［Φ-］：［w-］（［-w-］）の３項対立に変化したわけである。

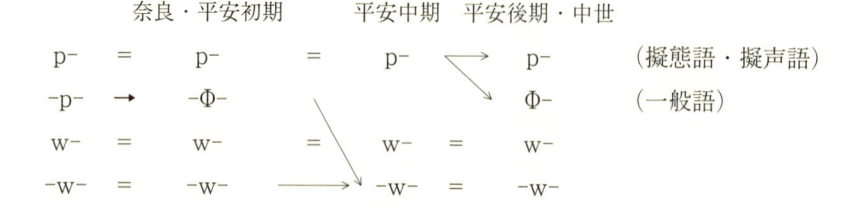

```
        奈良・平安初期        平安中期    平安後期・中世
          p-       =     p-      =    p-   →    p-        （擬態語・擬声語）
          -p-      →     -Φ-                    Φ-        （一般語）
          w-       =     w-      =    w-   =    w-
          -w-      =     -w-          -w-  =    -w-
```

　この変化は、擬声語・擬態語の［p-］をそのままにして（写音性をそのまま残し）、一般語の方がその写音性を捨てて［Φ-］に変化することにより、それぞれの語の運用効率を一層高めるためのものであった。例えば、［pijo］（ひよこ・鳴き声）から［pijo（pijo）］（鳴き声）と［Φijo(ko)］（ひよこ）が分化して、それぞれが使いやすくなったことを考えてみればよいであろう（「ひよこ」という（一般）語が鳴き声を意識することなく使えるようになり、［pijo（pijo）］と鳴かないものまでも指すことができることになったわけである）。

　ところで、ハ行音における語頭［p-］：非語頭［-Φ-］という分布は、境界標示という機能の点では、非語頭［-Φ-］が［-w-］になるというｗ化によって、更に機能が強められたように見えるが、実は、［p-］の語頭標示機能の強化にはなっても、非語頭における一単位化（消極的な境界標示）の機能は、却って弱化してしまったと見られる。すなわち、語頭［p-］：非語頭［-Φ-］のときには、非語頭［-Φ-］が一単位化（消極的な境界標示）の機能を担っていたわけであるが、非語頭［-Φ-］がｗ化しても、［w］は語頭/'w-/にも立つので、一単位化の指標にはならないからである。従って、小倉肇（1998：第Ⅰ部第７章注21）に述べた「ｗ化（ハ行転呼音）に複合機能を委ね」たという部分は修正を要する。寧ろ、非語頭［-Φ-］がｗ化する

ことによって、ハ行音の語頭［p-］が擬声語・擬態語［p-］と一般語［Φ-］に分化する下地が形成され、さらに［o-］＞［wo-］という変化の下地も形成されたとみるべきであろう。

因みに、ハ行音［Φ-］がさらに［h-］に変化したことについて、林史典(1992)は「h化は接近しすぎたΦとwに対する修整であった」と解釈しているが、筆者も基本的には支持したいと考える。すなわち、ハ行音の［p-］が［p-］と［Φ-］に分裂することによって、ハ行音［Φ-］：ワ行音［w-］となって、［p-］：［w-］の時期よりも両者の聴覚的距離が縮まったために、江戸時代には［Φ-(a,i,u,e,o)］＞［h-(a,e,o)］, ［çi＜hi］, ［Φu］という変化を起こして、聴覚的距離をさらに広げ、一応の安定をみることになったわけである。ただし、「接近しすぎたΦとwに対する修整」は、まず、［wo-］＞［o-］という変化——円唇的な母音［o］の前の［w］の脱落（ゼロ）という変化——によって行なわれ、次にh化によってさらにそれが推し進められたと筆者は考える。

4

最後に、非語頭のヰ［wi］とw化（ハ行転呼音）とウ音便化の問題について考えてみたい。

例えば、「思ひて」がw化して「思ゐて」になる一方で、「思ひて」がウ音便化して「思うて」（思ふて）になったということは、どのような変化の過程を想定したらよいのであろうか。

もしw化と音便化が同じ「音韻変化」であれば、当然その前後関係が問題となる。音便化が先に起これば、「思ひて」＞「思うて」となり、そこにw化が起きても、「思うて」のままで、「思ゐて」とはならないからである。逆に、w化が先行したとすれば、「思ひて」＞「思ゐて」となり、「思ゐて」がウ音便化して「思うて」になっても不自然ではない。とすれば、w化が先でウ音便化が後と考えざるを得ないことになる。

しかし、この考え方には前提に誤りがある。なぜならば、w化は規則的な音韻変化であるが、音便は形態変化であって、その性質が全く異なってい

るからである。従って、「思ひて」がウ音便化して「思うて」になっても、もとの「思ひて」は消滅したわけではないので、その「思ひて」がw化して「思ゐて」になりうるわけである。逆に、「思ひて」がw化して「思ゐて」になれば、「思ひて」の形態は消滅してしまうので、「思うて」は「思ゐて」のウ音便化ということになる。すなわち、ウ音便化の原形は、「思ひて」か「思ゐて」かという問題が、ここにあるわけである。ただし、[omoɸi-]が[omowi-]＞[omoi-]となっても、表語的に「思ひ・おもひ」の形（語形・綴り）が根強く用いられているので、表記の上からは、その判断が難しい。また、音声学的に見ても、[omoɸi-]＞[omoɸ-]＞[omou-]の変化、[omowi-]＞[omow-]＞[omou-]の変化は、いずれも不自然ではない。

　因みに、ウ音便（思うて）が促音便（思って）と同じ形態から分化したものとすれば、「思ひ」を原形に置いた方が説明しやすい。しかし、もし同じ形態を想定する必要がなければ、「思ひて」からは「思って」という促音便形が、「思ゐて」からは「思うて」というウ音便形が分化したとも考えることができる。すなわち、促音便「思って」とウ音便「思うて」は、方言的な基盤の相違だけではなく、w化と音便の起こった時期による違いで説明されることになる(6)。いずれにしても、ウ音便、そして促音便の原形をどのように想定するのか、w化との関係で慎重に検討を要する問題である。

[注]
(1) 服部四郎（1960）は、「yeで表わされ、/ˈe/に該当すると考えられる発音は、[je]のようにひびく傾向はあっても、その [j] は /ˈja, ˈju, ˈjo/ に該当する [ja] [ju] [jo] の [j] よりは短く弱いものであったであろう。琉球首里の方言や九州の方言などの類似の例が見られる」とし「/ˈe/ に該当する発音が [Je] である」と述べている。
(2) イ音便・ウ音便の生成、ア行「衣（e）」のヤ行「江（je）」への合流などによって、母音音節は形態素の初頭にしか立たない（「櫂」を除く）という語音排列則が緩んでいったことを指す。
(3) 「語音と字音との関わり」としたが、本格的に論じるならば「漢語の音」

11.「オ(o)」と「ヲ(wo)」、「エ(je)」と「ヱ(we)」、「イ(i)」と「ヰ(wi)」の合流過程　249

を加えた「語音と字音と漢語の音との三者の関わり」を問題にすべきところである。ここでは議論を単純にするために「語音」と「字音」だけを取り上げている。小倉肇(1983)、本書第Ⅰ部第12章11節・15節など参照。

(4) 有坂秀世(1959)は「室町時代に於けるオ（ヲ）の音は、耶蘇会式のローマ字綴では vo と綴られて居り、従つてその発音は〔wo〕に近かつたかと思はれる。そこで、平安朝初期までは区別されてゐたオ（o）とヲ（wo）とがその中期の頃同一音になつたとすれば、その結果は（o）の方に統一されたものか（wo）の方に統一されたものか問題になるわけである。併し、この変化が、（wi）→（i）、（we）→（e）の変化と相前後して起つたことから考へれば、これらは必ず皆同一傾向に属するものと見らるべく、従つて、（wo）→（o）といふ変化の結果（o）（wo）が共に（o）の方に統一されたものと考へる方が穏かである」との見解を示している。因みに、迫野虔徳(1998)は、「外国資料」としての「ゴンザの資料」で「鹿児島出身の少年のことばをロシア語の枠組みを持つ耳で聞き取った記録に、鹿児島方言の単語が語頭 O、語中 WO で写し取られている」ことから、「かつて音韻的に区別のあった O と WO が今日のように O 一つになってしまう途中の段階を示しているのではないかと思われる。（中略）鹿児島方言では、江戸時代でもこのような状態であったとすると、中央語史上にも語頭 O、語中 WO のような状態はかなり遅くまで続いていたのではないかと思われる」との見解を示している。

(5)「音便」は言うまでもなく音韻変化ではない。「書きて」＞「書いて」を例に取ってみれば、［-ki-］＞［-i-］という変化であり、そこに /ki/＞/'i/ の音韻変化があったようにみえる。しかし、/ki/＞/'i/ という形で抽象された音韻変化の式は、全ての /ki/ が /'i/ に規則的に移行することを意味するはずであるから、「書きて」＞「書いて」のような「音便」は、もちろんそれに該当しない。すなわち、「音便」は、形態変化として捉えなければならないということである。

(6) 柳田征司(1985)は「ロドリゲスの『日本大文典』によると、東国方言の音便は、京畿のそれと二つの点で異っていた。即ち、現代と同じく、京畿のことばでウ音便となるところのハ行四段活用動詞が促音便を起こし、京畿のことばでやはりウ音便を起こす形容詞連用形が原形で行われていた。これをもって、ただちに、ハ行四段活用動詞について、京畿はウ音便、東国は促音便と解し、東国方言の指標とする傾向があるけれども、注意しなくてはならないのは、ロドリゲスが記しているように、京畿でも書きこと

ばでは、ハ行動詞は促音便、形容詞連用形は原形であったということである。抄物を見ても、抄文中にはハ行四段活用動詞がウ音便で現われるが、原典引用部分の訓読には促音便が用いられているのである。つまり、京畿におけるハ行四段活用動詞の促音便とウ音便とは、前者が古く行われた形であり、後者が新しく成立した形なのである。」と指摘している。

[引用文献]

有坂秀世(1959) 『音韻論』（三省堂）

小倉　肇(1983) ［書評］沼本克明著『平安鎌倉時代に於る日本漢字音に就ての研究』(『国語学』135)

―――(1998) 「サ行子音の歴史」(『国語学』195)

―――(2001) 「「衣」と「江」の合流過程―語音排列則の形成と変化を通して―」(『国語学』204)

迫野虔徳(1998) 『文献方言史研究』（清文堂）

橋本進吉(1950) 「国語音韻の変遷」(『国語音韻の研究　橋本進吉博士著作集第4冊』岩波書店)

服部四郎(1960) 『言語学の方法』（岩波書店）

林　史典(1992) 「「ハ行転呼音」は何故「平安時代」に起こったか」(『国語と国文学』平4-11)

柳田征司(1985) 『室町時代の国語』（東京堂出版）

12. 音韻（史的研究）
昭和63年・平成元年における国語学界の展望

0　はじめに

　「理論・現代」に対する「史的研究」は、展望号の対象領域として過去の共時態を扱ったものも含められている。従って「音韻（史的研究）」を意味する「音韻史」と研究領域（方法）としての〈音韻史〉とは当然のことながら相違するが、本稿も、従来の慣例に従い、〈音韻史〉を専ら論じたものだけではなく、過去の共時態の音韻・音声（音価）を扱ったものも含めて、その対象範囲を考えておくことにしたい。文字・表記・仮名遣・語源そのものを直接対象としたものは概ね外し、比較言語学的な観点からの日本語系統論も割愛せざるを得ない。なお、敬称は全て省略し、単行本・論文集・講座類は略称を用い、編者・刊行年・項目名などを各々示さないことがある（稿末「略称文献一覧」参照）。以下、便宜的ではあるが、項目（関連論文を適宜まとめる）に分けて言及する。

1　辞(事)典・論文集

　辞(事)典では『言語学大辞典』（第2巻　世界言語編㊥）、『日本語百科大事典』が刊行された。いずれも昭和の言語学・日本語学の研究成果を集大成したもので、研究の新しい基礎を築くものとなろう。本稿と直接関係する項目も多いので、適宜取り上げることにする。個人の論文集では、頼惟勤著作集Ⅰ『中国音韻論集』、遠藤邦基『国語表現と音韻現象』が出版された。『頼著作集』は待望久しいもので、日本漢字音、声調・声明を含む28篇が収められている。「若い世代を啓発した、かつなお生産力を潜める着想」（平山久雄「あとがき」）が散りばめられた論文の数々、著者の手になる「補記」も見逃せない。『遠藤論文集』は「解釈音韻論」関係（一～三章）と「読癖注記」関係（四～五章）という構成で、遠藤音韻論の中核をなす20篇の論文が収

められている。著者の一貫した考えを辿ることができるようになっているのは誠にありがたい。

2 音節構造・リズム論・字余り

「近時、日本語の音節がシラビーム構造からモーラ構造へと変化してきたのではないかとする説が支持者を増やしつつある」(山口佳紀『言語学 2』)が、この説に対する有力な反論が現れた。木田章義「日本語の音節構造の歴史—「和語」と「漢語」—」(『漢語史』)がそれである。木田は、『万葉集』の字余りは歌のリズム・朗詠の問題であり、母音脱落・連母音の融合・一音節地名の長呼もシラビーム構造の証拠にはならないこと、「東北方言と薩隅方言とを同じ構造とみなして、方言周圏論的に捉えることは、現在の段階では難しい」と述べ、柴田武の「かつて…中央語もシラビーム方言だったのではないか」との見解に否定的な立場を表明した。また、奥村三雄も「「シラビーム的言語→モーラ的言語」というような画期的変化を想定するのは疑問である」(『日本語百科』)と述べている。木田の論は、「モーラという等時拍的単位は、音素配列が原則として (C) VCV…CV の形をとった古代語においてこそ成立しやすいと考えられる。…この CV 構造が変質していく古代語から近代語への過程において、モーラという単位が新たに生まれるということは、むしろ考えにくい」(山口前掲書)、「国語音の古いところに、モーラならぬシラビーム音節を仮定するには大きな抵抗がある。若し、然りとすれば、何故に、漢字音が…二音節に分けて摂取せられしか、…例の五音図は、遥かに変れる、乃至、複雑なものに成り至らざりしか、等の疑念が払拭し難くなるのである」(高松政雄「漢字音と国語音」『国語国文』58-6/'89-6)などの疑義、反論を表出させる契機となったようである。一方、上村幸雄は"なが母音・はねる音・つまる音"の発生が「みじかい音節と対立するながい音節」を発生させ「平安時代の古代語にはないリズム的な構造を日本語の単語にもちこむ結果をもたらした」(『日本語・教育』)と述べ、「古代語の時代には、音数律的構造は音節的構造とはおおよそ一致していた」が、それが「音節構造とモーラを数える音数律的構造が相対的に分離した」(『言語学

2』)との興味ある見解を示している。従来の議論では、音節とモーラと音数律的単位との関係及び「拍」がモーラの訳語なのか、音数律的単位なのかが明確ではないための混乱があったようである（上野善道『言語研究』69 参照）。音数律構造と音節構造とを分離すべきであろう。今後の議論の進展に期待する。

　リズム関係では、ことばのリズムに「語音のリズム」と「発音のリズム」の二種類を説く川上蓁の「リズム」（『日本語百科』）を始め、城生佰太郎「ことばのリズム」（『言語』'88-1）、上村幸雄「単語のリズム的な構造」（『言語学 2』）などの面白い論考があった。

　字余りでは、毛利正守の「上代日本語の音韻変化―母音を中心に―」（『国語国文』57-4/'88-4）、「東歌及び防人歌における字余りと脱落現象」（『人文研究』40-3/'88-12）、「万葉集の五音句と結句に於ける字余りの様相」（『万葉集研究』17/'89-11）など一連の論考があった。字余り研究は次第に深まってきているが、音数律単位・音節構造・音数律構造との関係について再検討を迫られているようである。

3　五音・五十音図

　林史典「五十音図の成立」（『言語』'88-5）は「五十音図の直接の制作目的は、どうやら韻図と同様の原理において日本語音をとらえ、同時に日本語音の枠組みにおいて中国語音をとらえようとするところにあったのではないか」という見解を述べたもの。亀井孝（『言語学 2』）にも五音・五十音図について説く所があった。小林信彦「古代インドで観察された音声の発生過程」（『音声学会会報』189/'88-12）には「日本の悉曇伝承で a と ka が共に「喉音」と呼ばれる」ことについての言及がある。五十音図と反切の関連では、宇都宮睦男「「反切」の帰納法」（『解釈』35-4/'89-4）がある。反切の具体的な操作方法（"仮名反し"）が示されていて面白い。

4　上代特殊仮名遣

　活用形の成立と母音体系の問題を内的再構の方法を用いて論じた注目すべ

き研究として木田章義の「活用形の成立と上代特殊仮名遣」(『国語国文』57-1/'88-1)、「古代日本語の再構成」(『ことばと文字』)がある(後者は前者を補う関係にある)。木田は、上二段はo音、下二段はa音と関係が深いこと、上二段は自動詞的、下二段は他動詞的であることから、母音の選択的関係による意味分化(上下二段の分化)を想定し、四段は母音の選択的関係の崩壊とともに発達をはじめたという大胆な仮説を立てる。この「二段古形説」の立場から、最も古い頃の母音体系として i_1, u, i_2, e_2, o_2, a を再構し、[a] と [e_2] を奥舌母音、[o_2] と [i_2] を中舌母音と推定する。e_1 は e_2 が変化してできた音、o_1 は松本克己に従い o_2 の合口性の強まったものであるという。木田も認めるように多くの問題が論じ残されているが、一貫した論理でそれなりの説得性がある。従来の活用起源論とは「根本的に異なる」ので、批判・反論の出てくることが予想されるが、早速馬渕和夫「日本語動詞活用の起源(再考)」(『万葉集研究』17/'89-11)が現れた。木田説への直接的な批判の形は取っていないが、反論と見なしてもよいであろう。犬飼隆(後掲論文)も「母音aとo_2の関係」に言及するところがあった。今後の議論の行方に注目したい。

　従来の八母音(説)の音価を検討したものに清瀬義三郎則府「日本語の母音組織と古代音価推定」(『言語研究』96/'89-11)がある。「アルタイ諸語のような母音体系であったと、ひと先ず仮定し」た上での議論ではあるが、音価推定(の方法)に疑問が多い。高秀晩「上代日本語の母音体系について」(『国文学論集』21/'88-1)は、/i,u,ə,e,o,a/の六母音音素説を主張するもの。オ列乙類は非円唇中舌母音のə、イ列・エ列乙類は二重母音のïi,aiで、ïはəの組み合せ異音であるという。イ列・エ列乙類を母音音素結合(複合音素)と解釈するので、同じ六母音音素説でも服部説とは全く相違することに注意したい。

　次に個々の音節の音価・対立を扱ったものに移る。犬飼隆の「古事記のホの仮名・再考」(『万葉集研究』17/'89-11)は、『古事記』のホ音節の状態はホ₁とホ₂が合流した直後であったこと、そのホ₁とホ₂との関係は{交替母音}の性格であったことなどを述べたもの。{交替母音}は形態音韻論的解釈によ

るという。種々の解釈の可能性を探りつつ問題を解決して行こうとする姿勢には共鳴を覚えるが、そのため議論がかなり込み入っていて、例えば、音声学（音価・異音）、音韻論（音韻・弁別）、プロソディー（アクセントの働き）、形態音韻論（交替母音）など、各々のレベルの関連が十分説明されていないようである。池上啓「『古事記』における「モ」の表記」（『作新学院女子短期大学紀要』12/'88-12）は、「原字音的」な妥当性を持つ形で「モ」の甲乙を書き分ける手段を一切もたないことから、表記上の規則として「毛」を甲、「母」を乙の仮名と定めたのであろうという論。乙類仮名「母」は「古韻に據った」とする有坂説への反論である。犬飼・池上の論は、ホ・モの甲乙の対立がどのようなものであったのか面白い問題を提示していよう。また、池上「コゾコソハ　ヤスクハダフレ―存・鐏の甲乙帰属―」（『大野晋記念論文集』）は、「存・鐏」乙類説に対し、「原字音」からは甲類と考えざるを得ないので、結果として「許存・去鐏」は「コ乙ゾ甲」と訓まざるを得ないという。「存」は「本」と同韻字で、ホの甲乙とも関係するが、犬飼隆（前掲論文）も「コ₂ゾ₁」である可能性を否定していない。

　釘貫亨「上代オ列音の変遷に関する学説」（『国語国文』57-1/'88-1）は、有坂秀世の上代語音研究を彼の音韻論との関連から評価した上で、「国語音韻史研究の対照的な方法を代表する馬渕、亀井両氏の論説の学説史的意義を再検討」した意欲的なもの。本稿の筆者は、亀井説を釘貫のように単純化した形で二つに纏めることに賛同しないが、それよりも、釘貫のいう「有坂法則、（有坂）法則の規制力」と、亀井のいう「xに関する連音法則、くしざし・プロソディの現象」とは、その把握（現象の解釈）の仕方に本質的な相違がある点に留意したい。亀井は、上代特殊仮名遣の現象は「上代以前（歴史以前）には音韻的に実際の対立を呈したが、もはや歴史時代に入ると、その残滓を保守的に守ってきたにすぎない区別と考えられる」（『言語学2』）との見解を示すが、亀井の論理からすれば当然の帰結ともいえる。因みに釘貫は「機能負担量」を音韻的対立の最小対の数であると定義し、単語・音素の「使用頻度」などと完全に分離している（『国語学』127）が、これは従来の考え方と大きく相違する。「機能負担数」ではないことに注意したい。

5 オ段長音（開合）

　岡崎正継「オ段長音の開合について―ロドリゲス『日本文典』覚書―」（『湘南文学』22/'88-3）は、16世紀のポルトガル語のoに口の開きの広いoと狭いoがあったこと、ロドリゲスの日本語の開合の説明に見られる綴り字のoo,ouは、ポルトガル語の綴り字に依拠するものであることなどを論じたもの。丸山徹「キリシタン資料「開合表記」成立の背景」（『南山国文論集』12/'88-3）は、16・17世紀のポルトガル語アセント表記は正書法としていまだ混沌とした情況の中にあり、開合表記はこうした情況をその背景の一部として成立したことを述べたもの。岡崎・丸山のアプローチは共通しており、このような方向でキリシタン資料の再検討が進みそうである（次項丸山論文参照）。

6 ハ行子音

　ハ行子音の音価並びに変遷については興味深い論考が見られた。木田章義「P音続考」（『奥村論叢』）は、『在唐記』の解釈を中心に当時のハ行音がpであったことを論じたもの。「皆加唇音」は「pの閉鎖を、本郷音より強くせよ」と解釈されること、「va　以本郷婆字音呼之…」は「F音説」には不利であることなどを述べる。論旨も明快である。「pa　唇音」の注記は「ハ行音に二つの系列の音があったことを示唆している」という鋭い指摘もある。木田は「本郷音」が漢字音であると解釈し得る可能性も残しているが、この「漢字音」説は小林明美によって提示され、今期にも再論があった（「円仁のインド文字学習記録」『解釈と鑑賞』'88-1）。小林は「但皆去聲」などの注記から「本郷α（字）音」は「日本語の音節ではない」と解釈するが、矛盾する注記（「本郷佐字音」の「但皆去聲」。「佐」は広韻去声）も出てくるので、字音の系統をも含めた総合的な検討が必要である。円仁の出身地の問題もあるが、「本郷音」の解釈はサ・ガ行子音の音価推定などにも影響を与えるだけに、議論の深化を望みたい。

　柳田征司「日本語音韻史から見た沖縄方言の三母音化傾向とP音」（『愛媛大学教育学部紀要』21/'89-2）は、「沖縄方言の三母音化傾向と、ハ行音

のp音とが、ともに京畿における中世語の状態から生じたものである」という解釈を述べたもの。「中世末期にΦをhに転じさせた直接的な力は、エ段音の口蓋化だったのではないか」との興味深い指摘もある。個々の問題については解釈の相違も当然でてくるであろうが、諸現象を統合的に説明しようとする柳田の研究姿勢に敬意を表したい。

迫野虔徳「撥音の後のパ行音—p音の発生と展開—」(『奥村論叢』)は、促音の完全な実現をはかるためにハ行の頭子音がp'音化し、やがてその促音と密接な関連を持つ撥音に続くハ行音をもpに変えていったと推定するもの。示唆に富む解釈ではあるが、撥音の後のp音化には積極的な理由(例えば"促音と撥音との密接な関連を維持しつつ複合標示機能を果たすため"など)が考えられるのかどうか、単なる類推では解き難いと思われるので、このあたりの説明はぜひ欲しい所である。なお、「通常の漢語形では撥音の後にはハ行音(子音Φ)は来ない」のは、p音がb音(連濁形)とともにΦ音に対して複合標示機能を果たしているからで、体系的欠落があるとみなしてしまうことには問題があろう。p音の表記に関しては、沼本克明の口頭発表「半濁音符史上に於ける唐音資料の位置」があった(『国語学会中国四国支部研究発表要旨集』'89-11)。論文での公表を待ちたい。

丸山徹「キリシタン資料におけるf表記をめぐって」(『南山国文論集』13/'89-3)は、「極めて弱い閉鎖を伴うか、両唇に力を入れてはっきり調音される[Φ]の音が広く行なわれていた」こと、コリャードの「またある地方ではfとhの中間の一種の音のように」の記述は「素直に読んでよい」こと、などを述べたもの。ロマンス語(史)学の成果が生かされている。

7 サ行子音

廣岡義隆「上代における拗音の仮名について」(『人文論叢』'89-3)は、仏足石歌の"釈迦"表記に用いられた「舎」を常用仮名「佐」とは使い分けられた拗音仮名(開拗音仮名)としての用例であるとする論。かつて丸山徹が「当時の日本語において[ʃa]の音は外来音として、「サ」とは区別して捉えられていたであろう」(「仏足石歌における「舎加」の「舎」について」『言

語学演習'78』'79-2) と述べたのと主旨は同じである。語音と外来音との関係及びサ行子音の音価推定の貴重な材料が提示されたことは注目に値する。「舎」の音価は、丸山 [ʃɑ] と廣岡 [ʃa] とで相違する（中古音では [ɑ] と [a] は区別される。因みに「佐」/tsɑ³/、「舎」/śia²˙³/）が、丸山が ɑ (a) を â (â) に対する記号として使用しているとも考えられるので、両者の推定音は同じとしてよいかもしれない。「舎」と「佐」がどのような弁別的特徴によって区別されていたのかは、余剰的特徴をも含めてさらに慎重な検討が必要である。なお、森博達は『倭人伝を読む』('82) で、『日本書紀』α群に拠って① [su, so]（ス・ソ甲）② [ᵗʃi, ᵗʃe]（シ・セ）③ [ᵗsɑ, ᵗsə]（サ・ソ乙）という音価を推定しているが、この再説が『ことばと文字』にも見られた。

8　エ段音節の口蓋性

杉戸清樹「原刊本『捷解新語』のエ段音節母音部への音注について」（『野村言語学論集』）は、「y, yəi の2種類の諺文表記が、基本的に、朝鮮語の側の音声学・音韻論的な制約およびそれと不可分な表記上の制約を色濃く残したもので」、「音注での yə か yəi かの対立を、日本語の側のこととして音価推定のために直接考慮することは排除すべきである」と述べた堅実な論。杉戸の音価推定の作業に期待したい。なお、柳田征司（前掲論文）は『捷解新語』の口蓋音表記は「九州方言の発音をとらえている」ためと考えている。エ段の口蓋性に関する議論はまだ続きそうである。

9　ガ行子音

清瀬義三郎則府「上代日本語のガ行鼻濁音」（『音声の研究』22/'88-12) は、「韻尾-ŋ を持つ漢字」の用法をもとに上代ガ行子音は [ŋ] であったと推定するもの。韻尾に-g が立たないので、二合仮名・連合仮名はガ行子音の音価推定に際し積極的な材料にはならないであろう。井上史雄「ガ行子音の分布と歴史」（『国語学』86) が参照されていないのも不審である。

10 清濁

　仮名が濁音専用の文字を持たなかったことについては、『言語学2』に亀井孝、小松英雄の論がある。文字論的アプローチにおいて、両論の主旨は結果的にかなり近いと思われるが、詳細は他欄に譲る。ここでは、亀井が「規範が語頭に清音をこのみ、濁音をきらうことと、語中における連濁の存在とによって、濁音の2次性が仮名に濁音専用の文字を作らせなかったに違いない」と述べている「濁音の2次性」という概念に注目したい。従来の「類音、類縁」の概念との相違など考えてみる必要がありそうである。

11 語頭濁音

　亀井孝（『言語学2』）は、日本語の頭音法則を破って濁頭音を許す素地の一つを、つとに"傍層的に"作ったのは今日、力強く生き残っている呉音系の濁頭音の漢語であるとの注目すべき見解を述べている。イダク→ダク（抱）のような語頭の濁音が「濁、男」などの字音からの類推によって和語にも見られるようになったとする解釈（沖森卓也編『日本語史』'89-3）は、亀井説との関連で興味深い（「漢語」と「字音」の相違に注意。連声の項参照）。沖森説は字音からの類推による"形態変化"とする所に特徴があるが、素地との関連を含めてどのような変化と考えるのか、和語・漢語・字音、濁頭音語の機能（表現価値）などと関係するだけに、さらに包括的な解釈が求められている。音韻変化か形態変化かという単なる二者択一の問題ではない。
　古代日本語には"語頭濁音は無かったらしいという定説"に対し、方言及び文献をもとに「語頭濁音が存在したこと、その子音は入りわたりが鼻音化した有声破裂音、破擦音であり、それをイ／ウ／ム、または0（ゼロ）／オで表わすことがあったこと」を述べる柴田武「語頭の濁音、その存在と発音」（『奥村論叢』）があった。方言の語頭入りわたり鼻音が古代日本語のそれを受け継いでいるとする解釈上の根拠が明示されていないので、説得力が減殺されている。語例の多くが「ガラス、雁」などの外来語・漢語で、和語は「~goro~goro（ごろごろ）、~dore（どれ）…」など数語である。これらがどのように古代日本語と関連するのか明らかではない。

12 撥音（m・n音）・促音・長音

小林芳規「書陵部蔵大乗本生心地観経巻第八院政期角点」（『奥村論叢』）は、表題経典には特にｎ音表記において「ん」「ム」で表わすという違例が多く存し、「ｍとｎとの二種の音を区別する原則が果してあったかどうか疑わしめるほどである」と述べるもの。角筆文献の「口語性」については、築島裕の「書評」（『国語学』155/'88-12）に触れる所があった。

坂口至「〈研究余滴〉撥音・促音・長音のモーラ化の時期について」（『文献探求』21/'88-3）は、17世紀後期の狂言台本『和泉家古本』の「抜書」における胡麻譜と促音・撥音・長音の関係を検討し、「促音と他の撥音・長音との間に音量の差があり、撥音・長音は既にモーラ化していたのに対し、促音のみはまだ十分シラビーム性を抜け切っていなかったのではないか」という結論を導くもの。興味深い論考で主旨は理解できるが、シラビームとモーラの関係がよく分からない。モーラ化してしまうとシラビーム（性）は無くなってしまうのであろうか。舌内入声を「語末の促音、促音の一種」として「他の促音」と一括するが、分離すべきであろう。「てつちやう」は誤入。

馬渕和夫「ミマナと任那—古代日本語におけるｍとｎ—」（「韓国外語大学校日本文化研究会」'89）は、古代日本語のニの頭音は舌先の緊張の弱い鼻音の「ɴ」であったと述べるもの。"ニとミとの混同、三内説の発生基盤、後世-ｍと-ｎとが音韻的に一音ンとなった"ことなどをこの「ɴ」で説明できるという。ニの頭音が口蓋的ではなかった可能性はある（次項川上論文参照）。

13 音便

川上蓁「音便の音声」（『國學院雑誌』89-8/'88-8）は、音声学の立場から「い」音便、「う」音便、撥音便、促音便について具体的な音声と変化の過程を示したもの。「往時の仮名表記に対し不用意にその現代音を当てて考えることの危険」を指摘するなど有益な見解が随所に見られる。なお、例えば「ときて−といて」は [tokite − tokʰite − toçite] の過程は考えられないかなど、別案も当然出てくるであろう。亀井孝「音便」（『言語学 2』）は、『日

本語の歴史4』をより具体的にさらに詳しく述べたもの。"弱化音節、強勢（stress）の作用、強弱強のリズム"などの仮定の是非は当然問題となるが、その実証は困難であろうから、結局他の仮説が亀井説に対してどこまで包括的に矛盾なく合理的に説明できるかにかかっている。因みに河野六郎「日本語の特質」（『言語学2』）も「アクセント（pitch）の問題もあろうし、強さ（stress）の条件もあろう。また、漢字音の影響もあるかもしれない」と述べている。

　月本雅幸（『日本語百科』）は「イ音便・ウ音便が平安時代の極く初期から現れるのに対し、撥音便・促音便は50年ほど遅れて発生したらしい」と述べるが、「50年ほど」にどのような意味を持たせているのか、よく理解できない。なお「50年ほど遅れて」文献に現れたとしても、それがそのまま「発生」にはつながらないであろう。

14　連濁

　山口佳紀「古代語の複合語に関する一考察—連濁をめぐって—」（『日本語学』7/'88-5）は、連濁は語頭以外の無声子音の有声化という傾向を利用して、複合標示機能を果たさせたもので、「非連濁の法則」は「濁音並列の忌避」による説明では不十分であり、「濁音共存の忌避」と捉えるべきものであると述べる意欲的な論。ガ・ザ・ダ行子音が鼻濁音であったとすれば、カ・サ・タ行子音が有声化しても直ちに合流することはない（東北方言参照）ので、山口の議論には疑問がある。バ行子音にだけ鼻音性を認めるのならば、一応すじは通るが、ガ・ザ・ダ行子音にないのは不自然である。《非連濁の法則》を「濁音並列の忌避」ないし「濁音の重出をきらう異化作用」（亀井孝『言語学2』）によって解釈できるのは、"濁音が並立しない"ことが連濁を生じさせる直接の基盤となっているためであろう。連濁によって"濁音が並立する"と、形態素の切れ目が不明瞭となり、連濁を起こす意味がなくなるばかりでなく、連濁の基盤をも崩すことになるからである。複合標示機能として連濁という手段を選んだのは、この基盤を積極的に活用することにあったと考えられる。とすれば、「濁音並立の忌避」は連濁の機能及

び基盤を維持するために顕在化したもので、「濁音共存の忌避」は潜在的にそれを支えるものであったと考えるべきではあるまいか。

統計的な手法で連濁現象を扱ったものに戸田綾子「和語の非連濁規則と連濁傾向―「日葡辞書」と「和英語林集成」から―」(『同志社国文学』30/'88-3) がある。数量的な調査結果を示すので、それなりの説得力を持つが、条件の考察が不十分である。例えば「やや連濁しにくい傾向のもの」として「連濁該当音節が、サ・シャ・チャ行音であるもの」とするが、用例が示されていないため、それが真の条件かどうかの判断ができない。条件であるとすれば、音声学的な共通性ではなく、連濁(有声音化)しにくいという音声学的な理由を示す必要があろう。

15　連声

木田章義「日本語の音節構造の歴史―「和語」と「漢語」―」(『漢語史』)は、連声はシラビーム構造からモーラ構造に変化したことを表わしているのではなく、日本語が中国語を真似た字音語の音節構造を吸収してゆく過程を示す現象であり、字音語の音節構造と和語の音節構造との相克と捉えるべきであろうとするもの。連声の体系的・規則的な見解に否定的な考えも示す。木田は字音語と和語の二つのレベルを問題とするが、本稿の筆者は「字音、漢語の音、語音」の三つのレベルを設定し、それらの「相克」を考えた方がよいのではないかと思っている (『国語学』135)。

佐々木なるみ「説経正本における連声表記をめぐって」(『共立女子大学文芸学部紀要』34/'88-2) は、説経諸本における連声表記の実態を明らかにし、諸本の時期区分による「連声表記例の推移」を調査・考察した手堅い論である。「表記と連声現象との関係の明確な把握」は、どのようにしたら可能なのか、文字論を踏まえた理論的な解釈が必要になろう。

16　漢字音 (漢音・呉音・和音・声調)

林史典「字音に関する研究」、村上雅孝「字音研究の歩み」(『漢字講座』2)、沼本克明「漢字の字音」(『漢字講座』1)、林史典「漢字音」(『言語学

2』）など、研究史的なまとめや漢字音研究の成果を簡潔にまとめた解説などが出る一方で、漢字音そのものの研究も引続き行なわれているが、今期に入って特に漢字音を受け入れた文化的・社会的背景などについての考察が盛んになってきた。湯沢質幸「上代における漢音奨励」（『筑波大学地域研究』6/'88-3）、「上代における呉音と漢音」（『奥村論叢』）、高松政雄「字音研究上の問題一二」（『国語国文』57-8/'88-8）、「漢字音史序」（『国語国文学』19/'89-2）、沼本克明「日本漢字音成立の史的背景—間歇と連続を繞って—」（『奥村論叢』）などがそれである。高松と湯沢が揆を一にして（昭和62年秋季学会）この方面に向かったことは興味深い。各々の内容に触れるゆとりはないが、いずれの論考も傾聴すべきものがある。

佐々木勇「『蒙求』字音点に見られる日本漢音の変遷—鎌倉時代を中心として—」（『国文学攷』121/'89-3）は、蒙求字音点の歴史的位置づけと諸本の比較による読誦音の変遷を考察したもの。沼本克明の研究を補訂する所があり、資料提示も有益である。佐々木には「日本漢音に於ける声調変化—岩崎文庫本「蒙求」を中心に—」（『新大国語』14/'88-3）もあった。築島裕（『蒙求古註集成下巻』'89-9）にも字音注への言及があり、長承本『蒙求』の複製も予定されている。蒙求読誦音の全体像が明らかにされる日も遠くないであろう。石塚晴道「唐招提寺本孔雀経音義」（『辞書・音義』）の索引・影印は「院政期資料として貴重」なもの。榎木久薫「光明真言土沙勧信記の字音について—附字音振仮名・声点付き漢字分韻表—」（『鎌倉時代語研究』12/'89-7）は、分韻表の作成にパソコンを利用したもので、貴重な労作である。字音資料のデータベース化による分韻表・索引等の作成も今後さらに期待されそうである。

沼本克明「「泓澄(ワイタイ)」考」（『国文学攷』117/'88-3）は、「文鏡秘府論」「性霊集」の訓読に使用された「特殊な語彙音形」を扱ったもので、「泓澄(ワイタイ)」は平安初期以前の字音表記が真言宗空海撰述書の訓点のよみくせとして伝承されたものであろうとする傾聴すべき論。平安初期には velar の -ŋ を「－イ」で表記することがあったとの指摘など注目されるが、それを「音声転写の域を越えた表記」とする点、表音・表語のいずれのレベルでの表記と考えたら

よいのか、表音レベルならばどのようなレベルなのか、よく分からない。

二戸麻砂彦「石山寺一切経蔵本大般若経字抄音注攷・続―正音注・呉音注・仮名書音注などについて―」(『山梨県立女子短期大学紀要』22/'89-3)は、「漢呉二音相同」以外の音注について詳細に考察したもの。公任の「注音方針」を明確にするためにも大般若経本文との被音注字対照表(掲出順)の作成は必要であろう。宇都宮睦男「『白氏長慶集諺解』の字音について」(『解釈』'88-8)は、呉音の使用を著作者が僧侶であることによるとするもの。

菊元麻乃「国語史上における快倫撰『法華経音義』の意義―特にその構成を中心として―」(『愛文』24/'88-9)は、快倫音義の独自の注文構成を検討し、近世初期の法華経字音学のあり様の一端を明らかにしようとしたもの。法華経関係では、柴田昭二「妙一記念館本仮名書き法華経の字音表記―仮名書き経典に関する覚え書き(三)―」(『香川大学国文研究』13/'88-9)、西崎亨「東大寺図書館蔵「法華文句」の字音表記覚書」(『武庫川国文』33/'89-3)などがあった。

抄物の字音注を扱ったものに秋山洋一「景聡臆断系抄物に見られる漢字音注とその引用書類―虎哉本『碧巌録抄』を中心として―」(『松ケ岡文庫研究年報』3/'89-2)がある。抄物についてはまだ未開拓の分野で今後の進展に期待したい。

山本秀人「高山寺本類聚名義抄における本文の改変について―文選読形式の和訓と和音注との場合を対象に―」(『国語国文学会誌』30/'89-2)は、和音注の改変について、呉音注を別にして考えると、音注を正音注のみに整理しようとした意図が窺えることを述べたもの。

岡本勲「日本漢字音とオ段長音の開合―陽・登韻について―」(『国語国文』57-1/'88-1)、「呉音と唐代西北方言音」、「唐代に於ける咸・深・山・臻摂の音價」、「漢音呉音研究と外国資料」(『訓点語と訓点資料』79/'88-2,80/'88-6,81/'88-11)は、チベット資料に基づく「漢音呉音研究」の一連の論考。岡本の述べる「中国語としての謂はゞ方言周圏論的な視点」とか「呉音の源流となった音韻体系は地域的限定なく広範な分布を示してゐる」(「呉音と唐代西北方言音」)というのは理解し難い。チベット資料については、高田時

雄の労作『敦煌資料による中国語史の研究―九・十世紀の河西方言』('88-2)が刊行された。直接現物に当たって判読し、先学の誤謬を逐一訂正した資料に基づく貴重な研究書。平山久雄による書評(『創文』292/'88-9)もある。岡本の一連の論考は高田の資料をもとに全面的な再検討の必要に迫られている。

　声調関係では、遠藤光暁「『悉曇蔵』の中国語声調」(『漢語史』)がある。「金は他の三家とは異なり日本呉音系であった可能性が高い」との注目すべき発言を含む。展望としては前回に属すが、平山久雄にも「日僧安然《悉曇蔵》裏關於唐代聲調的記載」(『王力先生紀念論文集』'87-2)の論考があった。

17　漢字音(唐音・宋音)・方言音韻史

　林武實「岡嶋冠山著『唐話纂要』の音系」(『漢語史』)は、「和漢奇談」の分類表(字音表)で、貴重な労作である。論考篇を期待したい。この『唐話纂要』に肥筑方言の特徴を示す方言的要素の混入を具体的に明らかにした福田益和「方言資料としての『唐話纂要』―長崎方言の形成」(『九州方言』)もあった。高山倫明の「中国資料と方言―『吾妻鏡補』所載の日本語」(『九州方言』)、「吾妻鏡補の「国語解」の音注について」(『奥村論叢』)は、見出し語(中国語)の意味と音訳漢字連続とを手掛かりに、文献や現在方言に裏付けられた語形を丹念にひきあててゆく作業を通して、問題となりそうな箇所について考察を加えたもの。高山の研究によってかなりの部分が「読み解け」てきたようで、音声的側面の研究にも利用価値の高い資料となりそうである。

　赤松祐子「『日本風土記』の基礎音系」(『国語国文』57-12/'88-12)は、「呉語そのものをその基礎音系としていると考えるのが適切」であることを述べたもの。「付属資料」も有益である。赤松にはこの他に「長崎方言中のハ行音喉音化の兆しを見せる、極く早期の資料」となることなどを説く「『得泰船筆語』「いろは」注音漢字について」(『均社論叢』16/'89-9)もあった。いずれも堅実な論である。

　岡島昭浩「文雄におけるムとン―『磨光韻鏡』華音の一七転一九転ム表記

の意味―」(『文学研究』85/'88-2)は、文雄の演繹的処理の一端を明らかにした興味深い論。なお、岡島には[書評]湯沢質幸著『唐音の研究』(『国語学』158/'89-9)もある。

　方言史関係では上記の他に、間宮厚司「按司（アジ）の語源について」(『鶴見大学紀要』26/'89-3)、江口泰生「形態音韻論的観点からみた18世紀初頭の薩隅方言―助詞「の」の撥音化について」(『文献探求』23/'89-3) などがある。間宮は『おもろさうし』において「按司」が「あんし・あんじ」と「あち・あぢ・あ地」の両系で表記されていることに着目し、アヌシ（吾主）を原形と仮定すると、この両系が音変化の段階の相違として説明できるという。江口論文は、助詞「の」の撥音化についてゴンザの諸著作を資料として薩隅方言の史的展開の一端を考察するもの。

18　アクセント

　山口佳紀の「『古事記』声注の一考察―音仮名対象の声注を中心に―」(『万葉』130/'88-12)は、「音仮名対象の声注は、音仮名表記によって意味解釈の可能性が複数生じた文字列について、読者が撰録者の意図通りに理解するように導く機能をもつ」ことを説いた注目すべき論考。ただし、「誤読を未然に防止する」ということを「動機」として捉え、基本的には同一の機能をになう"訓注と声注"とを「漢字表記の補助手段として有効に利用している」という小松英雄の見解とは、その解釈レベルにおいてかなり相違がありそうである。アクセントの祖形を論じたものに上野善道「下降式アクセントの意味するもの」(『東京大学言語学論集'88』/'88-12)、「日本語アクセントの祖形を求めて」(『三省堂　ぶっくれっと』76/'88-9) がある。日本語本土諸方言アクセントの「祖体系のうち、通説で高平調と推定されている「式」の音調実質を再考し、下降式音調という新しい説を提唱する」もので、アクセント史を書き換える画期的な論考。京都方言にも下降式の時代があったが、それが何時であったのかは今後の課題であるという。詳細は他欄に譲り、ここでは、『名義抄』の「上上…」の声点を高平調とするのは「一つの解釈」にすぎないこと、それがそのまま下降式案の反論にはならないことなどを述

べている点に注目したい。なお『名義抄』で「平」で始まる音調型の祖形にも問題があるという。続論を期待したい。

　秋永一枝「古今集声点本における一・二拍動詞のアクセント―古今集動詞のアクセント上―」（『国文学研究』97/'89-3）、「古今集声点本における多拍語動詞のアクセント―古今集動詞のアクセント承前―」（『国文学研究』98/'89-6）は、院政期から鎌倉期における動詞のアクセント体系を組立て、問題のあるものについて重点的に考察したもの。アクセント型、語例など金田一春彦『四座講式の研究』を補う部分も少なくない。形容詞アクセントに続く大きな成果の一つである。秋永一枝「注釈をよむ―顕昭「袖中抄」の声点から１―」（『国文学研究』96/'88-10）は、顕昭の注釈を考える上で、差声を抜きにしては論じられないことを具体的に述べたもの。「顕昭の差声善本の拝覧可能の限りを調査し得た」とのことで、総合的な研究が期待される。

　内山弘「古代日本語のアクセントに関する一報告―金田一法則の例外について―」（『語文研究』65/'88-6）は、金田一法則の「例外とおぼしい例」を網羅的に収集しておくことを主眼に整理・考察を行なったもの。例外認定において、どのように循環論をさけるかがポイントになろう。内山には「清原宣賢自筆『日本書紀抄』所収『日本紀』神代巻傍訓の声点」（『語文研究』66・67/'89-6）もあった。鈴木豊「訓読漢字に注記された声点のアクセント標示法―『日本書紀』声点本を中心に―」（『訓点語と訓点資料』79/'88-2）は、訓読漢字声点のアクセントを検討したもの。横河〈入〇〉、櫃乍野〈入平〇〉は「ヨッカハ、ヒッサノ」のような促音を含む発音、忍壁皇子〈入上〇〇〉は「オシカベ」のシの母音の無声化、などを想定するが、納得できない。誤点の可能性を含めたそれ相応の論証・検討が必要であろう。

　上野和昭「平曲譜本にみえる漢字二字四拍の「名」のアクセントについて」（『徳島大学総合科学部紀要』1/'88-2）は、Ⅲ・Ⅳ型が圧倒的に多く、Ⅱ型は少数でⅢ型への変化過程にあることを明らかにしたもの。石川幸子「『平家正節』とアクセント―中音の［オサエ］について―」（『国文学論集』22/'89-1）は、墨譜と語のアクセントとの関係を考える時、先行音との関係や後続譜との関係は見落としてはならないことを述べた論。石川には［書

評]奥村三雄著『波多野流平曲譜本の研究』(『国語学』155/'88-12) もあった。

19 おわりに

昭和から平成へ、80年代から90年代へと時代は移り、いずれ「昭和の国語学」、「80年代の国語学」として、その動向なり意味付けなりがなされるであろう。この2年間の「音韻（史的研究）」の位置付けもその中で明らかになるはずである。大きく見ての傾向として目立ったのは、通説・定説などを再検討、再評価しようとする動きである。また、方言（音韻）史を文献と現代方言の両面から組み立てて行こうとする論考も注目されよう。

言及した論文は、紙幅の関係から内容に直接ふれ得なかったものも少なくない。原論文を是非参照していただきたいと思う。筆者の力不足で、あらぬ誤解を犯しているのではないかと恐れるが、それにもまして、優れた論文を見落としているとすれば、ひとえにご寛恕を乞うばかりである。

本稿を執筆するにあたり、文献検索・収集など愛媛大学の清水史氏に多大なご協力をいただいた。記して深甚の謝意を表したい。

[略称文献一覧]
○『日本の古代14 ことばと文字―日本語と漢字文化』(中央公論社)'88-3 《『ことばと文字』》
○尾崎雄二郎・平田昌司編『漢語史の諸問題』(京都大学人文科学研究所)'88-3 《『漢語史』》
○『北大国語学講座二十周年記念論輯 辞書・音義』(汲古書院)'88-3 《『辞書・音義』》
○金田一春彦・林大・柴田武編『日本語百科大事典』(大修館)'88-5 《『日本語百科』》
○佐藤喜代治編『漢字講座』1, 2, 5 (明治書院)'88-5,'89-8,'88-7 《『漢字講座』1, 2, 5》
○頼惟勤著作集Ⅰ『中国音韻論』(汲古書院)'89-2 《『頼著作集』》
○奥村三雄編『九州方言の史的研究』(桜楓社)'89-2 《『九州方言』》
○『講座日本語と日本語教育第2巻 日本語の音声・音韻（上）』(杉藤美代子

編　明治書院)'89-5　《『日本語・教育』》
○『奥村三雄教授退官記念　国語学論叢』(桜楓社)'89-6　《『奥村論叢』》
○遠藤邦基『国語表現と音韻現象』(新典社)'89-7　《『遠藤論文集』》
○亀井孝・河野六郎・千野栄一『言語学大辞典第2巻　世界言語編㊥さ－に』
　　(三省堂)'89-9　《『言語学2』》
○『野村正良先生受章記念言語学論集』(野村正良先生受章記念刊行会)'89-11
　　《『野村言語学論集』》
○『大野晋先生古稀記念論文集　日本研究―言語と伝承』(角川書店)'89-12
　　《『大野記念論文集』》

第Ⅱ部 付　論

1.「伊家流等毛奈之」

1

『万葉集』巻19・4170の大伴家持の歌に

　白玉之　見我保之君乎　不見久尓　夷尓之乎礼婆　伊家流等毛奈之（白玉の　見が欲し君を　見ず久に　夷にし居れば　生けるともなし）

とある。この「生けるともなし」は、古来諸家によって語法の面から、音韻の面から、あるいは作者の面から研究されてきている。

「生けるともなし」について、本居宣長は、その著「玉の小琴（追考）」において、

　十九巻（十六丁）に、伊家流等毛奈之、とある流の字を前に、若くは理の誤かと云るは僻事也けり、てにをはのとなれば、必上を伊家理と云ざれば叶はず、去と能思へば、てにをはには非ざる也

と言い、その「と」について、

　焼太刀のと心、又心利もなし、など云る利にて生けるともなしは、心のはたらきもなく、はれて生る如くにもなきを云也

と述べ、さらに「此言（＝生けるともなし）集中に多し、皆同しこと也」と記している。これは、「玉かつま」においても同様に、

　同集（＝万葉集）ノ哥に、生るともなしとよめる多し、（中略）いづれもみな、十九の巻なる仮字書ｷにならひて、イケルトモナシと訓べし、本にイケリトモナシと訓るは誤なり

と言っているのである。

本章では、この宣長説に基づいて、この説が構文の面、語法・語義の面、上代特殊仮名遣の面にいかに結び付き得るかを検討し、その妥当性について述べてみたい。

2

　上代特殊仮名遣の再発見により、上代語の研究が画期的な発展を遂げたことは今更いうまでもないことであろうが、特殊仮名遣の面からだけでは解決の付かない問題が多く残っていることも、また事実である。

　さて、宣長が「生るともなしとよめる多し」として挙げた例の中には、「生刀毛無」（万2・215）、「生跡毛無」（万2・212）のように、甲類・乙類の両表記が見られるのである。すなわち、「刀」は甲類で、「と心・心利」等の「と」とは同類なのであるが、一方「跡」は乙類であり、仮名違いということになる。ここにおいて、先に宣長が「誤なり」とした「イケリトモナシ」という訓が再度問題にされるわけである。すなわち、「と」が甲類の場合は名詞と判定し「イケルトモナシ」と訓み、それに対して、乙類の場合には助詞と判定し「イケリトモナシ」と訓む立場で、この説を採用しているのが、武田祐吉『増訂万葉集全註釈』・日本古典文学大系本『万葉集』等である。他方、澤瀉久孝『万葉集注釈』は、「イケルト・イケリト」を区別せずに、全例を「イケリトモナシ」と訓んでいる。

　この両説の当否は、一応措くとしても、いずれの場合にも、巻19の「伊家流等毛奈之」という1字1音の仮名書き例が問題となるのである。以下少しく諸家の説に耳を傾けてみよう。

○等は、乙類のトの音韻であるから、ここは助詞と見られる。助詞とすれば、イケリトモナシというべきをイケルトモナシと云ったのは「生刀毛無」（巻二・二一五）の類の句と混同して、イケリをイケルとしたものであろう。　　　　　　　　（武田祐吉『増訂万葉集全註釈』12・208頁）

○等は乙類の tö の音を表わすので、しっかりした心の意のト to とは別音であるが、この辺では時代が降ったので表記上混同を来したのであろうと思われる。　　　　　　　　　　　（大系本『万葉集』4・4170頭注）

○トの甲乙の混同は既に人麻呂の時代に行はれてゐるのであり、家持はトの甲乙を区別して使つてをり、ここに「等」の文字を用ゐてゐるのは助詞のトと認めてゐるものと思ふ。さうすれば、ここはイケリトモとあるべきをイケルトモとしたのは家持の誤用と認めねばならない。それなら

ばなぜさういふ誤用をしたかといふと「生刀毛無」(二・二一五)がイケルトモナシと訓まれてゐた為に、「生跡毛無」もイケルトモナシと誤訓されてゐたものをそのまゝ用ゐたと見るべきであらう。

(澤瀉久孝『万葉集注釈』19・4170 訓釈)

　武田祐吉は助詞「ト」と認める立場から、「イケリトモナシ・イケルトモナシ」の混同によるものとし、大系本は「ト」を名詞とし、音韻トの混同から説明している。一方、澤瀉久孝は全例助詞「ト」とする立場から、家持の誤用説を立てている。

　以上の３説の中で、澤瀉久孝の説は全例「イケリ̊トモナシ」とする立場から見て、少なからず矛盾があると考える。というのは、家持の誤用の背景には当然のことながら、「イケルトモナシ」という「訓」を認めなければならないことになり、さらにその「イケルトモナシ」が誤訓であると認める根拠は如何なるものなのか。またさらに、上代特殊仮名遣の面から見ると、助詞「ト」は『万葉集』等を通して、殆ど表記上混同が見られないのであるから、「イケリ̊トモナシ」の助詞「ト」に限って、10例中３例もの混用例があるというのは何故かといった、その経緯等の十分な説明がなされない以上、筆者としては、直ちに澤瀉説には賛同しかねるのである。これはむしろ、武田祐吉・大系本説の方が説得力があるように思われる。(特に大系本説は注目に値しよう。5節以下を参照されたい。)

　しかしながら、両説のように「イケリト・イケルト」の両句を、「ト」甲乙の使われ方で訓み分けているのは、どうも不安定なように思われてならない。このことを逆に考えれば、双方、それぞれの意味は全く同様だと見ても、何ら差し支えがないのではないかという疑いが起きる。事実、両句を訓み分けている大系本に当って、どのように訳しているかを一瞥しても、両類は、

　甲類：イケル̊トモナシ……「生きた心地もしない」(215)、「生きた心地もない」(227)、「生きている心地もありません」(2525)

　乙類：イケリ̊トモナシ……「生きた心地もない」(212)、「生きた心地もしないでいる」(946)、「生きていないも同然です」(2980)、「生きている心地もしないから」(3060)、「生きた心地もありません」

(3107)、「生きた心地もありません」(3185)

※ "伊家流等毛奈之"「生きた心地もありません」(4170)

のように殆ど同意（表現上の相違は別として）に訳されていて、何らそこに、根本的な意味上の差異は無いと考えられる。

3

さて、ここで、『万葉集』に見られる全用例を挙げ、それについて、以下に検討したいと思う。（作者の略明らかなものは注記した。）

(1) 衾路　引出山　妹置　山路念迹　生刀毛無 （衾路を　引出の山に　妹を置きて　山路思ふに…）　　　　　　　（万2・215 或本歌 柿本人麿カ）

(2) 天離　夷之荒野尔　君乎置而　念乍有者　生刀毛無 （天離る　夷の荒野に　君を置きて　思ひつつあれば…）（万2・227 或本歌 依羅娘子カ）

(3) 懃　片念為歟　比者之　吾情利乃　生戸裳名寸 （ねもころに　片思すれか　この頃の　わが心神の…）　　　　　　　　　　（万11・2525)

(4) 衾道乎　引手乃山尔　妹乎置而　山徑往者　生跡毛無 （衾道を　引出の山に　妹を置きて　山路を行けば…）　（万2・212 柿本人麿)

(5) 萱草　吾紐尓着　時常無　念度者　生跡文奈思 （忘れ草　わが紐に着く　時と無く　思ひ渡れば…）　　　　　（万12・3060)

(6) 空蟬之　人目乎繁　不相而　年之経者　生跡毛奈思 （うつせみの　人目を繁み　逢はずして　年の経ぬれば…）　　　（万12・3107)

(7) 白銅鏡　手二取持而　見常不足　君尔所贈而　生跡文無 （真澄鏡　手に取り持ちて　見れど飽かぬ　君におくれて…）　（万12・3185)

(8) 白玉之　見我保之君乎　不見久尓　夷尔之乎礼婆　伊流等毛奈之 （白玉の　見が欲し君を　見ず久に　夷にし居れば　生けるともなし）
　　　　　　　　　　　　　　　　　　　　　　　（万19・4170 大伴家持)

(9) 御食向　淡路乃嶋二　直向　三犬女乃浦能　奥部庭　深海松採　浦廻庭　名告藻苅　深見流乃　見巻欲跡　莫告藻之　己名惜三　間使裳　不遣而吾者　生友奈重二 （御食向ふ　淡路の島に　直向ふ　敏馬の浦の　沖辺には　深海松採り　浦廻には　名告藻刈る　深海松の　見まく欲しけど

名告藻の 己が名惜しみ 間使も 遣らずてわれは …）

(万6・946 山部赤人)

(10) 犬馬鏡 見不飽妹尓 不相而 月之経去者 生友名師（真澄鏡 見飽かぬ妹に 逢はずして 月の経ぬれば …）　　　　（万12・2980）

(1)〜(3)は甲類ト（3例）、(4)〜(10)は乙類ト（7例）である。ここで、(1)〜(10)の例には、常に、広義の順接確定条件句と見られるものが存在していることは注目される（、点部参照）。

さて、甲類トの場合、武田祐吉・大系本等のように「イケルトモナシ」と訓み得るわけであるが、その「と」は、すでに宣長がいみじくも指摘しているように、「心利」「利心」あるいは「利鎌」等の「と」と同一であって、形容詞「利し」の「と」であろうということは一致した見解のようである。例えば、(3)の例に「吾情利乃 生戸裳名寸」とあり、この助詞「の」は、いわゆる同格（並立格）の助詞と見ることができるので、「情利」の「利」と「生戸」の「戸」とは同義語と考えられる。ともかくも、ここで一応「情利」の用例を調べてみる必要があろう。『万葉集』の「ココロド」の全用例は次のようである。因みに、前掲(3)も再記する。

(A) 伊泥多々武 知加良乎奈美等 許母里為弖 伎弥尓故布流尓 許己呂度母奈思（出で立たむ 力を無みと 籠り居て 君に恋ふるに 心神もなし）　　　　（万17・3972 大伴家持）

(B) 勤 片念為歟 比者之 吾情利乃 生戸裳名寸（ねもころに 片思すれか この頃の わが心神の 生けるともなき）　　　　（万11・2525）

(C) 一眠 夜筭跡 雖思 恋茂二 情利文梨（独り寝る 夜を算へむと思へども 恋の繁きに 情利もなし）　　　　（万13・3275）

(D) 妹乎不見 越国敝尓 経年婆 吾情度乃 奈具流日毛無（妹を見ず 越の国辺に 年経れば わが情神の 和ぐる日もなし）　　　　（万19・4173 大伴家持）

(E) 離家 伊麻須吾妹乎 停不得 山隠都礼 情神毛奈思（家離り います吾妹を 停めかね 山隠しつれ 情神もなし）　（万3・471 大伴家持）

(F) 遠長 将仕物常 念有之 君不座者 心神毛奈思（遠長く 仕へむも

のと 思へりし 君座さねば 心神もなし

（万3・457 大伴旅人の資入余明軍）

(G) 山菅之 不止而公乎 念可母 吾心神之 頃者名寸（山菅の 止まずて君を 思へかも わが心神の このころは無き）　　（万12・3055）

さて、(A)～(G)の用例から、「ココロド」の「ド」は甲類のものと考えられる。さらに、注目すべきは、全例「ココロド」の下に形容詞「なし」を伴っていることであり、同時にこれまた、前掲(1)～(10)と同様に広義の順接確定条件句を伴っていることである。

以上を纏めて構文の骨格となる部分を略図的に表わしてみると、次のようになろう。

Ⅰ　条件句 ──────────── 生け★ ─ と ─ も ─ なし
Ⅱ　条件句 ─ 心利 ─ の ─ 生ける ─ と ─ も ─ なし
Ⅲ　条件句 ─ 心利 ─ の ─ 和ぐる ─ 日 ─ も ─ なし
Ⅳ　条件句 ─ 心利 ─ の ──── このころ ─ は ─ なし
Ⅴ　条件句 ─ 心利 ──────────── も ─ なし

すなわち、Ⅰには前掲用例 (1)(2)(4)(5)(6)(7)(8)(9)(10) の9例、Ⅱには (3)(=(B)) の1例、Ⅲは (D) の1例、Ⅳは (G) の1例、Ⅴは (A)(C)(E)(F) の4例が、それぞれ該当する。ここで、重要なことは、ⅡとⅢのパターンが全く同一であることで、これによって、「生けるともなし」の「と」は体言であろうことが考えられる。また、このことは同時に、Ⅱと Ⅲ・Ⅳの対応、ⅠとⅡ・Ⅲ・Ⅳとの対応というように、パターンの設定による対応例から推せば、Ⅰの場合も、「と」は体言すなわち名詞と判断することができると考えられる。このような推測が許されるとするならば、Ⅰの「生け★」は、Ⅱと同様「生ける」と訓んで差し支えないであろう。

なお、Ⅰの類似句を『万葉集』中に求めてみると、次の4例が拾える。

(a) 玉田次 不懸時無 吾念 妹西不会波 赤根刺 日者之弥良尓 烏玉之 夜者酢辛二 眠不睡尓 妹恋丹 生流為便無（玉襷 懸けぬ時無く わが思ふ 妹にし逢はねば あかねさす 昼はしみらに ぬばたまの 夜

はすがらに　眠も寝ずに　妹に恋ふるに　生ける　為方なし）

（万13・3297）

(b) 草枕　此羇之気尓　妻放　家道思　生為便無（草枕　この旅の日に　妻放り　家道思ふに　生ける為方無し）

（万13・3347）

(c) 安万射可流　比奈能夜都故尓　安米比度之　可久古非須良波　伊家流思留事安里（天ざかる　鄙の奴に　天人し　かく恋すらば　生ける験あり）

（万18・4082）

(d) 御民吾　生有験在　天地之　栄時尓　相楽念者（御民われ　生ける験あり　天地の　栄ゆる時に　遇へらく思へば）

（万6・996）

Ⅵを(a)(b)の例、Ⅶを(c)(d)の例として、前掲のように略図すると、

Ⅵ　条件句　────　生ける　─　為便　─　なし
Ⅶ　条件句　────　生ける　─　験　─　あり

となる。このⅥ・ⅦとⅠを比較してみると、やはり、「と」は、「為便」「験」のような、助詞「と」に比して、実質的な概念を持つ体言としての性格が認められよう。

4

(1)～(10)を「生けるともなし」と訓み、「と」を体言と解するのが妥当あろうことは、さらに、次の諸例によっても裏付けられよう。

1　玉蘰　不懸時無　恋友　何如妹尓　相時毛名寸（玉かづら　懸けぬ時無く　恋ふれども　何しか妹に　逢ふ時も無き）

（万12・2994）

2　暮去者　綾哀　明来者　裏佐備晩　荒妙乃　衣乃袖者　乾時文無（夕されば　あやに悲しび　明けくれば　うらさび暮し　荒栲の　衣の袖は　乾る時もなし）

（万2・159、類例703・1994・2954）

3　加敝良末尓　君社吾尓　栲領巾之　白浜浪乃　縁時毛無（かへらまに　君こそわれに　栲領巾の　白浜波の　寄る時も無き）

（万11・2823）

4　朝日弖流　佐太乃岡辺尓　群居乍　吾等哭涙　息時毛無（朝日照る　佐太の岡辺に　群れ居つつ　わが泣く涙　止む時も無し）

（万2・177、

類例 526・2612・2741・2785・2878・3179・3189ィ・3244・3260)

5　玉有者　手尓巻持而　衣有者　脱時毛無　吾恋　君曾伎賊乃夜　夢所見鶴（玉ならば　手に巻き持ちて　衣ならば　脱く時もなく　わが恋ふる　君そ昨の夜　夢に見えつる）　　　　　　　　　　　（万2・150）

6　淡海之海　辺多波人知　奥浪　君乎置者　知人毛無（淡海の海　辺は人知る　沖つ波　君をおきては　知る人も無し）　　　　　（万12・3027）

7　今夜之　在開月夜　在乍文　公叩置者　待人無（今夜の　有明の月夜　ありつつも　君をおきては　待つ人も無し）　　（万11・2671）

8　解衣之　念乱而　雖恋　何之故其跡　問人毛無（解衣の　思ひ乱れて　恋ふれども　何の故そと　問ふ人もなし）　（万12・2969、類例2620）

9　民布由都藝　芳流波吉多礼登　烏梅能芳奈　君尓之安良祢婆　遠久人毛奈之（み冬つぎ　春は来れど　梅の花　君にしあらねば　招く人もなし）　　　　　　　　　　　　　　　　　　　　　　　　　（万17・3901）

10　三空往　月読壮士　夕不去　目庭雖見　因縁毛無（み空ゆく　月読壮士　夕去らず　目には見れども　寄る縁も無し）　　　（万7・1372）

11　多麻保己能　美知乎多騰保弥　間使毛　夜流余之母奈之（玉桙の　道をた遠み　間使も　遣るよしも無し）　　　　　　　　　（万17・3962）

12　徃還　常尓我見之　香椎滷　従明日後尓波　見縁母奈思（行き帰り　常にわが見し　香椎潟　明日ゆ後には　見む縁も無し）　　　（万6・959）

13　鶉鳴　故郷従　念友　何如裳妹尓　相縁毛無寸（うづら鳴く　故りにし郷ゆ　思へども　何そも妹に　逢ふ縁も無き）

　　　　　　　　　　　　　　　（万4・775、類例807・2544・2938・3762）

14　安麻射可流　比奈等毛之流久　許己太久母　之気伎孤悲可毛　奈具流日毛奈久（天離る　鄙とも著く　ここだくも　繁き恋かも　和ぐる日も無く）　　　　　　　　　　　　　　　　　　　　　　　　　（万17・4019）

15　言毛不得　名付毛不知　跡無　世間尓有者　将為須辨毛奈思（言ひもかね　名づけも知らず　跡もなき　世の中にあれば　せむすべもなし）

　　　　　　　　　　　　　　　（万3・466、類例475・804・1629・2953）

16　真鏡　手取以　朝々　雖見君　飽事無（真澄鏡　手に取り持ちて　朝

な朝な　見れども君は　飽くこともなし）　　　　　　　（万11・2502）

17　君我牟多　由可麻之毛能乎　於奈自許等　於久礼弖乎礼杼　与伎許等毛奈之（君がむた　行かましものを　同じこと　後れて居れど　良きことも無し）　　　　　　　　　　　　　　　　　　　　　　（万15・3773）

18　東乃　多藝能御門尒　雖伺侍　昨日毛今日毛　召言毛無（東の　瀧の御門に　伺侍へど　昨日も今日も　召すことも無し）　　（万2・184）

19　浦廻榜　熊野舟附　目頬志久　懸不思　月毛日毛無（浦廻漕ぐ　熊野舟着き　めづらしく　懸けて思はぬ　月も日もなし）　　（万12・3172）

20　滝上乃　三船之山者　雖畏　思忘　時毛日毛無（滝の上の　三船の山は　畏けど　思ひ忘るる　時も日も無し）　　　　　　（万6・914）

21　天地尒　小不至　大夫跡　思之吾耶　雄心毛無寸（天地に　すこし至らぬ　大夫と　思ひしわれや　雄心も無き）　　　　　（万12・2875）

22　年月毛　未経尒　明日香川　湍瀬由渡之　石走無（年月も　いまだ経なくに　明日香川　瀬瀬ゆ渡しし　石橋も無し）　　　（万7・1126）

23　国遠伎　路乃長手遠　意保々斯久　計布夜須疑南　己等騰比母奈久（国遠き　道の長路を　おぼほしく　今日や過ぎなむ　言問もなく）
　　　　　　　　　　　　　　　　　　　　　　　　　（万5・884）

24　和射美能　嶺徃過而　零雪乃　猒毛無跡　白其児尒（和射美の　嶺行き過ぎて　降る雪の　厭ひもなしと　申せその児に）　（万10・2348）

25　赤駒之　越馬柵乃　緘結師　妹情者　疑毛奈思（赤駒の　越ゆる馬柵の　結びてし　妹が情は　疑ひも無し）　　（万4・530、類例3028）

26　雖念　知僧裳無跡　知物乎　奈何幾許　吾恋渡（思ふとも　験もなしと　知るものを　なにしかここだ　わが恋ひわたる）
　　　　　　　　　　　　　　　　　　　　　　　　　（万4・658）

27　廬原之　浄見乃埼乃　見穂之浦乃　寛見乍　物念毛奈信（廬原の　清見の崎の　三保の浦の　寛けき見つつ　もの思ひもなし）　（万3・296）

28　如是耳志　恋思度者　霊尅　命毛吾波　惜雲奈師（斯くのみし　恋ひし渡れば　たまきはる　命もわれは　惜しけくもなし）

　　　　（万9・1769、類例2661・2663・3042・3082・3251・3533・3744）

29　吾妹児尒　恋尒可有牟　奥尒住　鴨之浮宿之　安雲無（吾妹子に　恋

ふれにかあらむ 沖に住む 鴨の浮寝の 安けくもなき）

(万11・2806、類例2869・2936・3723・3755)

30 苅薦能 一重叨敷而 紗眠友 君共宿者 冷雲梨（刈薦の 一重を敷きて さ寝れども 君とし寝れば 寒けくもなし） (万11・2520)

以上の諸例により、「もなし」の承接する語は体言ないし体言相当語であることが分かる。つまり、この点からみても、「イケ□トモナシ」の「ト」は体言であろうことが推測され得る。

しかるに一方、『万葉集』には次のような2例がある。

（イ）春日野之 浅茅之原尓 後居而 時其友無 吾恋良苦者（春日野の 浅茅が原に おくれ居て 時そとも無し わが恋ふらくは） (万12・3196)

（ロ）悪氷木乃 山下動 逝水之 時友無雲 恋度鴨（あしひきの 山下響み ゆく水の 時ともなくも 恋ひ渡るかも） (万11・2704)

（イ）の「時そとも無し」、（ロ）「時ともなくも」と大系本では訓読されていて、この「と」は助詞と考えざるを得ない。それ故、異例とも考えられるのであるが、「時と無く」という一種の慣用的な句に係助詞「そ・も」が挿入されたものと見ることができるので、この（イ）（ロ）の例は、「もなし」の承接する語が体言（相当語）であるということを積極的に否定することにはならない。（因みに、この「と」は、次に掲げる（ハ）～（リ）の「と」と同列に扱うべきものである。）

そこで、『万葉集』における（イ）（ロ）以外の「と」＋「助詞」＋「なし」という構文を有するものについて考察してみることにする。

（ハ）客尓有而 物乎曾念 白浪乃 辺毛奥毛 依者無尓（旅にして 物をそ思ふ 白波の 辺にも沖にも 寄すとは無しに） (万12・3158)

（ニ）吾妹児尓 觸者無二 荒礒廻尓 吾衣手者 所沾可母（吾妹子に 觸るとは無しに 荒礒廻に わが衣手は 濡れにけるかも） (万12・3163)

（ホ）如此耳 恋哉将度 秋津野尓 多奈引雲能 過跡者無二（かくのみし 恋ひや渡らむ 秋津野に 棚びく雲の 過ぐとは無しに） (万4・693)

（ヘ）淡海之海 浪恐登 風守 年者也将経去 榜者無二（淡海の海 波かしこみと 風守り 年はや経なむ 漕ぐとはなしに） (万7・1390)

（ト）闇夜尓　鳴奈流鶴之　外耳　聞乍可将有　相跡羽奈之尓（闇の夜に鳴くなる鶴の　外のみに　聞きつつかあらむ　逢ふとはなしに）

（万4・592、類例 1400・2557・2726・3113・3390）

（チ）宇能花之　開登波無二　有人尓　恋也将渡　独念尓指天（卯の花の咲くとは無しに　ある人に　恋ひや渡らむ　片思にして）（万10・1989）

（リ）浦毛無　去之君故　朝旦　本名焉恋　相跡者無杼（うらもなく　去にし君ゆゑ　朝な朝な　もとなそ恋ふる　逢ふとは無けど）（万12・3180）

（ハ）〜（チ）の例は「動詞終止形＋とはなしに」、（リ）は「動詞終止形＋とはなけど」という構文である。ここで注目すべきは「もなし」というように、助詞「も」＋形容詞終止形「なし」の形ではなく、「と」＋「は」＋「なしに・なけど」という形で現れ、常に逆接の意味を伴い、続く形態を有していることである。このような構文上の観点から、「イケ□トモナシ」を考えると、この「イケ□トモナシ」の「ト」は、やはり助詞と解することは問題が残るであろう。

なお、この（ハ）〜（リ）の「と」は、いわゆる引用の「と」と考えられるものである。この「と」について、時枝誠記（1941, 1954）は助動詞と認むべきものとし、一方「なし」を否定判断を表わす辞と考えている。

また、山田孝雄（1936）は、

「なし」はもと「あり」の存在の反対たる「無」の意義をあらはしたりしが、いつしか意義が拡張せられ、陳述をなす「あり」の反対なる意にまでも用ゐられたるものにして、

と述べていることが注目される。

さて、この「なし」を時枝誠記のように「辞」と認めるか否かは別として、用例1〜30の「なし」と（ハ）〜（リ）の「なし」とでは用法上明らかに差異があることは認めないわけにはいかない。つまり、1〜30の「なし」は、その主語の述語として、その主語の非存在の概念を表わしているのであって、次のような例と全く同様に考えるべきものである。

○玉桙之　道尓出立　別来之　日従于念　忘時無（玉桙の　道に出で立ち別れ来し　日より思ふに　忘るる時無し）（万12・3139）

○秋野乎　尓保波須波疑波　佐家礼杼母　見流之留思奈之　多婢尓師安礼婆（秋の野を　にほはす萩は　咲けれども　見るしるし無し　旅にしあれば）
(万15・3677)

　それに対し、（ハ）～（リ）の「なし」は、いわゆる打消の意を表わしているのであって、主語の非存在の概念を表わしているのではないことは明らかである。

　以上のような「と」「なし」の性格から、「イケルトモナシ」「イケリトモナシ」の両訓の妥当性について、もう一度考えてみたい。

　「イケルトモナシ」と訓んだ場合、「ト」は体言すなわち名詞であることはすでにに述べた通りである。それ故、『イケルト』モナシの「ナシ」は、1～30の諸例と同様に『イケルト』という状態性概念の非存在を表わしていると考えられる。歌意から見ても妥当であることは、宣長の訳・大系本の訳語を掲げた例でも判断されよう。とすれば、大系本の訳は「イケルトモナシ」と訓んだ場合の訳（「生きているしっかりした心地もない」212の頭注参照）で、2980を除く9例を解釈していることになる。

　一方、「イケリトモナシ」と訓んだ場合、用例（ハ）～（リ）と同様に「ト」をいわゆる助詞、「ナシ」を打消の意を表わす形容詞と考えることになる。とすれば、『イケリ』という状態性概念の打消なのであるから、言うなれば「死んでいる」という意を当然担うことになる。つまり、この場合の「ナシ」は肯定判断に対する否定判断の「ず」あるいは「あらず」と同様の意を示すものと考えられる。

　さて、大系本の212の頭注において、「イケリトモナシと訓めば生きているとも思われない、生きているともあらぬさまである、の意となる」と解釈しているが、前に除いた2980の歌（「生きていないも同然です」）も助詞「と」と解した場合の訳ででもあろうか。この句が和歌という韻文形式の中に用いられ、一種の慣用句と見られることなどを考慮に入れて解釈すれば、大系本のように訳すことも可能であろう。しかし、だからといって、積極的に「イケリトモナシ」の訓を認める根拠にはなるまい。むしろ筆者は、すでに述べてきたような、「もなし」の承接関係、助詞「と」＋「は」＋「な

に・なけど」という構文等から、やはり「と」を体言すなわち名詞と認めたいと思うのである。

　しかしながら、「イケリトモナシ」という訓が全く根拠のないものかというと、ここに否定的な事実がある。それは『風雅和歌集』[8]の中に見られる「題しらず」「読人しらず」と記されている次の2例である。

　○空蟬の人目を繁み逢はずして年の経ぬればいけりともなし
　　　　　　　　　　　　　　　　　　　　　　　　（風雅10・1022）
　○真澄鏡手に取持ちてみれど飽かぬ君に後れて生けりともなし
　　　　　　　　　　　　　　　　　　　　　　　　（風雅17・2007）

この2例は明らかに『万葉集』巻12・3107、3185の歌を訓読したものであることに疑はないところである（前掲例（6）（7）参照）。しからば、この2例をいかに処理すれば最も合理的であろうか。筆者は、この「イケリトモナシ」は、誤訓に基づくものであろうと考えたい。すなわち、第一の理由として、名詞「ト」の存在がこの時代には認められないこと。第二として、仮に「イケルトモナシ」と訓まれていたとしても、第一の理由から、「ト」が助詞と認められる可能性が大きく、それ故、当時の語法に照らして助詞「ト」が連体形を受けることは例外と考えられ、「イケリトモナシ」と改訓される可能性があること。このように万葉時代の語法が分からなくなっていたため誤訓された例はいくらでも見出すことができる。

5

　構文の面から、語法・語義の面から（1）〜（10）の用例を「イケルトモナシ」と訓み、「ト」を名詞とすることが最も妥当であることを論じてきたのであるが、ここで、諸家の論議の的となっている上代特殊仮名遣の面から検討することとしたい。

　大系本『万葉集』巻2・212の頭注において、「この句の訓と解とは上代特殊仮名遣研究上の難問の一つである」と述べている。「イケルトモナシ」と訓んだ場合、上代特殊仮名遣上どこに問題があるのか、これはすでに2節で諸家の説を紹介した記述で明らかであろう。なお、もう一度確認するならば、

「イケルトモナシ」の「ト」が『万葉集』では甲乙両類の表記が見られること。そして、「心利・利心」等から存在を確認される名詞「ト」は甲類であること。ここに上代特殊仮名遣から見た問題点があったのである。しからば、これを如何に解釈すればよいのであろうか。筆者は、この問題について上代特殊仮名遣の甲乙の合流という現象から考えるのが最も妥当ではないかと思っている。すなわち、『万葉集』を中心に「ト」甲乙のいわゆる違例・混用例を調べてみると、語によって変化の速度が異なるのはもちろんであるが、意外に早くから、甲乙の混同が見られる事実に注目したいのである。少し横道に入るようではあるが、「ト」甲乙の合流過程について「貴し」「努む」という例を通して考えてみたい。『万葉集』には制作年代および作者のほぼはっきりしている1字1音の「貴し」という例が7箇所ほど見られる。

　　　　　神亀五年頃（728）　山上憶良
① 父母乎　美礼婆多布斗斯　……　　　　　　　　　　（万 5・800）
　　　　　天平十八年（746）　紀朝臣清人
② 比加里乎見礼婆　多敷刀久母安流香　　　　　　　　（万 17・3923）
　　　　　天平十九年（747）　大伴家持
③ 可牟加良夜　曾許婆多敷刀伎　　　　　　　　　　　（万 17・3925）
　　　　　天平感宝元年（749）　大伴家持
④ 安夜尓多敷刀美　　　　　　　　　　　　　　　　　（万 18・4094）
⑤ 聞者多布刀美　　　　　　　　　　　　　　　　　　（万 18・4095）
⑥ 多不刀久母　左太米多麻敞流　　　　　　　　　　　（万 18・4098）
⑦ 父母乎　見波多布刀久　　　　　　　　　　　　　　（万 18・4106）

これら①〜⑦の例は、いずれも「タフト甲シ」と甲類トの仮名で表記されているのであるが、仏足石歌(9)（753年以後成立か）においては、「多布刀久毛阿留可」（p.241）と甲類の仮名で書かれているものがある一方、「多布止可理家理」（p.244）と乙類の例も出てくるのである。つまり、有坂秀世（1934a）の「ウ列音と乙類のオ列音とは、同一結合単位内に共存することが少い。就中ウ列音とオ列音とから成る二音節の結合単位に於て、そのオ列音は乙類のものではあり得ない。」（p.101）という"音節結合の法則"から見れば、

『万葉集』①〜⑦のように当然甲類であるべき所であろう。然るに、乙類トの表記が仏足石歌に見られるのは、音韻「ト」甲類乙類の混同の結果に他ならないのである。これと同様な例に、同じく仏足石歌の「都止米毛呂毛呂」(p.245) がある。「ツトム」のツトは動詞の語幹（2音節単位）と見ることができるので、有坂法則、特に「就中〜」が適用され得るのである。それによれば、「タフトシ」と同様「ト」は甲類なることが考えられるのであり、事実、大伴家持の歌に「名尓於布等毛能乎　己許呂都刀米与」（万20・4466）とあって、甲類の仮名「刀」が用いられているのである。この歌は天平勝宝八年（756）の作であることが巻二十の目録によって判明する。そして、仏足石歌が天平勝宝五年（753）以後の成立であるとすれば、略同年代に「ツト甲ム」「ツト乙ム」が共存していたと見ることができる。

　しからば、ここで「ト」甲類乙類の混同の結果、統合されていった音価は如何なるものであったであろうか。おそらく、この「貴し」「務む」の例等からも分かるように、音価としては、ト甲類とト乙類が合一した後、ト乙類あるいはト乙類に近い音価になったであろうことが想像される。このことは「イケルトモナシ」の「ト」を考える場合に大きな意義を持ってくるのである（2節大系本頭注説参照）。「イケルトモナシ」の「ト」は前述したように、甲類3例、乙類7例拾うことができるのであるが、本来は甲類であったことは述べてきた通りである。この中で、乙類の例というのは、「貴し・努む」等と同様にト甲→ト乙という音韻変化を想定してみれば、容易に説明し得るのである。すなわち、実質概念を持っている名詞「ト」は本来甲類であったのであるが、万葉集時代において、乙類音（或いは乙類音に近い音）の方へ合一していった結果、乙類表記が『万葉集』に見出されると解釈することができるのである。そして一方、甲類で表記されているものは、本来の形として、あるいはその合流過程上に、いわゆる語形の"ゆれ"として現れたものと説明できるであろう。

　さて、ここで「ト」甲乙両表記の問題を音価とは一応離れて、万葉仮名（すなわち文字）の性格から少しく考えてみる必要がある。というのは、一般に文献に記載された言語――つまり、いわゆる文語（文章語）は当時話さ

れていた口語（口頭語）とは必ずある程度距離（もちろん絶対的な距離ではなく相対的距離）があるのが普通である。それは文字というものの機能的制約なのであって、いかに精緻な表音文字であろうと、またいかなる精密な音声記号であろうと、実際の音声をそのまま表記することは絶対に不可能である。そして、さらに文字の性質上、時間・空間の制約を受けないこと等が、文字の固定化（音声言語を文字に書くという行為、すなわち文字化される過程において、伝統的な書き方が生まれてくること）を必然的に規定する要因ともなるわけである。ここにおいて、いかに表音文字——例えば、1字1音の万葉仮名あるいはアルファベット——とは言え、正字法意識[11]（正書法意識）が程度の差こそあれ生まれてくることは当然考慮しなくてはならないと思われる。

　この「イケルトモナシ」の場合においても、この点は考慮すべきことである。つまり、「ト」が甲類で書かれていても、実際はすでに乙類音（あるいはそれに近い音）の発音であって、表記上本来の甲類の仮名が用いられたものとも考え得るのである。結局、正字法意識が働いていた結果の甲類表記であると考えるわけである。さらに、あるいはまた、原表記をそのまま採用したものとも解釈され得る（ただし、この場合も表記上の問題である）。実際「イケルトモナシ」の甲類表記3例中2例（前掲用例(1)(2)）は双方とも「或る本の歌に曰はく」として記載されていることも考慮しなくてはなるまい。むしろ、正字法意識・原表記の採用という見解の方が、すでに述べた語形の"ゆれ"と解するよりも真に近いかも知れない。

　ともかく、以上述べて来たこと等から「ト」が甲乙両類で表記されている故、別の語（甲類は名詞・乙類は助詞）であったとする見解には、筆者は今の所にわかに賛成しかねるのである。

　本居宣長の卓見を出発として、構文の面、語法・語義の面、特に上代特殊仮名遣の面等から検討してきたのであるが、いずれの面からも、宣長の説（全例を「イケルトモナシ」と訓み、「ト」を名詞とする説）が矛盾なく、最も妥当であるということになる。

[注]
(1) 『万葉集』は底本として日本古典文学大系本『万葉集』(岩波書店)を使用した。用例に付した○点、、点は筆者、以下同断。
(2) 『本居宣長全集第5巻』
(3) 『本居宣長全集第8巻』
(4) 同格の「の」助詞と見たことについては、田辺正男(1954a)、石垣謙二(1942)を参照されたい。
(5) 因みに、「度」はト甲・ド甲を表わす音仮名で、広韻・唐韻・切韻残巻等「徒故切(dʻuo)」「徒各切(dʻâk)」の音を有する字である。なお、( )内はカールグレンの推定音価。
(6) 「可久古非須良波」。大系本頭注によると、「この活用形は例外的で他に類例がない。原文の損傷を補修した人が、恋ヒセレバとでもあった原文を擬古的な意識で、実際には存在しないスラバという形を産み出してしまったものであろう。」と説明している。
(7) 万葉以後の和歌の例を見ると、「生けるかひなし」「生けるかひあり」という表現が見られる。
(8) 『風雅和歌集』の底本は『国歌大観』を使用した。なお、仮名は通用のものに改めた。
(9) 仏足石歌の底本は日本古典文学大系本『上代歌謡集』所収のものを使用した。用例箇所は大系本のページ数で示してある。
(10) 馬渕和夫(1959b,1963)、亀井孝(1964)等を参照されたい。
(11) 万葉仮名における「正字法」の問題と関係づけて上代特殊仮名遣の変遷に触れたのは、田辺正男(1954b)が最初ではないかと思われる。以後このことに触れた論は少ないようで、大野晋(1953b)が多少述べている程度であろう。

[補記]
(1) 本章に収めるにあたって、大系本に従って「読み下し」を新たに加えた。
(2) 間宮厚司(1990)「生ケリトモナシと生ケルトモナシ」(『鶴見大学紀要・国語国文学篇』27)および間宮厚司(2003)「「生けりともなし」と「生けるともなし」」(『万葉集の歌を推理する』文藝春秋)において、「イケリトモナシ」の「トモ」は、逆接仮定条件を表わす接続助詞のトモであり、ナシは「甲斐がないだろう」のような意味を表わす、「イケルトモナシ」の「ト」は、空間的な意味を表わすト(処)から転じた時間的な意味を表わ

すト（時）である、という見解が出されている。
(3) 旧稿では「上代特殊仮名遣の崩壊」「「ト」甲乙の崩壊過程」など、「崩壊」という用語を用いていたが、現在では用いていない。整然たる体系をなしていたものが、時間とともに崩れ去る、というような言語変化のありかたを考えることは間違いだからである。

[引用文献]

有坂秀世(1934a)「古代日本語に於ける音節結合の法則」(『国語と国文学』11-1)，有坂秀世(1957)再録

──────(1957)　『国語音韻史の研究　増補新版』(三省堂)

石垣謙二(1942)「作用性用言反撥の法則」(『助詞の歴史的研究』岩波書店，再録)

大野　晋(1953b)「上代語の訓詁と上代特殊仮名遣」(『万葉集大成 3』)

澤瀉久孝(1970)『万葉集注釈』(中央公論社)

亀井　孝(1964)『日本語の歴史 4』(平凡社)

武田祐吉(1957)『増訂万葉集全註釈』(角川書店)

田辺正男(1954a)「いとやむごとなき際にはあらぬが……」の位格に就て(『古典の新研究』2)

──────(1954b)「いはゆる特殊仮名遣の『不正』なものなどを通して」(『日本文学論究』13)

時枝誠記(1941)『国語学原論』(岩波書店)

──────(1954)『日本文法　文語篇』(岩波書店)

馬渕和夫(1959b)『国語教育のための国語講座 2　音声の理論と教育』

──────(1963)「上代オ音の変遷」(『日本韻学史の研究Ⅱ』日本学術振興会)

間宮厚司(1990)「生ケリトモナシと生ケルトモナシ」(『鶴見大学紀要・国語国文学篇』27)

──────(2003)「「生けりともなし」と「生けるともなし」」(『万葉集の歌を推理する』文藝春秋)

本居宣長　「玉の小琴（追考）」(『本居宣長全集第 5 巻』筑摩書房 1970)

──────　「玉かつま」(『本居宣長全集第 8 巻』筑摩書房 1972)

山田孝雄(1936)『日本文法学概論』(宝文館)

2. 宣命の構文
——「テシ……助動詞」——

1

　いわゆる続日本紀宣命は、延喜式祝詞とともに、上代文献における重要な口語体の散文資料として、記紀・万葉などのような歌謡にはみられない表現形式・構文の存することはもちろん、語法的・語彙的にも注目すべきものが多くみられることはよく知られている。

　本章は、この宣命において、接続助詞「テ」に副助詞（強意）「シ」の加わった「テシ」という連語に注目し、「テシ」に導かれる前件の意味内容と、後件の特に助動詞の意味との相関関係を捉えることによって、構文論的観点から、これを宣命にみられる一種の構文として措定し、それぞれ、その構文の持つ構文的意味を明らかにしようとするものである。従って、「テシ……助動詞」という構文を措定し、それを考察の対象とする以上、各々の構文的意味の特殊性は、当然その用いられる助動詞の種類・性格によって示されることは十分に推測されるところである。事実、「テシ……助動詞」の構文について、その助動詞の種類・性格を個別に検討してみると、実際には、使用されている助動詞の偏りから、四つの型（パターン）に類型化されることとなる。従って、以下、このI〜Ⅳの型について、各々考察を進めて行くことにしたい。

　　Ⅰ　　テシ　………　ラシ
　　Ⅱ　　テシ　………　ベシ
　　Ⅲ　　テシ　………　ム
　　Ⅳ　　テシ　………　その他

　なお、引用例は全て『新訂増補 国史大系』本によることにし、本居宣長の『続紀歴朝詔詞解』による「詔」の番号を用いて示すことにする。また、異体字は正字体に改め、付訓は適宜採用した。なお、助詞・助動詞などの割り書き部分は一行に改めた。

2

まず、「テシ……ラシ」の型について。
(1) 然(スメラトマシ)皇坐(カシコキヒト)氏天下治賜君者賢人乃能臣(ヨキオミド)乎得氏之天下乎婆平久安久治物尓在良之止奈母聞(キコシメ)行須。　　　　　　　　　　　　　　　　　　(24・48・61詔)
(2) 加久聞看来天(アマツ)日嗣高御座(ヒツギタカミクラ)乃業波天坐神地坐祇乃相宇豆奈比(アヒ)奉相扶(アヒタスケマツル)奉事尓依氏之此座平安御座氏天下者所知物尓在良自止奈母随神所念行(オモホシメ)須。
　　　　　　　　　　　　　　　　　　　　　　　(23・48詔)

(1)は、天下を統治する天皇としての普遍的なあり方を問題にして、「天下を平穏無事に治める」ことの条件として、「賢い人で勝れた臣下を得る」ことが、また(2)は、天皇の位における大御業の普遍的なあり方を問題にして、「天皇の位に平穏無事にあらせられて、天下を御統治なさる」ことの条件として、「天神地祇が互いに御輔佐申し上げ、互いにお助け申し上げる」ことが、いずれも一般的に、客観的に存在するということを、テシによって提示している構文と考えられる。すなわち、テシに導かれている前件は、(1)(2)ともにその時点における現実的な事柄には係わりのないものであり、圏点を付した《物尓在(モノニアル)》という一般的な把握の仕方と相俟って、いわゆる常定条件(一般条件)を提示し、表現しているのである。従って、この(1)(2)の「テシ……ラシ」の構文における助動詞ラシは、ある客観的な、一般的な認識を根拠として、"確信をもって推定する"立場の表現とみることができる。

なお、(1)(2)において、24詔・48詔・61詔はいずれも"即位の宣命"、23詔は"譲位の宣命"であることは注目される。

(3) 復去正月尓二七日之間諸大寺乃大法師等乎奏請(マセマツ)良倍天最勝王経乎令講讃末都利又吉祥天乃悔過乎令仕奉流尓諸大法師等我如理(コトワリノゴト)久勤天坐佐比又諸臣等乃天下乃政事乎合理(マツリゴトコトワリニカナヒ)天奉仕尓依天之三宝毛諸天毛天地乃神多知毛共尓示現(ホトケ)賜弊流奇久貴伎大瑞乃雲尓在良之止奈母念行須。　　　　　(42詔)
(4) 此誠(コレマコトニ)天地神乃慈賜比護賜比挂畏開闢已来御宇天皇大御霊多知乃穢奴(キタナキヤツコ)等乎伎良比賜弃(ステ)賜布尓依氏。又盧舎那如来観世音菩薩護法梵王帝釈四大天王乃不可思議威神之力尓依氏志。此逆在悪奴等者顕出而悉罪(サカシマナルキタナキヤツコドモ)尓伏奴良志止奈母神奈賀良母所念行須止宣天皇大命乎衆聞食宣。　　(19詔)

(5) 凡加久伊波流倍枳朕尓波不在。別宮尓御坐坐牟時自加得言_也。此波 朕 劣尓
依_{弖之}加久言_{良之止}念召_波愧 自弥伊等保自弥奈母念須。 (27詔)

(6) 又大伴佐伯宿祢等_波自遠天皇御世内_乃 兵 止為而仕奉来。又大伴宿祢等
_波吾族尓母在。諸同心尓為而皇朝乎助仕奉牟時尓如是醜事者聞曳自。汝多知乃
不能尓依氏志如是在良志。諸以明清心皇朝乎助仕奉礼止宣。 (17詔)

この(3)〜(6)についてみると、テシに導かれている前件は、(3)の「諸々の大法師たちが理の如く勤め、諸々の臣たちが天下の政事を理に叶ってお仕え申し上げた」こと、(4)の「天地の神がお慈しみになり、お護りになった」こと、「開闢以来御統治なさって来た天皇の大御霊たちが穢い腹ぐろい奴どもをお嫌いになり、お棄てになった」こと、「盧舎那如来、観世音菩薩、護法梵王帝釈、四大天皇の不可思議威神の力があった」こと、(5)の「朕がしっかりしていなかった」こと、(6)の「汝たち（大伴佐伯の氏人等）が能くなかった」ことなどのように、全てその時の、あるいはその時点までの現実的な事柄なのであって、この点(1)(2)とは相違している。すなわち、テシに導かれた前件の現実的な事柄（事実）が原因となって、後件(3)の「三宝も諸天も天地の神たちも、ともに御示現になった奇しく貴い大瑞の雲である」、(4)の「反逆的な悪い奴どもは顕れ出て、悉く皆罪に伏した」、(5)の「このように言う」、(6)の「このような醜事（橘奈良麻呂の謀反）が出現した」という事柄が成立したことを表わしている構文と認められる。従って、この(3)〜(6)の「テシ……ラシ」の構文におけるテシは、(1)(2)の常定条件に対し、いわば事実条件を提示しているのであり、また、助動詞ラシは、テシに導かれた事実を根拠として、"確信をもって推定する"立場の表現と考えられる。

なお、助詞シの伴わない「テ……ラシ」の構文もみられる。

(7) 衆人_波不成御登疑朕_波金少牟止念憂川々在尓三宝乃 勝 神 枳大御 言 験 乎蒙
利天坐神地坐神_乃相宇豆奈比奉佐枳_波倍奉利又皇天御霊多知_乃恵賜比撫賜夫事
依弖顕自示給夫物在自等念召波。 (13詔)

(8) 聞看食国中_乃東方武蔵国尓。自然作成和銅出在止奏而献焉。此物者天
坐神地坐祇_乃相于豆奈比奉福_波倍奉事尓依而。顕久出多留宝尓在羅之止奈母。神

随所念行須。　　　　　　　　　　　　　　　　　　(4・6詔)(2)

　これら(7)(8)は、テに導かれている前件がその時点までの現実的な事柄として捉えられているのであって、(3)〜(6)の構文的意味と軌を一にするものである。

3

　次に、「テシ……ベシ」の型について。

(9) 故是以大命坐宣久。朕雖拙弱。親王始氐王臣等乃相穴奈比奉利相扶奉〻事依氐此之仰賜比授賜夫食国天下之政者平久安久仕奉倍之止奈母所念行須。　　　　　　　　　　　　　　　(24・48・61詔)

(10) 故是以御命坐勅久。朕者拙劣雖在親王等乎始而王等臣等諸天皇朝庭立賜部留食国乃政乎戴持而明浄心以誤落言無助仕奉弖之天下者平久安久治賜比恵賜布閇支物尓有止奈毛神随所念坐久止勅天皇御命乎衆聞食宣。
　　　　　　　　　　　　　　　　　　　　　　　　(14詔)

(11) 年長久日多久此座坐波荷重力弱之氐不堪負荷。加以掛畏朕婆々皇太后朝尓母人子之理乎不得定省波朕情母日夜不安。是以此位避氐間乃人尓在氐之如理婆々尓波仕奉倍自止所念行氐奈止日嗣尓定賜弊流皇太子尓授賜久止宣天皇御命衆聞食宣。　　　　　　　　　　　　　　　　　(23詔)

(12) 天皇大命尓坐西奏賜久掛母畏岐飛鳥浄「見」御原宮尓大八洲所知志聖乃天皇命天下乎治賜比平賜比弖所思坐久。上下乎斉倍和気弖无動久静加尓令有尓八礼等楽等二都並弖志平久長久可有等随神母所思坐弖此乃舞乎始賜比造賜比伎等聞食豆。　　　　　　　　　　　　　　　　　　(9詔)

　(9)は、その内容から「お命じになり、お授けになる天下の政は、平穏無事にお仕え申し上げることができるはずだ」とする、その条件として「親王・王・臣たちが互いに御輔佐申し上げ、互いにお助け申し上げたら」をテシによって提示している構文と考えられる。同様に、(10)の「天下を平穏無事にお治めになり、慈しみなさるはずのものである」、(11)の「人の子の父母に仕える理の如く、母にお仕え申し上げることができるはずだ」、さらに(12)の「天下国家が平穏で、末長く存在することができるはずだ」とする、

その条件として、それぞれ「親王・王・臣たちが天皇の御統治なさって来た天下の政を明るく浄い心を持って、誤ることなくお仕え申し上げたら」、「天皇の位を避って、暇のある人としていたら」、「礼と楽との二つを並べたら」をテシで提示している構文と考えられる。

ところで、テシに導かれている前件は、(9)の《扶奉牟事》のように、その中に推量の助動詞ムが使用されていることからも判断されるのであるが、一つの想像上の事柄とみることができる。従って、その後件は、前件の想像上の事柄から導かれた、言い換えるならば、前件の想像上の世界に立脚した想像上の事柄ということになる。

松下大三郎(1930)は、〈未然仮定拘束格(順接仮定条件法)〉に〈完了態〉と〈非完了態〉との別を明らかにしたのであるが、この「テシ……ベシ」の構文について、この松下大三郎説に従えば、〈未然仮定拘束格〉の〈完了態〉に該当するものと考えられる。すなわち、〈完了態〉というのは、「花咲かば、告げやらむ」のような例をいうのであって、"未来の或時間・時期を想定し、前提とする"のであり、前件に述べられている事柄が完了して成立した場合のこととして、後件が述べられるというものである。従って、(9)でいうならば、「親王・王・臣たちが互いに御輔佐申し上げ、互いにお助け申し上げる」という事柄が完了して成立した場合のこととして、「天下の政は平穏無事にお仕え申し上げることができるはずだ」という構文的意味を有することになる。

故に、この「テシ……ベシ」の構文においては、二重の想像上の世界を繋いでいるテシに、いわゆる仮定的意味が構文上内包されることになるわけである。また、助動詞ベシは二重の想像上の世界のあり方の叙述を"当然のこととして推量する"立場の表現とみることができよう。

因みに、助詞シの伴わない「テ……ベシ」の構文もみられる。

(13) 又詔久。如此時尓当都々人々不好謀乎懷豆天下乎毛乱己我氏門乎毛滅人等麻祢久在。若如此有牟人乎婆己我教諭訓直豆各々己我祖乃門不滅弥高尓仕奉弥継尓将継止思慎天清直伎心乎持弖仕奉倍之止奈毛所念須。　　(59詔)

(14) 故是以奇久喜之支大瑞乎頂尓受給天忍天黙在去止不得之天奈毛諸王多知臣多知乎

召_天共ㇳ歓備尊備天地_乃御恩_乎奉報_倍之_止奈毛念行_止詔布天皇_我御命_遠諸聞食_止
宣。　　　　　　　　　　　　　　　　　　　　　　　　　（42詔）

(15)　衆諸如此_乃状悟_曰清直心_乎毛知此王_乎輔導_天天下百姓_乎可令撫育_止宣。
　　　　　　　　　　　　　　　　　　　　　ナデメグマシムベシ
　　　　　　　　　　　　　　　　　　　　　　　　　　　　　（59詔）

(16)　天下君坐而年緒長_久皇后不坐事_母一_豆_乃善有良努行_ㇽ在。又於天下政置
　　　而独知_倍伎物不有。必_母斯理幣_能政有_倍之　　　　　　（7詔）

　これら(13)～(16)についてみても、(13)の前件中に《若如此有_ァ_ㇺ人_乎婆》
とあることからも、前述の仮定条件の〈完了態〉を、テに導かれている前件
が提示していることは明らかであろう。すなわち、(13)についてみれば、
「各々自分の祖先一門を滅さず、ますますお仕え申し上げ、ますます後が絶
えぬようにと思い慎んで、清い素直な心を持ってお仕え申し上げることが
できたはずだ」とする、その条件として、「若し、謀反を起こすような人を
自分が教え諭し、訓え直したら」をテによって提示している構文と考えら
れる。(14)～(16)も同様である。

　なお、「テシ……ベシ」の構文において、(9)の24詔・48詔・61詔は、い
ずれも〝即位の宣命〟、(11)の23詔は〝譲位の宣命〟なのであり、さらにま
た、これらは〈常定条件〉を表わす(1)(2)の「テシ……ラシ」の構文にいず
れも後続するものであることは注目に値しよう。

4

「テシ……ム」の型について。

(17)　故是以親王始而。王臣百官人等_乃浄明心以而。弥務_ㇽ弥結_ㇽ阿奈々
　　　　　　　　　　　　　　　　　　　イヤツトメ　イヤシマリ
　　比奉輔佐奉_ァ_ㇺ事_ㇽ依而志。此食国天下之政事者平長将在_止奈母所念坐。
　　　　　　　　　　　　　　　　　　　　　アラㇺ
　　　　　　　　　　　　　　　　　　　　　　　　　　　　　（3詔）

　この(17)は、「この御統治なさる天下の政は平穏無事に存在するだろう」
とする、その条件として「親王・王・臣・百官人等が浄く明るい心を持って、
ますます努力し、引き締ってお助け申し上げ、御輔佐申し上げたら」と提示
している構文と考えられる。従って、その構文的意味から考えるならば、
《輔佐奉_ァ_ㇺ事》のように前件に推量の助動詞ムが使用されていることと相

俟って、いわば、(9)などの「テシ……ベシ」のベシをムに変換した構文と認められる。

(18) 此乎念方唯己独乃未朝庭乃勢力乎得天賞罰事乎一仁己可欲未仁未仁　行止念天兄豊成朝臣乎詐天讒治奏賜流尓依天位乎退多末比天是乃年乃年己呂在都。
(28詔)

(19) 朕以寡薄宝位乎受賜弖年久重奴。而尓嘉政頻闕弖天下不得治成。加以元来風病尓苦都身体不安復年毛弥高成尓弖余命不幾。今所念久。此位波避天暫間毛御体欲養止奈毛所念須。
(59詔)

この(18)(19)は助詞シの伴わない「テ……ム」の構文である。その内容から(18)の「賞罰の事を偏に自分の欲しいままに行なおう」、(19)の「しばらくの間、御体を休めよう」とする、その条件として「自分独りだけが朝庭の勢力を得たら」、「この高御座の位を避ったら」を提示しているものと認められ、(17)と構文的意味を同じくするものと考えられる。

(17)〜(19)の「テシ……ム」の構文と、「テシ……ベシ」の構文とは完了態の〈仮定条件〉を提示する点においては軌を一にするものと認められる。しかしながら、その助動詞の性格についてみると、ベシは論理的、当為的な事柄を表出するのに対し、ムは意志を表わすにしても"一つの可能性の大きい事柄として推量する"立場の表現なのであるから、そこに聞き手に対する一種の"願望・期待"といった気持が表出されることになるので、この点において、両者の表現法自体の差異が認められることになる。

さて、次の(20)(21)も「テ……ム」の構文であるが、(18)(19)とは相違して、構文的に仮定の意味が内包されていないものである。

(20) 是以治賜武等勅倍仁遍重天辞備申尓依天黙在牟止為礼止毛止事不得 (25詔)
(21) 七月二日発兵牟止謀定而二日未時小野東人喚中衛舎人備前国上道郡人上道朝臣斐太都而誂云久。此事俱佐西止伊射奈布尓依而俱佐西牟止事者許而其日亥時具奏賜都。
(19詔)

すなわち、(20)のテに導かれた前件は「たび重ねて御辞退申し上げた」という、その時までの事実と考えられ、その事実が原因となって後件の「黙っていよう(そのままにして置こう)」という事柄が成立することを表出して

いる構文と考えられる。また、(21)の「俱佐西」は、宣長によれば「俱ノ字は、諸本みな同じきを、これも伊を誤れるにて、伊佐西(イザセト)なるべし。次なるも同じ。いざせは、人を誘ふ詞也」、「さきには、俱仁西(トモニセ)なるべし、西はせよの意也、と思へりしかども、俱にせよ(トモ)といふ言いかが也」と述べ、金子武雄 (1945) は「俱仁西(トモニセ)」、倉野憲司 (1936) は「俱にさせ(志)」と訓じている。未だ確実なところは詳らかではないが、文脈から推すに、テに導かれている前件が、その時点における事柄であることは認められよう。従って、(20)(21)は、(17)〜(19)とは相違し、(3)〜(8)の「テシ……ラシ」と同様に、〈事実条件〉を提示する構文と考えられる。

5

「テシ……その他」の型について。

この型には、いわゆる完了の助動詞リ、ヌのように、後件に助動詞を含むもののほか、用言で終止するものをも一纏めにしたものである。

(22) 諸奉侍上中下乃人等乃念良末久。国乃鎮止方皇太子乎置定天之心毛安久於多比仁在止常人乃念云所仁在。　　　　　　　　　　　(31詔)

(23) 高天原由天降坐之天皇御世始而許能天官御座坐而天地八方治調賜事者聖君止坐而賢臣供奉天下平久百官安久為而之天地大瑞者顕来(アラハレク)止奈母随神所念行佐久止詔命乎衆聞宣。　　　　　　　　　　　(6詔)

(22)は、《国乃鎮》ということの普遍的なあり方を問題にして、「心も平穏で静かである」ことの条件として「皇太子を置き定める」ことが《常人乃念云所仁在》とする、いわゆる一般的認識における条件、すなわち、〈常定条件〉をテシによって導いている構文と考えられる。同様に(23)も「聖の君(天皇)としてあらせられ、賢い臣がお仕え申し上げ、天下が平穏で、百姓が安泰である」という常定条件の下で「天地の現す大瑞は顕れて来るのだ」という構文と認められる。

(24) 又天日嗣高御座乃業止坐事波進弓波挂畏天皇大御名乎受賜利。退弓波婆婆大御祖乃御名乎蒙弖之食国天下乎婆撫賜恵賜夫止奈母神奈我良母念坐須。　　　　　　　　　　　(13詔)

2. 宣命の構文　299

(25) 故諸乃大法師等乎比岐為天上止伊麻須太政大臣禅師乃如理久 勧 行 波之米
　　　　　　　　　　　　　　　　　　　　　　　　　　　　　　ススメオコナ
　教導賜尓依天之如此久奇久尊岐 験 波顕賜弊利。　　　　　　(41詔)
　　　　　　　　　　　　　シルシ

　この(24)(25)は、(24)の「一方では心に掛けても畏れ多い天皇の大御名を
頂き、また一方では母大御祖の御名を頂いた」こと、(25)の「太政大臣禅師
が理の如く勧行させ、教え導きなさった」ことのように、前件の提示する
〈事実条件〉の下で「御統治なさる天下を御愛撫なさり、慈しみなさる」、
「このように奇しく尊い験をお顕しになった」という事柄が成立したことを
表出している構文と考えられる。

(26) 然母盧舎那如来最勝王経観世音菩薩護法善神梵王帝釈四大天王乃不可
　思議威神力挂畏開闢已来御宇天皇御霊天地乃神多知乃護助奉都流力尓依弖其
　　　　　　　　　　　　　　　　　　　　　　　　　　マジワザ
　等我穢久謀弓為留厭魅事皆悉発覚奴。　　　　　　　　　(43詔)

(27) 然朕波御身都可良之久於保麻之麻須尓依天。太子尓天都日嗣高御座乃継天
　　　　　　　　　　　　　　　　　　　　　　　　　　　　　ノリタマヒ
　方授麻都流止 命 天。　　　　　　　　　　　　　　　　(45詔)

　この(26)(27)は助詞シの伴わない構文であるが、その表わす構文的意味は、
(24)(25)と軌を一にするものである。

　ところで、「テシ……その他」の型において、宣命では(22)(23)の〈常定
条件〉、(24)～(27)の〈事実条件〉の二類が認められるのであるが、因みに、
祝詞についてみると、次の(28)のように、いわゆる仮定的意味を内包する例
も存在する。

(28) 今年十一月中卯日尓。天都御食乃長御食能遠御食登。皇御孫命乃大嘗聞
　食牟為故尓。皇神等相宇豆乃比奉氏。堅磐尓常磐尓斎比奉利。茂御世尓幸尓
　　　　　　　　　　　　　　　　　　　　　　　イハ
　奉牟尓依氏志千秋五百秋尓平久安久聞食氏。豊 明 尓明坐氐皇御孫命能宇豆乃
　　　　　　　　　　　　　　　　　　　トヨノアカリ　　　　　　　ノトヨサカノホリ
　幣帛乎。明妙。照妙。和妙。荒妙尓備奉氏。朝日豊榮登尓称辞竟奉久乎。
　諸聞食登宣。　　　　　　　　　　　　　　　　　　(大嘗祭)

「皇神たちが互いに御輔佐申し上げ、永久不変にお護り申し上げ、盛大な
御世に栄えさせ申し上げたら」という仮定条件の下で「永遠に平らかに召し
上って」という構文と考えられる。

　以上、「テシ……助動詞」の構文をめぐって考察してきたのであるが、一
　　　　　　　　　　　　　　　　　　　　　　　(4)
応これらを纏めて整理すると次のようになろう。

（ⅰ）「テシ……助動詞」の構文は、その用いられる助動詞の種類・性格によって、テシに導かれる前件の意味内容に明確な相違が生じること。
（ⅱ）「テシ……ラシ」の型は、〈常定条件〉〈事実条件〉の二類を表わすこと。
（ⅲ）「テシ……ベシ」の型は、完了態の〈仮定条件〉を表わすこと。
（ⅳ）「テシ……ム」の型は、いわば（ⅱ）（ⅲ）の中間に位置するもので、完了態の〈仮定条件〉、〈事実条件〉の二類を表わすこと。
（ⅴ）「テシ……その他」の型は、その用いられる文脈によって、〈常定条件〉〈事実条件〉〈仮定条件〉を表わすこと。

なお、最後にこの「テシ……助動詞」の構文が宣命の文体を形成する上において、どのような要素を担っているのかといった問題について簡単に一言述べておきたい。

宣命――特に即位・譲位のもの――において、いわゆる常套的な慣用的な表現法として、(1)(2)の〈常定条件〉を表わす「テシ……ラシ」の構文に、(9)(11)の完了態の〈仮定条件〉を表わす「テシ……ベシ」の構文が後置されていることは注目されるところである。このことは、宣命における一つの論理性・説得性を高めるための表現法、すなわち一種の文体とみることができるのであって、宣命が説得的・命令的な表現意図をもつ「いいかけ」の文章といわれていることに対する、構文論的観点からの一つの証左になると考えられる。

[注]
(1) 引用例は初出の24詔のもの。以下同様。
(2) 詔番号を□で囲んだものは、本居宣長の『続紀歴朝詔詞解』によって補われた箇所に見えるもの。以下同断。
(3) 『続紀歴朝詔詞解』27丁オ、18丁オ。
(4) なお、「テシ……助動詞」の構文を受ける形式として、その多くは〈トナモ〉の形が使用されている。この〈トナモ〉などについては、新山茂樹（1971）参照。
(5) 西尾光雄（1967）

[引用文献]

金子武雄(1945)　国民古典全書『古事記・祝詞・宣命』(朝日新聞社)
倉野憲司(1936)　『続日本紀宣命』(岩波文庫)
新山茂樹(1971)　「宣命における助詞ナモの語勢について—特立・指定される事柄と言語主体の問題とをめぐって」(『鶴見女子大学紀要』9)
西尾光雄(1967)　『日本文章史の研究　上古篇』(塙書房)
松下大三郎(1930)『改撰標準日本文法』(中文館書店，勉誠社 1974 復刊)
本居宣長　　　『続紀歴朝詔詞解』(『本居宣長全集第 7 巻』筑摩書房 1971)

3. 助詞「がに」の歴史
―― その起源と「がね」「べく」との交渉 ――

1

「がに」という助詞は、『万葉集』に散見する10例ほどをもって、その文献上に現れる最古の徴証と見なされる。

(1) むろがやの　都留の堤の　成りぬがに（那利奴賀尓）　児ろは言へども　未だ寝なくに　　　　　　　　　　　　　　（万 14・3543）

(2) 秋づけば　水草花の　あえぬがに（阿要奴蟹）　思へど知らじ　直に逢はざれば　　　　　　　　　　　　　　　　（万 10・2272）

(3) 道に逢ひて　咲まししからに　降る雪の　消なば消ぬがに（消香二）　恋ふとふ吾妹　　　　　　　　　　　　　（万 4・624）

(4) 吾が宿の　夕影草の　白露の　消ぬがにもとな（消蟹本名）　念ほゆるかも　　　　　　　　　　　　　　　　　（万 4・594）

(5) 秋田刈る　仮廬も未だ　壊たねば　雁がね寒し　霜も置きぬがに（置奴我二）　　　　　　　　　　　　　　（万 8・1556）

(6) いかといかと　ある吾宿に　百枝さし　生ふる橘　玉に貫く　五月を近み　あえぬがに（安要奴我二）　花咲きにけり　（万 8・1507）

(7) 阿胡の海の　荒磯の上に　浜菜摘む　海人処女らが　うながせる　領巾も照るがに（光蟹）　手に巻ける　玉もゆららに　白栲の　袖振る見えつ　相思ふらしも　　　　　　　　　　　　　（万 13・3243）

(8) 憂れたきや　醜霍公鳥　今こそは　声の嗄るがに（干蟹）　来鳴きとよめめ　　　　　　　　　　　　　　　（万 10・1951）

(9) さ寝がには（左寝蟹歯）　誰とも寝めど　沖つ藻の　靡きし君が　言待つ吾を　　　　　　　　　　　　　（万 11・2782）

(10) おもしろき　野をばな焼きそ　生ふる草に　新草まじり　生ひば生ふるがに（於布流我尓）　　　　　　　（万 14・3452）

さらに、いわゆる定訓をもたない例――注釈者によっては「がに」と認める例――をも含めると、13例となる。

(11) もも小竹の　三野の王　西の厩　立てて飼ふ駒　東の厩　立てて飼ふ駒　草こそは　取りて飼<u>旱</u>　水こそは　扱みて飼<u>旱</u>　何しかも　葦毛の馬の　いなき立てつる　　　　　　　　　　　（万13・3327）

(12) 露霜の　消なば消ぬべく　行く鳥の　あらそふはしに　一に云ふ　朝霜の　消なば消<u>言尓</u>　うつせみと　あらそふはしに　　（万2・199）

(13) 今朝ゆきて　明日は来むと云<u>子鹿丹</u>　朝妻山に　霞たなびく

（万10・1817）

この3例を除くと、その用字は「賀尓・我二・香二・蟹」のかたちを見せている。その中、少なくとも「賀・我」は濁音仮名と認めることができそうであり、上代語としては、一応「がに」とその第1音節は濁音節であったと推定してよいであろう。

ところで、助詞「がに」の語義としては、古くから「恰モ……ノヨウニ」「ゴトク（ニ）」「ホド（ニ）」「バカリニ」といった語句が、その訳として当てられている。従って、〈比況・様態・程度〉などの概念を措定し得るようであり、この点に関しては、現今の研究者の間においても殆ど異論のないところである。しかるに、〈比況・様態・程度〉などの概念を、それぞれ相互の関連において捉えるとともに、統一的・合理的に説明するために、いわゆる語源論的な観点に立って、多くの研究がなされてきてはいるのであるが、何れの研究も未だ十分な論証を提示し、定説化するまでには至っていないと認められる。

2

起源についての研究は、言語の歴史的研究に携わっている者に限らず、大いに興味をそそる領野には違いない。しかし、徴証に相当めぐまれた条件にある、後世の成立に係る語の場合は一応除くとして、その起源が文献以前に遡る場合には、十分な徴証を揃えてそれを推定することは極めて困難である。ともすれば、単なる思い付きに過ぎなくなってしまう危険性が大きいので、

3. 助詞「がに」の歴史　305

それ相当の慎重な配慮・構えが必要なことは言うをまたないところである。

　まず一般的に述べるならば、ある言語におけるある語の起源の究明は、文献ないし方言を資料とした、その言語内における内部徴証と、他の（同系・異系をも含めた）言語から求められた外部徴証とによって、その起源を推定するのが定法であろう。しかし、日本語のように、系統論的には不明と見なさざるを得ない言語の場合、いわゆる借用関係の明確なものを除いて、外部徴証の得られる蓋然性は極めて低く、たとえそれが求められたとしても、蓋然的な可能性に止まるものと見るのが妥当である。従って、自ずから日本語内における内部徴証をもとに、構造と機能の観点から理論的にその起源を推定せざるを得ないことになるので、その限界もそれなりに明らかなはずである。この場合、理論に矛盾がなく、諸現象を合理的にかつ統一的に説明され得るものであれば、一応妥当な起源説として認定することができるものと思われる。

　助詞「がに」の起源について、従来、種々論じられてきている諸説を整理すれば、概ね、以下のように、A群・B群・C群の三つに大別することができる。

　A群
　（イ）鹿持雅澄
　　○消蟹(ケヌガニ)は、心もきえうするばかりにといふなり。我爾(ガニ)は、之似(ガニ)といふが本義にて、消蟹(ケヌガニ)、消ぬといふに似(ニ)る許にの謂にて、ばかりにといふ意になる例なり。　　　　　　　　（『万葉集古義』四巻之上）
　（ロ）賀茂真淵
　　○阿要奴蟹(アエヌガニ)　阿要奴蟹はあえぬるが如にを省きいふ
　　　　　　　　　　　　　　　　　　　　　　　　（『万葉考』巻七之考）
　（ハ）山田孝雄（1954）
　　○こは格助詞「が」に「に」……の添はりてなれるものなり。(p.553)
　　○「がに」は「が」にて結体せしめ、これを「に」にて目的とせるものなり。即「が為に」といふ意に適当せる語法なり。　　(p.554)
　（ニ）武田祐吉（1930）

○こはやはり助辞で、このガは明に用言の終止形を受けてゐる。下の助辞ニによつて、主として副詞句に導かれるものと考へられる。
(p.761)

(ホ) 宮嶋弘（1938）

○「の」が「如」「如く」「如き」無しでその意義と同様に用ゐられるのに対するところの「が」の用法を述べたのであるが、この「が」が「の」の用法に影響せられて、下に来る筈の「如」「如く」を省略し、その代りとしてその位置に同じ副詞的修飾語としての職能を示す助詞「に」を置いたのが、問題の「がに」であらうと思ふのである。ところで、「が」も「に」も与に格助詞であるが、原則として格助詞は重なることが許されぬものである。然し時によつてはこの用ゐ方がある。それは二つのばあいがある。（一）は、中間に体言又は用言を省略したばあい……（二）は、下の助詞が体言又は用言の代理をなすばあい……即ち右のやうなばあいには格助詞の相重なることが認められるから、「がに」もその第二のばあいであると考へられる。さうして代理せられるものは体言か用言でなければならぬのであるが、代理せられた「如」「如く」は、人に由つては助詞・助動詞と見ないで、名詞・形容詞の特殊なものとするのであるから、今のばあい助詞・助動詞の性質に極度に近くなつた名詞・形容詞と見ておけばさしつかへないのである。
(pp.66-67)

○「がに」は終止形に附くから、一語の助詞である。その意義・職能から観て明に接続助詞である。……「が＋に」が活用語の終止形に附いて、そこで熟合してしまふに至つた原因として、活用語の連体形に附く「がね」との混同を防ぐ必要があつた為だと考へる。 (p.70)

(ヘ) 丸山嘉信（1956）

○「体言相当格＋が＋形式体言など＋に＋形状性用言」型から出発した口調が固定して「がに」になつたと思はれる。但し「がに」の「が」は

　　消なば消ぬ〔る〕がさまに（ぐらゐに）

落えぬ〔る〕がほどに（までに）
　　等の語源的説明で判るやうに、「がね」の「が」とはちがつて従属格
　　の「が」であるやうだが、体言相当格を承ける「が」といふ点は同じ
　　である。完了助動詞「ぬ」の強意用法がついて、その体言形「ぬる」
　　から続けないのは矛盾に見えるが、これには理由がある。
　　　　　　　　　　　　　　　　　　　　　　　　　　（pp.39-40）
　○用語例のすべては「……するが何々に」の内容を示すものばかりで、
　　副詞語尾の「か」＋「に」ではない。「に」によつて副詞句化されて
　　ゐることは確かだが、「が」は格助詞であるから、「がに」の上には用
　　言の連体形を以てするのが正確と認めねばならない。「が」の下の形
　　式体言はかくれるのがむしろ当然で、所謂準体助詞の「の」と同様で
　　ある。　　　　　　　　　　　　　　　　　　　　　　　（p.40）
　○「照る頒布が何々に……」の意によつて「照るがに」と固定してしま
　　へば、「照る」の如き四段活のものは終止連体何れか判らぬやうにな
　　る。かうして「がに」の上に終止形がくるものも誤り生じたのである。
　　　　　　　　　　　　　　　　　　　　　　　　　　　　（p.41）
（ト）北条忠雄（1966）
　○山田孝雄博士の奈良朝文法史は、ガニをすべて、「連体格助詞ガ＋ニ
　　（助詞）」と説かれてをるが、私見は、その中から様態詞ガニをとりあ
　　げるが、以外のガニ、即ちオヒバオフルガニ等のガニは、山田博士の
　　説かれるやうに「連体格助詞ガ＋ニ」であらうと考へる。　（p.305）
（チ）『時代別国語大辞典　上代編』
　○その構造は、おそらく連体格助詞ガ＝連用格助詞ニに関連づけるのが
　　妥当で、この語法で副詞的語句としての機能に本来あずかっているの
　　はニであり、ガはその括る部分を情態性の概念として保つことにあず
　　かっている、といえる。連体助詞ガが活用語を受けて形式名詞に結び
　　つきそれがしばしば副詞機能構成のニを分出する（→が（助））が、
　　みぎは、その形式名詞が形にあらわれないことによってガニが一語的
　　に熟合し、ガの承接とはちがった形をとったのであろう。

A群にまとめた説は、助詞「がに」の起源を格助詞「が」に求めようとしたものである。

格助詞「が」は、体言あるいは用言の連体形を承けるのであるが、その連体形は連体法のそれではなくて準体法のものと考えられ、いわゆる従属句中における主格あるいは連体格を表わす格機能を備えている。

「がに」は、その用例のすべて用言に承接しているので、格助詞「が」にその起源を求める立場からすれば、その「が」は、準体法を承ける主格助詞あるいは連体格助詞と認めることになる。

まず、「が」が主格用法ならば、「に」を動詞「似る」の連用形と認めるか、あるいは「が」と「に」の間に、何らかの用言の存在を想定する必要がある。そして、それが主格用法であるからには、〈——（ニ）——ガ（似）テ〉の構文になるはずである。ところが、「がに」の実際の用例について見ると、（イ）も言及しているのであるが、その構文は、むしろ〈——（ガ）——ニ（似）テ〉と考えなければならない。従って、もし主格用法に起源を求めるならば、まず、この点を解決することが先決であり、次に、どのような用言を想定したらよいか、さらには、なぜその用言が消失するに至ったのかという問題についての検討がなされることになろう。しかしながら、このような道筋で考えてみると、起源的には主格用法に立っていた〈——（ニ）——ガ（似）テ〉という構文が、後の時代、すなわち上代においては〈——（ガ）——ニ（似）テ〉という構文に変化したと想定せざるを得ないので、もしこのように考えるならば、主格用法それ自体の変化を認めなければならないことになるはずで、「がに」の起源を上代の主格用法の「が」助詞に求めることは、論理的矛盾を来すことになる。

次に、連体格用法であるとすれば、「に」を動詞「似る」のいわゆる連用形名詞と認めるか、あるいは「が」と「に」の間に、何らかの形式名詞——"如・様・程"など——の存在を想定する必要がある。ところで、「に」を連用形名詞と認定するには、「が」助詞の準体法を承ける連体格用法から、「似」をいわゆる形式名詞とみなければならず、そのような類例は認められないようである。また、形式名詞の存在を想定する場合、その脱落ないし省

略されるに至った原由を示す必要があろうし、(ホ)のように脱落・省略とはみず、助詞「に」を形式名詞"如"などの意を備える準体法のものと考えるにしても、語法的にそのような助詞「に」の存在は認められないようである。

さらに、このような諸点が解決されたとしても、なお最大の難関は、「がに」が活用語の終止形に接続するという、その接続形態の問題なのである。

この点に関しては、前掲のように、(ホ)の"活用語の連体形に附く「がね」との混同を防ぐ必要があった為"、(ヘ)の四段活用における終止形・連体形が形態上同一であることから、"「がに」の上に終止形がくるものも誤り生じた"、(チ)の"形式名詞が形にあらわれないことによってガニが一語的に熟合し、ガの承接とはちがった形をとった"などの解釈がなされている。(ヘ)は別として、(ホ)あるいは(チ)のような想定は魅力的ではあるが、しかしながら、なお、蓋然的な可能性に止まるものと認めざるを得ない。

B群

(イ) 黒沢翁満

○かには疑(ウタガヒ)のかよりにと受(ウケ)たるにてあるかなきかに云(ニ)云などといふ類なり

（『言霊のしるべ』中篇上）

(ロ) 松岡静雄（1962）

○ガニ〔助詞〕——カ（疑問助詞）ニ（副詞形助詞）——「かのやうに」といふ意。近代文にも稀に「生命死ぬるかに見えて」などいう事がある。ガニと必ず濁音したかどうか不明であるが、連濁は行はれ得た筈である。

(ハ) 大野晋（1959）

○ガニは起源的には、恐らく疑問の助詞カと格助詞ニとの結合。……シソウニと推量の意を表わす。推量をあらわす助詞・助動詞は原則として活用語の終止形に接続するので、ここでも、アエヌと終止形を承けている。　　　　　　（大系本『万葉集二』巻8・1507頭注）

(ニ) 岩井良雄（1970）

○問題となるのは、終止形と「疑問のカ」との承接関係である。疑問の意の「か」は、必ず係助詞であるから、終止形に添う道理がない。(中略) 私考としては、「我爾」「我二」を除いては、「かに」と清音に訓ずる語であったろうと思う。「が」では上接語の終止形との意味・語法の関連が見いだせない。「我」ももとは「か」であったろうとの推定である。(中略) 終止形に添う「か」を考えれば、いちおう副助詞ということになる。副助詞「か」は、係助詞と異なり、疑問反語の意を表わすことなく、物事の不確かさを示すもの。奈良時代にはまだ十分な発達を見なかったが、そう見れば、終止形との承接関係にも無理は生じない。口語の「カシラ」というほどの心持である。また、「か」を係助詞と見ると、格助詞「に」の上位にあることになり、異例となる。「に」は格助詞で、「か」によって表わされる不確かさの程度を示す連用修飾句を構成する。そこで、「かに」は、だいたい口語の「……カシラト思ウホドニ」という心持になる。　(pp.467-468)

　B群にまとめた説（(ニ)を除く）は、助詞「がに」の起源を疑問の意を表わす助詞「か」に求めようとした点で共通している。

　疑問の意を表わす助詞「か」は係の機能を備え、体言あるいは用言に承接する。用言を承ける場合、連用修飾を構成する句（活用形としては、連用形・已然形など）、ないし体言の資格を備える用言の連体形——すなわち、準体法のそれ——のいずれかと考えられる。

　終止形に承接する助詞「がに」の起源を、B群（イ）（ロ）（ハ）の説に従って、疑問を表わす係助詞「か」に求めようとすれば、助詞「か」の承接関係、および、(ニ)も述べているように、「がに」の「に」を格助詞と認めた場合、係助詞「か」の位置の問題などに難点がでてくる。従って、この点に関して、(ニ)の説は"係の機能"を備える疑問の助詞「か」を"副助詞的機能"を果たす助詞「か」とすることによって問題を解決しようとした。すなわち、助詞「がに」の起源を説明するために、特にこの「がに」の「か」を副助詞として想定し、それに求めたわけである。ところで、その想定の仕方には、次の二通りが考えられる。

（Ⅰ）助詞「か」が係の機能を消失し、副助詞の範疇に入るべき機能に至る変化を歴史的に遂げていったという事実を踏まえた上で、上代のそれを、その係の機能の消失する萌芽的な段階にあるものとして想定する。

（Ⅱ）上代以前の段階（文献以前）において、副助詞の機能を備える助詞「か」が存在し、上代においてはすでに助詞「がに」の「か」に、わずかにその痕跡を止めるにすぎなくなっていたもの、――そして、その副助詞「か」は後の副助詞「か」とは直接には関係を持たないもの――として想定する。

従って、ここでは、先に述べた"特に～想定し"という、その内実となる（Ⅰ）（Ⅱ）に対する、いわゆる蓋然性の評価の問題となるはずであり、どのように評価するかに係ってくることになる。

（二）の考え方は、この（Ⅰ）（Ⅱ）のうち、（Ⅰ）の方をとっているようである。しかしながら、（Ⅰ）の想定の最も大きな難点は、すでに相当程度固定化している助詞「がに」に、副助詞的機能の助詞「か」の萌芽を見出すという点にある。すなわち、副助詞的機能の助詞「か」が文語の世界において成立するのは、中世以降のことであり、さらに、口語の世界における方が、それより先んじていたと見るのが定石だとするならば、なおさらのことであろう。従って、（Ⅰ）は成立する可能性はないと考えてよさそうである。次に、（Ⅱ）は、文献以前の段階において想定された副助詞「か」が後の（上代における）係助詞「か」――いわゆる終助詞的用法に立つものも含めて――と何らかの交渉が存在していたと考えられ、その交渉のありようをどのように想定するかという問題がさらに残されている。従って、この問題を置いて、直接、助詞「がに」の起源に結び付けようとすることは無理であろう。（Ⅱ）は（Ⅰ）に較べて、その成立する蓋然性は高いものの、やはり、（Ⅱ）よりもすぐれた起源説が提出されるならば、それによるべきであろう。

C群
（イ）折口信夫（1934）

○かにの「か」は、実は、所謂形容詞語根につく「み」「け」「さ」の『け』で、事実、「げ」でなかつたのである。同時に、「しづか」「かこか」「たしか」などの「か」でもあつた事である。さうして、さうした固定した附属辞のやうな形式化は可なり進んでからの事だと信じてゐる。　　　　　　　　　　　　　　　　　（折口信夫 1967，p.125）

(ロ) 時枝誠記（1954）

○「がに」は、「ほどに」「くらゐに」の意を表はす助詞と云はれてゐるが、恐らく、「が」は体言で、「に」は指定の助動詞、「あえぬ」は、体言に附く連体修飾語であらう。　　　　　　　　　　（p.250）

○「がに」は、「までに」「ほどに」「ばかりに」と同様に、形式体言に指定の助動詞が附いたものであるといふ程度のことは云へさうである。
　　　　　　　　　　　　　　　　　　　　　　　　　　　　（p.251）

(ハ) 阪倉篤義（1966）

○「ふる雪の消なば消ぬ」カ、「頒巾もてる」カ、「声のかる」カ、「成りぬ」カと、佐久間鼎氏のいはゆる「吸着語」式に、うへにくる節をまとめて体言化し、それに助詞ニをそへて副詞的修飾句としたもので、「──が……するやう（な情態）に」といふのが、その意義であつた。三二四三の歌における「頒巾も照るかに」と「玉もゆららに」との対句が、前述のラと、このカとの性格の相似をよくしめしてゐると考へられる。　　　　　　　　　　　　　　　　　　　　　　（p.325）

(ニ) 北条忠雄（1966）

○ゴトは勿論本来の形態はコトである。このコトは、更にコといふ形態素とトといふ形態素に分析される。このコといふ形態素は、ニハカニ・アキラカニ、などいふカ、更に消ヌカニなどのカと同一の形態素であつて、トは勿論副詞格構成の形態素である。　　（p.33）

○カ・コはいづれも形式的な様態を表す形態素であつて、形式体言的な語性を持つのである。　　　　　　　　　　　　　　　　　（p.34）

○カといふ形式様態詞は、上代語では所謂「語根」に結び付いて、

　〔A〕死なむ命、にはかに（爾波可爾）なりぬ（万20三八一一）

の如くニハ̊カニ、その他サヤ̊カニ（万四四七四）マサヤ̊カニ（万20四四二四）にふふ̊かに（万５九〇四　ニハカニと同語）など語を構成するが、更に進んで独立傾向を帯びたものに次の諸用例がある。
〔B〕白露の消ぬ̊かにもとな思ほゆるかも（万五九四）
　　　今こそは声の涸る̊かに来鳴きとよめめ（万10一九五一）
　　　雁が音寒し、霜も置きぬ̊がに（万８一五五六）
以上いづれも上部の「消ぬ」「涸る」「置きぬ」が実質面を担当し、カはそれに様態性を賦与してゐる。（中略）ゴト（如）のやうに、この形式様態詞のカは上部に対して体言的、下部に対してはニを伴つて副詞格となつてゐる。実は、ゴトのゴと、このカとは同一形態素と考ふべきものである。（中略）ゴトが活用語に下接する場合に連体形であるのに対して、〔B〕の三例のカニは共に終止形接続である、この点から言へばカニは上部に対してゴトより密着性があると言へる。

(pp.44-45)

　C群にまとめた説は、形式体言的性格の「か」に、その起源を求めようとしたものであり、おおむね、いわゆる形容動詞の語幹の一部をなす「か」と同一のものと見ているようである。

　このC群で注目されるのは、次の二点である。第一は、A群にみられたように「が」と「に」の間に形式体言を措定したりする必要がなくなる点。第二に、「がに」の持つ二重性（すなわち、上部に対しては体言的な機能、下部に対しては副詞的な機能を備えている性質）を認めたこと。すなわち、この二重性から"比況・様態"という語義の発生を説明することによって、B群のように助詞「か」にその起源を求めたりする必要がなくなる点である。従って、この二点からみれば、A群・B群・C群のうち、C群は、その起源を考える上で最も有力な説とみることができるであろう。しかしながら、形式体言的な性格を備える「か」という形態素を措定することによって、助詞「がに」の起源を解くことには、次のような問題が残る。

　形式体言的性格の形態素「か」は、全くの仮説ではないとする立場に立つかぎり、文献にみられる形として、その存在を明らかにする必要がある。し

かし、上代の文献において、このような「か」は、単独の語としての用例はみられないので、いわゆる造語成分として、すなわち、語の体言的機能を構成する要素（形態素）としての存在に着目することになる。従って、このようにみてくると、形式体言的性格の形態素「か」の候補として、まず、いわゆる形容動詞の語幹を構成する「か」が挙げられることになる。

一般的に言えば、いわゆる形容動詞の語幹は、連体格助詞「の」を伴って連体修飾句を構成し、また、その語幹自体、単独で感動表現の終止法にも立つことができるなど、体言の備える機能と同一の性格を持っているとみられる。従って、形容動詞の語幹を構成する形態素「か」が、その体言的な機能を担っていると考えることができるので、助詞「がに」の「か」を、形式体言的性格の形態素と認定する立場からすれば、この両形態素間に起源的な関係を措定するのは一応自然であろう。

しかしながら、形容動詞の語幹を構成する形態素は「か」だけではなく、「ら」「げ」なども存在するのであり、また、このような形態素を抽出することのできないものもあるなど一様ではない。その上、形容動詞の語幹と同様に、形容詞の語幹も体言的性格を備えているのであるから、その体言的性格は、比較的独立性のある、一つのまとまった単位のもつ機能的性格と考えることができる。従って、このような点からみると、単に語幹を構成する形態素「か」が体言的性格を付与していると考えることはできないので、この形態素「か」の性格をさらに明らかにした上でなければ、助詞「がに」と起源的な関係を措定するのは無理があるものと思われる。

さらに、このような問題が解決されたとしても、なお接続形態の問題が残されている。

形式体言的性格の形態素「か」が用言の終止形に承接する点に関して、(ハ)の阪倉篤義（1966）は「ヨスガ（ヨスカ）」の例を示して

　　ヨスといふ動詞が四段活用をもしたこと（「妻よし来せね」萬葉・一六七九、「よさえし君」萬葉・二七三一を参照）を考へると、このヨスは終止形とも連体形とも見られるが、おそらくは終止形　　(p.324)

と解釈し、その接続の問題を解決しようとしたが、やはり、蓋然的な可能性

に止まろう。

しかしながら、以上のような問題があるにもかかわらず、このC群の説は、助詞「がに」の意味・機能からみると、何らかの密接な関係が想定され、その起源（歴史）を考える上で注目すべきものであろう。すなわち、筆者としては、C群の説——特に形容動詞との関係——は、助詞「がに」の起源と直接に結びつくものではなく、むしろ、その歴史——「がに」の生成過程——において重要な役割を担ったものとして説明すべきものと考える。

なお、(ロ)の時枝誠記（1954）説は、その第2刷において、"「がに」の「が」の語性は未だ明らかでない"（p.251）と修正されたことから、この説は撤回されたものと考えられるが、その修正の根拠は示されていない。しかし、ここでは、その旧説の歴史的意義を考えて、C群説として掲げておいた。

3

前節において、従来の諸説をA群・B群・C群に別けて検討してきた結果、助詞「がに」の起源を求める際、「が（か）」と「に」のように、二つの形態素に分けて説明しようとすると、種々の点で問題が残ること、さらに、その接続形態の問題も未解決の状態のまま残されていることをみてきた。従って、C群で指摘された「がに」の二重性を踏まえた上で、2形態素に分析することなく、1形態素（1語）で、しかも用言の終止形に承接し得るという条件に適うものが見出されるならば、A群〜C群の諸説以外に、その起源を求め得ることになるものと思われる。この3節では、以上のような考えに立って、助詞「がに」の起源の問題についての見解を述べてみたい。

(1) むろがやの　都留の堤の　成りぬがに　児ろは言へども　未だ寝なくに
　　　　　　　　　　　　　　　　　　　　　　　　　（万14・3543）
(2) 秋づけば　水草花の　あえぬがに　思へど知らじ　直に逢はざれば
　　　　　　　　　　　　　　　　　　　　　　　　　（万10・2272）

「都留川の堤の出来上ったように、二人の仲はすでに出来たかのごとくあの子はいうけれど、まだ共寝をしたわけではない。」「秋になると水草の花が散るように、今にも散り落ちそうな気持で思いを寄せているのですが、お分

りにはなりますまい。直接お逢いいたしませんから。」のように、日本古典文学大系『万葉集三』では解釈されていて、他の注釈書もこれと大同小異である。

さて、この(1)(2)は、いわゆる比喩的表現を擁した句に「がに」が用いられている。従って、「がに」は、「〜ように、……かのごとく」「〜ように、……そうな」という口語訳が当てられ、"比況・様態"の語義を担っているものと考えて大きな間違いはないであろう。

ところで、2節C群で指摘された「がに」の二重性というのは、言い換えるならば、上接句全体を体言化する機能と、その体言化した句を連用修飾句に転ずる機能との両方を含めた性質と考えられる。

体言化するという方法について、ある程度広義に解釈すれば、その体言化されるありかたの相違によって、次の二通りの様式が存在する。

（Ⅰ）具体的な内容を、いわば時間的な展開のままに体言化する様式。

（Ⅱ）具体的な内容を、いわば空間化し、抽象的な形で体言化する様式。
すなわち、（Ⅰ）は、形式名詞（体言）、接尾辞などを用いるか、あるいは何も用いずに準体法にするかの方法をとるものであり、（Ⅱ）は、指示代名詞、指示副詞を用いる方法をとるものである。

さて、C群の説は、この（Ⅰ）の形式体言を用いる方法によって説明するのであるが、助詞「がに」の二重性を認める立場からすれば、（Ⅱ）の方法による体言化ということも考慮に入れて、検討を加えなければならないであろう。因みに、前掲の大系本の口語訳に対して、（Ⅱ）のような捉え方で、"比況・様態"の語義を変えずに口語訳すれば、「都留の堤ができあがった（二人の仲はすでにできた）、そのようにあの児は言うけれども」、「水草の花がこぼれ散ってしまう、そのような気持で思っておりますけれども」のようになるところであろう。

ここで改めて、助詞「がに」が体言の終止形に承接するという事実に注目すれば、「がに」にみられる二重性は、（Ⅱ）による蓋然性が極めて高いものと思われる。すなわち、用例(1)(2)についてみれば、「……成りぬ」「……あえぬ」で一応意味上終止した句を、改めて「がに」で受け直し、さらに後置

3. 助詞「がに」の歴史

される用言を修飾していると見なすことができるからである。従って、このような「がに」の機能を備える語として、その起源を求めるならば、助詞「がに」は、本来指示副詞の範疇に属する語であったものと推定されるのである。

○天へ行かば　汝がまにまに　地ならば　大君います　この照らす　日月の下は　天雲の　向伏す極み　谷蟆の　さ渡る極み　聞し食す　国のまほらぞ　かにかくに（可尓迦久尓）　欲しきまに　然にはあらじか
　　　　　　　　　　　　　　　　　　　　　　　　　　　　　　　（万5・800）

○五月蠅なす　さわく子供を　打棄てては　死には知らず　見つつあれば　心は燃えぬ　かにかくに（可尓可久尓）　思ひわづらひ　ねのみし泣かゆ
　　　　　　　　　　　　　　　　　　　　　　　　　　　　　　　（万5・897）

○白髪生ふる　事は念はず　をち水は　かにもかくにも（鹿煮藻闕二毛）　求めて行かむ
　　　　　　　　　　　　　　　　　　　　　　　　　　　　　　　（万4・628）

この用例中の「かにかくに」「かにもかくにも」は、上代において、すでにある程度固定化した、慣用句としての用法をみせている。これらの慣用句は、具体的な内容・事柄を直接指示するという、指示副詞本来の機能を消失してしまって、むしろ、想像される事柄を漠然と観念的、総合的に思惟するということを表出する慣用句となっている。しかしながら、さらに古くは、「かにかくに」などを構成する、いわゆる造語成分となっている「かに」は、本来独立用法を備える指示副詞であって、それ自体、単独で前文の内容、或いはある特定の事柄を指示する機能を有していたと推定されるのである。

前文の情態を一度指示し、それを受けてその後置される用言ないし用言を含む文節を修飾する機能を備える、情態副詞の範疇に属する指示副詞「かに」は、おそらく、

　　サヤカニ（左夜加尓）　　　　（万20・4474）
　　ニハカニ（尓波可尓）　　　　（万16・3811）
　　アキラカニ（明可尓）　　　　（宣命41詔）
　　シヅカニ（静加尓）　　　　　（宣命9詔）
　　ユタカニ（豊尓）　　　　　　（祝詞・伊勢六月月次祭）

スミヤカニ（スミヤ加尓）　　　（霊異記上・8話）
　　タシカニ（太志加尓）　　　　　（新撰字鏡）

などの、情態副詞的機能を果たす、いわゆる形容動詞の連用形に群化されつつ、一方では、具体的な事柄を直接には指示しない、非独立用法の──「かにかくに」などの慣用句にみられる──「かに」を派生させながら、次第に、その本来の指示機能を弱めて、他の指示副詞との連関性が失われて行き、いわゆる形態音韻論的には連濁するとともに、一方その情態・様態の修飾機能を強めて、非独立用法の「かに」ともその連関性を絶って、終には付属語化し、助詞「がに」が誕生したものと推定されるのである。

　因みに、形式名詞が助詞に転成するということは、一般に認められているのに対して、指示副詞が助詞化するという現象は、特殊なケースと思われるむきがあるかも知れない。しかしながら、たとえば、係助詞「ぞ（そ）」「こそ」あるいは接続助詞「と」「とも」などは、指示代名詞ないし指示副詞に、その起源が求められるようであり、このような助詞化の径路は、日本語の構造および機能の面からみて、決して特殊なものではないと認められる。

　総じて、助詞「がに」の二重性の問題、また、起源を考える上で最大の難関であった"終止形に承接する"という問題、これら双方の問題を語法的に矛盾なく、しかも一挙に解決するには、助詞「がに」の起源を指示副詞「かに」に求めるのが、蓋然性及び可能性の点からも、最も妥当であろうと思われる。

4

　情態・様態の修飾機能を本来とする助詞「がに」は、主として前掲(1)(2)のような比喩的表現を擁する句を従える用法をみせている。

　(3) 道に逢ひて　咲まししからに　降る雪の　消なば消ぬがに　恋ふとふ
　　　吾妹　　　　　　　　　　　　　　　　　　　　　　　　（万4・624）
　(4) 吾が宿の　夕影草の　白露の　消ぬがにもとな　念ほゆるかも
　　　　　　　　　　　　　　　　　　　　　　　　　　　　　（万4・594）

などの「がに」もそれと認められよう。

ところで、一方助詞「がに」には程度を表わす連用修飾句を構成する用法がある。

(5) 秋田刈る　仮廬も未だ　壊たねば　雁がね寒し　霜も置きぬがに
　　　　　　　　　　　　　　　　　　　　　　　　　　（万8・1556）
(6) いかといかと　ある吾宿に　百枝さし　生ふる橘　玉に貫く　五月を近み　あえぬがに　花咲きにけり　　　　（万8・1507）
(7) 阿胡の海の　荒磯の上に　浜菜摘む　海人処女らが　うながせる　領巾も照るがに　手に巻ける　玉もゆららに　白栲の　袖振る見えつ　相思ふらしも　　　　　　　　　　　　　　　（万13・3243）
(8) 憂れたきや　醜霍公鳥　今こそは　声の嗄るがに　来鳴きとよめめ
　　　　　　　　　　　　　　　　　　　　　　　　　　（万10・1951）

この(5)～(8)の「がに」は、いずれも程度を表わす副助詞「ばかり」「まで」などに相当する意味・機能を備え、程度の修飾に当てられている。この程度の修飾に当てられる「がに」の用法は、様態の修飾を果たす用法から派生したものと認められる。すなわち、"～のように"という様態の修飾を表わす用法——ある状態を表現するために、もう一つの状態を比較の対象に選ぶことによって、比喩的に表現する用法——が、"～ぐらいに" "～ほどに"など、いわば質的な分量・評価の概念を内包するところから、意味的に「ばかり」「まで」「ほど」などの、いわゆる程度を表わす副助詞の一群に群化されて、後置される用言の様態の修飾から、程度を表わす連用修飾句を構成する用法を派生させたものと推定される。

○吾児の刀自を　ぬばたまの　夜昼と言はず　念ふにし　吾身は痩みぬ　嘆くにし　袖さへぬれぬ　かくばかり　もとなし恋ひば　古郷に　この月頃も　ありかつましじ　　　　　　　（万4・723）
○青浪に　望みは絶えぬ　白雲　涙は尽きぬ　かくのみや　息衝き居らむ　かくのみや　恋ひつつあらむ　　　（万8・1520）

などの用例は、"様態の修飾から程度の修飾へ"という派生の径路を間接的に示唆するものとして興味深い。すなわち、この「かくばかり」「かくのみ」という表現は、助詞「がに」の表出する内容を、いわば分析的に、あるいは

また、より強調的に表出したものと考えられるからである(この場合、文体的にはもちろん等価な表現ではないが、しかし、概念的には、いわば等価な表現と考えてよいであろう)。

「かく」は、指示副詞としての指示機能を生命としているために、助詞「がに」の表出する概念内容と一応等価にするには、副助詞「ばかり」「のみ」との結合が必要であったと考えられる。従って、このようにみるならば、「がに」が指示機能を消失したために、却って、"様態の修飾から程度の修飾へ"という派生の下地ができたとみることもできるであろう。

(9) さ寝がには　誰とも寝めど　沖つ藻の　靡きし君が　言待つ吾を
(万11・2782)

の用例は、試みに口語訳すれば、「寝る分なら。寝るということだけなら」となるところで、要するに「がに」は"限定"の表現に用いられているのである。この限定の意を表わす「がに」は、程度表現を備えた用法から、程度を限定する用法を派生させることによって成立したものと推定され、副助詞「ばかり」が程度表現から限定表現を派生させたのと軌を一にするといえよう。

総じて、助詞「がに」は、様態・程度・限定の修飾という、概ね三つの用法を備えて、文体的な独自の表現効果を果たしつつ、「べし」「ごとし」「なす」「ばかり」「まで」「のみ」などと、各々相互に、いわば"dynamic"な関係におけるはりあいの項として機能していたものと想定される。

「ぬがに」という連接形態、および「がに」の品詞論的性格について、ここで述べておくことにしよう。

助詞「がに」は、その承ける活用語のうち、半数以上は、いわゆる完了の助動詞「ぬ」に連接しているという顕著な事実が指摘される。この「ぬがに」という連接形態は、様態・程度表現の用法にみられるものであって、限定表現にはみられないのであるが、それは恐らく偶然ではないであろう。そして、その様態・程度表現は、主として自然現象・無意図的な現象などに借りて表出された、いわば比喩的な内容を備えた強調表現となっている。

このような表現性を備える「がに」が、アスペクト(相)の面で、いわゆる完了の助動詞「ぬ」と緊密に結びついて用いられた結果、「ぬがに」とい

う連接形態が、ある程度慣用的・固定的な表現法として定着し、残存しているのではないかと思われる。因みに、文献以前の古代日本語では、ある表出される事柄に対して、他動性・自動性という、二つの相対立した観点によって分類するという、伝統的な文法範疇が存在し、その文法範疇の一つである他動相・自動相の表出の役割を本来「つ」「ぬ」という助動詞が担っていたものと想定されるのである。従って、この自動相を表出する助動詞「ぬ」が、助詞「がに」とともに多く用いられているのは、助詞「がに」の承ける上接句の表出内容における偏りに基づいているとみることができる。

　上代における助詞「がに」の品詞論的性格については、従来多くの辞書類、文法書類など、接続助詞として扱ってきている。接続助詞的機能を果たす語とみるのは、恐らく「がに」の承接する語が活用語の終止形に限られ、体言などには承接しないこと、また、句と句とを結びつけるという機能を重視することなどによるものと思われる。しかしながら、その意味・機能を考えると、語義としては"様態・程度・限定"などの概念を表わし、しかも、後置される用言の意味を副詞的に修飾する機能を備えているので、単に句と句とを結びつける機能とはみることはできない。従って、このような点からみれば、接続助詞としての機能ではなくて、むしろ副助詞としてのそれを明らかに備えているものと考えられ、接続の点では、"活用語の終止形"という偏りは存するものの、品詞論的性格においては、「がに」を副助詞と認めるのが妥当なものと考える。因みに、用例(10)については、これまで言及しなかったが、6節で検討するように、助詞「がね」の東国方言形と認められるので、助詞「がに」の例からは外される。

　以上、ここまで述べてきたことを簡略にまとめると、次のようになる。
(I) 従来の起源説（おおむね三グループに類別される）について検討を加えた結果、「が（か）」と「に」の二つの形態素に分けて説明しようとすると、種々の問題が残ること、さらに、その終止形接続という問題も未解決のまま残されていることなどが明らかとなった。そこで、1形態素で、しかも活用語の終止形に承接し得るという条件の下で、「がに」の起源を、情態副詞の範疇に属す指示副詞「かに」に求める

ことによって、それらの問題を解決しようと試みた。

（Ⅱ）従って、「がに」は情態・様態の修飾機能を本来とし、この用法から、程度の修飾、さらには、程度を限定する用法を派生させたと考えられる。

（Ⅲ）一般に「がに」は接続助詞と説かれるのが普通であるが、その語義および機能――連用修飾句を構成し、係助詞「は」を下接させる――からみて、活用語の終止形に承接するという偏りは存するものの、副助詞と認めるのが妥当である。

5

　助詞「がに」の起源および上代における助詞「がに」の意味・機能を明らかにしてきたので、次に、中古以降の助詞「がに」に焦点をあて、助詞「がね」、助動詞「べし」との交渉を中心に助詞「がに」の変遷について考察を加えることにしたい。

　一般に、助詞「がに」は、「上代に用いられ中古に入って消滅してゆく助詞」[1]と説かれている。確かに、中古以降その用例も少なく、用法も限られているようである。「がに」は、『万葉集』では10例ほど存在するが、『古今集』になると、次の3例が拾えるにすぎない。

（14）桜花　散りかひくもれ　老らくの　来むと言ふなる　道まがふがに
　　　　　　　　　　　　　　　　　　　　　　　　　（古今7・349）

（15）泣く涙　雨と降らなむ　渡り川　水まさりなば　帰りくるがに
　　　　　　　　　　　　　　　　　　　　　　　　　（古今16・829）

（16）まきもくの　穴師の山の　山人と　人も見るがに　山かづらせよ
　　　　　　　　　　　　　　　　　　　　　　　　　（古今20・1076）

　これらの「がに」は、どのような語義・用法と考えたらよいのであろうか。

　（14）「まがふがに」の例は、静嘉堂文庫蔵伝為相筆本、道家本では「まがふまで」[2]とあり、歌意からみて、程度を表わす用法と一応みることができよう。因みに、「まで」は程度を表わす副助詞と考えられ、「まがふまで」という異文は、「がに」の程度修飾用法を反映したものと解釈することができる。

(15)「帰りくるがに」の例は、古注釈書では「くるかにとハいかなる詞哉　こむといふなるみちまかふかにをなし事也　さあるハかりとやうにいふ也」(「古今問答」)「カニハハカリ也」(「毘沙門堂本古今集注」)などと説き、程度を表わす用法と理解されていたようである。
　一方、(16)「見るがに」の例は、
　(17)　我妹子が　穴師の山の　山のもと　人も見るがに　深山鬘せよ
　　　　　　　　　　　　　　　　　　　　　　　　　　　（年中行事秘抄）
　(18)　我妹子が　穴師の山の　山人と　人も知るべく　山葛せよ　山葛せよ
　　　　　　　　　　　　　　　　　　　　　　　　　　　　　　　（歌楽歌）
などの類歌があり、特に(18)の「べく」との対応から考えると、程度表現の用法とみるよりは、むしろ様態修飾的用法と認めるべきであろう。また、(15)の場合も、構文的にほぼ同一と考えられる、
　(19)　山里に　知る人もがな　郭公(ほととぎす)　鳴きぬと聞かば　告げに来るがに
　　　　　　　　　　　　　　　　　　　　　　　　　　　　　（拾遺集 2・夏）
　(20)　山里に　知る人もがな　郭公　鳴きぬと聞かば　告げも来るがに
　　　　　　　　　　　　　　　　　　　　　　　　　　　　　（亭子院歌合）
　(21)　山里に　知る人もがな　鶯の　鳴きぬと聞かば　我に告ぐべく
　　　　　　　　　　　　　　　　　　　　　　　　　　　　　（古今六帖 2）
などの例があり、「水まさりなば」と同様に「鳴きぬと聞かば」という仮定条件法を受けていることなどから、様態修飾的用法とみることができる。そこで、このような観点から、再び(14)をみると、
　(22)　かきくらし　霰降りつめ　白玉の　敷ける庭とも　人は見るがに
　　　　（見蟹）　　　　　　　　　　　　　　　　　　（新撰万葉集・冬）
　(23)　かき曇り　霰降り敷け　白玉を　敷ける庭とも　人の見るがに
　　　　　　　　　　　　　　　　　　　　　　　　　（寛平御時后宮歌合）
　(24)　かきくらし　霰降り敷け　白玉を　敷ける庭とも　人の見るべく
　　　　　　　　　　　　　　　　　　　　　　　　　（後撰集巻 8・冬）
　(25)　かき曇り　霰降り敷け　白玉を　敷ける庭とも　人の見るべく
　　　　　　　　　　　　　　　　　　　　　　　　　　　　　（古今六帖 1）

のような、ほぼ同一の構文を有する例が見出される。従って、(14)も様態修飾的用法と見なすことが可能となってくる。ところで、様態修飾的用法とみるためには、程度修飾の用法を担う「まがふまで」という異文の存在が問題となる。しかし、この異文も、様態修飾の用法が、"～ぐらいに""～ほどに"など、いわば質的な分量・評価の概念を内包するために、程度を表わす用法と理解されて生まれたものと解釈し得る。従って、(14)の「がに」は、様態修飾的用法を担うものであり、そこに内包される程度の意味が余剰的に表出されている例と考えられる。因みに、

(5) 秋田刈る　仮廬も未だ　壊たねば　雁がね寒し　霜も置きぬがに（置奴我二）　　　　　　　　　　　　　　　　　　　　（万 8・1556）

(26) 秋山の　木の葉も未だ　もみたねば　今朝吹く風は　霜も置きぬべく（置応久）　　　　　　　　　　　　　　　　　　（万 10・2232）

のように、やや構文的には異なるが、「べく」に対応する「がに」が程度修飾の用法を示す例も存在する。この(5)の「がに」は、(14)とは逆の例であり、程度修飾の用法を主とし、様態的意味が余剰的に表出されている例と見なされる。

以上の考察から、『古今集』の「がに」は、(14)を含めて、様態修飾的用法と認めてよいであろう。そして、この用法を介して、助動詞「べく」との交渉（対応関係）が生じ得たものと解される。もし、「がに」の程度修飾の用法を介して、「べく」との交渉を考えるとすれば、ほぼ同一の意義を有する「まで」「ばかり」などの副助詞においても、「べく」との対応例があってもよさそうであるが、実際にはそのような例は見出すことはできないからである。

ところで、「がに」と「べく」との対応例をみると、(17)(18)、(19)(20)(21)、(22)(23)(24)(25)などはいずれも中古の例であり、この対応関係は中古に入ってから生じたかのような印象を受ける。しかし、(5)(26)、さらには、

(4) 吾が宿の　夕影草の　白露の　消ぬがに（消蟹）もとな　念ほゆるかも　　　　　　　　　　　　　　　　　　　　　　（万 4・594）

(27) 秋づけば　尾花が上に　置く露の　消ぬべくも（応消毛）吾は　念
　　ほゆるかも　　　　　　　　　　　　　　　　　　　（万8・1564）

など、実際には上代からすでに存在していたのであり、また、次の例のように、上代、中古の対応例も認められる。

(3) 道に逢ひて　咲まししからに　降る雪の　消なば消ぬがに（消香二）
　　恋ふとふ吾妹　　　　　　　　　　　　　　　　　（万4・624）

(28) 降る雪の　消なば消ぬべく　思へども……白たへの　衣の袖に　置
　　く露の　消なば消ぬべく　思へども……　　　　　（古今六帖4）

このような対応関係については、すでに折口信夫（1934）が、(4)(27)の「消ぬがに」（折口信夫は「消ぬかに」とする）「消ぬべく」等を例として、注目すべき見解を示している。すなわち、

　　大体において同型であることは、言ふを俟たない。その上に言つてよい
　　事は全体として、「かに」よりは「べく」の方が、近代的な感触を持た
　　せた発想法であり、文法でもあつたと言ふ点である。

（折口信夫1967, p.102）

また、

　　「かに」が、後代に其と近い意義を分化した「べく」に、形式的に代用
　　せられても、よくなつて行つた。　　　（折口信夫1967, p.108）

と述べている。この見解を踏まえて、用例を検討してみると、「がに」の様態修飾的用法と助動詞「べし」の連用形の一用法とが接近したために、「べく」が「がに」の領域を次第に侵して行ったという消長関係が認められるようである。しかし、それでは何故、そのようなことが起ったのかという問題は、やはり未解決のまま残らざるを得ない。この問題を解くには、もう一方で「がに」と交渉のあった助詞「がね」との関係が鍵となるようである。そこで、次節以下では、「がね」を取り上げて、その交渉について考察を加えることにしよう。

6

『万葉集』の東歌には、次のような「がに」の例がある。

(10) おもしろき　野をばな焼きそ　生ふる草に　新草まじり　生ひば生ふるがに（於布流我尓）　　　　　　　　　　（万14・3452）

　この「がに」は、「生ひば生ふる」という仮定条件法を伴っている所からみれば、(3)の「消なば消ぬがに」の例に照らして、副助詞の「がに」と認めることも可能である。しかし、「生ふる」という連体形に接続していること、「な焼きそ」という禁止表現を伴っていること、「がに」の語義（様態・程度・限定）では歌意をなさないこと等から、『万葉集古義』で鹿持雅澄が「我爾は、こゝは我彌といふべきを、かく爾と云るは、東歌なるが故なるべし」（十四巻之上）と説くように、終助詞「がね」の転じたもの、すなわち、「がね」の東国方言形と見なすのが、今日では一般的である。

　ところで、終助詞「がね」は、上代文献において、『万葉集』に14例存在し、その語義としては、"希望・願望"あるいは"将来に期待し推量する意"などと説かれている。また、「がね」の起源については、従来からいろいろと検討されてきているのであるが、就中、本居宣長が『詞の玉の緒』で「中昔の言に。きさきがね　坊がね　むこがね　博士がねなどいへるがねと同じくて。かねてその料にまうけてまつ意也」と説くように、「予ぬ・予ねて」に遡る「かね（料）」に、その起源を求める説は有力である。

(29) …真珠なす　二つの石を　世の人に　示し給ひて　万代に　言ひ継ぐがねと（伊比都都可祢等）　海の底　沖つ深江の　海上の　子負の原に御手づから　置かし給ひて……　　　　　　　　（万5・813）

　この(29)は、井手至（1967）も注目したように、「がね」の起源を考える上で重要な例となろう。"二つの石を、永遠に語り継ぐべきものとして、お置きになって"の意であり、"AヲBトシテ〜スル"という構文と解される。この構文は、例えば、

(30) 是を以て令文に載せたるを跡として（令文所載多流乎跡止為而）令の随に長く遠く　今を始めて次次に賜はり往かむものぞと

　　　　　　　　　　　　　　　　　　　　　（続日本紀宣命・2詔）

などのように、Aが現実的、具体的な事柄を示すのに対して、Bは想像的、抽象的な事柄を表出するという構造を持ち、ABともに体言的な性格を担う

3. 助詞「がに」の歴史　327

ものと認められる。従って、Bの構成に与る「がね」も本来体言であったと考えられ、また、(29)の「がね」の場合、その性質は十分窺うことができよう。

(31) …万世の　語らひ草と　未だ見ぬ　人にも告げむ　音のみも　名のみも聞きて　ともしぶる<u>がね</u>（登母之夫流我祢）　　　（万17・4000）

(32) 橘の　林を植ゑむ　ほととぎす　常に冬まで　住みわたる<u>がね</u>（住度金）　　　　　　　　　　　　　　　　　　　　　（万10・1958）

(33) 里人も　語り告ぐ<u>がね</u>（謂告我祢）　よしゑやし　恋ひても死なむ　誰が名ならめや　　　　　　　　　　　　　　　　（万12・2873）

(34) 梅の花　吾は散らさじ　あをによし　平城なる人も　来つつ見る<u>がね</u>（見之根）　　　　　　　　　　　　　　　　　　（万10・1906）

(35) 秋つ葉に　にほへる衣　吾は著じ　君に奉らば　夜も著る<u>がね</u>（夜毛著金）　　　　　　　　　　　　　　　　　　　　（万10・2304）

(36) 丈夫は　名をし立つべし　後の世に　聞き継ぐ人も　語り継ぐ<u>がね</u>（可多里都具我祢）　　　　　　　　　　　　　　　（万19・4165）

(37) 朝露に　にほひそめたる　秋山に　時雨な降りそ　在りわたる<u>がね</u>（在渡金）　　　　　　　　　　　　　　　　　　　（万10・2179）

(38) 佐保河の　岸のつかさの　柴な刈りそね　ありつつも　春し来たらば　立ち隠る<u>がね</u>（立隠金）　　　　　　　　　　　（万4・529）

(39) ほととぎす　聞けども飽かず　網取に　取りてなつけな　かれず鳴く<u>がね</u>（可礼受鳴金）　　　　　　　　　　　　　　（万19・4182）

(40) あしひきの　山田佃る子　秀でずとも　縄だに延へよ　守ると知る<u>がね</u>（知金）　　　　　　　　　　　　　　　　　　（万10・2219）

(41) 雪寒み　咲きには咲かず　梅の花　よしこの頃は　さてもある<u>がね</u>（然而毛有金）　　　　　　　　　　　　　　　　　（万10・2329）

「がね」の大部分の用例は、大野晋（1957）も指摘したように「二段構成」となっていて、「前段において意志または命令を表明し、後段においてその意志・命令の理由、または目的を明らかにするという構成」と考えられる。しかし、

(42) 白玉を　つつみてやらば　あやめ草　花橘に　あへも貫くがね（安倍母奴久我祢）　　　　　　　　　　　　　　　（万18・4102）

(43) 丈夫の　弓上振り起し　射つる矢を　後見む人は　語り継ぐがね（語継金）　　　　　　　　　　　　　　　　　（万3・364）

などは、「二段の構成」とは認められない。そこで、例えば(43)については「振り起せ」あるいは「語らひ継がね」のように改訓する試みもなされてはいるが、いずれも無理なようである。

ところで、「がね」の用例で特徴的な点は、やはり、圏点を施した箇所であろう。すなわち、

(a) 助動詞「む」　　　　(31)(32)(33)(43)
(b) 助動詞「じ」　　　　(34)(35)
(c) 助動詞「べし」　　　(36)
(d) 助動詞「ず」　　　　(41)
(e) 助詞「な」　　　　　(39)
(f) 仮定表現　　　　　　(35)(38)(42)
(g) 禁止表現　　　　　　(37)(38)
(h) 命令表現　　　　　　(40)

などである。これらは、いずれも動作・作用の未実現な状態にあることを示している。また、助詞「も」を伴うことも多い（傍点参照）のであるが、これは、「も」によって提示されるのが、いわば想像上の事柄であると考えられるので、"動作・作用の未実現な状態"との関連で捉えることができる。従って、このような表現内容を擁する歌の句末に用いられる「がに」は、武田祐吉（1930）の述べる「将来に期待し推量する意」と説くのが最も穏やかであろう。

"——ヲ——ガネ（料）トシテ……スル"という構文に用いられていた「がね」は、構文的には異なるが、それと同一内容を表わす"——ヲ……スル。——ガネ（料）トシテ"の形で用いられるようになると、"——ガネ"の句は、"——ヲ……スル"という上接句に対して動作・作用の目的、あるいは原由・理由などの意味を内包するようになるとともに、「がね」が付属

語化して、"〜ニナルベク期待サレルモノ"の意から"〜スルコトニナルヨウニ""〜スルコトニナルダロウ（カラ）"などの意味を表わすようになったのであろう。上接句も、それに応じて、意志・推量・禁止・命令などの未実現、想像上の事柄を表わすような内容のものが来るようになったと考えられる。

7

　助詞「がね」は、「がに」に比して、中古以降殆ど用いられなくなってしまうようである。
- (44) 風の涼しき冬のあかつきまでしるせることは　をこなれども親のつけてし名にし負はば　名を好忠と人も見る<u>がね</u>とおもふ心のあるにぞあるらし　　　　　　　　　　　　　　　　　　　　　　（曾丹集）(10)
- (45) 此の得業の世を思ひはなれんと思ふ<u>がね</u>に　暁の鐘の打ちさそひけるに　今更もよほされて　　　　　　　　　　　　　　（撰集抄3・8）

などは、その数少ない貴重な例であり、しかも散文中に用いられ、助詞「に」を伴っていることなどは注目してよいであろう。これらの「がね」は、おそらく上代のそれを意図的に模倣したものであったと推測される。

　一方、韻文における「がね」も非常に少なく、次に掲げるように、「がに」の異文として存在するものに限られるようである。
- (46) 婦(いも)と我(あれ)と　いるさの山の　山蘭(あららぎ)　手な取り触れそや　貌(かほ)優る<u>がに</u>や　速く優る<u>がに</u>や（一説「かほまさる<u>がね</u>や　とくまさる<u>がね</u>や」）　　　　　　　　　　　　　　　　　　　　　　　　（催馬楽・43）
- (47) 鴛鴦　鷹部(たかべ)　鴨さへ来居る　蕃良(はら)の池の　や　玉藻は　ま根な刈りそ　や　生ひも継ぐ<u>がに</u>　や　生ひも継ぐ<u>がに</u>（一説「加祢也」）　　（風俗歌・4）

この「がに」に対して、"一説"として「がね」とあるのは、おそらく「がね」が本来の形であり、その民謡としての伝統性故に、古い用法を伝え残しているものと思われる。また、前掲の
- (16) まきもくの　穴師の山の　山人と　人も見る<u>がに</u>　山かづらせよ　　　　　　　　　　　　　　　　　　　　　　　　　（古今20・1076）

の「見るがに」の例も、高野切、元永本、崇徳天皇御本、関戸本、前田家蔵

保元二年本などでは「見るがね」とあり、やはり「がね」の方が古い形であろう。

ところで、
(48) 雪寒み　咲きも開けぬ　梅の花　よし此頃は　しかもあるがに
　　　　　　　　　　　　　　　　　　　　　　　　　　　（家持集）
(49) 丈夫の　弓末振りたて　射つる矢を　後みむ人は　語り継ぐがに
　　　　　　　　　　　　　　　　　　　　　　　　　　（古今六帖5）

などの歌にみられる「がに」は、(41)(43)のように、もとの『万葉集』では「がね」であった。

　以上の諸例から、助詞「がね」は、上代から中古に至る間に、語義・用法において助詞「がに」と混交し、その勢力を「がに」に奪われて、急速に衰退して行ったと一応推定できるようである。なお、この消長過程において、「がに」の接続形態の変化、すなわち、終止形から連体形に承接するようになったことは注目してよいであろう。

　それでは、「がに」と「がね」との交渉はどのようにして起ったのであろうか。「がね」は、先に見たように"動作・作用の未実現な状態"を表現内容とする歌の句末に用いられている。そして、その大部分の用例が「二段の構成」になっているのであるが、この「二段の構成」の場合、「がね」を含む後段が前段の意志・命令・願望などの理由・目的を結果的に表出する形となっている。従って、いわゆる倒置法としての連用修飾的な機能を果たす用法に極めて近い。また、副助詞「がに」の"——ノヨウニ……スル"という様態修飾の用法は、それが"動作・作用の未実現な状態"を表出する句——すなわち、「——ノヨウニ……セヨ（シテホシイ）」或いは「……セヨ（シテホシイ）——ノヨウニ」のように命令・願望などの句——とともに用いられた場合、「がね」（「……セヨ（シテホシイ）——ニナルダロウ（カラ）」）と極めて近い語義を持つに至ると考えられる。このような語義・用法の近似と音形における類似とから、両者は交渉を持つに至り、混交を起したのであろう。その結果、表面的には、終止形接続の副助詞「がに」が、連体形接続の終助詞「がね」を吸収する過程において、その接続形態を変化させて、連体

形接続の終助詞「がに」が生まれたものと見なされる。しかし、恐らくはその逆であって、連体形接続の終助詞「がね」が副助詞「がに」を吸収する過程において、その音形の面で「がに」の影響を受けて同化され、連体形接続の終助詞「がに」が生まれたのであろう。このように解釈するのは、
　（Ⅰ）上代の副助詞「がに」は、その半数以上の用例が「ぬがに」という、ある程度慣用的・固定的な表現形態を示していること。
　（Ⅱ）終止形から連体形へという文法上の変化と、ne ＞ ni という音形の面の変化とを比較すると、この場合、後者の変化の方が、その蓋然性が高いと判断されること。
　（Ⅲ）中古以降の「がに」は、上代の「がね」の語義・用法をそのまま受け継いでいると見なしても差し支えないこと。
などの理由による。
　ところで、東歌にみられる(10)「生ふるがに」の「がに」については、どのように考えたらよいのであろうか。すでに見たように、この「がに」は「がね」の単なる音転、すなわち「がね」の訛りと見なすのが通説である。従って、東歌の「がに」と中古の「がに」とは直接の関連ないし系譜上のつながりを持たないことになる。しかし、一方で、佐伯梅友（1952）は、

　　古今集の「がに」は万葉集の巻十四・三四五二の歌の「がに」と同じであり、他の巻では「がね」とあるのと同じであるということになる。そこで、巻十四が東歌で、東国地方の歌であることが問題になる。というのは、古今集ではどうして万葉時代の標準語とも見るべき「がね」をうけつがないで、東歌の「がに」をうけついだのだろうという疑問なのである。　　　　　　　　　　　　　　　　　　　　　　　　　　　(p.19)

と述べ、その関連性を考えている。佐伯梅友の「疑問」に答えるためには、東国方言においても、中央方言と同じように「がに」と「がね」との交渉が起り、連体形接続の終助詞「がに」がすでに生まれていて、それがこの東歌の「がに」であったと考えればよいであろう。東西両方言で、時期は異にしながら、同一の推移が起った可能性は十分考えられ、また、その蓋然性も高いであろう。もちろん、このように解釈しないで、通説のまま認めたとして

も、『古今集』の「がに」は『万葉集』の「がね」を受け継いでいるとする私見には影響はないと考える。

8

　5節において、「がに」と助動詞「べく」との対応例を通して、その消長関係を考え、「べく」が「がに」の領域を次第に侵して行ったと推定した。そして、その交渉は「がに」の様態修飾的用法にあったと述べた。この様態修飾的用法というのは、中古終助詞「がに」の、いわば余剰的な連用修飾的機能（用法）を捉えたものであり、上代の副動詞「がに」との関連における説明であったことは、今までの考察によって明らかであろう。従って、上代「がに」と「べく」の交渉・交替と、中古「がに」と「べく」のそれとは、無関係ではあり得ないが、そのあり方にはやはり相違が認められるので、互に区別しておく必要があるものと思われる。

　上代「がに」の様態修飾の用法を介して起った助動詞「べく」との交渉・交替は、(4)(27)・(3)(28)の「消えぬがに」「消ぬべく」の例、あるいは、

(50) 菊の花　うつる心を　置く霜に　帰りぬべくも　思ほゆるかな
　　　　　　　　　　　　　　　　　　　　　　　　（後撰集12・恋）

(51) 秋の田の　穂の上に置ける　白露の　消えぬべく我は　思ほゆるかな
　　　　　　　　　　　　　　　　　　　　　　　　（拾遺集13・恋）

などの例からみて、「ぬがに」と「ぬべく」との間で行なわれたようである。なお、前掲例(5)(26)も、交渉のあり方としては、いわば二次的なものと考えられるのであるが、やはり同様に見ることができよう。

　一方、上代の「がね」を母胎として、「がに」の影響を受けて成立したと推定される中古の「がに」は、「がね」の語義・用法をそのまま受け継いでいると見なされる。従って、中古「がに」と助動詞「べく」との交渉は、その"将来に期待し推量する"という語義を介して起ったものであろう。このことは、

(52) あしひきの　山田佃る子　秀でずとも　縄だに延へよ　守ると知る
　　がね（知金）　　　　　　　　　　　　　　　　　（万10・2219）

(53) 足曳の　山田作る男　出でずとも　注連だに延へよ　守ると知る<u>べく</u>
（古今六帖 2）

のような「がね」と「べく」との対応例からも窺うことができよう。また、上代の「がね」及び中古の「がに」の、余剰的に果たされる連用修飾的機能を含んだ表現と、助動詞「べし」の、「べく」止め（連用止め）における倒置法としての連用修飾的機能を持たせた表現とは、表現法において同趣であることも、その交渉を考える上で見逃せないであろう。

中古「がに」と「べく」との交渉・交替は、次に掲げるように、「べく」が「がに」の位をそのまま襲った形で行なわれたと考えられる。

(54) 夕暮れの　まがきは山と　見えななむ　夜は越えじと　やどりとる<u>べく</u>
（古今 8・392）

(55) 忘草　たねの限は　果てななむ　人の心に　蒔かせざる<u>べく</u>
（古今六帖 6）

(56) なる神の　しばし動きて　空くもり　雨も降らななむ　君とまる<u>べく</u>
（拾遺集 10・恋）

(57) 数ならぬ　身は心だに　なからななむ　思ひ知らずは　怨みざる<u>べく</u>
（拾遺集 15・恋）

(58) 春にのみ　年はあらななむ　荒小田を　かへすがへすも　花を見る<u>べく</u>
（新古今 1・春上）

(59) 春風は　花のなき間に　吹き果てね　咲きなば思ひ　無くて見る<u>べく</u>
（古今六帖 1、拾遺集 16）

(60) 絵にかける　鳥とも人を　見てしかな　同じ所を　常にとふ<u>べく</u>
（後撰集 11、古今六帖 6）

(61) かくれ蓑　かくれ笠をも　得てしかな　来たりと人に　知られざる<u>べく</u>
（拾遺集 18・雑賀）

(62) いかでかの　年ぎりもせぬ　種もがな　荒れたる宿に　植ゑてみる<u>べく</u>
（後撰集 15・雑歌）

(63) しのぶ山　忍びて通ふ　道もがな　人の心の　奥もみる<u>べく</u>
（古今六帖 2）

(64) 花の色は　雪にまじりて　見えずとも　香をだに匂へ　人の知るべく
(古今6・335)

(65) 宵のまに　はや慰めよ　いその神　ふりにし牀も　うちはらふべく
(後撰集11・恋歌)

(66) 時の間に　はや慰めよ　石上　ふりにし床を　打ち払ふべく
(古今六帖2)

(67) 白雲の　上にし移る　菊なれば　痛くを匂へ　花と見るべく
(古今六帖6)

(68) 生ひしげれ　ひら野の原の　あや杉よ　こき紫に　たちかさぬべく
(拾遺集10・神楽歌)

(69) 露ながら　折りてかざさむ　菊の花　おいせぬ秋の　ひさしかるべく
(古今5・270)

(70) かくながら　散らで世をやは　尽してむ　花の常盤も　ありとみるべく
(後撰集3・春歌)

(71) 身はすてつ　心をだにも　はふらさじ　つひにはいかゞ　なるとしるべく
(古今19・1064)

(72) 衣をや　脱ぎてやらまし　涙のみ　かかりけりとも　人の見るべく
(拾遺集12・恋)

(73) 千年とも　数は定めず　世の中に　かぎりなき身と　人もいふべく
(拾遺集5・賀)

「べく」が勢力を伸長して行ったのは、連用形止めにおける用法的な新鮮さ、推量・予想の語義に含まれる必然的ないし当為的なニュアンスなどが、終助詞「がに」に比べて、和歌の修辞法上好まれたためであろう。[12]

因みに、終助詞「がに」の用例は、5節および7節で掲げたものの他に、
(74) 老ぬれば　頭は白く　卯花を　折りてかざさむ　身も紛ふがに
(躬恒集)

(75) 下り立ちて　忍びに淀の　真菰刈る　あなかま　知らぬ　人の聞くがに
(曾丹集)

(76) 立ち別れ　いなばの山の　ほととぎす　待つと告げこせ　帰りくる

がに　　　　　　　　　　　　　　　　　　　　　（金槐集）
(77) たかむらに　家居やせまし　鶯の　啼くなる声を　聞もあかむがに
　　　　　　　　　　　　　　　　　　　　　　　　　（田安宗武）

などがある。(75)の「がに」は、(44)の「がね」とともに『曾丹集』の用例で、同一人物が両形を用いている点で興味深い。また、(76)(77)は、万葉調の歌風で知られる源実朝、田安宗武の歌にみられるもので、中世以降の用例としても注目される。

9

以上の検討結果を踏まえて、助詞「がに」の変遷を簡潔にまとめると次のようになる。

（Ⅰ）中古の「がに」は、上代の終助詞「がね」を母胎とし、上代の副助詞「がに」の影響を受けて、連体形接続の終助詞として成立した。

（Ⅱ）上代の副助詞「がに」は、終助詞「がね」に吸収されるとともに、一方では、助動詞「べく」と交替して消滅した。

（Ⅲ）中古の終助詞「がに」は、助動詞「べく」と交渉を持ち、やがてその勢力を「べく」に奪われて消滅した。

[注]
(1) 堀内武雄（1967）p.198
(2) 西下・滝沢編『古今集総索引』による。
(3) 秋永一枝（1972）p.626
(4) 林大（1955）p.129
(5) 武田祐吉（1930）p.760
(6) 『本居宣長全集第5巻』（筑摩書房 1970）p.292
(7) 井手至（1967）p.176
(8) 大野晋（1957）p.354
(9) 大野晋（1957）p.355、井手至（1967）p.177
(10) 群書類従本では「見るがに」とある。
(11) 注(2)参照。

(12) 吉田金彦(1973)は「『べく』の方が〈当為〉の自然勢的意味がはっきりしているのに対して、『がに』の方は、ややそれが弱く放任的である点に違いがあるのではなかろうか」(p.863)と述べている。

[補記]
本章は、小倉肇(1974)「助詞「がに」の歴史―その起源をめぐって―」、小倉肇(1979)「助詞「がに」の史的変遷―「がね」「べく」との交渉をめぐって―」の2篇を併せて再構成したものである。因みに、本章で論じた事柄は、いわゆる「文法化」というような術語では覆えないものであることを付言しておきたい。

[引用文献]
秋永一枝(1972)　『古今和歌集声点本の研究　資料篇』(校倉書房)
井手　至(1967)　「特殊な助詞の研究」(『国文学』12-2)
岩井良雄(1970)　『日本語法史　奈良・平安時代編』(笠間書院)
大野　晋(1957)　『万葉集一』(日本古典文学大系,岩波書店)
―――(1959)　『万葉集二』(日本古典文学大系,岩波書店)
折口信夫(1934)　「副詞表情の発生」(『国文学論究』昭9-7),折口信夫(1967)再録
―――(1967)　『折口信夫全集19』(中央公論社)
鹿持雅澄　　　　『万葉集古義』(名著刊行会 1928)
賀茂真淵　　　　『万葉考』(『賀茂真淵全集2』吉川弘文館 1927)
黒沢翁満(1856)　『言霊のしるべ　中篇上』
佐伯梅友(1952)　「『がね』と『がに』」(『学苑』14-8)
阪倉篤義(1966)　『語構成の研究』(角川書店)
上代語辞典編集委員会(1967)『時代別国語大辞典　上代編』(三省堂)
武田祐吉(1930)　「がね解」(『万葉集新解下』山海堂)
時枝誠記(1954)　『日本文法　文語篇』(岩波書店)
西下経一・滝沢貞夫編(1958)『古今集総索引』(明治書院)
林　　大(1955)　「万葉集の助詞」(『万葉集大成6』平凡社)
北条忠雄(1966)　『上代東国方言の研究』(日本学術振興会)
堀内武雄(1967)　「特殊な助詞の研究」(『国文学』12-2)
松岡静雄(1962)　『新編日本古語辞典』(刀江書院)
丸山嘉信(1956)　「終助詞表情の一考察―体言相当格を承ける「が」をめぐっ

て―」(『芸林』昭 31-12)
宮嶋　弘(1938)　「万葉集の「がに」「がね」考」(『国語国文』8-6)
本居宣長　　　『詞の玉の緒』(『本居宣長全集第 5 巻』筑摩書房 1970)
山田孝雄(1954)　『奈良朝文法史』(宝文館)
吉田金彦(1973)　『上代語助動詞の史的研究』(明治書院)

4. 枕草子「少納言よ かうろほうの雪 いかならん」

1

　枕草子「香炉峰の雪」（三巻本282段）は、清少納言の才知や人柄を語る逸話として、また中宮定子のサロンのありようをうかがうことのできる章段として、あまりにも有名である。有名であるだけに、この章段によって、清少納言や中宮定子を象徴的に描き出そうとする傾向のあることは否めない。研究者は独自の解釈を提示しようとするあまり、かなり多くの異説が存在することとなり、事実上の定説と目されるような解釈は、実は見あたらないといってよい。本章の目的は、枕草子「香炉峰の雪」の章段について、本文のことば（表現）に即して検討しつつ、「解釈上の問題点」をも踏まえながら、従来の諸説とは全く異なった、新しいテクスト解釈の提示を行なうことにある。

　まず、田中重太郎『校本枕冊子下巻』によって、〈三巻本〉の本文を掲げておく。

　　雪のいとたかう降たるを　れいならす　みかうしまいりて　すひつに火をこして　ものかたりなとしてあつまりさふらふに　少納言よ　かうろほうの雪　いかならんと　おほせらるれは　みかうしあけさせて　みすをたかくあけたれは　わらはせ給　人〴〵も　さることはしり　歌なとにさへうたへと　おもひこそよらさりつれ　猶　此宮の人には　さへきなめりといふ

2

　「例ならず　御格子まゐりて」は、従来から異説の多く見られる箇所で、『枕草子大事典』（2001）にも「解釈上の問題点」として、三保忠夫（1991）による三種の整理を掲げている。

①雪が積もったときには雪見のために格子を上げるのが例なのに、下ろしたままである。②朝には格子を上げるのが例なのに、下ろしたままである。③夕には格子を下ろすのが例なのに、いつもより早く格子を下ろした。①が通行の説である。三保は、格子の上げ下げは毎日の恒例であって、風流に優先するはずであるから、①の状況が許されるはずはないとする。③については、一旦は格子が上げられたのだから、女房達は既に雪を見ており、定子の下問は気の抜けたものとなってしまうなどの理由から採れないとし、②と結論づけている。

①の「雪が積もったときには雪見のために格子を上げるのが例」だとする〈通行説〉は、次のような章段から見るかぎり成立しそうにない。

(1) 雪のいと高うはあらで、うすらかに降りたるなどは、いとこそをかしけれ。また、雪のいと高う降りつもりたる夕暮より、端近う、おなじ心なる人二三人ばかり、火桶を中にすゑて物語などするほどに、暗うなりぬれど、こなたには火もともさぬに、おほかたの雪の光いとしろう見えたるに、火箸して灰など掻きすさみて、あはれなるもをかしきもいひあはせたるこそをかしけれ。　　　　　　（枕・雪のいと高うはあらで）

この章段によれば、雪の「うすらかに降りたる」状態が「いとをかし」なのであって、「雪のいと高う降りつもりたる」時の「雪見」がよいとは考えにくいからである。ここで、「雪のうすらかに降りたる」のように書き出さないで、「雪のいと高うはあらで」と表現しているのは、そのような状態が好ましくないことを当然のことながら含意している。そして、「雪のいと高う降りつもりたる夕暮れ」という、そんな好ましい状態ではない時（風流な景色ではない時）でも、「雪の光」の中で「あはれなること」「をかしきこと」などを話し合っているのが「をかし」ということである。また、三保忠夫の指摘するように「格子の上げ下げは毎日の恒例であって」も、諸事情（風流を含めて）によって、格子を上げたまま（(1)(2)参照）、下げたまま（(3)参照）、にしておくことは結構あったと見なされる。

(2) 夜中暁ともなく、門もいと心かしこうももてなさず、なにの宮、内裏わたり、殿ばらなる人々も出であひなどして、格子などもあげながら、

冬の夜をゐ明かして、人の出でぬるのちも見いだしたるこそをかしけれ。
　　　　　　　　　　　　　　　　　　　　　　（枕・宮仕人の里なども）

(3) 暁にはとく下りなんといそがるる。「葛城の神もしばし」など仰せらるるを、いかでかはすぢかひ御覽ぜられんとて、なほ伏したれば、御格子もまゐらず。女官どもまゐりて、「これ、はなたせ給へ」などいふを聞きて、女房のはなつを、「まな」と仰せらるれば、わらひて帰りぬ。
　　　　　　　　　　　　　　　　　　　（枕・宮にはじめてまゐりたるころ）

　従って、三保忠夫とは異なった理由で、〈通行説〉は否定されることになる。すなわち、「折角の雪景色なのに、まだ日もあるうちに格子を閉め切ってしまった」（萩谷朴 1983）という解釈は成り立たないことになる。もし、〈通行説〉が、この「香炉峰の雪」の章段から導き出されたものであるとすれば、それは「香炉峰の雪」の章段のある解釈から導き出されたものであり、一般性を持つものではないことは明らかだからである。
　ところで、〈通行説〉は、いわゆる〈三巻本〉や〈能因本〉では成立するとしても、実は〈前田本〉では成り立たないのであって、このことは特に留意しなければならない。

(4) 雪のいたう降りたるを、例ならず、御格子も参らで　　（前田本）[1]

　この〈前田本〉に従えば、「雪がたいそう降っているのに、いつもとは違って、御格子もお下げしないで」ということになる。すなわち、〈前田本〉によれば、「大雪」などの時は、御格子を下ろすのが通例であることを含意していると解される。やはり「大雪」の時には、（雪見などをしないで）格子を下ろしていたと考えるべきであろう。このように考えるならば、「雪のいと高う降りたるを、例ならず、御格子参りて」（三巻本）は、「雪のいと高う降りたる」状態が、「折角の雪景色」の状態ではないのであるから、「雪がたいそう高く降り積もっているので、いつもとは違って、御格子をお下げして」という解釈になるはずであり、助詞「を」は、「逆接」ではなくて、「順接」の意味として捉えるべきことになる。この助詞「を」については、従来の注釈書では、例外なく「逆接」に解釈しているのであるが、これは〈通行説〉に従った必然的な結果であった。

なお、三保忠夫（1991）は、「この「を」は、まま間投助詞的性格を帯びて用いられる助詞である」として、

> 「雪のいとたかう降」るとはたいそうな積雪を意味し、「…たる̊を」には、この朝、そうした結果・状態を発見した新鮮な感動、および、重大さの認識がこもっているようにみうけられる。今の場面は、こうした感動のいまださめやらぬ時分の出来事ではなかろうか。

という独自の見解を提示している。ここで「重大さの認識」とは、「格子を上げ、雪見を行うにも十分の頃合い」であるにもかかわらず、「格子は下りて」いて、「女房たちは炭櫃を囲んでおしゃべりに余念がない。若い中宮にとっては、決して好ましい情況ではなかった」（三保忠夫1992）ということである。「大雪だ！　それなのに」ということで、感動と逆接が表現されている、と考えているのであるから、結局は、助詞「を」を「逆接」の意味に解釈していることに変わりはない。因みに、この「感動」が、もし「雪のいと高う降りたるを」の箇所で表わされているとすれば、それは、文脈的意味、すなわち、例えば「昨日までとは違って」というような背景があってのことであるから、「を」に「感動」の意味があるわけではない。この助詞「を」は関係標示の機能を担っていると見るべきである。

3

ところで、外の雪（雪景色）を中宮定子は、なぜ「香炉峰の雪」と言ったのであろうか。注釈書類では、『白氏文集』の詩を引用し、「香炉峰」の地理的な説明をしているのが一般的であるが、その中で、萩谷朴（1983）は、次のようにやや突っ込んだ説明をしている。

> ここは日本の平安京である。シナの江西省吉安府万安県にある廬山の北嶺である香炉峰の雪が見えよう道理はない。勿論、中宮は香炉峰の雪そのものを見たいとおっしゃったのではない。折角の雪景色なのに、まだ日もあるうちに格子を閉め切ってしまったので、婉曲に注意されたのである。（中略）「中宮が第一句の「日高ク」と第二句の「寒サヲ怕レズ」とを踏まえて、格子を上げることを望んでいらっしゃる。

清少納言の漢詩の知識を試すためではなく、格子を閉め切ってしまったことに対して「婉曲に注意する」ために、「見えよう道理」のない「香炉峰の雪」とおっしゃった、ということで説明している。雪見がしたいので、下ろしてある「格子を上げよ」ということを、『白氏文集』の詩で「婉曲に注意」した、ということである。この考え方を、さらに進めたのが、三保忠夫（1992）である。

　　中宮が目覚められた時分、あるいは、御帳からお出ましになった時、伺候する女房の誰かが、まず、告げたのであろう、「今朝は大雪でございますわよ！」……と。「……まあ、それは大変！」と朝寝坊をはじらいながら、しかし、心躍らせながら出てこられた中宮であったが、そうした彼女の眼に映った情況とは、どのようなものであろうか。時、既に、格子を上げ、雪見を行うにも十分の頃合いではあった。しかし、格子は下りている。夜来の灯のもと、女房たちは炭櫃を囲んでおしゃべりに余念がない。若い中宮にとっては、決して好ましい情況ではなかったであろう。女房たちを直にいさめるのは野暮ったく、興醒めであろう。「香炉峰の雪いかならん」とは、即興的な風流に托した中宮の婉曲ないさめのことばであり、かつ、格子を上げよとの意思表示でもあった。この時、中宮が、『文集』の詩を用いたのは、朝寝坊したわが身を、つい、白居易に重ね、なぞらえてしまったからであろう。

　三保忠夫は、「香炉峰の雪」だけを踏まえているのではない、という萩谷の見解をさらに発展させ、「朝寝坊したわが身を、つい、白居易に重ね、なぞらえて」中宮がこの『白氏文集』の詩を用いた、としている点が、従来にない新しい解釈である。萩谷朴は、第一句の「日高ク」を踏まえるとするが、白詩文集の「日高ク」は朝方、遅くても昼前であり、夕方、或いは午後ではないので、「まだ日もあるうちに」という解釈とは齟齬を来している。また、三保忠夫は、中宮が「朝寝坊したわが身を、つい、白居易に重ね、なぞらえてしまった」とするが、白居易のこの詩は、左遷され、詩を作って楽しむために廬山の麓に、草堂（草葺きの家）を建て、名誉欲をいっさい捨てて、この地で老後を送るのも悪くない、という内容であるから、三保忠夫の言うよ

うに詩全体をよく理解し、熟知していたとすれば、「つい」とは言え、自分を白居易になぞらえることは、恐らくあり得なかったであろう。やはり、三・四句の第四句だけを踏まえていると考えるのが妥当である。

萩谷朴・三保忠夫の考え方は、〈三巻本〉〈能因本〉では可能であるが、〈前田本〉では成立しないことに留意しなければならない。すなわち、〈前田本〉では、「御格子」は下ろされていないからである。〈三巻本〉〈能因本〉と〈前田本〉とで、この章段のテーマに相違がないとすれば、「香炉峰の雪いかならん」という、「即興的な風流に托した中宮の婉曲ないさめのことばであり、かつ、格子を上げよとの意思表示でもあった」という三保忠夫の解釈は成り立たないことになる。なお、萩谷朴も三保忠夫と同様「中宮の婉曲ないさめのことば」とするが、三保忠夫が「格子を上げよとの意思表示でもあった」とする点では、萩谷朴は「御簾をかかげよ」との中宮のご意向とする説に賛意を示していて、解釈に食い違いがある。ただし、「格子を上げることを望んでいらっしゃる」とも解釈しているので、三保忠夫と同じ見解であるとも考えられる。ただし、結果的には「雪見をしたい」ということで、同じになるにせよ、「格子を上げよ」と「御簾をかかげよ」とは、同じではないはずである。

4

『源氏物語』の総角に、『白氏文集』の「香炉峰の雪」を踏まえた場面がある。

> (5) 雪の、かきくらし降る日、ひねもすにながめ暮らして、世の人の、すさまじきことにいふなる、十二月の月夜の、曇りなくさし出たるを、簾垂まきあげて見給へば、向ひの寺の鐘のこゑ、枕をそばだてゝ、「今日も暮れぬ」と、かすかなる響きを聞きて（補記）
>
> 　　　おくれじと空ゆく月を慕ふかな　遂にすむべき此の世ならねば
>
> 風の、いと、はげしければ、蔀おろさせ給ふに、四方の山の鏡と見ゆる汀の氷、月影に、いと、おもしろし。「京の家の、『かぎりなく』と磨くも、え、かうはあらぬぞや」と、おぼゆ。「わづかに生き出て、物し給

はましかば、もろともに聞えまし」と、思ひ続くるぞ、胸よりあまる心地する。

　　　恋わびて死ぬる薬のゆかしきに　雪の山にや跡をけなまし
「なかばなる偈、教へけん鬼もがな。ことつけて投げん」と思すぞ、心ぎたなき聖心なりける。　　　　　　　　　　　　　　　（源・総角）

薫は大君の死で悲嘆にくれ、京にも帰らず、宇治の八の宮邸に閉じこもっている場面であるが、『白氏文集』の詩との対応関係をみると、次のようになる。「雪が降り続き、それを一日中眺めていた日」＝「日高く睡り足りて猶起くるに慵し」、「京」＝「長安」、「宇治」＝「廬山の下」、「京の立派な家」に対し「八の宮邸（蔀）」＝「草堂」、「四方の山」「雪の山」＝「廬山」。描かれている状況を見ると、その置かれた身の上、境遇は全く異なっているが、この場合ならば、薫と白居易は重ねられていると見てもよいであろう。それはともかく、ここで注目されるのは、宇治の雪を頂いた四方の山 ⇒ 廬山（香炉峰の雪）⇒「雪の山」＝「雪山・ヒマラヤ山脈」という文脈である。いずれも雪を頂いた高い山であり、そこに「高い」が含意されていることは見逃せない。

5

ここで、御簾を上げる動作について、少し見てみよう。本文では「みすをたかくあげたれは」となっている。

(6) 関白殿、黒戸より出でさせ給ふとて、女房のひまなくさぶらふを、「あないみじのおもとたちや。翁をいかにわらひ給ふらん」とて、分け出でさせ給へば、戸にちかき人々、色々の袖口して、御簾ひき上げたるに、権大納言の御沓とりてはかせ奉り給ふ。
　　　　　　　　　　　（枕・関白殿、黒戸より出でさせ給ふ）

(7) ものはいはで、御簾をもたげてそよろとさし入るる、呉竹なりけり。「おい、この君にこそ」といひわたるを聞きて、
　　　　　　　　　　　（枕・五月ばかり、月もなういとくらきに）

(8) 朝顔の露おちぬさきに文かかむと、道の程も心もとなく、「麻生の下

草」など、くちずさみつつ、我がかたにいくに、格子のあがりたれば、御簾のそばをいささかひきあげて見るに、おきていぬらん人もをかしう、露もあはれなるにや、しばしみたてれば
　　　　　　　　　　　　　　　　（枕・七月ばかりいみじうあつければ）
　いずれも、「御簾」を引き上げたのは、(6)では関白殿が通れる程度に、(7)(8)では少し持ち上げる程度である。一方、次の(9)は、夏の夜の場面で、簾が「高く上げてある」のと「下ろしてある」のと対照的に描かれている。
(9) 燈籠に火ともしたる、二間ばかりさりて、簾高うあげて、女房二人ばかり、童など、長押によりかかり、また、おろいたる簾にそひて臥したるもあり。火取に火深う埋みて、心ほそげににほはしたるも、いとのどやかに、心にくし。　　　　　　　　　（枕・南ならずは東の）
(10) 廂の簾たかうあげて、長押のうへに、上達部はおくにむきてながながとゐ給へり。そのつぎには、殿上人・若君達、狩装束・直衣などもいとをかしうて、ゑひもさだまらず、ここかしこにたちさまよひたるもいとをかし。実方の兵衛の佐、長命侍従など、家の子にて今すこしいで入りなれたり。まだわらはなる君など、いとをかしくておはす。
　　　　　　　　　　　　　　　　　（枕・小白河といふ所は）
　この(10)は、六月十日過ぎの経験したことのない暑い日のこと、風通しをよくするために「廂の簾」を高く上げている。因みに、簾が高く上がっていないと、ここに描かれているような描写はできない。なお、「車の簾」の場合も、
(11) 下簾もかけぬ車の、簾をいと高うあげたれば、奥までさし入りたる月に、薄色・白き・紅梅など、七つ八つばかり着たるうへに、濃き衣のいとあざやかなる、つやなど月にはえて、をかしう見ゆる
　　　　　　　　　　　　　（枕・十二月廿四日、宮の御仏名の）
のように、月を眺めるためには、簾を高く上げることもあった。御簾にかかわる動作は、基本的には「上げる」「下ろす」である。表現に注目するならば、清少納言が「御格子あげさせて　御簾を高くあげ」た、その「高く」という、表現・行為は、特に留意する必要がある。もし中宮の意向が「格子を

上げよ」あるいは「御簾をかかげよ」ということであるならば、わざわざ清少納言は御簾を「高く」上げることはないからである。「高く」上げる行為が意味するところは、単に「雪景色がよく見えるように」ということではなくて、「香炉峰の雪」すなわち「高い山の雪」だから、「仰ぎ見る」必要があるわけで、そのために「高く」上げたと解釈するべきであろう。現行の注釈書類はこの「高く」に注意を払っていないが、恐らく、「よく見えるように」という解釈をしているのであろう。しかし、単に「御簾」を上げるという動作を強調した表現ではないと考える。

6

　本文「さることは知り、歌などにさへ歌へど、思ひこそ寄らざりつれ」とある「思いも寄らなかった」こと、つまり意表を付かれた点について考えてみる。萩谷朴（1983）は、（A）「さる言」即ち「撥レ簾看ゲテヲル」という白詩そのものとする＝評釈・全講、（B）「さる言」即ち、白詩を踏まえて御簾をかかげる機転とする＝旺文、（C）「御簾をかかげよ」との中宮のご意向とする＝全解・角文・集成、という三つの説に纏め、（C）説に賛意を表わしている。しかし、中宮の意向が「御簾をかかげよ」ということであれば、清少納言は単に「御簾を上げる」だけでいいわけであるが、清少納言は、実際には「高く上げ」ている。この「高く」は、既に述べたように、やはり意図的な動作と考えざるを得ない。従って、「思いこそ寄らざりつれ」とは、御簾を「高く」上げる、という行為に対してであったと考えられる。「香炉峰の雪」を仰ぎ見るために「高く」御簾を上げたわけであり、そのような「高く上げる」ことに、思い付かなかったのである。すなわち、清少納言の「高く上げた」ことに意表を付かれたもので、「格子をあげよ、御簾をあげよ」という中宮のメッセージを思い付かなかったわけではない。

　「思いこそ寄らざりつれ」は、従来の解釈では女房たちの反省の言葉とするが、単なる反省ではなく、「御格子を上げさせ、御簾を上げる」ことぐらい、私たちにも出来た、という含みを持たせた表現であると解される。そうでなければ、女房としての教養のなさを単にさらけ出した表現になってしま

うことになるからである。その場にいる女房たちも、中宮の「香炉峰の雪、いかならん」というメッセージの意味は、即座に理解できたであろう。すなわち、「香炉峰の雪」から、直ちに『白氏文集』の「簾をかかげて看る」の句が引き出され、「御格子を上げさせて」、「御簾を上げる」ことは、中宮に仕えているほどの女房ならば、誰でも理解できたものと考えられる。名指しをされれば、「御格子を上げさせ、御簾を上げる」ことができる程度の知識や行動力はあったと考えてよいであろう。従来のように、「御格子を上げさせ、御簾を上げ」たことについて、清少納言が特別であったと考える必要はないであろう。

以上のように考えてくると、中宮の「笑わせたまふ」と「人々も」の表現も気に掛かる。もし、現行の注釈書のように、中宮の「笑わせたまふ」が「にっこり・微笑」のような「満足の笑み」であれば、「ゑませたまふ」の方がふさわしいと考えられるからである。たしかに、『枕草子』などの用例を検討すると、「笑う」と「ゑむ」の意味は連続しているが、それは、現代語でも同様である。ただし、現代語では、(14)のような「笑みたる声」のような表現はない。

(12) せばくて、わらはべなどののぼりぬるぞあしけれども、屏風のうちにかくしすゑたれば、こと所の局のやうに、声たかく笑らひなどもせで、いとよし。　　　　　　　　　　（枕・内裏の局、細殿いみじうをかし）

(13) あることあらがふ、いとわびしうこそありけれ。ほとほと笑みぬべかりしに、左の中将の、いとつれなく知らず顔にてゐ給へりしを、かの君に見だにあはせば、笑らひぬべかりしに、わびて、台盤の上に、布のありしをとりて、ただ食ひに食ひまぎらししかば、中間にあやしの食ひものやと、人々見けむかし。　　　　　（枕・里にまかでたるに）

(14) 「かうなむいふ。なほそこもと教へ給へ」とのたまひければ、笑らひて教へけるも知らぬに、局のもとにきていみじうよく似せてよむに、あやしくて、「こは誰そ」と問へば、笑みたる声になりて、「いみじきことを聞えん。かうかう、昨日陣につきたりしに、問ひ聞きたるに、まづ似たるななり。　　　　　　　　　　　（枕・故殿の御服のころ）

この「香炉峰の雪」の章段の「笑ふ」は、典型的な「ゑむ」の側ではなく、やはり「笑ふ」本来の「声を上げて笑った」と捉えるべきであろう。すなわち、「御簾を高く上げた」ことに意表をつかれ、思わず「笑って」しまったわけで、単なる「満足の笑み」だけではなかった。「満足」と同時に可笑しさの笑いでもあったはずである。とすれば、次の「人々も」も「も」の含みは、「中宮様も」ということであったと考えられる。中宮様も「思いこそ寄らざりつれ」だったわけで、それを、中宮の「笑う」と「人々も」で表現していると解されるのである。

7

　以上のような見解を踏まえて、さらに、従来全く考えられていなかった解釈の可能性について、新たに検討を進めてみたい。
　(15) 少納言よかうろほうの雪いかならん

(『校本枕冊子』『三巻本枕草子本文集成』)

「かうろほう」は諸本仮名書きで、異文は存在しない。原本も仮名書きであった可能性が極めて大きい。従って、「香炉峰」という漢字表記を知らなかったとは考えにくいので、漢字を宛ててしまうと都合が悪かったと考える余地が残されている。つまり、「香炉峰」と漢字を宛てると中国の「香炉峰」の意味だけに限定されてしまうので、それを避けた可能性があるということである。
　ここで、本文の「雪のいとたかう降たるを」「みすをたかくあけたれは」の「高う（く）」に注目するならば、「かうろほう」の「かう」は、「高（かう）」と「香（かう）」を重ねるために、あえて仮名書きにされていると解釈することができる。中国字音を見ると、「香」は、『広韻』許良切・陽韻暁母三等 (xiaŋ¹) であり、「高」は、『広韻』古労切・豪韻見母一等 (kɑu¹) である。日本字音のレヴェルでは、香＝[kaũ] と高＝[kau] として、韻尾の鼻音性の有無で区別されていたが、当時の和文（日本語音）のレヴェルでは（漢語の音でも）「香」と「高」はいずれも「かう [kau]」で区別がなかった可能性が大きい。
_(補注)

(16) あきちかうのはなりにけり　白露のおけるくさばも色かはりゆく
　　　　　　　　　　　　　（古今・440〈物名〉きちかうの花　とものり）

「秋近う野はな」の箇所に「桔梗の花」が重ねられているのであるが、この場合も、「梗（かう）」は、『広韻』古杏切・梗韻見母二等（kaŋ²）で、ウ音便形「近う」の「かう [kau]」と同じ文字で把握されている(2)。

このように考えてくると、『枕草子』の「かうろほう」は確かに『白氏文集』の「香炉峰」であることに違いはないが、「かう」の箇所に「高」が重ねられ、表現されていたとしても不自然ではない。すなわち「香炉峰」は「高炉峰」でもあったということである。言い換えれば、「いと高う降りたる」ので、中宮は、「香炉峰」の「かう」に「香」と「高」を重ねて、「かうろほう」と表現した。それを受けて、清少納言は、「香炉峰」＝「高炉峰」と理解し、高く降り積もっている雪を見るために、「御簾を高くあげた」ということになる。

8

さて、ここで、「香（高）炉峰の雪」が、単なる雪景色ではなく、庭にできた「雪の山」を指しているという可能性について考えてみたい。これには、次の章段が考え合わされる。

(17) さて、師走の十よ日の程に、雪いみじう降りたるを、女官どもなどして、縁にいとおほく置くを、「おなじくは、庭にまことの山を作らせ侍らん」とて、侍召して、「仰せごとにて」といへば、あつまりて作る。主殿寮の官人、御きよめにまゐりたるなども、みな寄りて、いとたかう作りなす。宮司などもまゐりあつまりて、言くはへ興ず。
　　　　　　　　（枕・職の御曹司におはします頃、西の廂にて）
(18) さて、その山作りたる日、御使に式部丞忠隆まゐりたれば、褥さしいだしてものなどいふに、「けふ雪の山作らせ給はぬところなんなき。御前のつぼにも作らせ給へり。春宮にも弘徽殿にも作られたりつ。京極殿にも作らせ給へりけり」などいへば、
　　　ここにのみめづらしとみる雪の山所々にふりにけるかな

と、かたはらなる人していはすれば、

(枕・職の御曹司におはします頃、西の廂にて)

「雪山」の章段として有名な箇所である。雪がたいそう降ったので、女官たちが雪かきをして縁先に雪の山ができてしまったことが知られる。そして、さらに、どうせなら「庭に本当の雪山（大きくて高い山）を作らせる」ために、侍を呼んで、中宮の「仰せごと」ということで、庭に「雪山」を作っている。この雪山は「いとたかう作りな」したものであった。この雪山を作った日は、余所でも皆作ったようで、使いとして参上した忠隆が「けふ雪の山作らせ給はぬところなんなき」と言っている。雪がたくさん降り積もった時には、雪かきで「雪の山」は出来るし、また、このように大規模でなくとも、庭に「雪山」を作ることがあったことは、想像に難くない。従って、中宮定子の言った「香炉峰」は、庭に出来た実際の「雪山」を指していることも十分考えられるのである。とすれば、中宮定子は、庭の「高い雪山」を「香（高）炉峰の雪」と洒落た言い方をした、と解釈することができそうである。中宮定子の庭の「高い雪山」を「香（高）炉峰の雪」と見立てる洒落た言い方を受けて、清少納言は、高い雪山だから、「御簾を高くあげ」て、その雪山の峰（頂上）までも見えるようにした、仰ぎ見るようにしたというわけである。従って、「思いも寄らなかった」のは、実際の庭にできた「高い雪山」（すなわち「香（高）炉峰の雪」）を見るために、「御簾を高くあげ」たこと、を意味していることになる。

9

ところで、「香（高）炉峰」が、「雪山」の章段の、侍に作らせた「高い雪山」を実際に指しているとしたら、「かうろほうの雪」の章段の解釈は、また、大きく変わってくる。

(19)「これ、いつまでありなん」と人々にのたまはするに、「十日はありなん」「十よ日はありなん」など、ただこの頃のほどを、あるかぎり申すに、「いかに」と問はせ給へば、「正月の十よ日までは侍りなん」と申すを、御前にも、えさはあらじとおぼしめしたり。女房はすべて、年の

うち、つごもりまでもえあらじとのみ申すに、あまりとほくも申しける
かな、げにえしもやあらざらむ、一日などぞいふべかりけると、下には
思へど、さはれ、さまでなくとも、いひそめてんことはとて、かたうあ
らがひつ。二十日の程に雨降れど、消ゆべきやうもなし。すこしたけぞ
劣りもて行く。「白山の観音、これ消えさせ給ふな」といのるも、もの
くるほし。……さて、雪の山、つれなくて年もかへりぬ。一日の日の夜、
雪のいとおほく降りたるを、「うれしうもまた積みつるかな」と見るに、
「これはあいなし。はじめの際をおきて、いまのはかき棄てよ」と仰せ
らる。　　　　　　　　　（枕・職の御曹司におはします頃、西の廂にて）

　高橋和夫（1990）によれば、「この段【香炉峰の雪】の史実年時は確定で
きない。一応、八七段の雪の山の段が、長徳四年（九九八）の師走から翌長
保元年正月のうち、師走十余日の「雪いみじう降りたる」と、本段の「雪の
いと高う降りたる」とを同日とすることも出来るが、ここでは他の年であっ
たとしてもよい」とのことであるが、筆者は、以下に述べるように「香炉峰
の雪」の章段は、「一日の日の夜、雪のいとおほく降りたる」夜の出来事で
あった可能性を考えている。

　中宮の「これ、いつまでありなん（この雪山は、いつまであるかしら）」
という問いに、女房たちは「十日はありなん」「十よ日はありなん」など十
日間ほどを答えているのに、清少納言は「正月の十よ日までは侍りなん」と、
年明けの中旬まであるでしょうと答えて、いわば「賭」をしている。「雪山」
がどうなっているか、中宮も、女房たちも大いに気にかけているのである。
従って、元日の「雪のいとおほく降りたる」夜の出来事が「香炉峰の雪」の
章段で描かれている可能性は大きいと考えられる。

　仮に「香炉峰」が、この章段に書かれている「雪山」であると仮定してみ
よう。「香炉峰」が、この「雪山」であるならば、侍に造らせた、庭の大き
く高い「雪山」を「香（高）炉峰の雪」と洒落た言い方（言葉）で、中宮は、
その「雪山」の様子を尋ねた。そこで、清少納言は「御簾を高くあげる」と
いう洒落た動作（行動）で、「大雪で、雪山は、もっと高くなっていますよ。
嬉しいことです。全く消える気配はありません。私の言った通りになりそう

です」というメッセージを中宮に伝えた、ということになる。従って、中宮の「笑い」は、そのメッセージを理解した「笑い」と解されることになる。ここで、問題なのは、他の女房たちは、中宮と清少納言のやりとり、そのメッセージに、いつ気付いたのかということである。恐らく、中宮が「笑った」のを受けて、他の女房たちは、中宮と清少納言のやりとり、そのメッセージに初めて気が付いたのであろう。

　すなわち「思いも寄らなかった」のは、中宮のメッセージである、庭にある「高い雪山」の状態を「香（高）炉峰の雪」と洒落た言い方（言葉）をしていること、そして、その「高い雪山」を仰ぎ見るために、「御簾を高くあげ」たこと（行為）で、「大雪で、雪山は、もっと高くなっていますよ、消える気配はありません。（私のいった通りになりそうですよ）」という少納言の中宮へのメッセージであること、ということになる。それだからこそ、清少納言の「うれしうもまた積みつるかな」という言葉が生きてくるし、中宮の「これはあいなし。はじめの際をおきて、いまのはかき棄てよ」と仰ったことが理解されることになろう。

　中宮定子と清少納言とのやりとりが、庭の雪山の状態についてであったことに「思いも寄らなかった」ということである。そして、清少納言の「御簾を高くあげ」たこと（行為・メッセージ）は、中宮にとっても意表をつかれたものであったであろう。それが、中宮の「笑い」であった。このことは「人々も」の「も」によって表現されている、と解されるのである。

［注］
(1) 前田本の本文を『校本枕冊子』によって掲げておく。
　　ゆきのいたうふりたるを　れいならす　みかうしもまいらて　すひつに火をこして　ものかたりしつゝなみゐ給へれは　小納言よ　かうろほうのゆき　いかならんと　おほせらるれは　みすをたかうまきあけたれは　わらはせ給　人〴〵も　さる事はしり　うたなとにもうたへと　思こそよらさりつれ　猶　この【宮】の人には　さへきなめりといふ
(2) 和歌には「漢語」「音便形」を用いないという規範に挑戦する形で、作者「とものり」は「きちかうの花」を詠み込んだわけであるが、この和歌で

は、その二つの規範を同時に（同一箇所で）犯していることに注目したい。「きちかうの花」の「きちかう」は、漢語「桔梗」とは同じではない。「きちかう」はいわば漢字の字面から離れた、言い換えれば、日本語音に馴化した語形であって、必ずしも、本来の漢語としての硬い感じを伴ってはいなかった。それゆえに、「物名」の題（和歌の題）として選ばれたのであろう。ただし、そうは言っても、「菊」などのような和歌のことば（歌語）ではなかったことは確かであり、「きちかう」は、やはり「歌語」の基準からすれば、漢語の側に属していたと見なされる。一方、音便形の「近う」は、散文（仮名文）では既に用いられてはいたが、「歌語」の基準からすれば、口頭語であり、インフォーマルな感じを伴った語形であった。従って、フォーマルな文章語としての漢語の側に属する「きちかう（桔梗）」とインフォーマルな口頭語としての音便形（近う）という両極にある語形を、隠し題として重ねることによって、それを見事に調和させたところに作者の腕の見せ所があったのである。

[補注]
平安中期の知識階層（貴族層）では、「香」にまだ鼻音要素（[kaũ]）があった——それが規範的な発音であった——とすれば、「高」に重ねた「かすり」（の効果）をねらった可能性も否定はできない。ただし、その「かすり」の効果（意図）は、また改めて考える必要がある。

[補記]
「向ひの寺の鐘のこゑ」の「かすかなる響き」を［ケ（ke:）・フ（Φu:）/ウ（u:）・モ（mo:）・ク（ku:）・レ（re:）・ヌ（nu:）］という言葉（「今日も暮れぬ」）として「聞きなし」ている表現。因みに、三巻本『枕草子』（清水に籠りたりしに）の「山近き入り会ひの鐘の声ごとに恋ふる心の数は知るらむものを」の「入り会ひの鐘の声」も、［コ（ko:）・フ（Φu:）/ウ（u:）・ル（ru:）］という言葉（「恋ふる」）として表現されている。「聞きなし」の言葉（表現）である「今日も暮れぬ」「恋ふる」は、子音［k］、母音［o］［u］、鼻音［m］［n］、流音［r］など「鐘の音／音響」を髣髴とさせる音声で構成されている。

[引用・参考文献]
池田亀鑑(1957)　『全講枕草子下巻』（至文堂）
池田亀鑑・岸上慎二(1958)『枕草子』（日本古典文学大系，岩波書店）

太田次男(1974) 「白詩受容考―「香炉峰雪撥簾看」について―」(『芸文研究』33)
岸上慎二(1969) 『枕草子』(校注古典叢書,明治書院)
久保木哲夫(1970)「枕草子における自讃談―その表現の方法と基盤について」(『言語と文芸』12-3)
杉山重行(1999) 『三巻本枕草子本文集成』(笠間書院)
高橋和夫(1990) 「枕草子回想章段の事実への復原 その一」(『群馬大学教育学部紀要人文・社会科学編』40)
田中重太郎(1956)『校本枕冊子下巻』(古典文庫)
田中重太郎・鈴木弘道・中西健治(1995)『枕冊子全注釈五』(角川書店)
中島和歌子(1991)「枕草子「香炉峰の雪」の段の解釈をめぐって―白詩受容の一端―」(『国文学研究ノート』25)
萩谷　朴(1977) 『枕草子下』(新潮日本古典集成,新潮社)
────(1983) 『枕草子解環五』(同朋舎出版)
古瀬雅義(1995) 「清少納言と「香炉峰の雪」―章段解釈と清少納言のイメージ―」(『安田女子大学紀要』23)
枕草子研究会編(2001)『枕草子大事典』(勉誠社)
松尾聰・永井和子(1974)『枕草子』(日本古典文学全集,小学館)
三田村雅子編(1994)『日本文学研究資料新集4　枕草子・表現と構造』(有精堂出版)
三保忠夫(1991) 「枕草子「香炉峰の雪」(上)」(『国語教育論叢』1)
────(1992) 「枕草子「香炉峰の雪」(下)」(『国語教育論叢』2)
渡辺　実(1991) 『枕草子』(新日本古典文学大系,岩波書店)

【引用文献・主要参考文献】

秋永一枝(1972)　『古今和歌集声点本の研究　資料篇』(校倉書房)
有坂秀世(1934a)　「古代日本語に於ける音節結合の法則」(『国語と国文学』11-1),　有坂秀世 (1957) 再録
―――(1934b)　「母音交替の法則について」(『音声学協会会報』34),　有坂秀世 (1957) 再録
―――(1936)　「上代に於けるサ行の頭音」(『国語と国文学』昭 11-1),　有坂秀世 (1957) 再録
―――(1955)　『上代音韻攷』(三省堂)
―――(1957)　『国語音韻史の研究　増補新版』(三省堂)
―――(1959)　『音韻論』(三省堂)
池田亀鑑(1941)　『古典の批判的処置に関する研究　第一部』(岩波書店)
―――(1957)　『全講枕草子下巻』(至文堂)
池田亀鑑・岸上慎二(1958)『枕草子』(日本古典文学大系, 岩波書店)
石垣謙二(1942)　「作用性用言反撥の法則」(『助詞の歴史的研究』岩波書店, 再録)
井手　至(1967)　「特殊な助詞の研究」(『国文学』12-2)
伊東卓治(1959)　「初層天井板の落書」(高田修編『醍醐寺五重塔の壁画』吉川弘文館)
犬飼　隆(1989)　「古事記のホの仮名・再考」(『万葉集研究』17)
―――(2005)　『上代文字言語の研究［増補版］』(笠間書院)
岩井良雄(1970)　『日本語法史　奈良・平安時代編』(笠間書院)
遠藤和夫(1972)　「青谿書屋本『土左日記』における「え」のかきわけ」(『国語研究』35)
遠藤邦基(1989)　『国語表現と音韻現象』(新典社)
太田次男(1974)　「白詩受容考―「香炉峰雪撥簾看」について―」(『芸文研究』33)
大坪併治(1961)　『訓点語の研究』(風間書房)
大友信一(1997)　「「あめつちのうた」再考」(平成 9 年度国語学会春季大会発表要旨)
大野　晋(1952)　「日本語と朝鮮語との語彙の比較についての小見」(『国語と

　　　　　　　　　国文学』29-5），『日本語の系統』現代のエスプリ別冊 1980
　　　　　　　　　に再録
─────(1953a)　『上代仮名遣の研究』（岩波書店）
─────(1953b)　「上代語の訓詁と上代特殊仮名遣」（『万葉集大成 3』）
─────(1957)　『万葉集一』（日本古典文学大系，岩波書店）
─────(1959)　『万葉集二』（日本古典文学大系，岩波書店）
─────(1976)　「上代日本語の母音体系について」（月刊『言語』5-8）
大野　　透(1962)　『萬葉假名の研究』（明治書院）
大矢　　透(1918)　『音図及手習詞歌考』（大日本図書，勉誠社 1969 復刻）
岡島昭浩(1996)　「「たぬに」と大矢透」（WEB ページ「日本語の歴史と日本語研究の歴史〈雑文・雑考〉」）
沖森卓也(1989)　『日本語史』（桜楓社）
奥村三雄(1972)　「古代の音韻」（『講座国語史 2　音韻史と文字史』大修館書店）
─────(1977)　「音韻の変遷(2)」『岩波講座日本語 5　音韻』（岩波書店）
─────(1982)　「サ行音はどのように推移したか」（『国文学解釈と教材の研究』27-16）
奥村三雄編(1989)　『九州方言の史的研究』（桜楓社）
小倉　　肇(1969)　「「伊家流等毛奈之」について」（『國學院雑誌』70-5）
─────(1970)　「上代イ列母音の音的性格について」（『國學院雑誌』71-11）
─────(1972)　「宣命の構文について─「テシ……助動詞」をめぐって─」（『日本文学論究』32）
─────(1974)　「助詞「がに」の歴史─その起源をめぐって─」（國學院大學国語研会編『国語研究』37）
─────(1977)　「推古期における口蓋垂音の存在」（『言語研究』71）
─────(1979)　「助詞「がに」の史的変遷─「がね」「べく」との交渉をめぐって─」（『田辺博士古稀記念　国語助詞助動詞論叢』（桜楓社）
─────(1981a)　「合拗音の生成過程について（『国語学』124）
─────(1981b)　「上古漢語の音韻体系」（『言語研究』79），小倉肇（1995）再録
─────(1983)　［書評］沼本克明著『平安鎌倉時代に於る日本漢字音に就ての研究』（『国語学』135）
─────(1987)　「上代日本語の母音体系（上）─オ列甲乙の合流過程に係わ

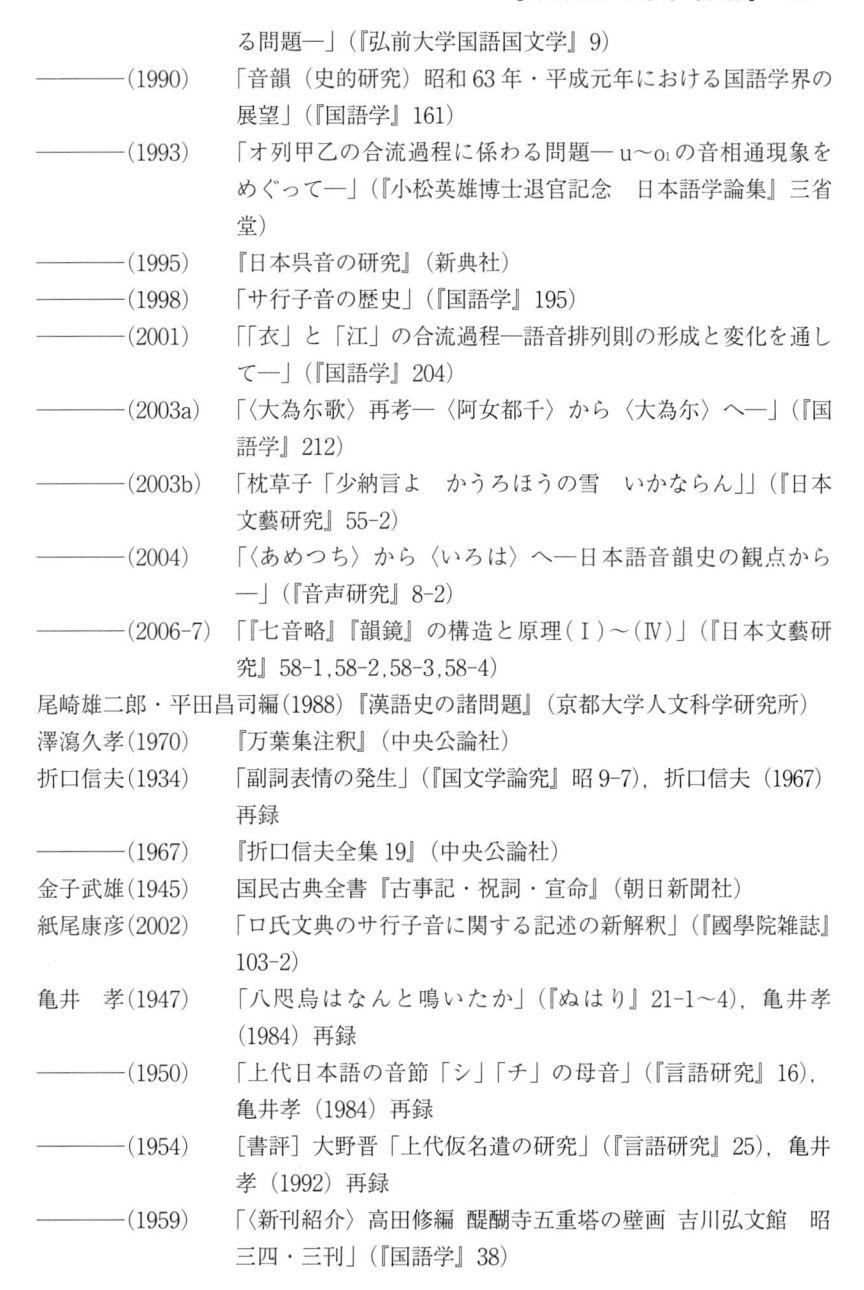

る問題―」(『弘前大学国語国文学』9)
―――(1990)　「音韻(史的研究)昭和63年・平成元年における国語学界の展望」(『国語学』161)
―――(1993)　「オ列甲乙の合流過程に係わる問題― u～o₁の音相通現象をめぐって―」(『小松英雄博士退官記念　日本語学論集』三省堂)
―――(1995)　『日本呉音の研究』(新典社)
―――(1998)　「サ行子音の歴史」(『国語学』195)
―――(2001)　「「衣」と「江」の合流過程―語音排列則の形成と変化を通して―」(『国語学』204)
―――(2003a)　「〈大為尓歌〉再考―〈阿女都千〉から〈大為尓〉へ―」(『国語学』212)
―――(2003b)　「枕草子「少納言よ　かうろほうの雪　いかならん」」(『日本文藝研究』55-2)
―――(2004)　「〈あめつち〉から〈いろは〉へ―日本語音韻史の観点から―」(『音声研究』8-2)
―――(2006-7)　「『七音略』『韻鏡』の構造と原理(Ⅰ)～(Ⅳ)」(『日本文藝研究』58-1,58-2,58-3,58-4)
尾崎雄二郎・平田昌司編(1988)　『漢語史の諸問題』(京都大学人文科学研究所)
澤瀉久孝(1970)　『万葉集注釈』(中央公論社)
折口信夫(1934)　「副詞表情の発生」(『国文学論究』昭9-7),折口信夫(1967)再録
―――(1967)　『折口信夫全集19』(中央公論社)
金子武雄(1945)　国民古典全書『古事記・祝詞・宣命』(朝日新聞社)
紙尾康彦(2002)　「ロ氏文典のサ行子音に関する記述の新解釈」(『國學院雑誌』103-2)
亀井　孝(1947)　「八咫烏はなんと鳴いたか」(『ぬはり』21-1～4),亀井孝(1984)再録
―――(1950)　「上代日本語の音節「シ」「チ」の母音」(『言語研究』16),亀井孝(1984)再録
―――(1954)　[書評]大野晋「上代仮名遣の研究」(『言語研究』25),亀井孝(1992)再録
―――(1959)　「〈新刊紹介〉高田修編　醍醐寺五重塔の壁画　吉川弘文館　昭三四・三刊」(『国語学』38)

───────(1960)　「〈あめつち〉の誕生のはなし」(『国語と国文学』37-5), 亀井孝 (1986) 再録
───────(1964)　『日本語の歴史 4』(平凡社)
───────(1966)　『日本語の歴史別巻』(平凡社)
───────(1970)　「すずめしうしう」(『成蹊国文』3), 亀井孝 (1984) 再録
───────(1972)　「漢字音と国語音/昭和四十七年度春季国語学会大会〔分科討論会記録〕」(『国語学』90)
───────(1973)　「文献以前の時代の日本語」(『日本語系統論のみち』『亀井孝論文集 2』吉川弘文館)
───────(1978a)　「文字をめぐる思弁から"龍麿かなづかい"のゆくえを追う」(『成城文藝』85), 亀井孝 (1986) 再録
───────(1978b)　「いろはうた」(月刊『言語』言語空間, 12 月号)
───────(1984)　『日本語のすがたとこころ (一) 音韻』(『亀井孝論文集 3』吉川弘文館)
───────(1986)　『言語文化くさぐさ』(『亀井孝論文集 5』吉川弘文館)
───────(1992)　『言語　諸言語　倭族語』(『亀井孝論文集 6』吉川弘文館)
亀井孝・河野六郎・千野栄一(1989)『言語学大辞典第 2 巻　世界言語編㊥さ－に』(三省堂)
───────(1996)　『言語学大辞典第 6 巻　術語編』(三省堂)
鹿持雅澄　『万葉集古義』(名著刊行会 1928)
賀茂真淵　『万葉考』(『賀茂真淵全集 2』吉川弘文館 1927)
川上　蓁(1978)　「馬を追ふ声」(『国語研究』41)
───────(1988)　「音便の音声」(『國學院雜誌』89-8)
岸上慎二(1969)　『枕草子』(校注古典叢書, 明治書院)
木田章義(1989)　「P 音続考」(『奥村三雄教授退官記念　国語学論叢』桜楓社)
清瀬義三郎則府(1982)　"LABIAL HARMONY AND THE EIGHT VOWELS IN ANCIENT JAPANESE, FROM ALTAISTIC POINT OF VIEW"(「古代日本語の円唇調音と八母音―アルタイ学的見地から―」『音声学会会報』171)
───────(1989)　「日本語の母音組織と古代音価推定」(『言語研究』96)
金田一春彦・林大・柴田武編(1988)『日本語百科大事典』(大修館書店)
釘貫　亨(1988)　「上代オ列音の変遷に関する学説」(『国語国文』57-1)
久野マリ子・久野眞・大野眞男・杉村孝夫(1995)「四つ仮名対立の消失過程―高知県中村市・安芸市の場合―」(『国語学』180)

久保木哲夫(1970)	「枕草子における自讃談―その表現の方法と基盤について」(『言語と文芸』12-3)
倉野憲司(1936)	『続日本紀宣命』(岩波文庫)
黒沢翁満(1856)	『言霊のしるべ　中篇上』
河野六郎(1939)	「朝鮮漢字音の一特質」(『言語研究』3)，河野六郎(1979)再録
―――(1968)	『朝鮮漢字音の研究』(天理時報社)，河野六郎(1979)再録
―――(1976)	「「日本呉音」に就いて」(『言語学論叢』最終号)，河野六郎(1979)再録
―――(1978)	「朝鮮漢字音と日本呉音」(『末松保和博士古稀記念論集―古代アジア史論集』上巻，吉川弘文館)，河野六郎(1980)再録
―――(1979)	『河野六郎著作集2』(平凡社)
―――(1980)	『河野六郎著作集3』(平凡社)
国語学会編(1980)	『国語学大辞典』(東京堂出版)
小林英夫(1972)	『ソシュール一般言語学講義』(岩波書店) Ferdinand de Saussure (1916) "Cours de linguistique générale"
小林芳規(1963)	「訓点における拗音表記の沿革」(『王朝文学』9)
小松英雄(1964)	「阿女都千から以呂波へ―日本字音史からのちかづき―」(『国語研究』19)，小松英雄(1971)再論
―――(1971)	『日本声調史論考』(風間書房)
―――(1973)	「《大為尓歌》存疑」(『国語学』95)
―――(1975)	「音便機能考」(『国語学』101)
―――(1979)	『いろはうた　日本語史へのいざない』(中央公論社，講談社2009復刊)
―――(1981)	「日本語の音韻」(『日本語の世界7』中央公論社)
―――(1986)	「うめ　に　うくひす」(『文芸言語研究　言語篇』10)，小松英雄(1997)再録
―――(1990)	「五音と誦文」(『日本語学』9-2)
―――(1994)	『やまとうた　古今和歌集の言語ゲーム』(講談社，笠間書院2004全面改稿版)
―――(1997)	『仮名文の構文原理』(笠間書院，増補版2003)
―――(1999)	『日本語はなぜ変化するか　母語としての日本語の歴史』(笠間書院)
―――(2000)	『古典和歌解読』(笠間書院)

―――――(2001) 『日本語の歴史 青信号はなぜアオなのか』（笠間書院）
―――――(2003) 『仮名文の構文原理［増補版］』（笠間書院）
―――――(2004) 『みそひと文字の叙情詩 古今和歌集の和歌表現を解きほぐす』（笠間書院，『やまとうた』1994の全面改稿版）
―――――(2009) 『いろはうた 日本語史へのいざない』（講談社）
佐伯梅友(1952) 「『がね』と『がに』」（『学苑』14-8）
阪倉篤義(1966) 『語構成の研究』（角川書店）
坂本太郎・家永三郎・井上光貞・大野晋(1967)『日本書紀上』（日本古典文学大系，岩波書店）
坂元宗和(1990) 「上代日本語のe甲，o甲の来源」（『言語研究』98）
迫野虔徳(1975) 「オ・ウ段拗長音表記の動揺」（『国語国文』44-3）
―――――(1998) 『文献方言史研究』（清文堂）
佐藤喜代治編(1988)『漢字講座』1（明治書院）
―――――(1988) 『漢字講座』5（明治書院）
―――――(1989) 『漢字講座』2（明治書院）
柴田武・三石泰子(1976) "Historical Relationship between the Nara-Period Old Japanese and the Dialect of Shiba, Kakeroma, Amami Islands"（『言語学論考 井上和子教授に献げる論文集』研究社）
清水 史(1999) 「日本の古典テキストにおける陥穽と異文解釈―原形 Original と原型 Archetypes の空隙―」（愛媛大学人文学会編『伝統・逸脱・創造 人文学への招待』清文堂）
城生伯太郎(1977) 「現代日本語の音韻」（岩波講座『日本語5 音韻』岩波書店）
上代語辞典編集委員会(1967)『時代別国語大辞典 上代編』（三省堂）
新村 出(1906) 「音韻史上より見たる「カ」「クワ」の混同」（『國學院雑誌』11・12，『東方言語史叢考』岩波書店 1928，『新村出全集1』筑摩書房 1971）
杉藤美代子編(1989)『講座日本語と日本語教育第2巻 日本語の音声・音韻（上）』（明治書院）
杉山重行(1999) 『三巻本枕草子本文集成』（笠間書院）
高橋和夫(1990) 「枕草子回想章段の事実への復原 その一」（『群馬大学教育学部紀要人文・社会科学編』40）
高山知明(1993) 「破擦音と摩擦音の合流と濁子音の変化―いわゆる「四つ仮名」合流の歴史的位置付け―」（『国語国文』62-4）

高山倫明(1992)	「清濁小考」(『日本語論究2 古典日本語と辞書』和泉書院)	
武田祐吉(1930)	「がね解」(『万葉集新解下』山海堂)	
―――(1957)	『増訂万葉集全註釈』(角川書店)	
田中重太郎(1956)	『校本枕冊子下巻』(古典文庫)	
田中重太郎・鈴木弘道・中西健治(1995)『枕冊子全注釈五』(角川書店)		
田辺正男(1954a)	「いとやむごとなき際にはあらぬが……」の位格に就て(『古典の新研究』2)	
―――(1954b)	「いはゆる特殊仮名遣の『不正』なものなどを通して」(『日本文学論究』13)	
塚本邦雄(1980)	「十世紀のアラベスク和歌」(『ことば遊び悦覧記』河出書房新社)	
築島 裕(1969)	『平安時代語新論』(東京大学出版会)	
時枝誠記(1941)	『国語学原論』(岩波書店)	
―――(1954)	『日本文法 文語篇』(岩波書店)	
中島和歌子(1991)	「枕草子「香炉峰の雪」の段の解釈をめぐって―白詩受容の一端―」(『国文学研究ノート』25)	
中田祝夫(1957)	「平安時代の国語」(改訂版『日本語の歴史』至文堂)	
新山茂樹(1971)	「宣命における助詞ナモの語勢について―特立・指定される事柄と言語主体の問題とをめぐって」(『鶴見女子大学紀要』9)	
西尾光雄(1967)	『日本文章史の研究 上古篇』(塙書房)	
西下経一・滝沢貞夫編(1958)『古今集総索引』(明治書院)		
萩谷 朴(1977)	『枕草子下』(新潮日本古典集成, 新潮社)	
―――(1983)	『枕草子解環五』(同朋舎出版)	
橋本進吉(1950)	『国語音韻の研究』(『橋本進吉博士著作集第4冊』岩波書店)	
―――(1966)	『国語音韻史』(『橋本進吉博士著作集第6冊』岩波書店)	
服部四郎(1954)	『音声学』(岩波書店, 1984b 再版)	
―――(1959)	『日本語の系統』(岩波書店)	
―――(1960)	『言語学の方法』(岩波書店)	
―――(1971)	「比較方法」(『言語の系統と歴史』岩波書店)	
―――(1976a)	「琉球方言と本土方言」(『沖縄学の黎明』伊波普猷生誕百年記念誌沖縄文化協会)	
―――(1976b)	「上代日本語の母音体系と母音調和」(月刊『言語』5-6)	
―――(1976c)	「上代日本語の母音音素は六つであって八つではない」(月刊『言語』5-12)	

―――― (1979)　「日本祖語について・19」（月刊『言語』8-9）
―――― (1981)　「柴田武君の奈良時代日本語八母音音素説を駁す」（月刊『言語』10-2）
―――― (1983)　「講演「橋本進吉先生の学恩」補説（三）」（月刊『言語』12-5）
―――― (1984a)　「中古漢語と上代日本語― paper phonetics 的思考を防ぐために―」（月刊『言語』13-2）
―――― (1984b)　『音声学　カセットテープ・同テキスト付』（岩波書店）
浜田　敦 (1964)　「拗音」（『国語国文』33-5）
林　大 (1955)　「万葉集の助詞」（『万葉集大成 6』平凡社）
林　史典 (1992)　「「ハ行転呼音」は何故「平安時代」に起こったか」（『国語と国文学』平 4-11）
早田輝洋 (1977)　「生成アクセント論」（『岩波講座日本語 5　音韻』）
伴　信友　「太為尓歌考」（『比古婆衣』、『日本随筆大成第 2 期巻 7』1928 ／『伴信友全集第 4 巻』国書刊行会 1907）
肥爪周二 (2001)　「ウ列開拗音の沿革」（『訓点語と訓点資料』第 107 輯）
平山久雄 (1982)　「森博達氏の日本書紀 α 群原音依拠説について」（『国語学』128）
―――― (1983)　「森博達氏の日本書紀 α 群原音依拠説について，再論」（『国語学』134）
―――― (1997)　「万葉仮名のイ列音甲・乙と中古漢語の重紐―対応上の例外をめぐって―」（『東方学会創立五十周年記念　東方学論集』）
廣岡義隆 (1989)　「上代における拗音の仮名について」（三重大学『人文論叢』5），廣岡義隆（2005）再録
―――― (2005)　『上代言語動態論』（塙書房）
古瀬雅義 (1995)　「清少納言と「香炉峰の雪」―章段解釈と清少納言のイメージ―」（『安田女子大学紀要』23）
北条忠雄 (1966)　『上代東国方言の研究』（日本学術振興会）
堀内武雄 (1967)　「特殊な助詞の研究」（『国文学』12-2）
枕草子研究会編 (2001)　『枕草子大事典』（勉誠社）
松尾聰・永井和子 (1974)　『枕草子』（日本古典文学全集，小学館）
松岡静雄 (1962)　『新編日本古語辞典』（刀江書院）
松下大三郎 (1930)　『改撰標準日本文法』（中文館書店，勉誠社 1974 復刊）
松本克己 (1975)　「古代日本語母音組織考―内的再建の試み―」（『金沢大学文学部論集　文学編』22），松本克己（1995）再録

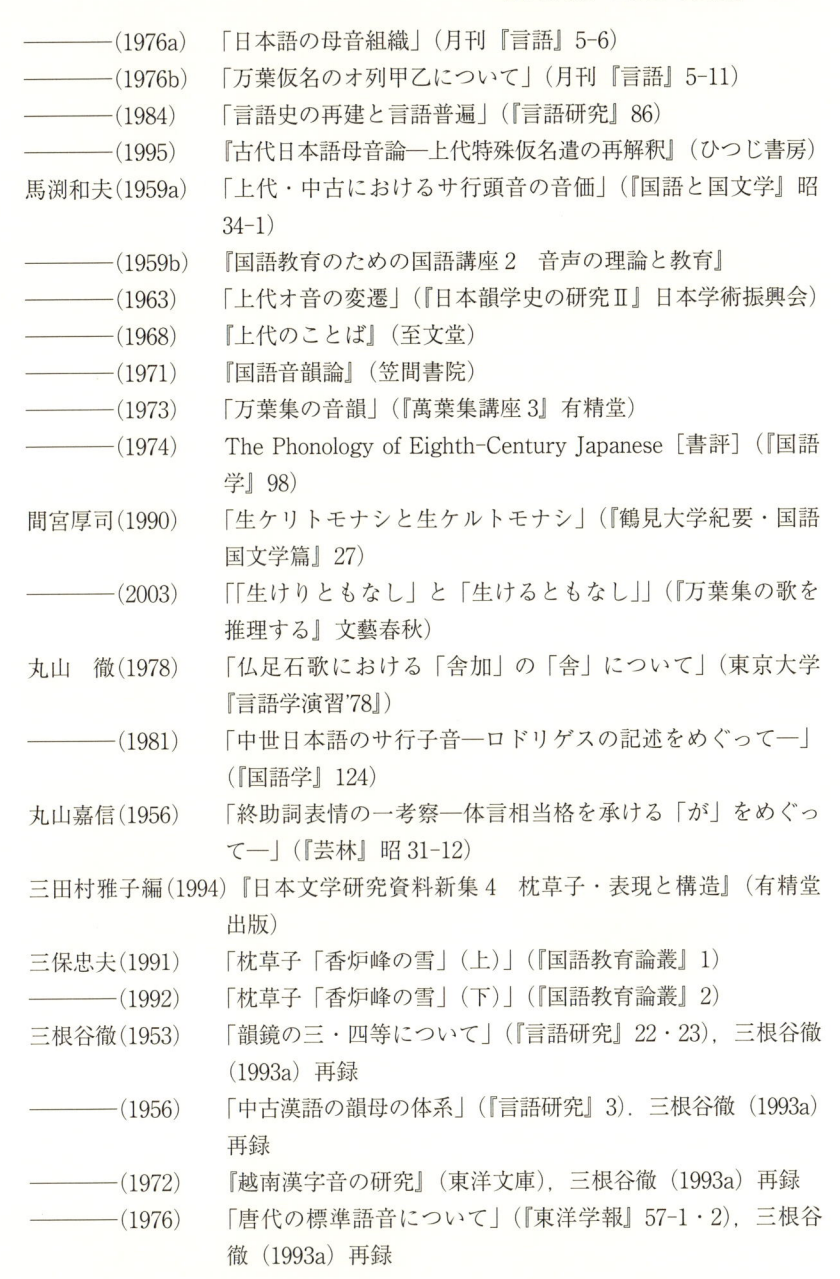

―――(1976a)　「日本語の母音組織」（月刊『言語』5-6）
―――(1976b)　「万葉仮名のオ列甲乙について」（月刊『言語』5-11）
―――(1984)　「言語史の再建と言語普遍」（『言語研究』86）
―――(1995)　『古代日本語母音論―上代特殊仮名遣の再解釈』（ひつじ書房）
馬渕和夫(1959a)　「上代・中古におけるサ行頭音の音価」（『国語と国文学』昭34-1）
―――(1959b)　『国語教育のための国語講座2　音声の理論と教育』
―――(1963)　「上代オ音の変遷」（『日本韻学史の研究Ⅱ』日本学術振興会）
―――(1968)　『上代のことば』（至文堂）
―――(1971)　『国語音韻論』（笠間書院）
―――(1973)　「万葉集の音韻」（『萬葉集講座3』有精堂）
―――(1974)　The Phonology of Eighth-Century Japanese ［書評］（『国語学』98）
間宮厚司(1990)　「生ケリトモナシと生ケルトモナシ」（『鶴見大学紀要・国語国文学篇』27）
―――(2003)　「「生けりともなし」と「生けるともなし」」（『万葉集の歌を推理する』文藝春秋）
丸山　徹(1978)　「仏足石歌における「舎加」の「舎」について」（東京大学『言語学演習'78』）
―――(1981)　「中世日本語のサ行子音―ロドリゲスの記述をめぐって―」（『国語学』124）
丸山嘉信(1956)　「終助詞表情の一考察―体言相当格を承ける「が」をめぐって―」（『芸林』昭31-12）
三田村雅子編(1994)　『日本文学研究資料新集4　枕草子・表現と構造』（有精堂出版）
三保忠夫(1991)　「枕草子「香炉峰の雪」（上）」（『国語教育論叢』1）
―――(1992)　「枕草子「香炉峰の雪」（下）」（『国語教育論叢』2）
三根谷徹(1953)　「韻鏡の三・四等について」（『言語研究』22・23），三根谷徹(1993a) 再録
―――(1956)　「中古漢語の韻母の体系」（『言語研究』3），三根谷徹（1993a）再録
―――(1972)　『越南漢字音の研究』（東洋文庫），三根谷徹（1993a）再録
―――(1976)　「唐代の標準語音について」（『東洋学報』57-1・2），三根谷徹（1993a）再録

―――――(1979) 「現代日本語の長母音について―その「音韻論的解釈」―」（『国語研究』42）
―――――(1993a) 『中古漢語と越南漢字音』（汲古書院）
―――――(1993b) 「韻鏡と中古漢語」（『中古漢語と越南漢字音』汲古書院）
宮嶋　弘(1938) 「万葉集の「がに」「がね」考」（『国語国文』8-6）
宮良當壯(1942) 「日本語に於けるクワ［kwa］行音群に就いて」（『言語研究』10・11）
村山七郎(1977) 「日本語の成立（追記）」（『講座国語史Ⅰ　国語史総論』大修館書店）
本居宣長 『詞の玉の緒』（『本居宣長全集第5巻』筑摩書房 1970）
――――― 「玉の小琴（追考）」（『本居宣長全集第5巻』筑摩書房 1970）
――――― 『続紀歴朝詔詞解』（『本居宣長全集第7巻』筑摩書房 1971）
――――― 「玉かつま」（『本居宣長全集第8巻』筑摩書房 1972）
森　博達(1981a) 「唐代北方音と上代日本語の母音音価」（『同志社大学外国文学研究』28）
―――――(1981b) 「漢字音より観た上代日本語の母音組織」（『国語学』126）
―――――(1991) 『古代の音韻と日本書紀の成立』（大修館書店）
―――――(1999) 『日本書紀の謎を解く　述作者は誰か』（中央公論社）
森山　隆(1961) 「上代オホヲ音節の結合的性格」（『文学研究』60），森山隆(1971) 再録
―――――(1971) 『上代国語音韻の研究』（桜楓社）
柳田征司(1985) 『室町時代の国語』（東京堂出版）
山口佳紀(1976) 「古代日本語における母音交替の一側面―動詞活用成立論の前提として―」（『国語と国文学』53-2），山口佳紀(1985) 再録
―――――(1985) 『古代日本語文法の成立の研究』（有精堂）
山田幸宏(1983) 「土佐方言サ行子音と上代サ行子音」（『国語学』133）
山田孝雄(1936) 『日本文法学概論』（宝文館）
―――――(1954) 『奈良朝文法史』（宝文館）
幼学の会編(1997) 『口遊注解』（勉誠社）
吉田金彦(1973) 『上代語助動詞の史的研究』（明治書院）
頼　惟勤(1989) 『中国音韻論』（『頼惟勤著作集Ⅰ』汲古書院）
渡辺　実(1991) 『枕草子』（新日本古典文学大系，岩波書店）

董　同龢(1948)　「上古音韵表稿」(『中央研究院歴史語言研究所集刊第18本』)
羅　常培(1933)　『唐五代西北方音』(『歴史語言研究所単刊甲種之十二』)
周　法高(1948)　「玄應反切字表(附玄應反切考)」(『歴史語言研究所集刊20上』)

B. Karlgren (1915-26) Études sur la phonologie chinoise (Archives d'Etudes Orientales, publiees par J.-A. Lundell Vol. 15)
David Crystal (1980) A First Dictionary of Linguistics and Phonetics (The Language Library. London)
Roland A. Lange (1973) "The Phonology of Eighth-Century Japanese" (Sophia University)
Samuel E. Martin (1959) "Review of Wenck's *Japanische phonetik*" (Language, 35-2)

後　記

本書のもとになった論文と各章の関係を以下に示しておく。

第Ⅰ部　日本語音韻史
第1章　上代日本語の母音体系(上)―オ列甲乙の合流過程に係わる問題―
　　　　　　　　　　　　　　　　　　　（『弘前大学国語国文学』9, 1987）
第2章　オ列甲乙の合流過程に係わる問題―u〜o_1の音相通現象をめぐって―
　　　　　　　　　　　　　　（『小松英雄博士退官記念 日本語学論集』三省堂, 1993）
　　　　【補説】『古事記』における「ホ」の甲乙二類の存在　　　新規執筆
第3章　上代イ列母音の音的性格について　　（『國學院雑誌』71-11, 1970）
第4章　推古期における口蓋垂音の存在　　　　　（『言語研究』71, 1977）
第5章　合拗音の生成過程について　　　　　　　（『国語学』124, 1981）
第6章　開拗音の生成過程　　　　　　　　　　　　　　　　　新規執筆
第7章　サ行子音の歴史　　　　　　　　　　　　（『国語学』195, 1998）
第8章　「衣」と「江」の合流過程―語音排列則の形成と変化を通して―
　　　　　　　　　　　　　　　　　　　　　　（『国語学』204, 2001）
第9章　〈大為尓歌〉再考―〈阿女都千〉から〈大為尓〉へ―
　　　　　　　　　　　　　　　　　　　　　　（『国語学』212, 2003）
第10章　〈あめつち〉から〈いろは〉へ―日本語音韻史の観点から―
　　　　　　　　　　　　　　　　　　　　　　（『音声研究』8-2, 2004）
第11章　「オ (o)」と「ヲ (wo)」、「エ (je)」と「ヱ (we)」、「イ (i)」と「ヰ (wi)」の合流
　　　　過程―w 化、合拗音との関わり―　　　　　　　　　新規執筆
第12章　音韻（史的研究）　昭和63年・平成元年における国語学界の展望
　　　　　　　　　　　　　　　　　　　　　　（『国語学』161, 1990）

第Ⅱ部　付論
第1章　「伊家流等毛奈之」について　　　　　　（『國學院雑誌』70-5,1969）
第2章　宣命の構文について―「テシ……助動詞」をめぐって―
　　　　　　　　　　　　　　　　　　　　　　　（『日本文学論究』32,1972）
第3章　助詞「がに」の歴史―その起源をめぐって―
　　　　　　　　　　　（國學院大學国語研会編『国語研究』37,1974）
　　　　助詞「がに」の史的変遷―「がね」「べく」との交渉をめぐって―
　　　　　　　　　　（『田辺博士古稀記念　国語助詞助動詞論叢』（桜楓社,1979）
第4章　枕草子「少納言よ　かうろほうの雪　いかならん」
　　　　　　　　　　　　　　　　　　　　　　　（『日本文藝研究』55-2,2003）

　有坂秀世は「支那語音韻史に通ぜずして国語音韻史を語ることは出来ず、又、国語音韻史に通ぜずして支那語音韻史を語ることは出来ない」（『国語音韻史の研究』序）と宣言した。有坂秀世ならではの名言である。筆者も、日本語音韻史・日本漢字音（呉音）を「語る」ために、必要に迫られて中国漢字音（中古音、上古音）についての考察を進めてきた。中国漢字音については、その研究成果の一端を『日本呉音の研究』（1995）の第3章「中国音韻学」としてまとめ、公表した。また、現在『日本呉音の研究』の続編を準備しているので、日本漢字音（呉音）および中国漢字音関係の既発表論文などは、そこに収める予定である。

　日本語音韻史については、漢字音の側からのアプローチを踏まえ、上代特殊仮名遣への興味から始まった上代語の音韻体系（母音・子音）の解明・再構を始めとして、上代特殊仮名遣の合流過程、拗音（合拗音・開拗音）の生成、サ行子音、四つ仮名、ハ行子音、ア行の「衣」とヤ行「江」など、さまざまな問題へと領域は広がっていった。本書に収めた論考には、試論的なものも少なからずあり、従って、まだ十分に理解の行き届かないところも含まれている。サ行子音の歴史では、鈴虫と松虫の鳴き声を絡めて新たに扱うつもりであったが、それも果たしていない。また、「咲き＋あり」が「咲けり」($-ia->-e_i-$)、「に＋あり」が「なり」($-ia->-a-$) となって、平行関係をな

さないのはなぜか等々、日本語音韻史の研究には、検討課題や未解決の問題が多く残されている。機会があったらぜひ取り上げて論じてみたい。いずれにしても、本書の論考によって、なぜ、ある変化がある特定の時期に起こったのか、その変化の動因は何かなど、日本語の歴史的変化の解明という目標に、一歩でも近づくことができたのであれば幸いである。

日本語音韻史に取り組む過程で、『日本呉音の研究』(1995)をまとめることができ、更にその続編の準備をしつつ、また日本語音韻史の研究にも力を注ぐことができたのは、妻るみ子のお蔭である。感謝の気持ちをこめて本書を捧げたい。

末筆になったが、本書の出版を快く引き受けてくださった和泉書院に厚く御礼を申し上げる。

2011年5月15日

小倉　肇

■ 著者紹介

小倉　肇（おぐら　はじめ）

昭和22(1947)年、東京生まれ。
國學院大學大学院文学研究科博士課程退学、弘前大学教育学部教授を経て、現在、関西学院大学文学部教授。日本語音韻史、日本漢字音（呉音）の研究に携わる。平成6(1994)年に「日本呉音の研究」によって國學院大學より博士（文学）の学位を授与。著書に『津軽方言地図(本文篇・地図篇)』（津軽書房,1988）、『日本呉音の研究（全4冊）』（新典社,1995）等がある。

研 究 叢 書　421

日本語音韻史論考

2011年7月20日　初版第一刷発行

　　著　者　　小　倉　　　肇
　　発 行 者　　廣　橋　研　三
　　　　　　〒543-0037　大阪市天王寺区上之宮町7-6
　　発 行 所　　有限会社　和　泉　書　院
　　　　　　　　　　電話 06-6771-1467
　　　　　　　　　　振替 00970-8-15043
　　　　　　　　　印刷／製本　亜細亜印刷

ⓒHajime Ogura 2011 Printed in Japan　　ISBN978-4-7576-0595-4 C3381
本書の無断複製・転載・複写を禁じます

研究叢書

書名	著者	番号	価格
意味の原野 　　日常世界構成の語彙論	野林　正路 著	384	8400 円
方言数量副詞語彙の個人性と社会性	岩城　裕之 著	390	8925 円
日本語学最前線	田島　毓堂 編	404	13125 円
生活語の原風景	神部　宏泰 著	405	8400 円
国語表記史と解釈音韻論	遠藤　邦基 著	406	10500 円
谷崎潤一郎の表現 　　作品に見る関西方言	安井　寿枝 著	407	8400 円
平安時代識字層の漢字・漢語の受容についての研究	浅野　敏彦 著	415	9450 円
文脈語彙の研究 　　平安時代を中心に	北村　英子 著	416	9450 円
平安文学の言語表現	中川　正美 著	417	8925 円
祭祀の言語	白江　恒夫 著	419	9450 円

（価格は5％税込）